KB105085

근대 한국학 교과서 총서

3

국어과

성신여대 인문융합연구소 편

제이앤씨
Publishing Company

간행사

근대 한국학 교과서의 탄생

1.

근대 교과서는 당대 사회의 복잡한 사회・역사・정치・문화의 상황과 조건들의 필요에서 나온 시대의 산물이다. 한국 근대사는 반봉건과 반외세 투쟁 속에서 자주적인 변혁을 이루어야 했던 시기였고, 특히 1860년대부터 1910년에 이르는 시간은 반봉건・반외세 투쟁을 전개하면서 근대적 주체를 형성해야 했던 때였다. 주체의 형성은 근대사에서 가장 중요한 과제였는 바, 그 역할의 한 축을 담당한 것이 근대교육이다.

근대 초기 교과서 개발은 1876년 개항 이후 도입된 신교육 체제를 구현하기 위한 구체적인 과제였다. 교과서가 없이는 신교육을 실행할 수 없었기 때문에 개화정부는 교육개혁을 시행하면서 우선적으로 교과서 개발을 고려한다. 갑오개혁에 의해 각종 학교의 관제와 규칙이 제정되고 이에 따라 근대적 형태의 교육과정이 구성되는데, 교육과정이 실행되기 위해서는 교육내용을 전하는 교과서를 먼저 구비해야 했다. 당시 교과서 편찬을 관장했던 기구는 '학부(學部) 편집국'이다. 편집국은 일반도서와 교과용 도서에 관한 업무를 관장해서 ① 도서의 인쇄, ② 교과용 도서의 번역, ③ 교과용 도서의 편찬, ④ 교과용 도서의 검정, ⑤ 도서의 구입・보존・관리 등의 사무를 맡았다. 학부는 교과서의 시급성을 감안하여 학부 관제가 공포된 지 불과 5개월만인 1895년 8월에 최초의 근대 교과서라 할 수 있는『국민소학독본』을 간행하였고, 이후『소학독본』(1895)과『신정심상소학』(1896) 등을 연이어 간행해서 1905년까지 40여 종의 교과서를 출간하였다.

학부 간행의 교과서는 교육에 의한 입국(立國) 의지를 천명한 고종의 '교육조서'(1895,2)에 의거해서 이루어졌다. 교육조서는 ① 교육은 국가 보존의 근본이고, ② 신교육은 과학적 지식과 신학문과 실용을 추구하는 데 있고, ③ 교육의 3대 강령으로 덕육(德育)・체육(體育)・지육(智育)을 제시하고, ④ 교육입국의 정신을 들어 학교를 많이 설립하고 인재를 길러내는 것이 곧 국가 중흥과 국가보전에 직결된다는 것을 천명하였다. 이는 오늘날의 바람직한 국민상을 육성하기 위한 교육 목표와 동일한 것으로, 이런 취지를 바탕으로 학부는 신학문의 흡수와 국민정신의 각성을 내용으로 하는 교재를 다수 출간한다. 학부는 『조선역사』, 『태서신사』, 『조선지지』, 『여재촬요』, 『지구약론』, 『사민필지』, 『숙혜기략』, 『유몽휘편』, 『심상소학』, 『소학독본』, 『서례수지』, 『동국역사』, 『동국역대사략』, 『역사집략』, 『조선역사』 등 역사와 지리, 수신과 국어 교과서를 연속해서 간행했는데, 특히 역사와 지리 교과서가 다수 출판된 것을 볼 수 있다.

이 시기 교과서를 제대로 이해하기 위해서는 우선 교과서 편찬 주체가 누구인가를 알아야 한다. 불과 두세 달의 시차를 두고 간행되었지만 교과의 내용과 정치적 입장, 역사 인식 등에서 큰 차이를 보이는 『국민소학독본』과 『신정심상소학』을 비교해봄으로써 그런 사실을 알 수 있다.

『국민소학독본』이 간행된 1895년 전후의 시기는 민비와 대원군을 둘러싼 갈등과 대립이 극에 달했던 때였다. 『국민소학독본』은 박정양이 총리대신으로 있던 시기에 간행되었는데, 당시 교과서 편찬의 실무는 이상재(학부참서관), 이완용(학부대신), 윤치호(학부협판) 등 친미 · 친러파 인사들이 맡았다. 그런 관계로 『국민소학독본』에는 일본 관련 글은 거의 없고 대신 미국과 유럽 관련 글들이 대부분을 차지한다. 전체 41과로 구성되어 우리의 역사와 인물, 근대생활과 지식, 서양 도시와 역사와 위인을 다루었는데, 미국 관련 단원이 10과에 이른다. 그런데, 『신정심상소학』은 민비가 시해되고 대원군이 집권하면서 김홍집이 총리대신으로 있던 시기에 간행되었다. 친일 내각의 등장과 함께 일제의 개입이 본격화되어 책의 '서(序)'에는 일본인 보좌원 다카미 가메(高見龜)와 아사카와(麻川松次郎)가 관여한 사실이 소개되고, 내용도 일본 교과서인 『尋常小學讀本(신정심상소학)』을 그대로 옮겨놓다시피 했다. 근대적인 체계를 앞서 갖춘 일본의 교재를 참조한 것이지만, 일본인 명사 2명이 소개된 것처럼 교과 내용이 친일적으로 변해서 이전 교과서와는 상당히 다른 모습이다.

1906년 일제의 통감이 파견되고 일인 학정참정관이 조선의 교육을 장악하면서부터 교과서의 내용은 이전과 확연히 달라진다. 1906년 2월에 통감부가 서울에 설치되고 초대 통감으로 이토 히로부미(伊藤博文)가 부임해서 한국 국정 전반을 지휘 · 감독하였다. 일제는 교과서야말로 식민지 건설에 가장 영향력 있는 수단으로 간주해서 교과서 출판에 적극 개입하였다. 조선의 역사와 지리 그리고 국어과 교과서 출판에 대해서는 극심한 통제를 가했고, 한국인 출판업자가 출원하는 검정 교과서는 이른바 '정치적 사항에 문제가 있다' 하여 불인가 조치를 가하는 경우가 빈번하였다. 그 결과 한국사 및 한국 지리 교과서는 거의 간행되지 못하고, 대신 친일적인 내용의 교과서가 다수 간행된다. 1909년 5월에 보통학교용으로 『수신서』 4책, 『국어독본』 8책, 『일어독본』 8책, 『한문독본』 4책, 『이과서』 2책, 『도화 임본』 4책, 『습자첩』 4책, 『산술서』 4책이 출간된다. 이들 교과서에는 일본 관련 단원이 한층 많아져서, 『보통학교학도용 국어독본』(1907)에서 볼 수 있듯이, 우리나라와 일본의 국기가 나란히 걸린 삽화가 게재되고(1권 「국기」), 『일본서기』를 근거로 한 일본의 임나일본부설이 수록되며(6권 「삼국과 일본」), 심지어 세계 6대 강국이 된 군국주의 일본의 강성함을 선전하는 내용의 글(8권 「세계의 강국」)이 수록되기에 이른다.

민간인에 의한 교과서 출판은 을사늑약 이후 활발하게 이루어진다. 일제의 강압 아래 추진된 학부 간행의 교과서를 비판하면서 자주적 한국인 양성에 적합한 교과서를 편찬하고자 힘을 모으는데, 편찬의 주체는 민간의 선각이나 학회와 교육회였다. 이들은 교과서를 '애국심을 격발시키고 인재를 양성'하는 도구로 간주하였다. "학교를 설립하고 교육을 발달코자 할진데 먼저 그 학교의 정신부터 완전케 한 연후에 교육의 효력을 얻을지니 학교의 정신은 다름 아니라 즉 완전한 교과서에 있"다고 말하며, 학교가 잘 설비되어 있더라도 교과서가 "혼잡 · 산란하여 균일한 본국정신"을 담고 있지 못하다면 "쓸데없는 무정신교육"이 되어 국가에 별 이익이 없을 것이라고 주장했는데, 그것은 교과서가 "애국심을 격발케 하는 기계"(「학교의 정신은 교과서에 재함2」. 《해조신문》, 1908, 5.14.)라고 보았기 때문이다. 당시 민간 선각이나 학회들이 대대적으로 교과서 간행에 나선 것은 이런 배경을 갖고 있었다.

민간에서 간행된 최초의 교과서는 대한민국교육회의 『初等小學(초등소학)』(1906)이다. 당시 4년제인 보통학교의 전 학년이 배울 수 있도록 각 학년에 2권씩 모두 8권이 간행되었는데, 『초등소학』에서 무엇보다 두드러지는 것은 자주독립과 충절로 무장한 국민을 만들고자 하는 의지이다. 국가의 운명이 백척간두에 달한 현실에서 『초등소학』은 단군, 삼국시대, 영조, 세종, 성종 등 민족사의 성현들의 행적을 소환한다. 민족이란 발전하는 실체라기보다는 발생하는 현실이자 지속적으로 수행되고 또 다시 수행되는 제도적 정리 작업이라는 점에서 부단히 새롭게 규정될 수밖에 없는데, 『초등소학』은 그런 작업을 과거의 역사와 영웅적 인물들의 소환을 통해서 시도한다. 여기서 곽재우와 송상현, 조헌의 수록은 각별하다. 곽재우는 임진왜란 때 일제의 침략을 물리친 장군이고, 송상현 역시 동래부사로 있으면서 죽음으로 왜군을 막은 장수이며, 조헌은 일본군과 싸우다 금산성 밖에서 전사한 인물이다. 이들을 통해서 풍전등화의 민족적 위기를 극복하고자 하는 취지를 보여준다. 또, 『초등소학』에서 언급되는 한국사는 『大東歷史略(대동역사략)』의 내용을 그대로 집약한 것으로, 중국과의 관계에서 조선의 자주성이 강조되고 일본의 침략을 경계하는 내용이 주를 이룬다. 『대동역사략』은 신라가 마한의 뒤를 이어 삼국을 주도한, 한국사의 계통을 중화 중심에서 벗어나 자주적이고 주체적인 시각에서 서술하여 민족의 자부심을 고취시키고자 하는 취지를 갖고 있었다.

이런 내용의 『초등소학』을 시발로 해서 『유년필독』, 『몽학필독』, 『노동야학독본』, 『부유독습』, 『초등여학독본』, 『최신초등소학』, 『신찬초등소학』, 『초목필지』, 『초등국어어전』, 『윤리학 교과서』, 『초등소학수신서』, 『대한역사』, 『보통교과대동역사략』 등 수신과 역사, 지리 등의 교재들이 간행되었다.

사립학교의 대부분은 남학교였지만, 한편에서는 여성교육이 강조되고 여학교가 설립되기도 하였다. 1880년대부터 선교사들에 의하여 이화학당을 비롯한 여학교들이 설립되고, 민간에서도 1897년경 정선여학교가, 1898년에는 순성여학교가 설립되었다. 순성여학교를 설립한 찬양회는 여성단체의 효시로 여성의 문명개화를 위하여 여학교를 설립하였다. 이들 여학생을 위해서 각종 여학생용 교과서가 간행된다. 『녀ᄌ쇼학슈신셔』, 『부유독습』, 『초등여학독본』 등의 교과서에서는, 여성이 맺는 여성 혹은 남성과의 관계에서 동등한 지위를 차지해야 한다는 담론이 등장하고, 유교적・전통적 성격의 여성상과 기독교적・서구적 성격의 여성상이 일정 수준 이상으로 혼재하고, 국모(國母)의 양성이 강조된다.

2.

『근대 한국학 교과서 총서』에는 총 54종 133권이 수록되었다. 여기서 교과서를 국어과, 수신과, 역사과, 지리과로 나누어 배치한 것은 다분히 편의적인 것이다. 근대적 의미의 교과(敎科)가 분화되기 이전에 간행된 관계로 개화기 교과서는 통합교과적인 특성을 갖고 있다. 특히 국어와 수신 교과서는 내용이 중복되어 분간이 어려울 정도이다. 그럼에도 교과를 나눈 것은 다음과 같은 최소 기준에 의한 것이다.

'국어과'는, 교재의 제명이 독본(讀本), 필독(必讀), 필지(必知), 독습(讀習), 보전(寶典), 작문(作文) 등 다양하게 나타나지만, 당대의 문화, 역사, 정치, 경제적 정체성을 '국어'로 반영했다는 데서 국어과로 분류하였다. 당시 국어과 교과서는 "다른 교과목을 가르칠 때에도 항상 언어 연습을 할 수 있도록 하고, 글자를 쓸 때에도 그 모양과 획순을 정확히 지키도록 지도"(보통학교령, 1906) 하는 데 초점을 두었다. 근대지의 효율적인 생산과 유통에서 무엇보다 긴절했던 것은 '국어'에 대한 인식과 국어 사용 능력의 제고였다. 『신정심상소학』, 『보통학교학도용 국어독본』, 『최신 초등소학』 등 이 시기 대다수의 국어 교과서가 앞부분에서 국어 자모나 어휘와 같은 국어·국자 교육을 실행한 까닭은 근대적 지식을 용이하게 전달하기 위한 교육적 필요 때문이었다.

'윤리과'는 '수신(修身)'이라는 제명을 가진 교과서를 묶었다. 학부에서 발간을 주도한 수신과 교과서는 대체로 초등학교용에 집중되어 있고, 중등학교용이나 여학교용은 이 영역에 관심이 있던 민간단체나 개인이 주로 발간하였다. 수신과 교과서는 발간의 주체가 다양했던 관계로 교과서의 내용이나 전개 방식이 다채롭다. 역사에서 뛰어난 행적을 남긴 인물들의 사례를 연령대별로 모아 열거한 경우도 있고(『숙혜기략』), 근대적 가치를 포함시키고 삽화에 내용 정리를 위한 질문까지 곁들인 경우도 있으며(『초등소학 수신서』), 당시 국가가 처한 위기 상황과는 맞지 않게 일제의 영향으로 충군과 애국 관련 내용을 소략하게 수록한 경우도(『보통학교학도용 수신서』) 있다. '중등학교용' 수신과 교과서는, '초등학교용'에 비해 다채로운 방식으로 내용이 전개되지는 않지만 교과서 발간 주체들이 전통적 가치와 대한제국으로 유입되던 근대적 가치들을 조화시키기 위해 노력한 흔적을 보여준다. 또한 발간 시기가 1905년 을사늑약 이후로 집중되어 있어서인지 전체적으로 교과서 내용의 수준이 심화되고 분량도 늘어나는 가운데 충군과 애국 관련 내용이 증가하고, 그 표현의 어조도 한층 강화된 것을 볼 수 있다.

'지리과'는 '지리(地理), 지지(地誌)' 등의 제명을 갖는 교과서를 대상으로 하였다. 지리과 교과서 역시 발행 주체에 따라 학부 간행과 민간 선각에 의한 사찬 교과서로 구분된다. 학부 교과서는 종류와 승인·보급된 수량이 적고 특히 을사늑약 이후 일본의 식민치하에서는 발행이 매우 제한적이었다. 1895년 학부 간행의 『조선지지』는 우리나라 최초의 지리 교과서로, 조선의 지정학적 위치를 설명한 뒤, 한성부에서 경성부에 이르는 전국의 23부를 원장부전답·인호·명승·토산·인물 등으로 구분·기재하였다. 반면에 민간 선각들에 의한 발행은 일본의 교육 식민화를 저지하기 위한 목적에서 간행된 다양한 특성의 교과서들이다. 이 시기에는 세계지리를 다룬 만국지리 교과서의 발행이 증가하였는데, 세계 대륙과 대양의 위치 및 관계를 서술하고, 사회 진화 정도(야만, 미개, 반개, 문명)에 따라 세계 지역을 구분하는 등 사회진화론적 인식체계를 보여주었다. 『초등만국지리대요』에서는 '청국 남자는 아편을 좋아하고, 한족 부녀는 전족을 한다'는 부정적 서술이 있는 등 중국 중심의 유교적 철학과 사대주의적 관념에서 벗어나 문명 부강을 추구하는 서구적 문명관으로 재편되고 있음을 볼 수 있다.

'역사과'는 학부에서 발행한 관찬 사서 6권과 사찬 사서 20권으로 대별된다. 관찬 사서 6권은 모두 갑오개혁기(1895)와 대한제국기(1899)에 발행되었고, 사찬 사서 20권은 계몽운동기(1905~1910)에 발행되었다. 갑오개혁기 교과서에서는 모두 '大朝鮮國 開國 紀元'이라는 개국 기원을 사용해 자주독립 의식을 표현하고 있는 점이 특징이다. 하지만 자주와 독립의 의미를 강조하면서도 개국과 근대화 과정에서 일본의 역할과 관계를 강조하는 시각이 투사되어 있다. 교과서에 대한 통제가 본격화된 통감부 시기에 간행된 교과서에는 일제의 사관이 한층 깊이 개입된다. 현채의 『중등교과 동국사략』의 경우, 일본 다이스케 하야시의 『朝鮮史(조선사)』(1892)의 관점을 수용해서 개국과 일본에 의한 조선 독립이라는 내용이 삽입되어 있다. 이후 발행된 다양한 자국사 교과서들 역시 비슷한 관점에서 서술된다. 외국사 교과서는 1896년에 발행된 『萬國略史(만국약사)』부터 1910년에 발행된 『西洋史教科書(서양사교과서)』까지 모두 유사한 관점으로 되어 있다. 제국주의 침략에 맞서 문명개화 노선으로 부국강병을 꾀하려는 의도를 담고 있지만, 문명개화국과 그렇지 않은 국가 간의 우열을 그대로 드러내는 사회진화론적 관점을 보여서 세계 각 나라를 야만→미개→반개→문명으로 나누어 서술하였다. 유럽은 문명을 이룩하여 강대국이 되었으나, 조선은 반개(半開)의 상태로 야만과 미개는 아니지만 문명에는 미달한다고 서술한 것을 볼 수 있다.

3.

그동안 근대 교과서에 대한 관심이 적었던 것은 교과서 자체가 온전한 형태로 복원되지 못했기 때문이다. 여기저기 자료들이 산재해 있었고, 그것의 내역과 계통을 파악하지 못한 경우가 많았다. 그러다 보니 학계의 관심 또한 저조하기 이를 데 없었다. 이에 필자는 근대 교과서를 조사하고 체계화하여 이렇게 그 일부를 공간한다. 상태가 온전하지 못하고 결락된 부분도 있지만, 지금 상황에서 최선을 다한 것임을 밝힌다. 이들 자료는 국립중앙도서관, 국회도서관, 서울대 중앙도서관, 규장각도서관, 고려대 도서관, 이화여대 도서관, 한국학중앙연구원 한국학도서관, 세종대학교 학술정보원, 한국교육개발원, 제주 항일기념관, 한국개화기교과서총서(한국학문헌연구소편) 등등에서 취합하고 정리하였다. 작업에 협조해 준 관계자분들께 감사를 표하며, 아울러 본 총서 간행을 가능케 한 한국학중앙연구원의 지원에 감사를 드린다.

영인본의 명칭을『근대 한국학 교과서』라 칭한 것은 다양한 내용과 형태의 교과서를 묶기에 적합한 말이 '한국학(Koreanology)'이라고 생각한 때문이다. 한국학이란 범박하게 한국에 관한 다양한 분야에서 한국 고유의 것을 연구・계발하는 학문이다. 구체적 대상으로는 언어, 역사, 지리, 정치, 경제, 사회, 문화 등 제 분야를 망라하지만, 여기서는 국어, 역사, 지리, 윤리로 교과를 제한하였다. 이들 교과가 근대적 주체(한국적 주체) 형성에 결정적으로 기여하였고, 그것이 이후의 복잡한 사회・역사・정치・문화의 상황과 길항하면서 오늘의 주체를 만들었다고 믿는다.

모쪼록, 이들 자료가 계기가 되어 교과서에 대한 다양한 관심과 연구가 촉발되기를 소망한다.

2022년 3월 1일
강진호

일러두기

- 수록 교과서는 총 54종 133권이고, 각 권에 수록된 교과서 목록은 아래와 같다.
- 국어과・윤리과・역사과・지리과의 구분은 편의상의 분류이다.
- 『초등국어어전』은 1, 3권은 개정본이고, 2권은 초판본이다.
- 『해제집』(10권)은 개화기와 일제강점기 교과서 전반을 망라한 것이다.
- 개화기와 일제강점기 교과서 목록은 10권 말미에 첨부한다.

교과	권	수록 교과서
국어과 (20종 48권)	1	국민소학독본(1895), 소학독본(1895), 신정심상소학(3권)(1896), 고등소학독본(2권)(1906), 최신초등소학(4권)(1906), 초등소학(1906), 보통학교학도용 국어독본(7권)(1907)(7권 결)
	2	유년필독(4권)(1907), 유년필독석의(2권)(1907), 초등여학독본(1908), 노동야학독본(1908), 부유독습(2권)(1908)
	3	초목필지(2권)(1909), 신찬초등소학(6권)(1909), 몽학필독(1912), 초등작문법(1908), 개정초등국어어전(3권)(1910), 대한문전(1909), 보통학교학도용 한문독본(4권)(1907), 몽학한문초계(1907)
윤리과 (12종 31권)	4	숙혜기략(1895), 서례수지(규장각본), 서례수지(한문본, 1886), 서례수지(한글, 1902), 보통학교학도용 수신서(4권)(1907), 초등소학(8권)(1906), 초등윤리학교과서(1907), 초등소학수신서(1908)
	5	여자독본(2권)(1908), 초등여학독본(1908), 여자소학수신서(1909), 중등수신교과서(4권)(1906), 고등소학수신서(1908), 윤리학교과서(4권)(1906)
역사과 (9종 36권)	6	조선역사(3권)(1895), 조선역대사략(3권)(1895), 동국역대사략(6권)(1899), 초등대한역사(1908), 초등본국역사(1908),
	7	역사집략(11권)(1905), 보통교과 동국역사(5권)(1899), 중등교과 동국사략(4권)(1906), 초등본국약사(2권)(1909)
지리과 (13종 18권)	8	조선지지(1895), 소학만국지지(1895), 지구약론(1897), 한국지리교과서(1910), 초등대한지지(1907), 최신초등대한지지(1909), 대한신지지(2권)(1907), 문답대한신지지(1908), 여재촬요(1894)
	9	(신정)중등만국신지지(2권)(1907), 사민필지(한글본)(1889), 사민필지(한문본)(1895), 중등만국지지(3권)(1902), 신편대한지리(1907)
해제집	10	근대 교과서 해제

목차

초목필지

(樵牧必知)

上 · 下

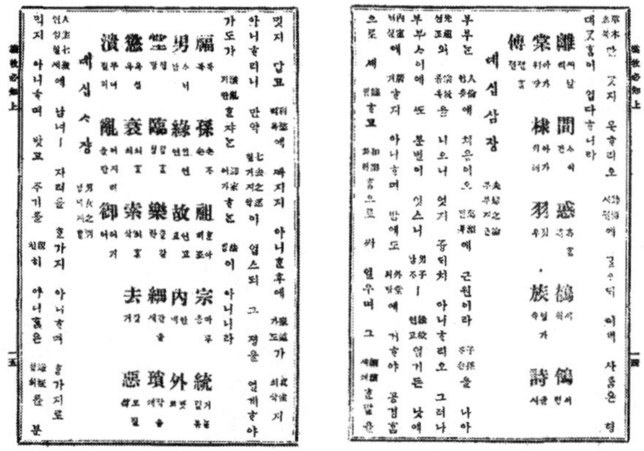

樵牧必知

쵸목필지샹목록

樵牧必知 上 目錄 一

뎨삼십삼쟝	금샤치지요	禁奢侈之要
뎨삼십ᄉᆞ쟝	졀저용지요	節財用之要
뎨삼십오쟝	언어지졀	言語之節
뎨삼십륙쟝	동작지졀	動作之節
뎨삼십칠쟝	ᄉᆞ슈취여지의	辭受取與之義
뎨삼십팔쟝	존심지요	存心之要
뎨삼십구쟝	양셩지요	養性之要
뎨ᄉᆞ십쟝	샹동	上同
뎨ᄉᆞ십일쟝	양지긔지요	養志氣之要
뎨ᄉᆞ십이쟝	변의리지요	辨義理之要
뎨ᄉᆞ십삼쟝	변인품상하	辨人品上下

뎨ᄉᆞ십삼쟝	샹동	上同
뎨ᄉᆞ십오쟝	샹동	上同
뎨ᄉᆞ십륙쟝	변근로ᄒᆡ틱	辨勤勞懈怠
뎨ᄉᆞ십칠쟝	샹동	上同
뎨ᄉᆞ십팔쟝	농업	農業
뎨ᄉᆞ십구쟝	공업	工業
뎨오십쟝	샹업	商業
뎨오십일샹	총론ᄉᆞ민	摠論四民
뎨오십이쟝	잠상	蠶桑
뎨오십삼쟝	ᄎᆡ쵸	採樵
뎨오십샤쟝	목츅	牧畜

쵸목필지샹목록죵

쵸목필지하목록

樵牧必知 쵸목필지 샹

第一章 뎨일장 父子之恩 부ᄌ지은

아바지는 ᄒᆞᆫ집의 하ᄂᆞᆯ이오 어마이는 ᄒᆞᆫ집의 ᄯᅡ이니 天텬地디 아니면 엇지 써 萬物만물을 나며 父母부모 아니면 엇지 써 나의 몸이 잇ᄉᆞ리오 身體신톄와 髮膚발부는 부모ᄭᅴ 밧은지라 나를 기르시고 나를 ᄀᆞᄅᆞ치시니 恩德은덕을 갑고져 ᄒᆞ진ᄃᆡ 昊天호텬이 罔極망극ᄒᆞ니 남의 아ᄃᆞᆯ 된 者쟈는 졍셩과 힘을 다ᄒᆞ야 그 은혜의 萬分之一만분지일을 갑흘지니라

樵 나무 쵸 牧 칠 목 必 반ᄃᆞ시 필 知 알 지 第 ᄎᆞ례 뎨
一 ᄒᆞᆫ 일 章 글쟝 쟝 父 아비 부 子 아ᄃᆞᆯ ᄌᆞ 之 갈 지
恩 은혜 은 天 하ᄂᆞᆯ 텬 地 ᄯᅡ 디 萬 일만 만 物 만믈 믈

母 어미 모　身 몸 신　體 몸 톄　髮 터럭 발　膚 살 부

德 큰 덕　昊 하ᄂᆞᆯ 호　罔 업슬 망　極 극진 극　者 놈 쟈

分 논홀 분

뎨이쟝 事親之節(ᄉᆞ친지졀)

남의 아ᄃᆞᆯ 된쟈ㅣ 그 四體(ᄉᆞ톄)를 게을리ᄒᆞ며 容貌(용모)를 放肆(방ᄉᆞ)히ᄒᆞ면 어바이 셤기ᄂᆞᆫ 道(도)ㅣ 아닌고로 반ᄃᆞ시 ᄃᆞᆰ이 울거든 세슈ᄒᆞ며 머리빗고 부모계신 房(방)의 가나니 이ᄂᆞᆫ 그 誠心(셩심)을 일치 아니ᄒᆞᆷ이오 비록일을 잡고 물너가 잘ᄯᅢ라도 ᄯᅩ 그 어바이ᄅᆞᆯ 잇지 못ᄒᆞᄂᆞᆫ고로 반ᄃᆞ시 ᄉᆡ벽과 저녁에 그 氣候(긔후)를 삷혀셔 차고 더움이 適中(뎍즁)ᄒᆞᆷ을 아ᄂᆞ니 그 職分(직분)을 다ᄒᆞᆷ이니라

二 두 이　事 일 ᄉᆞ　親 어바이 친　節 마듸 졀　四 넉 ᄉᆞ

容 얼굴 용　貌 모양 모　放 노흘 방　肆 방ᄉᆞ ᄉᆞ　道 길 도

房 방 방　誠 졍셩 셩　心 ᄆᆞ음 심　氣 긔운 긔　候 기다릴 후

適 마ᄌᆞᆯ 뎍　中 가온ᄃᆡ 즁　職 벼슬 직

뎨삼쟝 上同(샹동)

얼굴빗을 和(화)ᄒᆞ게ᄒᆞᆷ은 어바이 ᄆᆞ음을 或(혹) 거슬룻가 두려ᄒᆞᆷ이오 얼굴을 이어 激動(격동)치 아니ᄒᆞᆷ은 어바이 ᄯᅳᆺ을 혹 어길가 念慮(념녀)ᄒᆞᆷ이니 부모ㅣ 怒(노)ᄒᆞ시거든 더욱 ᄉᆞ랑ᄒᆞ며 撻(달)ᄒᆞ셔도 원망치 아니ᄒᆞᆷ은 그 ᄯᅳᆺ을 기르ᄂᆞᆫ비오 달고 맛 잇ᄂᆞᆫ 飮食(음식)이 아니면 온젼ᄒᆞ고 편안치 못ᄒᆞᆫ고로 음식을 갓초아 이바지ᄒᆞᆷ은 그 몸을 기르ᄂᆞᆫ비니라

三 석삼 激 격동할격 撻 달칠달
上 웃샹 動 움즉일동 飮 마실음
同 한가지동 念 생각념 食 밥식
和 화할화 慮 생각려
或 혹혹 怒 성낼노

뎨四장 샹동

지엽(枝葉)이 단으면 근본(根本)이 샹(傷)ᄒᆞᄂᆞ니 아ᄃᆞᆯ이 립신양명(立身揚名)치 못ᄒᆞ며 엇지 그 부모를 낫타나리오 그런고로 힘실을 닥고 일홈을 셰움은 나의 나은바를 더럽히지 아니홈이오 싸호기를 조아ᄒᆞ야 법(法)을 범(犯)ᄒᆞᄂᆞᆫ쟈ᄂᆞᆫ 반ᄃᆞ시 그 부모를 위틱히 ᄒᆞ고 술을마시고 욕심을 방종(放縱)히 ᄒᆞᄂᆞᆫ쟈ᄂᆞᆫ 그 부모ᄭᅴ 욕(辱)을 끼치ᄂᆞᆫ고로 항상(恒常) 경계(警戒)ᄒᆞ고 두려온 ᄆᆞ음을 두ᄂᆞ니 이ᄂᆞᆫ 부모의 욕됨을 념녀홈이니라

枝 가지지 葉 닙엽 根 뿌리근 本 근본본 傷 상할상
立 설립 揚 놀릴양 名 일홈명 法 법법 犯 범할범
縱 노흘종 辱 욕욕 恒 항상항 常 항상상 警 경계경
戒 경계계

뎨五장 봉친의식지절(奉親衣食之節)

오십(五十)에 비단이 아니면 덥지 못ᄒᆞ고 칠십(七十)에 고기 아니면 비부르지 못ᄒᆞᄂᆞ니 이ᄂᆞᆫ 양로(養老)ᄒᆞᄂᆞᆫ 대절(大節)이라 셰샹(世上) 사ᄅᆞᆷ이 혹 ᄌᆞ긔(自己) 몸에ᄂᆞᆫ 죠흔 의복(衣服)을 닙으되 부모의 차고 더움은 ᄉᆡᆼ각지 아니ᄒᆞ고 ᄌᆞ긔입에ᄂᆞᆫ 단 음식을 슬혀ᄒᆞ되 부모의 쥬리고 비부름을 도라보지 아니ᄒᆞᄂᆞᆫ쟈ㅣ 잇스니 이ᄂᆞᆫ 금슈(禽獸)의 ᄒᆡᆼ실이라 엇지 두렵지 아니ᄒᆞ리오

五 다숫 오　養 기를 양　服 옷 복
奉 밧들 봉　大 큰 대　禽 새 금
衣 옷 의　世 인간 세　獸 즘싱 슈
十 열 십　自 스ᄉᆞ로 ᄌᆞ
七 닐곱 칠　己 몸 기

뎨六쟝 國民義務(국민의무)

百姓(빅셩)은 나라의 근본이니 빅셩이 업스면 곳 나라이 업는고로 세샹사름이 갈ᄋᆞ되 나라는 皇室(황실)의 私物(ᄉᆞ물)이 아니오 국민의 公物(공물)이라ᄒᆞᄂᆞ니 나의 몸이 비록 작으나 국민中(즁)의 一分子(일분ᄌᆞ)오 나의 財產(지산)이 비록 艱難(간난)ᄒᆞ나 全國(젼국)지산의 一部分(일부분)이니 항샹 나의 몸과 지산을 重大(즁대)히 녁여 一身(일신)의 利害(리해)를 싱각지 말고 國家(국가)의 公益(공익)을 도모ᄒᆞ야 一毫(일호)라도 국민의 資格(ᄌᆞ격)을 일치 말지니라

六 여숫 륙　百 일빅 빅　公 공변될 공　全 온젼ᄒᆞᆯ 젼　家 집 가
國 나라 국　姓 셩 셩　財 ᄌᆡ믈 ᄌᆡ　部 떼 부　益 더ᄒᆞᆯ 익
民 빅셩 민　皇 님군 황　產 ᄌᆡ산 산　重 무거울 즁　毫 터럭 호
義 올을 의　室 집 실　艱 어려울 간　利 리ᄒᆞᆯ 리　資 ᄌᆞ뢰 ᄌᆞ
務 힘쓸 무　私 ᄉᆞᄉᆞ ᄉᆞ　難 어려울 난　害 해ᄒᆞᆯ 해　格 다다를 격

뎨七쟝 愛國之誠(ᄋᆡ국지셩)

빅셩의 의복과 음식은 국가 土地(토디)의 나는 비니 빅셩이 나라아니면 依托(의탁)홀 곳이 업는고로 진실노 국가의 利益(리익)이 잇슬진디 나의 몸과 집을 도라보지 아니ᄒᆞᄂᆞ니 국민의 智識(지식)이 發達(발달)홈을 보거든 나의 지식이 발달홈과 깃치 알며 국가의 財政(지졍)이 富饒(부요)홈을 보거든 나의

지졍이 부요홈과 ᄀᆺ치 알아 나라ᄉ랑홈을 나의집보다 심甚히ᄒ야 나라의 흥興망亡안安위危를 나의 일신으로 담擔당當ᄒ도록홀지니라

愛 ᄉ랑 애	土 흙 토	依 의지ᄒᆯ 의	托 부탁ᄒᆯ 탁	智 지혜 지
識 알 식	發 필 발	達 통달 달	政 졍ᄉ 졍	富 부ᄌ 부
饒 넉넉ᄒᆯ 요	甚 심ᄒᆯ 심	興 닐 흥	亡 망ᄒᆯ 망	安 편안 안
危 위ᄐᆡ 위	擔 메 담	當 맛당 당		

뎨八장 충忠효孝일一반般

부ᄌ가 친親홈이 잇스며 군君신臣이 의義잇스며 부夫부婦가 분分별別이 잇스며 장長유幼가 ᄎ례잇스며 붕朋우友가 신信이잇슴이 오五륜倫이라 인人도道의 강綱긔紀니 남의 ᄌ子뎨弟된ᄌㅣ 드러온즉 어바이를 섬기고 나아간즉 님군을 섬기ᄂ니 효도ᄂ 츙셩와 근본이라 몬저 어바이 섬기ᄂ 도道를 극진히ᄒᆫ 연然후後에 가可히 써 님군섬기ᄂ 의義에 옴기ᄂ 고로 효도로 ᄉ事군君ᄒᄂ 일은 아죡 다 긔記록錄지 못ᄒ나 어진 ᄌ뎨 진실노 힘을 다ᄒ야 어바이를 섬기면 타他일日에 ᄌ自연然ᄉ군ᄒᄂ 도를 알이니다만 군신은 의로 써 합合ᄒᄂ고로 쳡ᄒ죡 벼ᄉᆯᄒ고 합ᄒ지 못ᄒ죡 맛당히 갈지나 이 ᄒᆫ일은 ᄉ친親과 다르니라

八 여덟 팔	忠 충셩 충	孝 효도 효	般 일반 반	君 님군 군
臣 신하 신	夫 지아비 부	婦 며ᄂ리 부	別 분별 별	長 긴 쟝
幼 어릴 유	朋 벗 붕	友 벗 우	信 밋블 신	倫 인륜 륜

人(사람 인) 綱(벼리 강) 紀(벼리 긔) 弟(아 뎨)
後 可(올홀 가) 記(록) 錄(긔록 록) 他(다 타)
日

뎨구장(第九章) 事師之道(ᄉᆞᄉᆞ지도)

어바이는 나를 나지고 님군은 나를 기르시고 스승
나를 ᄀᆞᄅᆞ치시니 君師父(군ᄉᆞ부)는 一體(일톄)라 스승이 부ᄌᆞ지은과
군신지의를 兼(겸)ᄒᆞ야 나의 學業(학업)을 指導(지도)ᄒᆞ고 前程(젼졍)을 成就(셩취)
케 ᄒᆞ시니 弟子(뎨ᄌᆞ) 된 쟈ㅣ 스승섬기는도를 어바이나 님군과
ᄀᆞᆺ치ᄒᆞ야 平生(평ᄉᆡᆼ)을 依仰(의앙)ᄒᆞ다가 스승이 沒世(몰셰)ᄒᆞ시거든 ᄆᆞ
ᄋᆞᆷ으로 三年(삼년)을 居喪(거상)ᄒᆞᄂᆞ니라

師(스승 ᄉᆞ) 兼(겸ᄒᆞᆯ 겸) 學(ᄇᆡ홀 학) 問(무ᄅᆞᆯ 문) 指(ᄀᆞᄅᆞ칠 지)

導(인도 도) 平(평평 평) 居(살 거)
前(압 젼) 生(날 ᄉᆡᆼ) 喪(죽을 상)
程(길 졍) 仰(우러 앙)
成(일울 셩) 沒(ᄲᅡ질 몰)
就(나아갈 취) 年(ᄒᆡ 년)

뎨십장(第十章) 祭祀之節(졔ᄉᆞ지졀)

鬼神(귀신)은 항상 享(향)홈이 업셔 졍셩잇는ᄃᆡ 향ᄒᆞᄂᆞ니 祭(졔)ᄒᆞᄃᆡ
항치 아니ᄒᆞ면 졔치 아니홈과 ᄀᆞᆺ흔지라 神道(신도)ㅣ 洋洋(양양)히
그 우에 잇셔 혹 보는듯ᄒᆞᆫ고로 恭敬(공경)을 일우고 禮(례)를
다홈은 근본을 갑는비니 진실노 졍셩이 아니면 엇지
써 神明(신명)을 感格(감격)ᄒᆞ리오 또 집이 간난ᄒᆞ야 祭物(졔물)이 豐盛(풍셩)치
못ᄒᆞᆯ연 도로혀 闕享(궐향)ᄒᆞ는쟈ㅣ 잇ᄉᆞ니 先靈(션령)이 어느곳에
의탁ᄒᆞ리오 비록 酒果脯醯(쥬과포혜)라도 졍셩이 잇슨즉 ᄇᆡᆨ향보다

나으니라

饗 洋 豊 酒 주술 · 풍풍

祀 ᄉᆞ제 ᄉᆞ　恭 공경 공　飾 ᄭᅮ밀 식　果 실과 과

鬼 귀신 귀　敬 공경 경　闕 궐할 궐　脯 포 포

神 신령 신　禮 례졀 례　先 먼져 션　醢 젓 해

享 흠향 향　明 밝을 명　靈 신령 령

뎨십일장 형뎨지졍(兄弟之情)

형뎨는 골육(骨肉)을 ᄒᆞᆫ가지 부모ᄭᅴ 밧아스니 엇지 타인(他人)다려 형이라 닐으며 뎨라 닐으리오 사ᄅᆞᆷ이 어려셔 그 형을 공경ᄒᆞ고 아오를 ᄉᆞ랑ᄒᆞᆷ을 알되 각기(各其) 가실(家室)을 두미 혹 재믈(財物)을 닷호며 작은 분(忿)을 인(因)ᄒᆞ야 부인(婦人)의 말과 노복(奴僕)의 참소를 듯고 맛ᄎᆞᆷ니 구슈(仇讐) 되ᄂᆞᆫ 쟈ㅣ 잇스니 이ᄂᆞᆫ 부모의 혈육(血肉)을 초개(草芥)ᄀᆞᆺ치 알아 텬륜(天倫)을 상코 풍화(風化)를 손상(損傷)ᄒᆞᆷ이니 엇지 인류(人類)라 닐으리오

兄 맏 형　其 그 기　讐 원슈 슈　化 될 화

情 뜻 졍　忿 분ᄒᆞᆯ 분　血 피 혈　損 덜 손

骨 ᄲᅧ 골　奴 종 노　草 풀 초　類 ᄀᆞᆺᄒᆞᆯ 류

肉 고기 육　僕 종 복　芥 겨자 개

各 각각 각　仇 원슈 구　風 바람 풍

뎨십이장 상동

참소와 리간(離間)에 혹(惑)ᄒᆞ지 말며 재물과 ᄉᆞ졍(私情)에 움직이지 말아 분ᄒᆞ고 노ᄒᆞᆫ ᄆᆞ음을 ᄉᆞᆫ코 화(和)ᄒᆞ고 질거온 도(道)를 ᄎᆞᆷ 써 셔로 셰ᄒᆞ지 ᄂᆞᆫ면 화긔(和氣)를 가히 일우리니 시에도 쳑령(鶺鴒)이 잇고 옛에도 당톄(棠棣) 잇스니 사ᄅᆞᆷ이 엇지 우익(羽翼)과

草木초목만 못지 못ᄒᆞ리오 詩傳시젼에 ᄀᆞᆯᄋᆞᄃᆡ 이ᄯᅢ 사ᄅᆞᆷ은 형뎨ᄀᆞᆺᄒᆞᆷ이 업다ᄒᆞ니라

離 떠날 리　棠 아가위 당　傳 젼ᄒᆞᆯ 젼
間 ᄉᆞ이 간　棣 아가위 톄
惑 혹ᄒᆞᆯ 혹　羽 깃 우
鶺 쳑셔　族 일족 족
鴒 령셔　詩 글 시

뎨십삼장 夫婦之論부부지론

부부는 人倫인륜에 처음이오 萬福만복에 근원이라 子孫ᄌᆞ손을 나아 先祖션조의 宗統종통을 니으니 엇지 즁ᄃᆡ치 아니ᄒᆞ리오 그러나 부부ᄉᆞ이에 또 분별이 잇스니 男子남ᄌᆞㅣ 緣故연고 업거든 낫에 內室내실에 거ᄒᆞ지 아니ᄒᆞ며 밤에도 外堂외당에 거ᄒᆞ야 공경ᄒᆞᆷ으로 졔 臨림ᄒᆞ고 和樂화락ᄒᆞᆷ으로써 일우며 그 細瑣세쇄ᄒᆞᆫ 말을

밋지 답고 利慾리욕에 ᄲᅡ지지 아니ᄒᆞᆫ후에 家道가도가 衰索쇠삭지 아니ᄒᆞ리니 만약 七去之惡칠거지악이 업스되 그 졍을 열게ᄒᆞ야 가도가 潰亂궤란ᄒᆞᆫ자는 御家法어가법이 아니니라

福 복 복　孫 손ᄌᆞ 손　祖 ᄒᆞᆫ아비 조　宗 마루 종　統 거ᄂᆞ릴 통
男 ᄉᆞ나ᄒᆡ 남　緣 인연 연　故 연고 고　內 안 내　外 밧 외
堂 집 당　臨 림ᄒᆞᆯ 림　樂 즐거울 락　細 ᄀᆞᄂᆞᆯ 셰　瑣 ᄌᆞ잘 쇄
慾 욕심 욕　衰 쇠ᄒᆞᆯ 쇠　索 쇄삭ᄒᆞᆯ 삭　去 갈 거　惡 모질 악
潰 무너질 궤　亂 어지러울 란　御 어거 어

뎨십ᄉᆞ장 男女之別남녀지별

人生七歲인ᄉᆡᆼ칠셰에 남녀ㅣ 자리를 ᄒᆞᆫ가지 아니ᄒᆞ며 ᄒᆞᆫ가지로 먹지 아니ᄒᆞ며 밧고 주기를 親친히 아니ᄒᆞᆷ은 嫌疑혐의를 분

별ᄒᆞᆫ 비니 만약 남녀의 분별이 업ᄉᆞᆫ즉 가도가 산란(散亂)치
아니ᄒᆞᆯ쟈ㅣ 업스나 어린ᄋᆞ희를 ᄀᆞᄅᆞ치ᄂᆞᆫ 문견(聞見)에 남녀지
별이 가장 즁(重)ᄒᆞ니라

女 계집 녀 歲 ᄒᆡ 세 嫌 혐의 혐 疑 의심 의 散 흣흘 산
聞 드를 문 見 볼 견

뎨십오쟝 경장지도(敬長之道)

쟝유의 ᄎᆞ례ᄂᆞᆫ 인륜을 ᄇᆞᆰ힌 ᄇᆡ니 나이 ᄇᆡ(倍)나 되면 이ᄂᆞᆫ 부형(父兄)의 벗이오 십년이 더ᄒᆞᆫ즉 나보다 놉흔쟈ㅣ니 진실노 혈긔(血氣)에 부린 ᄇᆡ 되야 비록 년치(年齒) 놉흔 어룬이라도 업수이 너기고 희학(戱謔)ᄒᆞ야 ᄌᆞ(字)를 부르고 더부러 벗ᄒᆞᆫ즉 신도에 맛당히 ᄒᆞᆯ ᄇᆡ 아니니라

倍 갑졀 ᄇᆡ 齒 이 치 戱 희롱 희 謔 희롱 학 字 글ᄌᆞ ᄌᆞ

뎨십륙쟝 교우지도(交友之道)

붕우ᄂᆞᆫ 의(義)로 써 합(合)ᄒᆞ야 오륜의 ᄒᆞᆫ나이 되니 엇지 그 ᄉᆞᄅᆞᆷ을 알지 못ᄒᆞ고 망녕되히 ᄉᆞ괴리오 벗을 취(取)ᄒᆞᆷ이 단졍(端正)치 못ᄒᆞ면 유익(有益)ᄒᆞᆫ 효험(效驗)이 업ᄂᆞ니 서로 ᄆᆞᄋᆞᆷ을 알은 후에 형뎨ᄀᆞᆺ치 ᄉᆞ랑ᄒᆞ야 혹 서로 져ᄇᆞ리고 잇지 아니ᄒᆞᆷ이 가(可)ᄒᆞ니 진실노 ᄉᆞᄅᆞᆷ을 가리지 아니ᄒᆞ고 가벼히 허락(許諾)ᄒᆞ야 벗ᄒᆞ고 희학ᄒᆞ며 친압(親狎)ᄒᆞᆷ으로 써 친ᄒᆞ도라 ᄒᆞ다가 ᄒᆞᆫ 작은 분(忿)으로 ᄐᆞᆺ호아 맛ᄎᆞᆷ니 구뎍(仇敵)이 되면 엇지 벗이라 닐으리오

交 사괼 교 取 가질 취 端 단졍할 단 正 바를 졍 有 이슬 유

效 본바들효　驗 증험험　許 허락허　諾 허락락　狎 친압압
敵 뎍뎍뎍

뎨십칠장 상동

졔(齊)나라 졍승 안평즁(晏平仲)이 사ᄅᆞᆷ으로 더부러 ᄉᆞ괴되 오ᄅᆞᆯᄉᆞ록 공경ᄒᆞ거ᄂᆞᆯ 공ᄌᆞ(孔子)ㅣ 칭찬(稱贊)ᄒᆞ시니라 ᄒᆞ믈며 학문잇고 강직(剛直)ᄒᆞᆫ 사ᄅᆞᆷ으로 벗ᄒᆞ면 흥(興)ᄒᆞ고 편벽(偏僻)되고 아당ᄒᆞᆫ 사ᄅᆞᆷ으로 벗ᄒᆞ면 망(亡)ᄒᆞᄂᆞ니 벗을 가리ᄂᆞᆫ자ㅣ 가히 삼가지 아니ᄒᆞ리요

齊 나라졔　晏 늦을안　仲 버금즁　孔 구멍공　稱 일컬을칭
贊 기릴찬　剛 강강　直 곳을직　偏 편벽편　僻 편벽벽

뎨십팔장 외인교졔지도(外人交際之道)

외국(外國) 사ᄅᆞᆷ은 능(能)히 언어(言語)를 통(通)치 못ᄒᆞ며 습속(習俗)이 ᄯᅩ ᄀᆞᆺ지 아니ᄒᆞ니 졍곡(情曲)을 엇지 셔로 ᄉᆞ모치리오 교졔ᄒᆞᆯ ᄯᆡ에 나의 용모를 공슌히 ᄒᆞ며 졉ᄃᆡ(接待)를 극진히 ᄒᆞ고 혹 샹약(相約)ᄒᆞᆫ 일이 잇거든 조금도 어긔지 말아 신(信)으로ᄡᅥ 뵈이면 외인즁에 비록 광패(狂悖)ᄒᆞ고 한독(悍毒)ᄒᆞᆫ자ㅣ 잇스나 나에게 엇지ᄒᆞ리오 공ᄌᆞㅣ ᄀᆞᆯᄋᆞ샤ᄃᆡ 말이 충신(忠信)ᄒᆞ고 ᄒᆡᆼ실이 독경(篤敬)ᄒᆞ면 만ᄆᆡᆨ(蠻貊)의 나라이라도 가히 ᄒᆡᆼ(行)ᄒᆞᆫ다 ᄒᆞ시니라

際 즈음졔　能 능ᄒᆞᆯ능　言 말ᄉᆞᆷ언　語 말ᄉᆞᆷ어　通 통ᄒᆞᆯ통
習 익일습　俗 풍속속　曲 굽을곡　接 붓칠졉　待 기다릴ᄃᆡ
相 셔로샹　約 언약약　狂 밋칠광　悖 거ᄉᆡ릴패　悍 모질한
毒 독ᄒᆞᆯ독　篤 도타올독　蠻 오랑캐만　貊 오랑캐ᄆᆡᆨ　行 ᄃᆞᆫ길ᄒᆡᆼ

뎨십구쟝 宗族之道(종족지도)

물은 萬派(만파)로 흐르되 근원은 ᄒᆞᆫ곳이오 나무는 千枝(천지)로 눈호되 근본은 ᄒᆞᆫ 株(쥬)이니 同姓(동셩)은 百代(ᄇᆡᆨᄃᆡ)라도 至親(지친)이라 始祖(시조)의 혈육을 ᄀᆞᆺ치 밧아 나로 더브러 血脈(혈ᄆᆡᆨ)이 서로 통ᄒᆞ고 ᄯᅩ 시조로 좃차보면 다 ᄀᆞᆺ흔 ᄌᆞ손이니 엇지 彼此(피ᄎᆞ)에 厚薄(후박)이 잇스리오 무릇 종족되는 쟈는 遠近(원근)을 勿論(물론)ᄒᆞ고 敦睦(돈목)ᄒᆞᆫ 誼(의)를 극진히 ᄒᆞ야 타인보다 달리 알지니라

派 눈홀 파 　始 비로솔 시 　薄 엷을 박 　敦 도타올 돈
千 일쳔 쳔 　脈 혈ᄆᆡᆨ ᄆᆡᆨ 　遠 멀 원 　睦 화목 목
株 밋둥 쥬 　彼 저 피 　近 ᄀᆞᆺ가올 근 　誼 정의 의
代 ᄃᆡ신 ᄃᆡ 　此 이 ᄎᆞ 　勿 말 물
至 이르 지 　厚 두터올 후 　論 의론 론

뎨이십쟝 上同(샹동)

종족즁의 家勢(가셰) 至貧(지빈)ᄒᆞᆫ 쟈ㅣ 잇거든 항샹 錢穀(젼곡)으로 救恤(구휼)ᄒᆞ고 婚姻(혼인)과 喪葬(상장)에 더욱 極力(극력) 補助(보조)ᄒᆞ야 타인의 不睦(불목)ᄒᆞ다는 責望(ᄎᆡᆨ망)을 免(면)ᄒᆞᆯ지니 그러치 아니ᄒᆞ면 이는 夷狄(이뎍)의 풍속이오 ᄯᅩ 세속 사ᄅᆞᆷ이 혹 門閥(문벌)의 高下(고하)와 가셰의 貧富(빈부)를 計較(계교)ᄒᆞ야 奴隷(노례)ᄀᆞᆺ치 賤待(쳔ᄃᆡ)ᄒᆞ는 쟈도 잇고 심ᄒᆞᆫ 쟈는 원수ᄀᆞᆺᄒᆞ니 엇지 人道(인도)라 닐으리오

勢 형셰 셰 　恤 [illegible] 휼 　補 기울 보 　夷 오랑캐 이
貧 간난 빈 　婚 혼인 혼 　助 도을 조 　狄 오랑캐 젹
錢 돈 젼 　姻 혼인 인 　不 아닐 불 　門 문 문
穀 곡식 곡 　葬 장ᄉᆞ 장 　責 ᄭᅮ지즐 ᄎᆡᆨ 　閥 [illegible]
救 구완 구 　力 힘 력 　[illegible] 　[illegible]

下 아래 하 較 비교 교 計 계교 계 隷 종 례 賤 쳔ᄒᆞᆯ 쳔

뎨이십일장 이異동同포胞지之의義

이 세世계界에 잇ᄂᆞᆫ 인人죵種의 로老쇼少남男녀女ᄂᆞᆫ 다 十의 동포형뎨니
엇지 귀貴쳔賤과 상上하下를 가리리오 텬디만믈즁에 가쟝 귀貴ᄒᆞᆫ
고 령靈ᄒᆞᆫ자ᄂᆞᆫ 사ᄅᆞᆷ이니 외국사ᄅᆞᆷ이라도 반ᄃᆞ시 공경ᄒᆞ고
ᄉᆞ랑ᄒᆞ거든 ᄒᆞ물며 ᄀᆞᆺ치 일一국國에 나셔 국가의 부富강强과
국민의 리익을 ᄒᆞᆫ가지로 담당ᄒᆞᆫ 의무가 잇스니 만약
동포즁에 일一이二인人만 엽셔도 해害ᄂᆞᆫ 국가의 도라가리니 엇
지 즁ᄒᆞ지 아니ᄒᆞ리오 맛당히 형뎨와 ᄌᆞ姉ᄆᆡ妹ᄀᆞᆺ치 ᄉᆞ랑ᄒᆞ
야 단團톄體됨을 힘쓸지니라

胞 포태 포 界 디경 계 種 씨 종 老 늙을 로 少 젊을 쇼

貴 귀ᄒᆞᆯ 귀 强 강ᄒᆞᆯ 강 姊 ᄆᆞᆺ누의 ᄌᆞ 妹 누의 ᄆᆡ 團 둥글 단

뎨이십이장 상동

세속사ᄅᆞᆷ이 혹 리욕에 ᄲᆞ져 의義리理를 도라보지 아니ᄒᆞ고
젼실노 ᄌᆞ긔일신에 리익이 잇스면 동포를 모謀함陷ᄒᆞ야 불不
측測ᄒᆞᆫ 화禍를 입히ᄂᆞ니 이ᄂᆞᆫ 인류로 ᄎᆡ망ᄒᆞᆯ것이 아니오
금슈만 ᄀᆞᆺ지 못ᄒᆞ거니와 그 리익이 엇지 쟝長구久ᄒᆞ며 지災앙殃
이 뎌의 일신에 면免치 못ᄒᆞᆯ뿐아니라 ᄌᆞ손에게 밋치기
쉬으니라

理 다ᄉᆞ릴 리 謀 꾀 모 陷 ᄲᆞ질 함 測 측량 측 禍 재앙 화
久 오랠 구 災 재앙 재 殃 재앙 앙

뎨이십삼장 졉接인人지之셜節

사ᄅᆞᆷ이 진실도 나에게 례(禮)ᄒᆞ거든 나도 ᄯᅩ 례ᄒᆞ며 너에
게 후(厚)ᄒᆞ거든 나도 ᄯᅩ 후히ᄒᆞ되 나에게 무례(無禮)ᄒᆞᆷ으로 써
나의 몸을방ᄉᆞ히 말며 나에게 박ᄃᆡ(薄待)ᄒᆞᆷ으로 써 나의 후(厚)
의(誼)를 잇지말아 온언(溫言)으로 ᄃᆡ(待)ᄒᆞ며 화긔로 졉(接)ᄒᆞ고 나보다
승(勝)ᄒᆞᆫ쟈로 써 ᄆᆡ를 더ᄒᆞ지 말며 나만 ᄀᆞᆺ지 못ᄒᆞᆫ쟈로
써 업슈녀기지 말아 친소(親疏)와 귀쳔을 교계치 아니ᄒᆞ고
졉ᄃᆡᄒᆞᆷ이 가ᄒᆞ니라

無 무 업슬　意 의 ᄯᅳᆺ　溫 온 다ᄉᆞᆯ　勝 승 이긜　疏 소 셩길

뎨이십ᄉᆞ장 숭정도지요(崇正道之要)

공ᄌᆞ와 ᄆᆡᆼᄌᆞ(孟子)ᄂᆞᆫ 쳔고(千古)에 셩현(聖賢)이라 례의(禮義)로 써 후인(後人)을 ᄀᆞ
라치샤 빅세(百世)에 스승이 되시니 우리 인종이 이ᄆᆡᆨ과 극
슈졔을 면ᄒᆞᆷ은 다 공ᄆᆡᆼ의 교화(敎化)ㅣ라 사ᄅᆞᆷ이 되야 엇지
졍도를 비반(背反)ᄒᆞ리오 슈신졔가(修身齊家)와 치국평텬하(治國平天下)ᄒᆞᄂᆞᆫ 도(道)ㅣ 다
공ᄆᆡᆼ지 서(書)에 잇ᄉᆞ니 그 글을 ᄇᆡ호고져 ᄒᆞᆯ진ᄃᆡ 몬져
샤도(邪道)를 거졀(拒絶)ᄒᆞᆯ지니 무복(巫卜)과 승니(僧尼)ᄂᆞᆫ 다 졍도를 ᄒᆡ(害)ᄒᆞᄂᆞᆫ
샤도ㅣ라 샤도를 밋으면 졍도를 ᄒᆡᄒᆞᆯᄲᅮᆫ아니오 가도가
ᄯᅩ 괴란ᄒᆞ리니 어려셔브터 졍도를 존숭(尊崇)ᄒᆞᆯ지니라

崇 숭 놉흘　要 요 죵요　孟 ᄆᆡᆼ 맛　古 고 녜　聖 셩 셩인
賢 현 어질　敎 교 ᄀᆞᄅᆞ칠　背 ᄇᆡ 등　反 반 도리킬　脩 슈 닥글
治 치 다ᄉᆞ릴　書 서 글　邪 샤 간샤　拒 거 막을　絶 졀 ᄭᅳᆫ흘
巫 무 무당　卜 복 졈칠　僧 승 즁　尼 니 녀승　尊 존 놉흘

뎨이십오장 의법률지요(依法律之要)

법률은 국가에셔 만민(萬民)을 다ᄉᆞ리ᄂᆞᆫ 공평(公平)ᄒᆞᆫ [illegible]이아 법률이 ᄒᆞᆫ번 명정(命定)ᄒᆞ면 일국을 통솔(統率)ᄒᆞ신 님군이라도 [illegible]의 경중(輕重)을 임의(任意)로 ᄒᆞ지 못ᄒᆞ시ᄂᆞ니 ᄒᆞ믈며 ᄇᆡᆨ셩이 되야 엇지 법률을 두려ᄒᆞ지 아니ᄒᆞ리오 우연(偶然)히 법을 범(犯)ᄒᆞ야 형벌을 당ᄒᆞ거든 회과자신(悔過自新)ᄒᆞᆷ을 ᄉᆡᆼ각ᄒᆞᆯ것이오 좀ᄎᆞᆺ 법을 범ᄒᆞ고 법관(法官)에게 좌우쳥촉(左右請囑)ᄒᆞ야 요ᄒᆡᆼ(僥倖)을 맛고 형벌을 면코져 ᄒᆞᄂᆞᆫ자ᄂᆞᆫ 국민의 ᄌᆞ격이 아니니라

畏 두려울 외　率 거ᄂᆞ릴 솔　偶 우범 우　左 왼 좌
律 법측 률　刑 형벌 형　悔 뉘우칠 회　右 올흘 우
權 저울ᄃᆡ 권　罰 형벌 벌　過 허물 과　請 청ᄒᆞᆯ 청
衡 저울ᄃᆡ 형　輕 가벼올 경　新 새 신　囑 부탁ᄒᆞᆯ 촉
定 뎡ᄒᆞᆯ 뎡　任 맛길 임　官 벼슬 관　僥 요ᄒᆡᆼ 요

倖 요ᄒᆡᆼ ᄒᆡᆼ

뎨이십륙장 쳐신지절(處身之節)

대장부(大丈夫)의 쳐신ᄒᆞᆷ을 구차(苟且)히 ᄒᆞ지 아니ᄒᆞᆯ지니 반드시 몬져 의리에 분별과 시비(是非)에 긔틀을 삷혀셔 례의와 렴치(廉恥)로 써 일신을 구속(拘束)ᄒᆞ야 비루(鄙陋)ᄒᆞᆫ 일과 괴이(怪異)ᄒᆞᆫ 힝실을 ᄒᆞ지 말아 희로(喜怒)와 ᄋᆡ락(哀樂)이 즁도(中道)를 엇은 후에 경박(輕薄)ᄒᆞᆫ 치망을 면ᄒᆞ리니 리욕에 ᄲᅡ져 의리를 ᄉᆡᆼ각지 아니ᄒᆞ면 엇지 그 몸을 보젼(保全)ᄒᆞ리오 ᄒᆞ물며 쥬ᄉᆡᆨ(酒色)은 몸을 ᄲᅡ지ᄂᆞᆫ 함졍(陷穽)이니 더욱 삼가고 소심(小心)ᄒᆞ야 몸 가짐을 옥(玉)곳치ᄒᆞ면 세상이 비록 어지러오나 뉘 감(敢)히 나를 업슈녀거리오

處 곳 쳐　丈 길 쟝　苟 진실노 구　且 또 차　是 이 시

非 아닐 비　鄙 더러울 비　哀 슬플 애　玉 구슬 옥

廉 청렴 렴　陋 더러울 루　保 보젼 보　敢 감히 감

恥 붓그러울 치　怪 괴이홀 괴　色 빗 색

拘 거릿길 구　異 다를 이　穽 함정 정

束 묵글 속　喜 깃불 희　小 쟉을 쇼

뎨이십칠장 거居가家지之졀節

나의 몸이 일一가家의 어룬이 되야 능能히 졍도로 써 힝行ᄒᆞ지 못ᄒᆞ죽 ᄌᆞ뎨와 비婢복僕이 다 불不졍正ᄒᆞᆫ 긔氣습習이 잇고 가家샹上된쟈ㅣ 너머 엄嚴ᄒᆞ죽 집안에 화긔를 손샹ᄒᆞ고 편벽된죽 ᄉᆞ랑ᄒᆞ고 미워홈이 고로지 못ᄒᆞ고 그 ᄉᆞ례를 게울리ᄒᆞ죽 집안이 긔忌탄憚ᄒᆞᄂᆞᆫ ᄆᆞᄋᆞᆷ이 업고 방放ᄌᆞ恣히 불不의義ᄒᆞᆫ 일을 힝ᄒᆞ죽 집안이 다 본밧ᄂᆞ니 부인의 셰쇄ᄒᆞᆫ 말을

듯지말며 층소를 밋지말아 화和슌順홈을 힘쓸지니라

婢 종 비　嚴 엄홀 엄　忌 씌릴 긔　憚 씌릴 탄　慈 ᄉᆞ랑 ᄌᆞ

順 슌홀 슌

뎨이십팔장 거居향鄕지之졀節

향鄕당黨은 션先조祖의 분墳묘墓가 잇ᄂᆞᆫ 따이오 부모의 시골이라 년年치齒ᄎᆞ리ᄂᆞᆫ 례를 만慢홀忽히 못홀지니 밋붐으로 써 사ᄅᆞᆷ을 젼ᄃᆡᄒᆞ고 공경으로 써 힝실을 가쟈셔 안으로 써 시비를 분별ᄒᆞ되 풍쇽에 ᄒᆞ으지 말고 ᄒᆡᆺ그로 ᄒᆞᆨ셩을 다ᄒᆞ되 례禮모貌를 간簡솔率히 말나 공ᄌᆞㅣ 향당에셔 슌恂〃ᄒᆞ시나 슌〃은 공슌ᄒᆞᆫ 모양이니라

鄕 시골 향　黨 무리 당　墳 무덤 분　墓 무덤 묘　慢 만홀 만

忽 홀연 홀　簡 ᄃᆡ쪽 간　恂 공슌ᄒᆞᆯ 슌

뎨이십구장 상동

婚喪(혼상)은 人家(인가)의 큰 일이니 보지 아니ᄒᆞᆯ슈 업스며 疾病(질병)은 ᄉᆞᄅᆞᆷ의 큰 근심이니 뭇지 아니ᄒᆞᆯ슈 업스며 窮困(궁곤)은 ᄉᆞᄅᆞᆷ의 큰 厄(외)이니 救(구)ᄒᆞ지 아니ᄒᆞᆯ슈 업ᄂᆞ니라 實情(실졍)에 자나ᄂᆞᆫ 名譽(명예)ᄂᆞᆫ 스ᄉᆞ로 붓그러ᄒᆞ야 ᄆᆞ암을 움직이지 말고 실졍이 업ᄂᆞᆫ 誹謗(비방)은 스ᄉᆞ로 도리켜 縮(축)ᄒᆞᆷ이 업스면 또 엇지 動念(동념)ᄒᆞ리오

疾 병 질　病 병 병　窮 궁ᄒᆞᆯ 궁　困 곤ᄒᆞᆯ 곤　厄 외 외

實 열ᄆᆡ 실　譽 기릴 예　誹 술작 비지　謗 술작 방지　縮 우릴 축구

대삼십장 상동

橫來之厄(횡릭지외)은 셩현도 면치 못ᄒᆞ신비니 이ᄂᆞᆫ 망녕된 ᄉᆞᄅᆞᆷ이라 무엇이 나에게 害(해)ᄒᆞ리오 ᄒᆞ물며 타인와 허물을 낭ᄒᆞ지 말며 邑宰(읍ᄌᆡ)의 政法(졍법)을 의론치 말지니 진실노 이 道(도)를 ᄒᆡᆼᄒᆞ면 비록 만믹의 나라이라도 ᄒᆡᆼᄒᆞᆯ만ᄒᆞ며 宋(송)나라 藍田呂氏(람뎐려시)의 鄕約(향약)이 잇셔 리나라 儒賢(유현)도 다 그 법을 ᄒᆡᆼᄒᆞ시니라

橫 빗길 횡　來 올 래　邑 고을 읍　宰 재상 재　宋 나라 송

藍 쪽 람　田 밧 뎐　呂 법측 려　氏 각시 씨　儒 션비 유

뎨삼십일장 飮食之節(음식지절)

음식은 곳 하ᄂᆞᆯ 리치오 아ᄅᆞᆷ다온 맛을 구ᄒᆞᆷ은 ᄉᆞᄅᆞᆷ의 욕심이라 ᄉᆞᄅᆞᆷ이 음식아니면 살지 못ᄒᆞᄂᆞ니 粥(쥭)과 밥으

로 光腹(광복)ᄒᆞᆷ은 비록 開化(개화)ᄒᆞ지 못ᄒᆞ나 반ᄃᆞ시 구지 싱각ᄒᆞ
고 찻자 말며 혹 명시를 얼코 오작 음식만 춫치면
이ᄂᆞᆫ 밍ᄌᆞㅣ 닐으신바 음식지인이라 사ᄅᆞᆷ이 다 천히
너기ᄂᆞ니 엇지 경계치 아니ᄒᆞ리오

求 구ᄒᆞᆯ 구　粥 쥭 쥭　充 ᄎᆞᆯ 츙　腹 ᄇᆡ 복

뎨십삼이장 衣服之節(의복지절)

의복은 몸을 가리ᄂᆞᆫ 비니 좀ᄌᆞᆺ 襤褸(람루)ᄒᆞᆫ 의복을 닙어 猖(창)
皮幣(피폐)ᄒᆞᆷ을 면ᄒᆞ미 가ᄒᆞ나 또 엇지 華麗(화려)ᄒᆞᆫ 의복을 차쟈
사ᄅᆞᆷ의 눈을 빗니리오 공ᄌᆞ의 뎨ᄌᆞ 子路(ᄌᆞ로)ᄂᆞᆫ ᄒᆞ여진 縕袍(온포)
를 닙고 狐貉(호락) 닙은 쟈로 더부러 ᄒᆞᆫ가지 셔미 붓그러위
아니ᄒᆞ거ᄂᆞᆯ 공ᄌᆞㅣ 층찬ᄒᆞ시니라 君子(군ᄌᆞ)ㅣ 진실노 그 ᄆᆞ

三二

암을 단련ᄒᆞ며 힝실을 닥그면 英華(영화)가 밧그로 낫타나리
니 何必(하필) 文繡(문슈)를 願(원)ᄒᆞ리오

襤 써러질 람　褸 [illegible] 루　猖 밋칠 창　皮 가쥭 피　華 빗날 화
[illegible]　路 길 로　縕 [illegible] 온　袍 도포 포　狐 여호 호
貉 너구리 락　英 꼿부리 영　[illegible] 저　文 글월 문　繡 슈노을 슈
願 원ᄒᆞᆯ 원

뎨삼십삼장 禁奢侈之要(금사치지요)

음식과 의복은 사ᄅᆞᆷ을 기르고 其他(기타) 家舍(가산)와 器皿(긔명)과 日
用物品(용물품)은 다 맛당히 잇슬비나 그러나 반다시 形勢(형세)를
혜아려 窮急(궁급)ᄒᆞᆷ을 면ᄒᆞᆯ다름이니 엇지 過分(과분)ᄒᆞᆫ 財力(저력)을 浪
費(비)ᄒᆞ야 窮奢極侈(궁사극치)ᄒᆞ리오 부귀ᄒᆞᆫ쟈ㅣ 샤치ᄒᆞ면 그 집이

樵牧必知 上　三三

망ᄒᆞ고 貧賤빈쳔ᄒᆞᆫ쟈ㅣ 샤치ᄒᆞ면 그 몸이 망ᄒᆞᄂᆞ니 ᄃᆡ쟝부
가 세상에 나셔 ᄒᆞᆫ만ᄒᆞᆫ 事業ᄉᆞ업이 허다ᄒᆞ거ᄂᆞᆯ 엇지 샤치
ᄅᆞᆯ 조아ᄒᆞ야 千金쳔금 ᄀᆞᆺᄒᆞᆫ 몸을 보젼치 못ᄒᆞ리오

禁 금ᄒᆞᆯ 금　奢 사치 사　侈 사치 치　舍 집 사　器 그릇 기
皿 그릇 명　用 쓸 용　品 품수 품　形 형상 형　窘 군색 군
急 급ᄒᆞᆯ 급　浪 물결 랑　費 허비 비　業 업 업　金 쇠 금

뎨삼십ᄉᆞ쟝 節財用之要 졀ᄌᆡ용지요

ᄌᆡ물은 사ᄅᆞᆷ의 혈ᄆᆡᆨ이라 고기의 물 ᄀᆞᆺᄒᆞ야 ᄌᆡ물이 아
니면 사ᄅᆞᆷ이 살지 못ᄒᆞᄂᆞ니 一年일년에 드러오ᄂᆞᆫ 젼곡을
혜아려 一年일년 用度용도ᄅᆞᆯ 豫算예산ᄒᆞ되 쓸ᄃᆡ업ᄂᆞᆫ 곳에ᄂᆞᆫ 一分일분 錢젼
파 一粒일립 穀곡이라도 濫用람용치 말며 當然당연히 쓸곳에ᄂᆞᆫ 萬金만금 錢젼

파 石米셕미 마도 吝嗇린ᄉᆡᆨ히 말지니 진실노 쓸곳에 쓰지 아
니ᄒᆞ면 壁土벽토 守錢奴슈젼로의 嘲弄됴롱을 듯ᄂᆞ니라

預 미리 예　筭 산 산　粒 낫 립　濫 넘칠 람　石 돌 셕
米 ᄊᆞᆯ 미　吝 린색ᄒᆞᆯ 린　嗇 인색 ᄉᆡᆨ　守 직힐 슈　虜 오랑ᄏᆡ 로
嘲 됴롱ᄒᆞᆯ 됴　弄 희롱 롱

뎨삼십오쟝 言語之節 언어지졀

언어ᄂᆞᆫ 일신에 文彩문ᄎᆡ니 말이 아니면 나의 ᄯᅳᆺ을 남에게
통치 못ᄒᆞ나 請托쳥탁ᄒᆞᆷ에 지나면 實狀실샹 엇ᄂᆞᆫ 병통이 잇ᄂᆞᆫ고
로 밍ᄌᆞㅣ 글ᄋᆞ샤ᄃᆡ 말이 실샹이 업스면 祥瑞샹셔롭지 못
ᄒᆞ다ᄒᆞ시니 입밧긔 ᄒᆞᆫ번 난후에ᄂᆞᆫ 비록 것으고져ᄒᆞ나
엇지 것으리오 禍福화복이 다 입으로 부르ᄂᆞᆫ배니 반ᄃᆞ시

답을 가례ᄒᆞ야 가히 말ᄒᆞᆯ만ᄒᆞᆫ 곳에 말ᄒᆞᆯ지니 ᄎᆞ라히
말에 어놀ᄒᆞᆯ지언졍 말ᄒᆞ면 반ᄃᆞ시 가케 ᄒᆞᆯ지니라

彩(ᄎᆡ 채색) 捷(쳡 빨을) 狀(샹 형상) 詳(샹 샹셔) 瑞(셔 샹셔)

뎨삼십륙쟝 動作之節(동작지졀)

동작은 君子(군ᄌᆞ)의 威儀(위의)니 엇지 起居(긔거)동작은 輕率(경솔)히 ᄒᆞᆯ리오
반ᄃᆞ시 躁急(조급)ᄒᆞᆷ을 禁(금)ᄒᆞ며 혹 경박지 말아 患亂(환란)에 쳐ᄒᆞᆫ
즉 리히를 살혀셔 동ᄒᆞ며 일을 림ᄒᆞᆫ즉 시비를 ᄉᆡᆼ각ᄒᆞ
야 작ᄒᆞ며 狼狽(랑패)로은 일이 업스리니 從容(죵용)ᄒᆞ고 단경ᄒᆞᆷ이
동작에 的當(뎍당)ᄒᆞ니라

作(작 지을) 威(위 위엄) 儀(의 거동) 起(긔 이러ᄂᆞᆯ) 躁(조 조급ᄒᆞᆯ)
患(환 근심) 浪(랑 물결) 狽(패 랑패) 從(종 좃칠) 的(뎍 마즐)

뎨삼십칠쟝 辭受取與之義(ᄉᆞ슈취여지의)

ᄉᆞ슈와 취여ᄂᆞᆫ 사ᄅᆞᆷ의 ᄃᆡ졀이니 ᄉᆞ양치 못ᄒᆞᆯ곳에 ᄉᆞ양
ᄒᆞ면 공슌치 아니ᄒᆞ고 밧지 아니ᄒᆞᆯ곳에 밧으면 쳥렴치
아니ᄒᆞ고 가히 취ᄒᆞᆯ만도ᄒᆞ며 취치 아니ᄒᆞᆯ만ᄒᆞᆫ곳에 취ᄒᆞ
면 쳥렴을 傷(샹)ᄒᆞ고 가히 줄만도ᄒᆞ며 주지 아니ᄒᆞᆯ만ᄒᆞᆫ곳
에 주면 恩惠(은혜)를 샹ᄒᆞ니 다 義(의)에 뎍당ᄒᆞ도록ᄒᆞ야 구차
ᄒᆞᆫ 일이 업시ᄒᆞᆯ지니 만약 ᄒᆞᆫ가지라도 나의 ᄆᆞᄋᆞᆷ의 未(미)
洽(흡)ᄒᆞ면 이ᄂᆞᆫ ᄉᆞ슈와 취여ᄒᆞᄂᆞᆫ와 아니니라

辭(ᄉᆞ ᄉᆞ양) 受(슈 밧을) 與(여 줄) 惠(혜 은혜) 未(미 아닐)
洽(흡 흡족ᄒᆞᆯ)

뎨삼십팔쟝 存心之要(존심지요)

ᄆᆞ옴은 일신의 쥬재(主宰)니 텬군(天君)이라 닐으ᄂᆞ니라 그러나 일키 쉬운쟈는 이 ᄆᆞ암이니 진실노 조슈(操守)ᄒᆞ는 공부(工夫)가 업스면 ᄆᆞ암이 ᄒᆞᆫ번나아가고 다시 도라오지 아니ᄒᆞ리니 항샹 졍셩과 공경으로 쥬장을 삼아 비록 그윽ᄒᆞ고 홀노 잇는 곳이라도 반다시 삼가고 두려ᄒᆞ야 신면이 보는드시ᄒᆞ며 ᄒᆞᆫ 싱각이 밍동(萌動)ᄒᆞ미 혹 리욕과 간샤ᄒᆞᆫ 디경에 향(向)ᄒᆞ거든 황연히 크게 ᄭᆡ다라 이 ᄆᆞ암이 ᄐᆡ연(泰然)ᄒᆞᆫ족 엇지 샤긔(邪氣)와 잡념(雜念)에 뇨동(搖動)ᄒᆞ는ᄇᆡ 되리오

存 이슬 존　主 님군 쥬　操 잡을 조　工 장인 공　萌 밍동ᄒᆞᆯ 밍

向 향ᄒᆞᆯ 향　泰 클 ᄐᆡ　雜 잡잡ᄒᆞᆯ 잡　搖 흔들 뇨

뎨삼십구장

양셩지요(養性之要)

셩품은 사ᄅᆞᆷ이 하ᄂᆞᆯ의 밧은비니 인의(仁義)와 례지(禮智)는 곳 쳔(天)셩(性)이라 어린아희가 움물에 드러감을 분죡 다 측은(惻隱)ᄒᆞᆫ ᄆᆞ암이 잇고 힝ᄉᆞ(行事)에 불의(不義)ᄒᆞᆷ을 본죡 다 붓그러은 ᄆᆞ암이 잇고 취ᄒᆞ고 쥬는 ᄯᅵ를 당ᄒᆞᆫ죡 반다시 ᄉᆞ양ᄒᆞᆯ ᄆᆞ암이 잇고 착ᄒᆞ고 악ᄒᆞᆫ 일을 당ᄒᆞ죡 빈다시 시비ᄒᆞᆯ ᄆᆞ암이 잇ᄂᆞ니라

性 셩품 셩　仁 어질 인　惻 슬플 측　隱 숨을 은

뎨ᄉᆞ십장

상동

이 셩품은 사ᄅᆞᆷ마다 잇것마는 능히 기르는쟈는 셩인이 되고 그러치 아니ᄒᆞᆫ쟈는 악인(惡人)이 되ᄂᆞ니 반ᄃᆞ시 그 측은ᄒᆞᆫ ᄆᆞ옴으로 인(仁)을 기르고 붓그러은 ᄆᆞ옴으로 의(義)를

기르고 ᄉ양홀 ᄆ음으로 례禮를 기르고 시비홀 ᄆ암으로 지智를 기를지니 이ᄂᆞᆫ 양셩ᄒᆞᄂᆞᆫ 뜻이니라

뎨ᄉ십일쟝 양養지志긔氣지之요要

ᄃᆡ쟝부의 지긔를 불不가可불不 기를지니 부귀홈으로 써 음淫란亂치 말며 빈쳔홈으로 써 옴기지 말며 위엄으로 써 굴ᄒᆞ지 말며 궁곤홈으로 써 뇨동치 말아 진실노 의리에 당연ᄒᆞᆫ즉 확確연然히 쟉히고 리욕에 갓가온즉 멀리 피避ᄒᆞ야 박迫인刃가 도 가히 발불지연졍 나의 ᄆ암을 ᄲᆡ지 못ᄒᆞ며 탕湯화火도 가히 범홀지언졍 나의 졀긔ᄂᆞᆫ 일치 못ᄒᆞ리니 이ᄂᆞᆫ 지긔를 잘 기르ᄂᆞᆫ쟈ㅣ니라

志 ᄯᅳᆺ 지　淫 음란홀 음　確 굳을 확　避 피ᄒᆞᆯ 피　迫 핍박 박

刃 칼날 인　湯 ᄭᅳᆯ일 탕　火 불 화

뎨ᄉ십이쟝 변辨의義리理지之요要

의리ᄂᆞᆫ ᄃᆡ大로路ᄀᆞᆺᄒᆞ니 무릇 사ᄅᆞᆷ이 문門밧긔 나아가ᄆᆡ 흑 ᄃᆡ로로 힝ᄒᆞ며 흑 쇼小로로 힝ᄒᆞᄂᆞ니 ᄃᆡ로ᄂᆞᆫ 험險ᄒᆞᆫ 념녀가 업스며 쇼로ᄂᆞᆫ 군석ᄒᆞᆫ 거름이 만ᄒᆞ니 의리를 보고 힝ᄒᆞ면 군ᄌᆞ와 ᄃᆡ大인人이 되며 의리를 비반ᄒᆞ고 힝ᄒᆞ면 악惡인人과 쇼小인人이 되야 맛참 위틱ᄒᆞᆫ ᄯᅡ의 ᄲᅡ지리니 엇지 삼가지 아니ᄒᆞ리오

辨 분변 변　險 험홀 험

뎨ᄉ십삼쟝 변辨인人픔品샹上하下

길吉ᄒᆞᆫ 사ᄅᆞᆷ은 착ᄒᆞᆫ 일을 힝ᄒᆞ고 흉凶ᄒᆞᆫ 사ᄅᆞᆷ은 악ᄒᆞᆫ 일

을 힝ᄒᆞᄂᆞ니 착ᄒᆞᆫ 일을 힝ᄒᆞᄂᆞᆫ자ᄂᆞᆫ 上等人(상등인)이오 악ᄒᆞᆫ
일을 힝ᄒᆞᄂᆞᆫ자ᄂᆞᆫ 下等人(하등인)이니 상등인은 家運(가운)이 昌盛(창셩)ᄒᆞ야
ᄌᆞ손이 부귀ᄒᆞᆯᄲᅮᆫ아니라 일국이 그 德澤(덕ᄐᆡᆨ)을 닙고 하등인
은 가운이 쇠삭ᄒᆞ야 ᄌᆞ손이 滅亡(멸망)ᄒᆞᆯᄲᅮᆫ아니라 일국이 그
ᄒᆡ를 밧기 쉬으니 사ᄅᆞᆷ이 어릴ᄯᅢ브터 상등인으로 自期(ᄌᆞ긔)
ᄒᆞᆷ이 가ᄒᆞ니라

吉 길ᄒᆞᆯ 길 凶 흉ᄒᆞᆯ 흉 等 무리 등 運 운전 운 昌 창셩 창
澤 못 튁 滅 멸ᄒᆞᆯ 멸 期 기약 긔

뎨ᄉᆞ십ᄉᆞ쟝 상동

눈으로 非禮(비례)ᄒᆞᆫ 빗을 보지말며 귀로 비례ᄒᆞᆫ 소리를 듯
지말며 입으로 비례ᄒᆞᆫ 말을 닐으지말며 발로 비례ᄒᆞᆫ

ᄯᅡ을 밟지말며 외 아닌 물건이어든 취치말며 착ᄒᆞᆫ 사
ᄅᆞᆷ이 아니어든 ᄉᆞ괴지 말며 어진 사ᄅᆞᆷ을 친ᄒᆞ되 美色(미ᄉᆡᆨ)
ᄀᆞᆺ치ᄒᆞ며 악ᄒᆞᆫ 사ᄅᆞᆷ을 피ᄒᆞ되 蛇蝎(사갈)ᄀᆞᆺ치ᄒᆞᄂᆞᆫ쟈ᄂᆞᆫ 다 샹
등인이니라

美 아름다올 미 蛇 ᄇᆡ암 사 蝎 젼갈 갈

뎨ᄉᆞ십오쟝 상동

言語(언어)이 奸譎(간휼)ᄒᆞ며 行動(ᄒᆡᆼ동)이 陰險(음험)ᄒᆞ고 나의 몸보다 나은쟈
를 슬려ᄒᆞ며 나의 몸의 아당ᄒᆞᄂᆞᆫ쟈를 깃거ᄒᆞ고 어진
사ᄅᆞᆷ을 원슈ᄀᆞᆺ치 미워ᄒᆞ며 刑法(형법)에 범ᄒᆞᆷ을 음식ᄀᆞᆺ치 ᄒᆞ
ᄂᆞᆫ쟈ᄂᆞᆫ 다 하등인이니 하등인의 말을 듯고 하등인의
일을 보면 譬喩(비유)ᄒᆞ건ᄃᆡ 방 가온ᄃᆡ 안즈믜 四面(사면)이 다

벽(壁)장(墻)이니 비록 개명(開明)코져ᄒᆞ나 엇지 엇으리오

奸 간사 간　譎 간사ᄒᆞᆯ 휼　陰 그늘 음　譬 비ᄒᆞᆯ 비　喩 비유ᄒᆞᆯ 유

面 낫 면　墻 담 장　壁 벽 벽　開 열 개

뎨ᄉᆞ십륙장 근로히틔변(勤勞懈怠辨)

근로ᄂᆞᆫ 만ᄉᆞ(萬事)를 일수ᄂᆞᆫ 근본이오 히틔ᄂᆞᆫ 만ᄉᆞ를 패(敗)ᄒᆞᄂᆞᆫ 근본이니 공부ᄒᆞᄂᆞᆫ쟈ㅣ 근로ᄒᆞ면 학업(學業)이 셩취ᄒᆞ며 히틔ᄒᆞ면 학업이 부졍(不精)ᄒᆞ고 영업(營業)ᄒᆞᄂᆞᆫ쟈ㅣ 근로ᄒᆞ면 지산이 부요ᄒᆞ며 히틔ᄒᆞ면 지산이 쇠모(衰耗)ᄒᆞᄂᆞ니 ᄌᆞ고(自古)로 영웅호걸(英雄豪傑)은 다 근로홈으로 써 ᄉᆞ업(事業)을 일우고 우인용부(愚人庸夫)ᄂᆞᆫ 다 히틔홈으로 써 렬품(劣品)을 면치 못ᄒᆞᄂᆞ니라

勤 부지런ᄒᆞᆯ 근　勞 슈고 로　懈 게으를 히　怠 게으를 틔　敗 패ᄒᆞᆯ 패

精 셩ᄒᆞᆯ 졍　營 경영 영　耗 업슬 모　雄 슈 웅　豪 호걸 호

傑 호걸 걸　愚 어리셕을 우　庸 ᄯᅥᆺᄯᅥᆺ 용　劣 용렬ᄒᆞᆯ 렬

뎨ᄉᆞ십칠장 샹동

하ᄂᆞᆯ이 사ᄅᆞᆷ의 ᄉᆞ톄를 주심은 세샹만ᄉᆞ를 ᄒᆞ도록 홈이니 엇지 일지불동(一指不動)ᄒᆞ고 영위(營爲) 업시 편안히 안저셔 운수(運數)만 기ᄃᆞ리고 평ᄉᆡᆼ에 셰월(歲月)을 허송(虛送)ᄒᆞ리오 이ᄂᆞᆫ 곳 신텬츙(信天虫)이니 이 버레ᄂᆞᆫ 셰샹에 날 ᄯᅢ에 먹ᄂᆞᆫ 물건을 벌지도 아니ᄒᆞ며 ᄯᅩ 구ᄒᆞ지도 아니ᄒᆞ야 입만 버리고 하ᄂᆞᆯ을 우러러 보다가 ᄯᅥ러지ᄂᆞᆫ 물건이 잇스면 삼키ᄂᆞᆫ고로 사ᄅᆞᆷ이 히틔ᄒᆞᆫ자를 지목(指目)ᄒᆞ야 신텬츙이라 ᄒᆞᄂᆞ니라 ᄯᅩ 위ᄉᆡᆼ(衛生)에도 근로ᄒᆞᆫ자ᄂᆞᆫ 슈(壽)ᄒᆞ고 히틔ᄒᆞᆫ자ᄂᆞᆫ 요(夭)ᄒᆞᄂᆞ니 더욱 경계치

아니ᄒᆞ리오

爲 하 위　數 두어 슈　月 달 월　虛 빌 허　送 보낼 숑

虫 버레 츙　目 눈 목　衛 호위 위　壽 목슘 슈　夭 일즉죽 을 요

뎨ᄉᆞ십팔쟝 농農업業

ᄇᆡᆨ셩은 먹ᄂᆞᆫ것으로 써 하ᄂᆞᆯ을 삼ᄂᆞ니 농ᄉᆞᄂᆞᆫ 텬하에 근본이라 진실노 텬天시時를 ᄯᅡ르고 디地리理를 ᄉᆞᆲ혀셔 봄에 갈고 가을에 것으ᄂᆞᆫ ᄯᅢ를 일치 아니ᄒᆞ면 비록 흉凶년年이라로 능히 긔飢한寒을 면ᄒᆞᄂᆞ니 우으로 부모를 밧들고 아리로 쳐妻ᄌᆞ子를 거ᄂᆞ린자ㅣ 엇지 힘쓰지 아니ᄒᆞ리오 그러나 몸이 뎐田토土에 ᄲᅡ져 학문과 문견이 법스면 고孤루陋ᄒᆞᆷ이 막莫심甚ᄒᆞᆫ고로 ᄌᆞ고로 쥬晝경耕야夜독讀ᄒᆞ야 현賢인人 된자ㅣ 잇ᄂᆞ니라

農 농ᄉᆞ 농　時 ᄯᅢ 시　飢 주릴 긔　寒 찰 한　妻 안ᄒᆡ 쳐

孤 외로올 고　莫 말 막　晝 낫 쥬　耕 밧갈 경　夜 밤 야

讀 닑을 독

뎨ᄉᆞ십구쟝 공工업業

공工쟝匠의 일은 사ᄅᆞᆷ마다 알고 집집이 ᄒᆞᄂᆞᆫ 일이 아니오 인人가家의 일용물품이 다 공쟝의 손으로 좃차 나ᄂᆞ니 그 리익을 농ᄉᆞ에 비比ᄒᆞ면 십什빈倍나 되ᄂᆞ니라 그러나 공업을 힘쓰ᄂᆞᆫ자ㅣ 하何필必 젼傳ᄅᆡ來ᄒᆞᄂᆞᆫ 규規구矩준準승繩을 가지고 용容이易ᄒᆞᆫ 기技물건이나 졔製조造ᄒᆞ리오 반드시 졍精미美ᄒᆞᆫ 긔器계械와 긔奇이異ᄒᆞᆫ 술術을 발發명明ᄒᆞ야 젼戰시時에 소所용ᄒᆞᆯ 긔계와 기타 륜輪션船과 륜輪거車등等 속屬을 졔조ᄒᆞ면 엇지 국가의 부강치 못ᄒᆞᆷ을 근심ᄒᆞ리오

匠(쟝) 장인 比(비) 견줄 規(규) 법 矩(구) 법 準(쥰) 뎌딕
繩(승) 노 易(이) 쉬울 製(제) 지을 造(조) 지을 械(계) 긔계
奇(긔) 긔특 技(기) 재조 術(술) 꾀 戰(전) 싸홈 所(소) 바
輪(윤) 박휘 船(선) 배 車(거) 슈레 屬(속) 붓칠

뎨오십장 商業(상업)

장ᄉᆞ는 잇는 물건으로 써 업는 곳에 옴기며 쳔ᄒᆞᆫ 물건으로 써 귀ᄒᆞᆫ 떠에 ᄂᆡᄂᆞ니 越(월)나라 大夫(대부) 范蠡(범려)는 물건을 貿易(무역)ᄒᆞᆷ오로 써 세번 챤금을 일우고 공ᄌᆞ의 뎨ᄌᆞ 子貢(ᄌᆞ공)은 제나라 魯(로)나라 ᄉᆞ이에 販蓄(판축)ᄒᆞ야 지산이 부요ᄒᆞ니 상업을 힘쓰ᄂᆞᆫ 자는 지식이 高明(고명)ᄒᆞᆫ 후에 능히 샹업을 발달ᄒᆞ며 또 작은 쟝ᄉᆞ를 영업ᄒᆞᄂᆞᆫ 자도 반다시

업으로 두 갑을 부르지 말아 信義(신의)로 써 남에게 뵐지니라

商(샹) 쟝 越(월) 나라 范(범) 성 蠡(려) 이달 貿(무) 무역
貢(공) 밧칠 魯(로) 나라 販(판) 살 蓄(축) 저축

뎨오십일장 總論四民(총론ᄉᆞ민)

士農工商(ᄉᆞ농공상)을 ᄉᆞ민이라 닐ᄋᆞᄂᆞ니 국가의 근본이라 우리나라는 ᄌᆞ고로 文學(문학)을 崇尙(숭상)ᄒᆞᄂᆞᆫ고로 농공샹으로 영업ᄒᆞᄂᆞᆫ 자를 賤(쳔)히 녀기ᄂᆞᆫ 痼習(고습)이 잇스나 엇지 나라이 부강ᄒᆞ리오 近來(근래) 他國(타국) 사ᄅᆞᆷ이 往來(왕래)ᄒᆞᆫ 후로 국민 간에 新(신)학문을 注意(주의)ᄒᆞ야 各(각)學校(학교)에 농업課(과) 상업課(과) 各課程(각과졍)을 設始(셜시)ᄒᆞ고 또 귀명ᄒᆞᆫ 志士(지ᄉᆞ)덜이 農政新編(농졍신편) 공업學(학) 샹업實記(실긔) 각 書冊(셔책)

을 지어 셰상에 간刊힝行ᄒᆞ니라

總 거ᄂᆞ릴 총　士 선ᄇᆡ ᄉᆞ　尙 오히려 상　痼 고질 고　往 갈 왕

注 ᄃᆡ낼 주　校 학교 교　課 일과 과　設 베풀 설　編 엮을 편

刪 칙칙　刊 삭일 간

뎨오십이장 잠蠶상桑

잠상은 의복의 근본이오 또 치治산産에 리익이 불不쇼少ᄒᆞᆫ지라
밍ᄌᆞㅣ ᄀᆞᆯᄋᆞ샤ᄃᆡ 닷숫밧 두덕 집의 담아릐 ᄲᅩᆼ나무를
시무면 칠십된자ㅣ 가히 빅帛을 닙는다 ᄒᆞ시니 잠蠶업을 힘
쓰는자ㅣ 몬져 잠蠶상桑ᄒᆞ는 법을 알아 상桑목木의 병이 업스
며 입이 번繁셩盛ᄒᆞᆷ을 주의ᄒᆞ고 그후를 ᄉᆞᆲ혀셔 누에게 온溫
링冷이 뎡즁ᄒᆞ면 잠업에 랑패가 업스리니 근리 신학문에

양養잠蠶 신新편編이 잇셔 잠업을 발명ᄒᆞᆷ에 모模범範이 되ᄂᆞ니라

蠶 누에 잠　桑 ᄲᅩᆼ나무 상　帛 비단 빅　木 나무 목　繁 번셩 번

冷 찰 링　模 법 모　範 법 범

뎨오십삼장 쳐採쵸樵

쳐쵸는 영업상上 열도 아니오 대大단段ᄒᆞᆫ 리익이 업스나
음식을 팡烹슉熟ᄒᆞ며 필必요要ᄒᆞᆫ 물건이 되야 곡식과 염鹽장醬으로
더부러 긴緊중重ᄒᆞᆷ은 일반이니 치산ᄒᆞᄂᆞᆫ쟈ㅣ 엇지 쳐쵸ᄒᆞᆷ을
헐히ᄒᆞ리오 또 가家빈貧친親로老ᄒᆞ야 슉菽슈水를 난難계繼ᄒᆞᆫ자는 쳐쵸ᄒᆞᆷ
을 위爲업業ᄒᆞ야 극진히 봉奉양養ᄒᆞᆷ이 가ᄒᆞ니라

採 캘 쳐　段 조각 단　烹 살물 팽　熟 익을 슉　鹽 소곰 염

樵 종종　緊 긴ᄒᆞᆯ 긴　菽 콩 슉　水 물 슈

데오십ᄉᆞ쟝 목牧츅畜

밍ᄌᆞㅣ ᄀᆞᆯᄋᆞ샤ᄃᆡ 우牛양羊과 계鷄돈豚과 구狗톄彘의 기ᄅᆞᆷ을 그 ᄯᅢ를 일치 말나ᄒᆞ시니 이ᄂᆞᆫ 부모 봉양ᄒᆞᆷ을 위ᄒᆞᆷ이오 또 목츅에 큰 리익이 잇셔 ᄡᅥ 사ᄅᆞᆷ이 목츅으로 ᄡᅥ 치致부富ᄒᆞᆫ쟈ㅣ 만ᄒᆞ니 치산ᄒᆞᄂᆞᆫ쟈ㅣ 능히 목츅으로 위업ᄒᆞ야 그 ᄉᆞ이에 근로ᄒᆞ면 ᄒᆞᆫ집의 지산이 부요ᄒᆞᆯᄲᅮᆫ아니라 젼국에 발달된 후에ᄂᆞᆫ 또ᄒᆞᆫ 공익샹 ᄉᆞ업이 되ᄂᆞ니라

畜 츅기를 牛 우소 羊 양양 鷄 계ᄃᆞᆰ 豚 돈도야지
狗 구개 彘 톄도야지 致 치일울

데오십오쟝 실實업業

실업이 업ᄂᆞᆫ쟈ᄂᆞᆫ 항恒산産이 업고 항산이 업ᄂᆞᆫ쟈ᄂᆞᆫ 항恒심心이

업ᄂᆞ니 히틱ᄒᆞᆷ이 고습이 되야 아餓ᄉᆞ死ᄒᆞᆯ 디경에 니르면 혹 도盜젹賊에도 범ᄒᆞ며 혹 불의ᄒᆞᆫ 일을 ᄒᆡᆼᄒᆞ다가 패敗가家망亡신身ᄒᆞᄂᆞᆫ쟈ㅣ 잇ᄉᆞ니 사ᄅᆞᆷ이 되야 엇지 실업이 업ᄉᆞ리오 만약 가셰 지빈ᄒᆞ야 ᄌᆞ資본本금金을 판辦츌出ᄒᆞᆯ 길이 업셔 영업ᄒᆞ지 못ᄒᆞᄂᆞᆫ쟈ᄂᆞᆫ 비록 곤捆구屨직織셕席이라도 실업을 숨아 항심을 일치 말지니라

餓 아쥬릴 死 ᄉᆞ쥭을 盜 도도젹 賊 젹도젹 辦 판ᄒᆞᆯ판단
出 츌날 捆 곤두ᄃᆞ릴 屨 구신 織 직ᄶᆞᆯ 席 셕ᄌᆞ리

데오십륙쟝 총總론論 쵸樵목牧

쵸목은 비卑쳔賤ᄒᆞᆫ 일이 아니니 ᄌᆞ고로 현賢인人 군ᄌᆞ와 영웅호걸이 혹 가셰빈한ᄒᆞ고 ᄯᅢ를 만나지 못ᄒᆞᆫ쟈ᄂᆞᆫ 몸이 쵸樵

야(野)에 숨어 초목으로 종사(從事)ᄒᆞ다가 학행(學行)을 닥근자도 잇ᄉᆞ며 훈업(勳業)을 세운자도 잇ᄉᆞ나 다 긔록지 못ᄒᆞ고 다만 특이(特異)ᄒᆞᆫ자 긔개(幾個)인(人)을 긔록ᄒᆞ노니 이는 몸이 비록 젼토에 잇ᄉᆞ나 텬품(天品)이 비상(非常)ᄒᆞ고 또 익국셩이 잇셔 일홈이 후(後)세(世)에 빗나ᄂᆞ니 무릇 초동(樵童)과 목슈(牧竪)된자는 ᄌᆞ포ᄌᆞ기(自拋自棄)치 말고 영웅ᄉᆞ업을 ᄌᆞ긔ᄒᆞ야 이 긔ᄀᆡ인으로 스승을 삼을지니라

卑 비 나즐　個 개 낫
野 야 들　童 동 아ᄒᆡ
勳 훈 공　竪 슈 더벅머리
特 특 특별　拋 포 던질
幾 긔 멋　棄 기 ᄇᆞ릴

뎨오십칠장 정효부(鄭孝夫)

정초부는 ᄇᆡᆨ여(百餘)년(年)젼(前)사ᄅᆞᆷ이오 려(呂)승(承)지(旨)츈(春)영(永)집의 겸(傔)인(人)이니 항

샹 나무ᄒᆞ야 ᄉᆡᆼ애(生涯)를 숨는고로 별호(別號)를 초부라 닐커르니라 초부의 총명(聰明)이 졀인(絶人)ᄒᆞ나 평일(平日)에 문ᄌᆞ(文字)를 ᄇᆡ호지 못ᄒᆞ고 다만 타인의 겻희 잇셔 글 닑는 것을 보고 듯기 조아ᄒᆞ더니 맛춤 큰 문쟝(文章)을 일우니 그 지은바 시률(詩律)이 허다ᄒᆞ되 오작 명작(名作)으로 셰샹에 젼파(傳播)ᄒᆞᆫ 동호(東湖)즉ᄉᆞ(卽事) 일슈(一首)를 긔록ᄒᆞ노니 그 시(詩)에 ᄀᆞᆯᄋᆞᄃᆡ

동호(東湖)츈슈(春水)벽어람(碧於藍)ᄒᆞ니 ᄇᆡᆨ됴(白鳥)분명(分明)견냥삼(見兩三)을 유로(柔櫓)일셩(一聲)에
비거진(飛去盡)ᄒᆞ니 셕양(夕陽)산ᄉᆡᆨ(山色)이 만공담(滿空潭)을

이 글이 운치(韻致)잇고 한가ᄒᆞ야 일ᄃᆡ(一代)졀창(絶唱)이라 닐으ᄂᆞ니라

鄭 졍 나라　永 영 길
餘 여 나믈　傔 겸 부릴
承 승 니을　涯 ᄋᆡ 믈가
旨 지 맛　號 호 일홈
春 츈 봄　聽 쳥 드를

播 (뿌릴 파) 鳥 (새 됴) 飛 (날 비) 滿 (가득 만)
湖 (물 호) 兩 (두 량) 盡 (다ᄒᆞᆯ 진) 空 (빌 공)
即 (곳 즉) 柔 (부드러울 유) 夕 (저녁 석) 潭 (못 담)
首 (머리 슈) 櫓 (돗대 로) 陽 (볏 양) 韻 (소래 운)
碧 (푸를 벽) 聲 (소리 셩) 山 (뫼 산) 唱 (불을 창)

뎨오십팔장

李起築(리긔츅)

리긔츅은 勇力(용력)이 절인ᄒᆞ고 狀貌(상모)가 非凡(비범)ᄒᆞ되 집이 간난ᄒᆞᆷ으로 써 남의 雇傭(고용)이 되야 쵸목에 종ᄉᆞᄒᆞ며 나이 長成(장성)ᄒᆞ도록 장가들지 못ᄒᆞ얏더니 그집 主人(쥬인)의 ᄯᆞᆯ이 잇셔 능히 긔츅이 영웅인줄알고 맛ᄎᆞᆷᄂᆡ 시집가니라

仁祖大王(인조대왕) 反正(반졍)ᄒᆞ실 ᄯᅢ를 당ᄒᆞ야 여러 功臣(공신)이 궁벽ᄒᆞᆫ 곳에 모혀 계교를 의론ᄒᆞᆯ식 긔츅이 酒肴(쥬효)를 가지고 그 곳에 나아가 計策(계칙)을 贊成(찬셩)ᄒᆞ야 공신이 되얏스니 이는 엇지 영웅이 아니리오

李 (오얏 리) 築 (쌓을 츅) 勇 (날낼 용) 凡 (무릇 범) 雇 (품팔 고)
傭 (품팔 용) 王 (님군 왕) 功 (공 공) 肴 (안쥬 효) 策 (꾀 칙)

뎨오십구장

崔益鉉(최익현)

崔贊政(최찬정) 익현은 학힘이 兼備(겸비)ᄒᆞ고 天性(텬셩)이 正直(졍직)ᄒᆞ더니 太皇帝(태황뎨) 登極(등극) 初(쵸)에 明經科(명경파)에 올나 벼슬이 亞卿(아경)에 니르되 항상 抱川(포쳔) 시골집에 잇셔 반다시 손슈 나무ᄒᆞ야 그 老母(노모)게 섬방에 불을 ᄯᅦ니 셰상 사ᄅᆞᆷ이 다 崔孝子(최효자)라 일컷더라 朝廷(됴뎡)에 벼슬ᄒᆞᆯ ᄯᅢ는 ᄆᆡ양 국가와 生民(ᄉᆡᆼ민)의 큰 關係(관계) 되는 일이 잇스면 반다시 독긔를 가지고 ᄃᆡ궐아ᄅᆡ 업

다려

直言(직언)極諫(극간)으로 上疏(샹소)ᄒᆞ다가 累次(루ᄎᆞ)島配(도ᄇᆡ)ᄅᆞᆯ 당ᄒᆞ니라

崔 놉흘 최　登 오를 등　卿 벼슬 경　關 질 관　次 버금 ᄎᆞ

鉉 솟귀 현　初 처음 초　抱 안을 포　係 길 계　島 섬 도

備 ᄀᆞ출 비　經 경서 경　川 ᄂᆡ물 천　諫 간ᄒᆞᆯ 간　配 ᄶᅡᆨ ᄇᆡ

太 클 ᄐᆡ　科 과거 과　朝 아ᄎᆞᆷ 조　疏 글 소

帝 님군 뎨　亞 버금 아　廷 조뎡 뎡　累 여러 루

뎨륙십장 董召南(동소남)

唐(당)나라 동소남은 桐柏山(동ᄇᆡᆨ산) 가온ᄃᆡ 숨어 ᄒᆡᆼ실을 닥그되 아츰에 나아가 밧갈고 져물면 도라와 녯 사ᄅᆞᆷ의 글을 닑으며 산에 가면 나무ᄒᆞ고 물에 가면 고기잡아 부모ᄅᆞᆯ 봉양ᄒᆞ고 쳐ᄌᆞᄅᆞᆯ 기ᄅᆞ더니 집안에 잇ᄂᆞᆫ 鷄犬(계견)이 다

化(화)ᄒᆞ야 ᄒᆞ로ᄂᆞᆫ 것 먹이ᄂᆞᆫ 어미개가 나아가먹고 아죽 도라오지 아니ᄒᆞ거ᄂᆞᆯ ᄃᆞᆰ이 와 쇡가온ᄃᆡ 버례와 긔암이ᄅᆞᆯ 주어 개아지ᄅᆞᆯ 먹이되 긔아치 먹지 아니ᄒᆞ니 ᄃᆞᆰ이 우ᄂᆞᆫ 소리 슬푸며 오리도록 가지 아니ᄒᆞ야 나리로 써 개아지ᄅᆞᆯ 덥고 어미개 도라오기ᄅᆞᆯ 기다리더라

董 셩 동　召 부ᄅᆞᆯ 소　南 남녁 남　唐 나라 당　桐 오동 동

柏 잣 ᄇᆡᆨ　犬 개 견

뎨륙십일장 馬援(마원)

漢(한)나라 마원은 少時(쇼시)에 家用(가용)이 不足(불족)홈으로 써 그 兄(형)에게 ᄒᆞ직ᄒᆞ고 드듸여 北地(븍디)에 나아가 밧갈고 목츅ᄒᆞ야 畜(츅)슈쳔머리와 곡식슈만斛(곡)을 두고 歎息(탄식)ᄒᆞ야 曰(왈) 무릇 ᄌᆞ산

을 느름은 능히 ᄯᅡ이고 베풂이 귀ᄒᆞ니 그러치 아니ᄒᆞ면 슈젼로라ᄒᆞ고 다 친척(親戚)과 고구(故舊)에게 헛허더니 후에 명(名)장(將) 되야 대공(大功)을 세우고 또 제자(弟子) 질서(姪壻)를 지오니 족히 가정(家庭) 교육(敎育)에 모범이 될만ᄒᆞ니라

馬 말 마　援 구원 원　漢 나라 한　足 발 족　北 북녘 북
斛 휘 곡　歎 탄식 탄　息 쉴 식　日 날 일　戚 겨레 척
舊 녜 구　將 장슈 장　姪 족하 질　庭 뜰 뎡　育 기를 육

뎨륙십이장 제갈량(諸葛亮)

한(漢)나라 제갈량의 별호는 와룡(臥龍)선생(先生)이니 한나라 말운(末運)을 당ᄒᆞ야 세상에 나아가지 아니ᄒᆞ고 남양(南陽)ᄯᅡ에 숨어 밧갈더니 소렬(昭烈)황데 세번 초려(草廬)에 차지심을 감격(感激)히 녁여 몸

을 국가에 허락ᄒᆞ야 드러가면 정승이 되고 나아가면 장슈되야 성패(成敗)를 도라보지 아니ᄒᆞ고 오작 충의(忠義)로 써 한나라 중흥(中興)홈을 담당ᄒᆞ니라

諸 모들 제　葛 칡 갈　亮 밝을 량　臥 눌 와　龍 룡 룡
末 끗 말　昭 밝을 쇼　烈 미을 렬　廬 집 려　感 감동 감

뎨륙십삼장 상동

이ᄯᅢ는 위(魏)나라 조조(曹操)와 오(吳)나라 손권(孫權)이 강(强)ᄒᆞ야 텬하가 솟발 ᄀᆞᆺ치 삼분(三分)이 된지라 제갈량이 중원(中原)을 회복(恢復)코져ᄒᆞ야 군ᄉᆞ를 여숫번 긔산(祁山)에 ᄂᆡ여 이십여년을 ᄡᅡ호되 텬(天)운(運)을 엇지 ᄒᆞᆯ길업셔 즁원은 회복지 못ᄒᆞ나 촉한(蜀漢)을 보젼홈은 다 제갈량의 힘이라 죽을ᄯᅢ에 출사표(出師表)를 지어

님군띄 올리니 그 글에 忠心(충심)이 곡진ᄒᆞ고 ᄯᅳᆺ이 슬퍼셔 지금도 영웅이 그 글을 닑으면 ᄌᆞ연 눈물이 흐르ᄂᆞ니라

魏 나라 위　曹 나라 조　吳 나라 오　原 언덕 원　祁 클 기

恢 넓을 회　復 회복 돌부　蜀 나라 촉　表 밧 표

初牧必知 下
초목필지 하

뎨일쟝 황실(皇室)과 국가(國家)의 구별(區別)

인민된쟈는 황실과 국가의 다름을 구별ᄒᆞᆯ지니 황실은 황뎨 폐하(陛下)의 ᄉᆞ유(私有)로 닐커롬이 가ᄒᆞ고 국가는 곳 인민의 공동(公同)으로 합셩(合成)홈이니 황실에는 궁니부(宮內府)를 두어 황실의 ᄉᆞ무(事務)를 궁니부대신(大臣)이 총판(總判)ᄒᆞ고 국가에는 졍부(政府)가 잇셔 국가의 힝졍(行政)ᄉᆞ무를 경부대신이 쳐리(處理)ᄒᆞ는 칙임(責任)이 잇ᄂᆞ니라

區 이모 구　陛 셤돌 폐　宮 궁집　府 마을 부　判 판단 판

뎨이쟝 궁니부(宮內府)

궁니부디신은 황실의 뎐례(典禮)와 지졍(財政)을 총판ᄒᆞ고 지방(地方) 힝졍

과 외교(外交)ᄉᆞ무와 기타 헌법(憲法)에 다 간셥(干涉)이 업ᄂᆞ니 ᄃᆡ신 이하(以下)에 ᄎᆞ관(次官)과 ᄉᆞ무관(事務官)과 셔긔관(書記官)과 쥬ᄉᆞ(主事)가 잇셔 ᄃᆡ신의 명령(命令)을 밧아 ᄉᆞ무를 분쟝(分掌)ᄒᆞ니 관졔(官制)ᄂᆞᆫ 각 부부(府部)와 ᄀᆞᆺᄒᆞ니라

典 뎐 법　涉 셥 건널　憲 헌 법　命 명 목숨　議 의 의론　令 령 ᄒᆞ야곰　方 방 모　掌 쟝 맛흘　干 간 방패　制 졔 법졔

뎨삼쟝 졍부(政府)

우리 나라의 년젼거지 의졍부(議政府)가 잇더니 관졔를 곳쳐 의졍부를 ᄂᆡ각(內閣)이라 닐커르니 ᄂᆡ각은 곳 졍부오 춍리(總理)ᄃᆡ신이 잇셔 각부(各部)ᄃᆡ신의 슈반(首班)이 되야 각부를 통일(統一)ᄒᆞ고 힝졍ᄉᆞ무를 젼관(專管)ᄒᆞ야 국가를 다ᄉᆞ리니 일국(一國)의 졍ᄉᆞ와 만인(萬人)의 목숨이 춍리ᄃᆡ신 일인(一人)에게 달엿ᄂᆞ니라 춍리ᄃᆡ신이하에 ᄂᆡ부(內部)ᄃᆡ신과 탁지부(度支部)ᄃᆡ신과 군부(軍部)ᄃᆡ신과 법부(法部)ᄃᆡ신과 학부(學部)ᄃᆡ신과 농상공부(農商工部)ᄃᆡ신이 졍부회의(會議)에 참예홈으로 다 국무(國務)ᄃᆡ신이라 닐컷고 ᄂᆡ각에 셔긔쟝관(書記長官)이 잇셔 춍리ᄃᆡ신의 버금이 되ᄂᆞ니라

閣 각 집　支 지 괴일　班 반 반렬　軍 군 군ᄉᆞ　專 젼 오로지　會 회 모들　管 관 [illegible]　度 탁 헤아릴

뎨ᄉᆞ쟝 외부(外部)

우리 나라에셔

대황뎨 갑오(甲午)년에 독립국(獨立國)이 된 후로 외부를 두고 외국과 교셥(交涉)ᄒᆞᄂᆞᆫ ᄉᆞ무를 관리(管理)ᄒᆞ야 타국(他國)과 동등국(同等國)이 되ᄂᆞᆫ 고로

서로 공ᄉᆞ(公使)가 리왕ᄒᆞ더니 을ᄉᆞ(乙巳)년에 일본국(日本國)으로 더부러
됴약(條約)을 뎡(定)ᄒᆞᆫ 후에ᄂᆞᆫ 외부를 폐지(廢止)ᄒᆞ야 외교권(外交權)을 일본졍
부에 양여(讓與)ᄒᆞ고 외국에 잇ᄂᆞᆫ 공ᄉᆞ를 다 쇼환(召還)ᄒᆞ니라

甲 갑옷 갑　午 낫 오　獨 홀노 독　使 ᄒᆞ야곰 ᄉᆞ　乙 ᄉᆡ 을

巳 ᄇᆡ암 ᄉᆞ　條 가지 됴　廢 폐ᄒᆞᆯ 폐　止 그칠 지　讓 ᄉᆞ양 양

還 도라올 환

뎨오쟝 내부(內部)

내부ᄂᆞᆫ 각부의 슈부(首部)로 넘거르니 곳 갑오년젼 리조(吏曹)라
디방힝졍과 경찰(警察)과 디리(地理)와 ᄇᆡᆨ셩의 위싱과 호젹(戶籍)과 구휼
과 국가의 토목(土木)역ᄉᆞ(役事)와 도로(道路)교량(橋梁)의 슈츅(修築)을 다 관리ᄒᆞ고
경시텽(警視廳)과 한셩부(漢城府)와 각관찰(觀察)군슈(郡守)를 내부대신이 감독(監督)ᄒᆞᄂᆞ니

디방이 무ᄉᆞ(無事)ᄒᆞ고 ᄇᆡᆨ셩이 편안ᄒᆞᆷ은 각관찰군슈 힝졍에
잇ᄉᆞ며 각관찰군슈의 힝졍 션악(善惡)은 내부대신이 사ᄅᆞᆷ을
가림에 잇ᄂᆞ니라

吏 아젼 리　察 살필 찰　戶 지개 호　籍 호젹 젹　役 역ᄉᆞ 역

橋 다리 교　梁 다리 량　視 볼 시　廳 마루 텽　城 ᄌᆡ 셩

觀 볼 관　郡 고을 군　監 볼 감　督 동독 독

뎨륙쟝 탁지부(度支部)

탁지부ᄂᆞᆫ 곳 갑오년젼 호조(戶曹)니 국가의 지졍을 총할(總轄)ᄒᆞ야
ᄆᆡ년(每年)예산에 셰입(歲入)셰츌(歲出)을 회계(會計)ᄒᆞ고 ᄇᆡᆨ셩의 결셰(結稅)와 호(戶)
셰(稅)를 슈입(收入)ᄒᆞ며 화폐(貨幣)의 졔조와 국채(國債)의 관계와 은힝(銀行)의
됴례(條例)를 다 판리ᄒᆞ며 각디방에 잇ᄂᆞᆫ ᄌᆡ무셔(財務署)를 탁지부더

신이 감독ᄒᆞ니 국고(國庫)가 충실(充實)ᄒᆞ고 전국에 지졍이 류통(流通)홈
은 탁지부터신일언의 칙임이니라

- 轄 휘할 슈뮈박
- 收 슈 거둘
- 例 례 법례
- 每 미 매양
- 貨 화 재물
- 署 서 집
- 入 입 들
- 幣 폐 폐ᄇᆡᆨ
- 庫 고 고장
- 結 결 맷을
- 債 채 빗
- 流 류 흐를
- 稅 세 구실
- 銀 은 은

뎨칠장 군부(軍部)

군부ᄂᆞᆫ 갑오년젼 병조(兵曹)니 군부터신이 젼국에 군정(軍政)을 총
활ᄒᆞ야 국가의 방어(防禦)와 군인(軍人)의 교육ᄒᆞᄂᆞᆫ ᄉᆞ무를 관리ᄒᆞ
ᄂᆞ니 우리 나라에셔 갑오이후로 군졍이 조곰 확장(擴張)ᄒᆞ야
황셩(皇城)에ᄂᆞᆫ 시위(侍衛)디(隊)와 친위(親衛)디(隊)와 긔병(騎兵)과 포병(砲兵)과 공병(工兵)과 각종(各種)디(隊)가
잇고 각디방에ᄂᆞᆫ 진위(鎭衛)디(隊)가 잇더니 졍미(丁未)년에 각디를 다

폐지ᄒᆞ야 군인을 히산(解散)ᄒᆞ며 다시 근위(近衛)디(隊)를 셜치(設置)ᄒᆞ고 병(兵)
졸(卒) 륙빅인(人)과 긔병략간(若干)인(人)을 두니라

- 防 방 막을
- 禦 어 막을
- 擴 확 널을
- 張 쟝 베풀
- 侍 시 뫼실
- 隊 디 떼
- 騎 긔 말탈
- 兵 병 군ᄉᆞ
- 砲 포 총
- 鎭 진 진졍
- 解 히 풀
- 置 치 둘
- 卒 졸 군ᄉᆞ
- 略 략 노략

뎨팔장 법부(法部)

법부ᄂᆞᆫ 갑오년젼 형조(刑曹)니 법부터신이 법률에 관계되ᄂᆞᆫ
ᄉᆞ무를 관리ᄒᆞᄂᆞᆫ고로 ᄉᆞ법(司法)디신이라 닐컷고 디심(大審)원(院)과 공(控)
소(訴)원(院)과 각 지판(裁判)소(所)를 감독ᄒᆞᄂᆞ니 국가에 긔강(紀綱)이 문란(紊亂)치
아니ᄒᆞᆯ고 국민의 지식이 ᄀᆡ명됨은 학 법률이 공평홈에
잇ᄉᆞ니 만약 법률이 붉지 못ᄒᆞ면 형벌도 공변되지 못

ᄒᆞ야 ᄇᆡᆨ셩의 원통홈을 펼 길이 업고 법률이 각박ᄒᆞ고 셰다로면 국가에 화긔를 감상(感傷)ᄒᆞ리니 법부대신의 칙임이 이곳치 즁대ᄒᆞ니라

司 맛흘 ᄉᆞ 審 살필 심 院 집 원 控 당길 공 裁 마를 재
紊 어지러올 문 減 감ᄒᆞᆯ 감

뎨구장 학부(學部)

학부ᄂᆞᆫ 갑오년젼 례조(禮曹)니 학부대신이 젼국에 교육ᄒᆞᄂᆞᆫ ᄉᆞ무를 관리ᄒᆞ야 인민의 지식을 발달ᄒᆞᄂᆞ니 셰계 렬방(列邦)의 부강ᄒᆞᆫ 나라들 보건ᄃᆡ 다 교육이 발달ᄒᆞ고 학교가 흥왕(興旺)ᄒᆞ야 인민의 지식이 ᄀᆡ명ᄒᆞ되 우리 나라ᄂᆞᆫ 인민의 지식이 우ᄆᆡ(愚昧)ᄒᆞ야 칠실혼몽즁(漆室昏夢中)에 잇ᄉᆞ니 이ᄂᆞᆫ 교육이 발달치 못ᄒᆞᆫ 연고라 엇지 민망치 아니ᄒᆞ리오 쳥년(靑年) ᄌᆞ뎨들은 학업(學業)에 열심(熱心)ᄒᆞ야 급히 ᄀᆡ명ᄒᆞᆫ 디경에 나아감이 국민의 의무오 국가의 ᄒᆡᆼ복(幸福)이니라

列 벌릴 렬 邦 나라 방 旺 왕셩 왕 昧 어두울 ᄆᆡ 漆 옷칠 칠
昏 어두울 혼 夢 ᄭᅮᆷ 몽 靑 푸를 쳥 熱 더울 열 幸 ᄒᆡᆼ ᄒᆡᆼ

뎨십장 농상공부(農商工部)

농상공부ᄂᆞᆫ 갑오년젼 공조(工曹)니 농상공부대신이 젼국 농무(農務)와 상무(商務)와 공무(工務)와 광무(礦務)와 삼림(森林)과 황무디(荒蕪地)의 ᄀᆡ간(開墾)ᄒᆞᄂᆞᆫ ᄉᆞ무를 관리ᄒᆞ고 기타 통상(通商) 항ᄒᆡ(航海)ᄒᆞᄂᆞᆫ 션박(船舶)과 뎐당국(典當局)과 우톄(郵遞)로 영업ᄒᆞᄂᆞᆫ 일을 됴사(調査)ᄒᆞᄂᆞ니 동셔양(東西洋)에 부강ᄒᆞᆫ 나라를 보면 농상공부의 ᄉᆞ무가 발달ᄒᆞ고 빈약(貧弱)ᄒᆞᆫ 나라를

보면 농상공부의 ᄉᆞ무가 발달치 못ᄒᆞ니 국가의 지쟝과
인민의 지산이 부요ᄒᆞᆷ은 다 농상공부대신의 칙임이니라

礦 구덩이 광　森 삼삼ᄒᆞᆯ 삼　林 수풀 림　荒 거칠 황　蕪 거칠 무
墾 ᄀᆡ간ᄒᆞᆯ 간　航 비 항　海 바다 해　舶 비 박　局 판 국
庖 포쥬 포　調 고를 됴　查 사실ᄒᆞᆯ 사　西 서녁 서　弱 약ᄒᆞᆯ 약

뎨십일쟝 경시텽(警視廳)

경시텽은 갑오년젼 포도텽(捕盜廳)이니 니부 관할(管轄)에 속(屬)ᄒᆞ야 인
민을 보호(保護)ᄒᆞ며 경시총감(警視總監)이 한셩니에 경찰(警察)과 도로의
쳥결(淸潔)과 소방(消防)의 관계되ᄂᆞᆫ ᄉᆞ무를 장관(掌管)ᄒᆞ고 각종 경찰셔(警察署)와
감옥셔(監獄署)를 총할ᄒᆞ니 경시텽에ᄂᆞᆫ 죄인(罪人)을 잡아 지판ᄒᆞᄂᆞᆫ
권한(權限)이 업고 이십ᄉᆞ시(四時)젼에 지판소로 이교(移交)ᄒᆞᄂᆞ니라 또

경찰이 붉지 못ᄒᆞ면 빅셩의 질셔(秩序)가 문란ᄒᆞ야 국가의
정법을 시ᄒᆡᆼ(施行)ᄒᆞ기 어려우니 ᄉᆞ방(四方)에 도적이 업고 길에
셔 쳔것을 줍지 아니ᄒᆞᆷ은 경시총감이 경찰을 주의ᄒᆞᆷ에
잇ᄂᆞ니라

捕 잡을 포　護 호위ᄒᆞᆯ 호　清 말글 쳥　潔 조촐ᄒᆞᆯ 결　消 살아질 쇼
獄 옥 옥　限 한뎡 한　移 옴길 이　秩 ᄎᆞ례 질　序 ᄎᆞ례 셔
施 베풀 시

뎨십이쟝 한셩부(漢城府)

한셩부에ᄂᆞᆫ 부윤(府尹)이 잇스니 니부대신의 지휘(指揮)를 밧아 도(都)
셩(城) 오부(五部) 구역(區域) 니(內)에 힝정과 디단(地段)을 쳑량(尺量)ᄒᆞ고 가사(家舍) 문권(文券)을 션(繕)
급ᄒᆞᄂᆞᆫ ᄉᆞ무를 쟝리(掌理)ᄒᆞ며 또 외국 형ᄉᆞ 소ᄉᆞ로 더부러 [illegible]에

거류(居留)ᄒᆞᄂᆞᆫ 각국인민의 인명(人命)과 지산에 관계되ᄂᆞᆫ 일을 교섭ᄒᆞ니 디우(對遇)ᄂᆞᆫ 각관찰ᄉᆞ와 동등(同等)이 되ᄂᆞ니라

卞 윤맛 揮 휘두를 都 도읍 域 디경역 尺 자척
貼 붓칠텹 屋 집옥 券 문서권 繕 다ᄉᆞ릴션 給 줄급
領 거ᄂᆞ릴령 留 머무를류 遇 맛날우

뎨십삼장 각지판소(各裁判所)

지판소ᄂᆞᆫ 각(各)구역지판소와 각(各)지판소와 디심원과 공소원이 잇스니 다 법부디신의 명령을 밧아 인민의 소송(訴訟)을 수리(受理)ᄒᆞᄂᆞ니 각(各)디방에 소송인민이 본(本)구역지판소의 판결(判決)을 불복(不服)ᄒᆞᄂᆞᆫ 경우(境遇)에ᄂᆞᆫ 도지판소에 상소(上訴)ᄒᆞ고 도지판소에 판결을 또 불복ᄒᆞ거든 공소원과 디심원에 신소(申訴)ᄒᆞᄂᆞ니 인민의 소장(訴狀)을 ᄒᆞᆫ번보고 물흐르다시 판결ᄒᆞ야 ᄉᆞ방에 송ᄉᆞ(訟事)가 업게ᄒᆞᆷ은 다 지판관(官)의 칙임이니라

訟 송ᄉᆞ송 境 디경경 川 내쳔 級 층급 狀 글장장

뎨십ᄉᆞ장 관찰ᄉᆞ(觀察使)

우리나라에 십삼도(道)관찰이 잇스니 다 니부디신의 지휘를 밧아 관하(管下)각군(各郡)에 힝정ᄉᆞ무를 관리ᄒᆞ니 부윤과 군슈의 치젹(治績)을 고과(考課)ᄒᆞ며 민적(民籍)과 디젹(地籍)과 법률과 경찰과 위ᄉᆡᆼ과 교육과 슈세(收稅)와 농무와 상무와 공무와 도로교량과 삼림쳔ᄐᆡᆨ(森林川澤)과 슈산(水産)과 광산(鑛産)의 졔항(諸項)ᄉᆞ무를 관장ᄒᆞ지라 또 관찰이라 일홈ᄒᆞᆷ은 그 디방에 풍토(風土)를 보고 민속(民俗)을 삷히ᄂᆞᆫ 연고니 칙임이 엇지 즁되치 아니ᄒᆞ리오

뎨십오장

부윤과 군슈ᄂᆞᆫ 디방관(地方官)이니 닉부에 속(屬)ᄒᆞ고 관찰ᄉᆞ의 지휘를 밧아 관할ᄒᆞᆫ 구역닉(內)에 힝졍ᄉᆞ무를 쳐리(處理)ᄒᆞᄂᆞ니 빅셩의 부모가 된지라 빅셩ᄉᆞ랑ᄒᆞᆷ을 ᄌᆞ식ᄀᆞᆺ치ᄒᆞ야 쳐젹이 쳥빅(淸白)ᄒᆞᆫ 쟈ᄂᆞᆫ 빅셩도 부모ᄀᆞᆺ치 ᄉᆞ랑ᄒᆞ고 빅셩미워ᄒᆞᆷ을 우마(牛馬)ᄀᆞᆺ치ᄒᆞ야 치젹이 탐학(貪虐)ᄒᆞᆫ 쟈ᄂᆞᆫ 빅셩이 구슈ᄀᆞᆺ치 미워ᄒᆞᄂᆞ니 국가에 형법(刑法)이 잇ᄂᆞᆫ지라 슈령(守令)된쟈ᄂᆞᆫ 엇지 숨가지 아니ᄒᆞ리오

貪(탐ᄒᆞᆯ 탐) 虐(사나올 학)

뎨십륙장 각학교(各學校)

학교ᄂᆞᆫ 관립(官立)과 공립(公立)과 ᄉᆞ립(私立)의 삼죵(三種)이 잇스니 한셩닉에ᄂᆞᆫ 관립이오 각디방에ᄂᆞᆫ 공립이오 학부디신의 인허(認許)를 엇어 셜립(設立)ᄒᆞᆫ쟈를 ᄉᆞ립이라 닐ᄏᆞᆺ고 ᄯᅩ 명목(名目)은 ᄉᆞ범(師範)과 고등(高等)과 보통(普通)과 각젼문(各專門)이 잇ᄂᆞ니 셰계에 ᄀᆡ명ᄒᆞᆫ 나라ᄂᆞᆫ 다 학교를 만히 셜립ᄒᆞ야 인민의 지식과 기예(技藝)을 발달ᄒᆞ고 조국졍신(祖國精神)과 익국ᄉᆞ상(愛國思想)을 비양(培養)ᄒᆞᄂᆞᆫ고로 나라이 부강ᄒᆞ고 인민도 상등인이 된지라 우리나라 쳥년ᄌᆞ뎨ᄂᆞᆫ 엇지 본밧지 아니ᄒᆞ리오

認(알 인) 普(널을 보) 想(생각 상) 排(비)

뎨십칠장 호젹(戶籍)

호젹은 국가의 디졍(大政)이라 님군은 빅셩으로 하ᄂᆞᆯ을 숨ᄂᆞᆫ

고로 녜젼 님군이 민젹에 졀ᄒ고 밧은 일이 잇스니 젼국니에 호수(戶數)와 인구(人口)를 쟈셰히 편젹(編籍)홈은 인민으로 ᄒ야곰 국가에 보호ᄒᄂᆫ 리익을 균쳠(均霑)케 홈이니 인민즁에 혹 원호(原戶)를 은닉(隱匿)ᄒ야 누젹(漏籍)ᄒ거나 원젹(原籍) 닉(內)에 인구를 즘슛 탈호(脫戶)ᄒᄂᆫ 쟈ᄂᆫ 인민의 권리(權利)를 주지 아니ᄒᆯ뿐 아니라 법률로써 징벌(懲罰)ᄒᄂᆫ니라

均 고를 균　霑 저즐 쳠　匿 숨을 닉　漏 샐 루　脫 벗을 탈　懲 징계 징

뎨십팔장 세납(稅納)

국가의 지졍이 부요홈은 젼혀 세징(稅徵)에 관계가 잇스니 나라의 졔ᄉ와 연향(宴饗)과 병혁(兵革)과 ᄇᆡᆨ관(百官)의 월급(月給)과 빈민(貧民)의 구휼ᄒᄂᆫ 각항 용도를 다 셰졍에 판츌ᄒᄂᆫ 고로 ᄌ고로 셰납이 업ᄂᆫ 나라이 업ᄂᆫ니 ᄇᆡᆨ셩된 쟈ㅣ 엇지 셰납을 완거(頑拒)ᄒ야 국민의 의무를 직히지 아니ᄒᆯ리오 또 결셰ᄂᆫ 국가의 디셰(地稅)오 호셰ᄂᆫ ᄇᆡᆨ셩의 신역(身役)이라 디셰와 신역을 샹납(上納)지 아니ᄒ면 이ᄂᆫ 애국셩이 업ᄂᆫ 사ᄅᆞᆷ이니라

宴 잔ᄎᆡ 연　饗 먹일 향　革 가족 혁　頑 완악 완　役 역ᄉ 역　納 드릴 납

뎨십구장 황무디 개간(荒蕪地開墾)

나라의 유의유식(遊衣遊食)ᄒᄂᆫ ᄇᆡᆨ셩이 만코 황무디도 만흐면 그 나라이 간난ᄒ고 유의유식ᄒᄂᆫ ᄇᆡᆨ셩이 업고 황무디도 업스면 그 나라이 부강ᄒᄂᆫ니 우리 나라ᄂᆫ 토광인희(土廣人稀)ᄒ

아 山林산림쳔택에 황무디가 허다ᄒᆞ되 ᄇᆡᆨ셩의 지식이 미명
치 못ᄒᆞ야 累百年루ᄇᆡᆨ년來ᄅᆡ로 토디에서 産出산츌ᄒᆞᄂᆞᆫ 리익을 다
것으지 못ᄒᆞ니 엇지 국기의 부강홈을 ᄇᆞ라리오 ᄇᆡᆨ셩된
쟈ㅣ 농샹공부에 請願쳥원ᄒᆞ고 황무디 ᄀᆡ간의 주의ᄒᆞ면 ᄇᆡᆨ
셩의 지산이 부요홀ᄲᅮᆫ아니라 곳 국가부강에 基礎긔초가 될
지니라

遊 유ᄂᆞᆯ 廣 광넓을 稀 희드믈 基 긔터 礎 초주초

데이십쟝 植林식림

밍즈ㅣ ᄀᆞᆯᄋᆞ사ᄃᆡ 十年之計십년지계ᄂᆞᆫ 種樹죵슈ᄀᆞᆺ홈이 업다ᄒᆞ시고 ᄯᅩ
세계각국을 보건ᄃᆡ 그 나라 디경에 드러자죽 산림에
樹木슈목이 鬱密울밀ᄒᆞ면 나라이 부강ᄒᆞ고 그러치 아니ᄒᆞ면 나

라이 간난ᄒᆞᆫ지라 우리 나라ᄂᆞᆫ 허다ᄒᆞᆫ 산림에 식림ᄒᆞᄂᆞᆫ
쟈ㅣ 업서 다 赭山쟈산이 되얏스니 진실노 식림의 주의ᄒᆞ
면 십년후에ᄂᆞᆫ 自家ᄌᆞ가의 지산도 치부ᄒᆞᆯ것이오 전국에 발
달되면 국가의 리익이 ᄯᅩᄒᆞᆫ 不少불소ᄒᆞᆫ지니라

植 식심을 樹 슈나무 鬱 울답답 密 밀ᄲᆡᆨᄲᆡᆨ 藉 쟈ᄌᆞᆷ을

데이십일쟝 總論총론 刑法형법

現行현ᄒᆡᆼᄒᆞᄂᆞᆫ 刑法형법大全ᄃᆡ젼은 각항법률을 制定졔뎡ᄒᆞ야 일반인민이
범법지 아니ᄒᆞ도록 磨練마련ᄒᆞᆫ비니 국가의 金石之典금셕지뎐이 되거
ᄂᆞᆯ 鄕谷향곡에 우미ᄒᆞᆫ ᄇᆡᆨ셩은 지식이 미명치 못ᄒᆞᆫ고로 혹
細微셰미ᄒᆞᆫ 일에 우연히 誤犯오범ᄒᆞᄂᆞᆫ쟈ㅣ 만ᄒᆞ니 이ᄂᆞᆫ 좀줏
범법ᄒᆞ고져홈이 아니라 엇지 愛惜ᄋᆡ셕지 아니ᄒᆞ리오 세상에

元惡大憝(원악대대)으로 罪犯(죄범)이 즁훈자는 쵸동목슈라도 다 알나니
와 재미훈 律例(률례)에 알지 못ᄒᆞ고 오범키 쉬운자를 형법
대젼즁에 緊要(긴요)훈 條目(됴목)으로 대강 記載(기재)ᄒᆞ야 學課(학과)를 分定(분뎡)ᄒᆞ
노니 진실노 법률을 두려ᄒᆞ야 죄범이 업스면 국가의 良(량)
民(민)이 되ᄂᆞ니라

現(현 보일) 磨(마 갈) 鍊(련 단련ᄒᆞᆯ) 谷(곡 골) 微(미 작을)
誤(오 그릇) 惜(셕 악길) 元(원 읏듬) 懸(현 ᄃᆞᆯ) 截(졀 ᄭᅳᆫ을)

데이십이장 戒犯綱(계범강)

부조지은과 ᄉᆞ친지졀과 형대지졍은 上編(샹편)에 다 긔록ᄒᆞ얏
거니와 세샹에 혹 天品(텬품)이 不良(불량)ᄒᆞ고 또 不學無識(불학무식)ᄒᆞ야
綱常(강샹)에 범훈자는 텬디간에 容納(용납)지 못훌뿐아니라 遵律(준률)을

면치 못ᄒᆞᄂᆞ니 아는 금슈에도 비훌디 업스며 千古歷史(쳔고력ᄉᆞ)
에도 듬은 일이니라

歷(력 지날) 史(ᄉᆞ ᄉᆞ긔)

데이십삼장 상동

조부모와 부모를 毆(구)ᄒᆞᆫ자는 絞(교)에 處(쳐)ᄒᆞ고 期親(긔친) 兄姊(형ᄌᆞ)를 구
훈자는 懲役(징역) 二年半(이년반)이며 刃(인)으로 折跌(졀질) 以上(이샹)에는 징역 終身(죵신)에
쳐호디 肢體(지톄)를 折傷(졀샹)훈자는 교에 쳐ᄒᆞ고 伯叔(ᄇᆡᆨ슉) 부모와 姑(고)
母(모)와 外祖(외조) 부모를 구훈자는 징역 삼년이며 인으로 졀샹
이샹에는 교에 쳐ᄒᆞ고 大功(대공) 형ᄌᆞ를 구훈자는 징역일년반
이며 小功(쇼공)에는 징역일년이며 緦麻(시마)에는 笞(태)일ᄇᆡᆨ이며 尊屬(존속)
에는 각히 一等(일등)을 加(가)ᄒᆞᄂᆞ니라

毆 칠 구　肢 ᄉᆞ지 지　姑 ᄒᆞᆯ미 고
綜 ᄌᆞᆯ 교　跌 업더질 질　緦 ᄂᆡ간 시운 시
朞 돌 기　伯 맛 ᄇᆡᆨ　麻 삼 마
半 반 반　以 써 이　笞 볼기 티
折 ᄭᅥᆨ글 졀　叔 아ᄌᆞᆸ 슉　加 더ᄒᆞᆯ 가

뎨이십ᄉᆞ쟝 상동

조부모와 부모의 외관(外冠)을 렬(裂)ᄒᆞᆫ 쟈ᄂᆞᆫ 징역 삼년이며 긔친존쟝(尊長)과 외조부모에ᄂᆞᆫ 징역 륙개월(六個月)이며 ᄃᆡ공존쟝과 쳐부(妻父)모에ᄂᆞᆫ 징역 ᄉᆞ개월(四個月)이오 조부모와 부모를 미(罵)ᄒᆞᆫ 쟈ᄂᆞᆫ 징역 죵신이며 ᄇᆡᆨ슉부모와 고모와 외조부모에ᄂᆞᆫ 징역 일년이며 긔친형ᄌᆞ에ᄂᆞᆫ ᄐᆡ일ᄇᆡᆨ이며 ᄃᆡ공에ᄂᆞᆫ ᄐᆡ칠십이며 쇼공에ᄂᆞᆫ ᄐᆡ륙십이며 시마에ᄂᆞᆫ ᄐᆡ오십이니라

冠 갓 관　裂 ᄶᅵ저질 렬　罵 ᄭᅮ지즐 미

뎨이십오쟝 계혼인위법(戒婚姻違法)

혼인은 ᄉᆡᆼ민(生民)의 근원이오 인륜의 ᄃᆡᄉᆞ니 엇지 ᄉᆞᆷ가지 아니ᄒᆞ리오 녀가(女家)에셔 혼인을 졍ᄒᆞᆯ ᄯᅢ에 폐ᄇᆡᆨ과 지믈을 밧아거나 임의 뇌약(牢約)이 잇ᄂᆞᆫᄃᆡ 타인에게 두번 허혼(許婚)ᄒᆞ야 쳐셩례(成禮)치 아니ᄒᆞᆫ 쟈ᄂᆞᆫ ᄐᆡ칠십이며 셩례ᄒᆞᆫ 쟈ᄂᆞᆫ ᄐᆡ팔십에 쳐ᄒᆞ고 나죵 졍혼(定婚)ᄒᆞᆫ 남가(男家)에셔 지졍(知情)ᄒᆞᆫ 쟈도 죄가 ᄀᆞᆺᄒᆞ며 혼ᄉᆞ(婚事)를 리간ᄒᆞ거나 ᄌᆡ회(再悔)ᄒᆞ야 셩혼(成婚)치 못ᄒᆞ게 ᄒᆞᆫ 쟈ᄂᆞᆫ ᄐᆡ일ᄇᆡᆨ에 쳐ᄒᆞᄃᆡ 인ᄒᆞ야 스ᄉᆞ로 쟝가들거나 타인에게 거ᄆᆡ(居媒)ᄒᆞᆫ 쟈ᄂᆞᆫ 일등을 가ᄒᆞ고 혼ᄉᆞ를 륵졍(勒定)ᄒᆞᆫ 쟈ᄂᆞᆫ ᄐᆡ팔십이며 임의 시집간 ᄯᆞᆯ을 타인에게 ᄌᆡ가(再嫁)ᄒᆞᆫ 쟈ᄂᆞᆫ 징역삼개월에 쳐ᄒᆞ며 지졍ᄒᆞ고 쟝가든 쟈도 죄가 ᄀᆞᆺᄒᆞ니 계집은 젼부(前夫)

게로 돌녀보니ᄂᆞ니라

牢 도ᄀᆞᆺ 옥 嫁 갈시 가집 沮 혼저 저희 媒 민즁 미 勸 륵구 권 再 저두 재

예이십륙장 戒姦淫 계간음

남녀가 분별이 업서 ᄎᆞ음ᄒᆞᆫ자ᄂᆞᆫ 금슈의 ᄒᆡᆼ실이니 사나온 ᄒᆡᆼ실로 婦女부녀를 強姦강간ᄒᆞ거나 십이歲세가 되지못ᄒᆞᆫ 어린계집을 간음ᄒᆞ거나 私債ᄉᆞ쳐를 인ᄒᆞ야 부녀를 姦占간졈ᄒᆞ거나 강간ᄒᆞ다가 自盡ᄌᆞ진케ᄒᆞ거나 守節슈졀ᄒᆞᄂᆞᆫ 寡婦과부를 장가들고저ᄒᆞ야 폐ᄇᆡᆨ파 재물을 威脅위협으로 빗게ᄒᆞᆫ대가 죽ᄂᆞᆫ듸 일은쟈ᄂᆞᆫ 교에 쳐ᄒᆞ며 有夫女유부녀나 未嫁女미가녀를 強奪강탈ᄒᆞ야 妻妾쳐첩을 숨은쟈ᄂᆞᆫ 교며 강탈만ᄒᆞ고 간음치 아니ᄒᆞᆫ쟈ᄂᆞᆫ 징역십오

년이며 유부녀를 和姦화간ᄒᆞᆫ자ᄂᆞᆫ 남녀를 다 징역일년에 쳐ᄒᆞᄂᆞ니라

占 졈졈 칠 妾 쳡쳡 逼 핍박 ᄒᆞᆯ 핍 寡 과적 올 脅 협박 ᄒᆞᆯ 협 奪 ᄲᅢ앗 을 탈

예이십칠장 准竊盜律 준졀도률

強盜강도와 졀도ᄂᆞᆫ 다 죵률을 면치 못ᄒᆞᄂᆞ니 이로 긔록지못ᄒᆞ거니와 또 준졀도률이 잇ᄉᆞ니 이ᄂᆞᆫ 졀도죄가 아니로ᄃᆡ 다ᄉᆞ리ᄂᆞᆫ 법률은 졀도죄를 准行준ᄒᆡᆼᄒᆞᆷ이니 사람을 恐공嚇혁ᄒᆞ고 欺騙긔편ᄒᆞ야 재물을 取取취ᄒᆞ거나 타인의 밧에 잇ᄂᆞᆫ 穀麥곡맥 菜果ᄎᆡ과나 산에 싸온 柴草시초 木石목셕이나 看守간슈치 못ᄒᆞᆫ 器物긔물을 쳔단히 취ᄒᆞᆫ자ᄂᆞᆫ 贓錢장젼을 회계ᄒᆞ야 졀도률에 준ᄒᆞᄂᆞ

니라

准 준홀 준 騙 속일 편 竊 도적 절 菜 나물 채 恐 두려울 공 柴 나무 시 嚇 성낼 혁 看 볼 간 欺 속일 기 贓 장물 장

뎨이십팔장 상동

간음ᄒᆞᆫ 남녀에게 방옥(房屋)을 빌녀주어 ᄒᆡᆼ간(行姦)홈을 편이(便易)케ᄒᆞ고 ᄯᅩ 간사(姦事)를 거믜ᄒᆞ다가 지물을 밧아 장이 즁ᄒᆞ거나 우(郵)표(票)와 샹표(商票)와 기타 빙표(憑票)와 쥰허(准許)쟝(狀)등류(等類)를 위조(僞造)ᄒᆞ거나 변조(變造)ᄒᆞᆫ쟈는 징역일년에 쳐ᄒᆞ고 지물을 밧아 장이 즁ᄒᆞᆫ쟈는 다 졀도률에 쥰ᄒᆞᄂᆞ니라

便 편홀 편 變 변홀 변 郵 역말 우 票 표 표 憑 비길 빙 僞 거즛 위

뎨이십구장 상동

타인분모에 셕물(石物)을 기훼(棄毁)ᄒᆞᆫ쟈는 징역일년에 쳐ᄒᆞ되 각히 분립(分立)케ᄒᆞ고 장이 즁ᄒᆞᆫ쟈는 졀도률에 쥰ᄒᆞ며 도(盜)ᄒᆞᆫ쟈는 일등을 가ᄒᆞ고 마우(馬牛)를 도살(盜殺)ᄒᆞᆫ쟈는 징역삼년이며 려라(驢騾)에는 징역일년반에 쳐ᄒᆞ되 장이 즁ᄒᆞᆫ쟈는 졀도률에 쥰ᄒᆞ야 일등을 가ᄒᆞ고 사ᄅᆞᆷ으로 더부러 투구(鬪毆)홈을 인ᄒᆞ야 지물을 도취(盜取)ᄒᆞᆫ쟈는 졀도률에 쥰ᄒᆞ되 창탈(搶奪)ᄒᆞᆫ쟈는 이등을 가ᄒᆞᄂᆞ니라

毁 헐 훼 殺 죽일 살 驢 나귀 려 騾 노새 라 鬪 싸홀 투

搶 노략 창 得 엇을 득

竊盜 졀도

二圓未滿	懲役 六個月
二圓以上十圓未滿	七個月
十圓以上二十圓未滿	八個月
二十圓以上四十圓未滿	九個月
四十圓以上六十圓未滿	十個月
六十圓以上八十圓未滿	一年
八十圓以上百圓未滿	一年半
百圓以上百二十圓未滿	二年
百二十圓以上百四十圓未滿	二年半
百四十圓以上百六十圓未滿	三年
百六十圓以上百八十圓未滿	五年

百八十圓以上二百圓未滿	七年
二百圓以上二百二十圓未滿	十年
二百二十圓以上二百四十圓未滿	十五年
二百四十圓以上	終身

圓(환)을

뎨삼십쟝 私鑄錢(사주젼)

화폐는 국가에셔 지은비니 빗셩된쟈ㅣ 엇지 ᄉᆞ주ᄒᆞ야 국기와 지졍을 문란케ᄒᆞ리오 紙幣(지폐)나 金銀銅貨(금은동화)를 위조ᄒᆞᆫ쟈는 교에 쳐호ᄃᆡ 主唱(주창)ᄒᆞᆫ쟈와 공장은 죄가 ᄀᆞᆺ호며 助役(조역)ᄒᆞᆫ쟈와 긔계를 베풀고 힝ᄒᆞ지 아니ᄒᆞᆫ쟈는 일등을 감ᄒᆞ며 지졍ᄒᆞ고 輸入(슈입)ᄒᆞ거나 行使(힝ᄉᆞ)ᄒᆞᆫ쟈는 징역삼년이며 지

폐나 금은동화를 것어 밧은 후에 위조로 알고도 힝ᄉ
ᄒᆞᆫ쟈ᄂᆞᆫ ᄐᆡ일빅이며 시용(時用)ᄒᆞᄂᆞᆫ 금은동화를 ᄭᆞᆨ가 박소(薄小)케 ᄒᆞᆫ
쟈ᄂᆞᆫ 징역일년에 쳐ᄒᆞᄂᆞ니라

鑄 주 지을　紙 지 조희　銅 동 구리　住 주 머물　鍮 [illegible]

뎨삼십일장 금도작벌슈목(禁盜斫伐樹木)

릉침(陵寢)과 경셩(京城) 금산(禁山)과 각도(各道) 봉산(封山)과 디방(地方) 관ᄉᆞ(官司)에셔 금양(禁養)ᄒᆞᄂᆞᆫ
산록(山麓)과 도로에 슈목은 소중(所重)이 ᄌᆞ별(自別)ᄒᆞ니 더욱 도쟉지
못ᄒᆞ거니와 타인 분영(墳塋) ᄂᆡ(內)에 금양ᄒᆞᄂᆞᆫ 슈목을 도쟉ᄒᆞ면 치(稱)
목(木) 일쥬(一株)에 ᄐᆡᄉᆞᆷ호ᄃᆡ ᄆᆡ(毎) 십쥬(十株)에 일위(一圍) 이샹
에ᄂᆞᆫ ᄆᆡ쥬에 ᄐᆡ오십호ᄃᆡ ᄆᆡ(毎) 삼쥬(三株)에 일등을 가ᄒᆞ고 일파(一把)
이샹에ᄂᆞᆫ 일쥬에 징역륙개월호ᄃᆡ ᄆᆡ(毎) 이쥬(二株)에 일등을 가ᄒᆞ

야 징역삼년에 지(止)ᄒᆞ고 젼야(田野)와 촌락(村落)과 뎐뎨에 비양ᄒᆞᄂᆞᆫ
슈목에ᄂᆞᆫ 각히 일등을 감ᄒᆞᄂᆞ니라

斫 작 찍을　麓 독 언덕　落 락 ᄯᅥ러질
陵 릉 언덕　塋 영 무덤
寢 침 잘　穉 치 어릴
京 경 서울　圍 위 에울
封 봉 봉할　把 파 잡을

뎨삼십이장 계략인(戒略人)

젼재(錢財)와 물건을 도적ᄒᆞᆫ쟈도 죄를 면치 못ᄒᆞ거든 ᄒᆞ물며
사ᄅᆞᆷ을 노략ᄒᆞᆫ쟈ㅣ리오 인가남녀를 유인(誘引) ᄆᆡ매(賣買)ᄒᆞ야 남의
쳐쳡ᄌᆞ손이나 ᄌᆞ녀와 친속(親屬)의 쳐쳡ᄌᆞ손을 숨은자ᄂᆞᆫ 징역
삼년이며 남의 고공이나 창가(娼妓)나 ᄌᆞ녀와 친속의 고공을
숨은쟈ᄂᆞᆫ 징역십년에 쳐호ᄃᆡ 인ᄒᆞ야 사ᄅᆞᆷ을 셩병(成病)ᄒᆞ거나

조진ᄒᆞ거나 인기으로 샹ᄒᆞ거나 졀삼이상에 일은자는 징역
종신이며 사나온 힝실로 강간ᄒᆞ야 賣(매)ᄒᆞᆫ쟈는 교에 쳐ᄒᆞ
며 인가의 길을 일은ᄌᆞ녀나 부란ᄋᆞ희를 엇어 賣(매)ᄒᆞᆫ쟈
는 일등을 감ᄒᆞ고 그 쳔속을 츄어 聚完(취완)케ᄒᆞ며 남의
도망ᄒᆞᆫ ᄌᆞ녀를 엇어 賣(매)ᄒᆞᆫ쟈는 이등을 감ᄒᆞᄂᆞ니라

誘(유 ᄭᅬ닐) 引(인 당길) 娼(창 화랑) 妓(기 기생) 完(완 완젼)
聚(취 모흘) 賣(매 팔)

뎨삼십삼장 샹동

인가남녀를 和誘(화유)ᄒᆞ야 肯諾(긍락)을 엇고 미매ᄒᆞ야 쳐쳡ᄌᆞ손을
삼은쟈는 징역일년이며 고공과 참기를 삼은쟈는 징역삼
년에 쳐ᄒᆞ고 被誘(피유)ᄒᆞᆫ자는 일등을 감ᄒᆞ며 人口(인구)를 買(미)ᄒᆞᆫ자
는 ᄐᆡ일ᄇᆡᆨ이며 위협이나 詭計(궤계)로 買(미)ᄒᆞᆫ쟈는 징역일년에
쳐ᄒᆞᆫᄃᆡ 지졍ᄒᆞ고 買(미)ᄒᆞᆫ쟈는 賣(매)ᄒᆞᆫ쟈보다 일등을 감ᄒᆞ고
居間(거간)ᄒᆞᆫ쟈는 이등을 감ᄒᆞ며 남의 ᄌᆡ물을 밧고 쳐쳡으로
뎐당ᄒᆞ야 고공을 삼은쟈는 ᄐᆡ팔십이며 쳐쳡은 ᄐᆡ륙십이
니라

被(피 닙을)

뎨삼십ᄉᆞ장 愼過失殺人(신과실살인)

살인쟈 死(ᄉᆞ)ᄂᆞᆫ 고금에 법률이 잇스니 살인률 文(문)은 긔록지
아니ᄒᆞ거니와 또 과실을 인ᄒᆞ야 不期(불긔)히 살인ᄒᆞᆫ쟈ㅣ 잇
스니 城市(셩시)나 인가를 向(향)ᄒᆞ야 銃(총)을 노코 활을 쏘거나
瓦石(와석)等物(등물)을 던지다 사ᄅᆞᆷ을 致死(치ᄉᆞ)ᄒᆞᆫ쟈는 징역종신이며 금

슈를 잡기 위ᄒᆞ야 산야(山野)에 긔계와 함정을 베풀고 표(票)를 아니ᄒᆞ얏다가 사ᄅᆞᆷ이 그릇 빠져 치ᄉᆞᄒᆞᆫ쟈ᄂᆞᆫ 징역삼년이며 인가만흔 곳에 거마(車馬)를 다리다가 사ᄅᆞᆷ을 치ᄉᆞᄒᆞᆫ쟈ᄂᆞᆫ 징역십년에 쳐ᄒᆞᄂᆞ니라

뎨삼십오장 신구투상인(愼毆鬪傷人)

愼 신 ᄉᆞᆷ갈　失 실 일흘　市 시 져ᄌᆞ　銃 총 총　瓦 와 기와

구투ᄒᆞ야 사ᄅᆞᆷ을 샹ᄒᆞᆫ쟈ᄂᆞᆫ 죄를 면치 못ᄒᆞᄂᆞ니 슈족(手足)으로 구타(毆打)ᄒᆞ야 샹ᄒᆞ지 아니ᄒᆞᆫ쟈ᄂᆞᆫ 대삼십이며 샹ᄒᆞᆫ쟈ᄂᆞᆫ ᄐᆡ오십이며 텰셕(鐵石) 간봉(桿棒) 등물로 구타ᄒᆞ야 샹ᄒᆞ지 아니ᄒᆞᆫ쟈ᄂᆞᆫ ᄐᆡ오십이며 샹ᄒᆞᆫ쟈ᄂᆞᆫ ᄐᆡ륙십이며 더러온 물건으로 사ᄅᆞᆷ의 두면(頭面)을 더러온쟈ᄂᆞᆫ ᄐᆡ일빅이며 구비(口鼻) 니(內)에 드러부어거나 탕화(湯火)와 동텰(銅鐵) 즙(汁)으로 사ᄅᆞᆷ을 샹ᄒᆞᆫ쟈ᄂᆞᆫ 다 징역일개월이며 갈날이나 텰환(鐵丸)으로 샹ᄒᆞᆫ쟈ᄂᆞᆫ 징역이년이며 슈염과 터럭을 방촌(方寸)이상을 ᄲᅡᆸ은쟈ᄂᆞᆫ ᄐᆡ칠십이며 혈(血)이 이목(耳目)중(中)으로 나거나 니손(內損)이 되야 토혈(吐血)에 일은쟈ᄂᆞᆫ 징역이개월이니라

뎨삼십륙장 상동

打 타 칠　頭 두 머리　吐 토 토ᄒᆞᆯ　鐵 텰 쇠　鼻 비 코　桿 간 막ᄃᆡ　汁 즙 진즙　棒 봉 막ᄃᆡ　寸 촌 마ᄃᆡ　丸 환 탄ᄌᆞ　耳 이 귀

일치(一齒)와 슈족의 일지(一指)를 색거나 이비(耳鼻)를 ᄶᅵ져거나 골(骨)을 파(破)ᄒᆞᆫ쟈ᄂᆞᆫ 징역오개월이며 일목(一目)을 멀게ᄒᆞ거나 이치(二齒)와 이지(二指)

이상을 쪅거나 터럭을 다 셕은쟈는 징역일년이며 험즐
을 싹거나 兩目(량목)을 盲(밍)케ᄒᆞ거나 耳鼻(이비)를 버힌쟈는 징역칠
년이며 肢體(지톄)를 샏거나 일목을 쎈쟈는 징역십년이며 兩(량)
肢(지)를 쌕거나 량목을 쎅거나 舌(셜)을 싹거나 男子(남ᄌᆞ)의 陽物(양물)
과 부녀의 陰戶(음호)를 毁敗(훼패)ᄒᆞ거나 인ᄒᆞ야 難治(난치)ᄒᆞᆫ 疾病(질병)에
일은쟈는 징역죵신이니라

破 파쳑 칠　盲 밍쇼 경　舌 셜해

뎨삼십칠장 상동

孕婦(잉부)를 구타ᄒᆞ야 落胎(락ᄐᆡ)ᄒᆞᆫ쟈는 징역이년이며 구십일 未滿(미만)
에는 ᄐᆡ일ᄇᆡᆨ이오 威逼(위핍)ᄒᆞ야 락ᄐᆡᄒᆞᆫ쟈는 징역일년이며 구
십일미만에는 ᄐᆡ팔십이며 잉부와 혹 그 친속의 請求(청구)를
좇차 락ᄐᆡᄒᆞᆷ 藥(약)을 써셔 락ᄐᆡᄒᆞᆫ쟈는 징역십개월이며 구
십일미만에는 ᄐᆡ칠십이오 姦夫(간부)가 약으로 락ᄐᆡ케ᄒᆞᆫ쟈는
징역삼년이며 사ᄅᆞᆷ에 의관을 裂(렬)ᄒᆞᆫ쟈는 ᄐᆡ삼십이며 罵(미)ᄒᆞᆫ
쟈는 ᄐᆡ일십에 쳐호ᄃᆡ 서로 미ᄒᆞᆫ쟈는 각히 ᄐᆡ일십에
쳐ᄒᆞᄂᆞ니라

孕 빌조 잉식　胎 ᄐᆡᄐᆡ　藥 약약

뎨삼십팔장 愼葬禮(신장례)

릉침 垓字(ᄒᆡᄌᆞ) 內(ᄂᆡ)에나 歷代(력ᄃᆡ) 帝王(뎨왕)의 릉침 界限(계한) 內(ᄂᆡ)에나 胎室(ᄐᆡ실) 계한ᄂᆡ에
나 경셩 十里(십리)ᄂᆡ에나 客舍(ᄀᆡᆨ사)와 校宮(교궁)과 官舍(관사) 地界(디계)에 四面(ᄉᆞ면) 이ᄇᆡᆨ
步(보)ᄂᆡ에나 各處(각쳐) 封山(봉산)이나 文廟(문묘) 配享(ᄇᆡ향)ᄒᆞᆫ 신 先賢(션현) 분묘계한ᄂᆡ와
祠院(ᄉᆞ원) ᄉᆞ면일ᄇᆡᆨ보ᄂᆡ는 소즁이 ᄌᆞ별ᄒᆞ니 더욱 犯葬(범장)치 못ᄒᆞᆯ

거니와 凡人(범인)의 분묘도 계ᄒᆞᆫ이 잇스니 一品(일품) 官(관)은 ᄉᆞ면구십보며 二品(이품)은 팔십보며 三品(삼품)은 칠십보며 四品(ᄉᆞ품)은 륙십보며 五品(오품)은 오십보며 六品(륙품)은 ᄉᆞ십보며 庶人(서인)은 십보로 定(뎡)ᄒᆞ니 다 계한ᄂᆡ에 범장치 못ᄒᆞᄂᆞ니라

垓 (희히 ᄌᆞ) 里 (리마 을) 客 (직손) 廟 (묘ᄉᆞ 당) 祠 (ᄉᆞᄉᆞ 당)

配 (비착) 庶 (서여 러)

뎨삼십구쟝 상동

有主(유주) 분묘계한ᄂᆡ에나 인가 오십보ᄂᆡ에 暗葬(암장)ᄒᆞᆫ쟈ᄂᆞᆫ 징역일년이며 勒葬(륵장)ᄒᆞᆫ쟈ᄂᆞᆫ 징역삼년이며 賜牌(ᄉᆞ패) 山(산)이나 買得(ᄆᆡ득) 山(산)에 문권이 잇거나 衆人(즁인)이 ᄒᆞᆫ가지로 아ᄂᆞᆫ바 금양ᄒᆞᆫ지 久年(구년)ᄒᆞᆫ 유쥬산에 入葬(입장)ᄒᆞᆫ쟈ᄂᆞᆫ ᄐᆡ오십이니 上章(상장)과 本章(본장)에 범

장ᄒᆞᆫ 무덤은 官家(관가)의 숑ᄉᆞᄒᆞ면 依法(의법) 掘移(굴이)ᄒᆞᄂᆞ니라

暗 (암어 울) 賜 (ᄉᆞ줄) 牌 (각픠 긔조) 衆 (즁무 리) 掘 (굴팔)

뎨ᄉᆞ십쟝 戒禁葬(계금장)

나의 닷당히 금장ᄒᆞᆯ ᄯᅡ에 범장ᄒᆞᄂᆞᆫ쟈ㅣ 잇거든 法庭(법뎡)에 呈訴(뎡소)ᄒᆞᆯ 것이오 ᄉᆞᄉᆞ로 금장ᄒᆞᆷ은 불가ᄒᆞ니 금장ᄒᆞᆯ ᄯᅢ에 괴계를 쓴쟈ᄂᆞᆫ 징역삼년이며 喪輿(상여)를 打破(타파)ᄒᆞᆫ쟈ᄂᆞᆫ 징역이년이며 柩(구)를 打(타)ᄒᆞ거나 踢(뎍)ᄒᆞᆫ쟈ᄂᆞᆫ 징역삼년에 쳐ᄒᆞ고 인ᄒᆞ야 屍體(시톄)를 露(로)케ᄒᆞᆫ쟈ᄂᆞᆫ 징역죵신이며 사ᄅᆞᆷ을 상ᄒᆞᆫ쟈ᄂᆞᆫ 구투상인률에 각히 일등을 가ᄒᆞ고 殺(살)ᄒᆞᆫ쟈ᄂᆞᆫ 교에 쳐ᄒᆞ며 부녀를 거ᄂᆞ리고 산에 올나 금장ᄒᆞ거나 金井(금졍)과 築(츅)灰(회)를 破毁(파괴)ᄒᆞ거나 穿壙(쳔광)ᄒᆞᆫ 곳에 불을 노커나 물을 되이

거나 더러온 물건을 던져 作戱(작희)ᄒᆞᆫ쟈ᄂᆞᆫ ᄐᆡ일ᄇᆡᆨ이니라

呈 밧칠 정　轝 슈리 여　柩 널 구　踢 잘 쳑　屍 죽음 시
露 드러널 로　井 움물 정　灰 재 회　壞 부너질 괴　穿 ᄯᅮᆯ을 쳔
壙 구덩이 광

뎨ᄉᆞ십일쟝 戒掘冢(계굴총)

타인이 나의 금양ᄒᆞᄂᆞᆫ ᄯᅡ에 범장ᄒᆞ거든 告官(고관)ᄒᆞ야 굴이ᄒᆞᆯ이 가ᄒᆞ니 私掘(ᄉᆞ굴)ᄒᆞ야 棺槨(관곽)이 露(로)치 아니ᄒᆞᆫ쟈ᄂᆞᆫ 징역삼년이며 관곽이 로ᄒᆞᆫ쟈ᄂᆞᆫ 징역삼년이며 관을 여러 시톄를 로ᄒᆞ거나 屍骸(시희)를 棄毁(기훼)ᄒᆞ며 藏匿(장익)ᄒᆞᆫ쟈ᄂᆞᆫ 징역십오년이며 시희를 遺失(유실)ᄒᆞ며 混雜(혼잡)ᄒᆞᆫ쟈ᄂᆞᆫ 징역종신에 쳐ᄒᆞᄃᆡ 步(보)限外(한외)에나 自來(ᄌᆞ릭)로 同山(동산)分守護(분슈호)ᄒᆞ든 무덤을 ᄉᆞ굴ᄒᆞᆫ쟈ᄂᆞᆫ 각히

일등을 가ᄒᆞ고 그 무덤은 도로 封築(봉츅)ᄒᆞᄂᆞ니라

塚 무덤 총　告 고ᄒᆞᆯ 고　棺 널 관　槨 널 곽　骸 ᄲᅧ ᄒᆡ
藏 감출 장　遺 ᄭᅵ칠 유　混 석길 혼

뎨ᄉᆞ십이쟝 戒墳塚作戱(계분총작희)

有主塚(유쥬총)과 無主塚(무쥬총)을 물론ᄒᆞ고 작희ᄒᆞᆫ쟈ᄂᆞᆫ 법률이 잇스니 塚上(총상)에 말독을 ᄭᅩ즌쟈ᄂᆞᆫ 징역삼년이며 분총을 平治(평치)ᄒᆞ거나 田園(뎐원)을 인ᄒᆞ야 치운쟈ᄂᆞᆫ 징역일년이며 ᄒᆡᄌᆞ를 판쟈ᄂᆞᆫ ᄐᆡ일ᄇᆡᆨ이며 畜産(츅산)을 노아 계절을 毁破(회파)ᄒᆞᆫ쟈ᄂᆞᆫ ᄐᆡ일십호ᄃᆡ 분총을 踐踏(쳔답)ᄒᆞ거나 壞損(괴손)ᄒᆞᆫ쟈ᄂᆞᆫ ᄐᆡ삼십이며 분모계한ᄂᆡ에 耕墾(경간)ᄒᆞᆫ쟈ᄂᆞᆫ ᄐᆡ이십이며 분총에 구멍을 ᄯᅮᆯ코. 드러잇ᄂᆞᆫ 狐狸(호리)를 잡기 위ᄒᆞ야 불을 ᄯᅥ다가 관곽을 燒(소)ᄒᆞᆫ

쟈는 징역이년이며 燒屍(소시)ᄒᆞᆫ쟈는 징역삼년에 쳐ᄒᆞᄂᆞ니라

園(동산 원) 踐(ᄇᆞᆯ을 쳔) 踏(ᄇᆞᆯ을 답) 狸(리) 燒(ᄉᆞᆯ을 쇼)

뎨ᄉᆞ십삼장 誘殺害死屍

비록 죽은 사ᄅᆞᆷ이라도 ᄯᅩᄒᆞᆫ 나의 동포ᄋᆞᆫ대나 엇지 그 ᄉᆞ시ᄅᆞᆯ 잔해ᄒᆞ리오 사ᄅᆞᆷ의 ᄉᆞ시ᄅᆞᆯ 燒火(쇼화)ᄒᆞ거나 剝割(박할)ᄒᆞ거나 ᄇᆞ리거나 물에 던저 일흔쟈는 징역종신이며 일치 아니ᄒᆞ엿거나 分離(분리)이나 皮膚(피부)만 샹ᄒᆞᆫ 경우에는 징역삼년이며 죽은 사ᄅᆞᆷ의 고기ᄅᆞᆯ 씹어 먹은쟈는 교에 쳐ᄒᆞᄂᆞ니라

殘(쇠잔 잔) 剝(벗길 박) 割(버힐 할) 鬚(나롯 슈) 皮(가족 피)

뎨ᄉᆞ십ᄉᆞ장 宜掩埋死屍

무쥬ᄒᆞᆫ ᄉᆞ시ᄅᆞᆯ 보거든 맛당히 엄이ᄒᆞᆯ지니 ᄯᅡ을 파다가 시히ᄅᆞᆯ 보고 엄ᄆᆡ치 아니ᄒᆞᆫ쟈는 팀팔십이며 地界內(디계내)에 遺棄(유기)가 잇는데 관가에 報(보)ᄒᆞ지 아니ᄒᆞ고 他處(타쳐)로 옴기거나 移葬(리장)ᄒᆞᆫ쟈는 팀팔십이며 인ᄒᆞ야 시태ᄅᆞᆯ 일어거나 殘毁(잔훼)ᄒᆞ거나 水火(슈화)에 던지는 경우에 일으게ᄒᆞᆫ쟈는 팀일ᄇᆡᆨ이니라

宜(맛당 의) 掩(가릴 엄) 埋(뭇을 ᄆᆡ)

뎨ᄉᆞ십오장 放火及失火

불이 아니면 사ᄅᆞᆷ이 살지 못ᄒᆞ나 그러나 ᄉᆞᆷ가지 아니ᄒᆞ면 ᄯᅩᄒᆞᆫ 지앙이 되ᄂᆞ니 즘즛 방화ᄒᆞ야 ᄌᆞ긔가옥을 燒燬(쇼훼)ᄒᆞᆫ쟈는 팀일ᄇᆡᆨ이며 인ᄒᆞ야 公私(공ᄉᆞ)가옥이나 積聚(젹취)ᄒᆞᆫ물품에

연소(延燒)ᄒᆞᆫ쟈ᄂᆞᆫ 징역삼년이며 즘즛 방화ᄒᆞ야 공ᄉᆞ가옥이나 젹취ᄒᆞᆫ 물품을 쇼ᄒᆞᆫ쟈ᄂᆞᆫ 교에 쳐ᄒᆞ며 우연히 실화ᄒᆞ야 타인의 가옥을 쇼ᄒᆞᆫ쟈ᄂᆞᆫ ᄐᆡ오십이니라

及 미칠 급 積 싸을 젹 延 버들 연

뎨ᄉᆞ십륙쟝 샹동

산젼(山田)에 방화ᄒᆞ다가 타인의 분묘를 연쇼ᄒᆞᆫ쟈ᄂᆞᆫ ᄐᆡ오십에 쳐호되 즘즛 방화ᄒᆞᆫ쟈ᄂᆞᆫ 일등을 가ᄒᆞ며 송츄(松楸)를 쇼ᄒᆞᆫ쟈ᄂᆞᆫ 치목일쥬에 ᄐᆡ일십호되 ᄆᆡ십쥬에 일등을 가ᄒᆞ고 일위이상에ᄂᆞᆫ 일쥬에 ᄐᆡ이십호되 ᄆᆡ삼쥬에 일등을 가ᄒᆞ고 이파이상에ᄂᆞᆫ 일쥬에 징역일개월호되 ᄆᆡ이쥬에 일등을 가ᄒᆞ야 징역삼년에 지지(至止)ᄒᆞᄂᆞ니라

松 솔나무 송 楸 가릐나무 츄

뎨ᄉᆞ십칠쟝 계침해존샹(戒侵害尊尙)

민국(民國)이 ᄒᆞᆫ가지로 존경(尊敬)ᄒᆞᄂᆞᆫ 곳에 엇지 감히 침히ᄒᆞ리오 력ᄃᆡ뎨왕의 묘우(廟宇)나 션현과 츙신렬ᄉᆞ(忠臣烈士)의 ᄉᆞ원(祠院)을 훼파(毁破)ᄒᆞᆫ쟈ᄂᆞᆫ 징역오년이며 력ᄃᆡ뎨왕과 션현과 츙신렬ᄉᆞ의 영졍(影幀)이나 위판(位版)을 기훼(棄毁)ᄒᆞᆫ쟈ᄂᆞᆫ 징역칠년이며 츙신렬ᄉᆞ와 효ᄌᆞ렬부(孝子烈婦)의 졍문(旌門)을 회파ᄒᆞᆫ쟈ᄂᆞᆫ 징역칠년반이며 타인의 봉ᄉᆞ(奉祀)ᄒᆞᄂᆞᆫ 신쥬(神主)나 영졍을 기회ᄒᆞᆫ쟈ᄂᆞᆫ 징역ᄉᆞ개월이니라

侵 침노 침 宇 집 우 影 그림ᄌᆞ 영 幀 그림 졍 位 벼슬 위
版 조각 판 旌 긔 졍

뎨ᄉᆞ십팔쟝 신위생(愼衛生)

사ᄅᆞᆷ이 위ᄉᆡᆼ에 주의치 아니ᄒᆞ면 슈요와 질병의 관계가 불쇼ᄒᆞ니 병드러 죽은 우육(牛肉)을 판매(販賣)ᄒᆞᆫ쟈는 징역삼년이며 먹는 움물에 더러온 물건을 투입(投入)ᄒᆞᆫ쟈는 티일빅이며 유독(有毒)ᄒᆞᆫ 물건을 투입ᄒᆞᆫ쟈는 징역일년이며 인ᄒᆞ야 먹지못ᄒᆞᆯ 경우에는 징역이년에 처ᄒᆞᄂᆞ니라

投 투 질

데ᄉᆞ십구장 금의뢰외인(禁依賴外人)

국가에 졍부가 잇스며 법률이 잇스니 엇지 외국인을 의뢰ᄒᆞ이 구긴(求懇)을 [illegible]ᄒᆞ리오 본쳐(本處)에 비밀(秘密)ᄒᆞᆫ 졍형(情形)을 외국인에게 루설(漏泄)ᄒᆞ거나 외국졍형의 무거(無據)ᄒᆞᆫ 일로 본국에 공동(恐動)ᄒᆞ야 죵용(從臾)협잡ᄒᆞᆫ쟈는 교에 처ᄒᆞ고 외국인을 소개(紹介)ᄒᆞ야 버슬을 도득(圖得)ᄒᆞᆫ쟈는 징역죵신이며 본국법률에 관계되는 일을 외국인에게 호소(呼訴)ᄒᆞ거나 청촉ᄒᆞᆫ쟈는 징역십오년이며 외국인에게 붓치거나 빙자(憑藉)ᄒᆞ야 본국사ᄅᆞᆷ을 위협ᄒᆞ거나 침히ᄒᆞᆫ쟈는 징역삼년이니라

賴 힘닙을 뢰 秘 가만ᄒᆞᆯ 비 泄 ᄉᆡᆯ 셜 據 증거 거 紹 니을 소
介 개ᄌᆞ 개 圖 그림 도 呼 부를 호 藉 자뢰 자

데오십장 금익명서(禁匿名書)

국가의 관계되는 일을 말ᄒᆞ고져 ᄒᆞᆯ진ᄃᆡ 즁추원(中樞院)의 헌의(獻議)ᄒᆞ미 가ᄒᆞ고 타인으로 더부러 용ᄉᆞᄒᆞᆯ 일이 잇거든 관가에 졍소ᄒᆞ미 맛당ᄒᆞ니 셩명(姓名)을 은닉ᄒᆞᆫ 문셔(文書)를 거리에 붓치거나 던져 국ᄉᆞ(國事)와 졍부를 비방ᄒᆞ거나 타인의 죄를

告고ᄒᆞᆫ쟈ᄂᆞᆫ 징역종신에 쳐ᄒᆞᄂᆞ니라

樞돌져귀 츄 獻드릴 헌

뎨오십일쟝 禁금邪샤術슐

샤슐은 빅셩을 惑혹ᄒᆞ고 졍도를 害해ᄒᆞᄂᆞᆫ고로 션셩션현이 다 거졀ᄒᆞ신ᄇᆡ니 부젹과 妖요邪샤ᄒᆞᆫ 글을 짓거나 傳젼播파ᄒᆞ야 무리를 혹케ᄒᆞᄂᆞᆫ쟈ᄂᆞᆫ 징역종신이며 事ᄉᆞ理리가 重즁ᄒᆞᆫ쟈ᄂᆞᆫ 교에 쳐ᄒᆞ되 그 글을 은닉ᄒᆞ고 관가로 보ᄂᆡ지 아니ᄒᆞᆫ쟈ᄂᆞᆫ 징역삼년이며 邪샤神신을 거즛 나리거나 呪주文문을 닑어 人인心심을 혹ᄒᆞ고 ᄌᆡ물을 騙편取취ᄒᆞᆫ쟈ᄂᆞᆫ 首슈犯범은 교에 쳐ᄒᆞ며 從종犯범은 징역종신이니라

妖요괴 요 呪주문 주

뎨오십이쟝 상동

畫화像샹을 숨겨 감초고 香향을 살으며 사ᄅᆞᆷ을 모아 밤이면 모도고 ᄉᆡ벽에 흣흐며 거즛 착ᄒᆞᆫ 일을 닥가 인민을 혹ᄒᆞᆫ쟈ᄂᆞᆫ 징역종신이며 샤슐로 사ᄅᆞᆷ의 화복을 망녕되히 말ᄒᆞᆫ쟈ᄂᆞᆫ ᄐᆡ일ᄇᆡᆨ이며 국가의 화복을 망녕되히 말ᄒᆞᆫ쟈ᄂᆞᆫ 징역삼년이며 협잡ᄒᆞᆫ ᄌᆡ교로 션현을 尊존慕모ᄒᆞᆫ다 닐ᄏᆞᆺ고 私ᄉᆞ院원을 私ᄉᆞ設셜ᄒᆞᆫ쟈ᄂᆞᆫ ᄐᆡ팔십이며 寺ᄉᆞ刹찰과 淫음祠ᄉᆞ를 私ᄉᆞ創창ᄒᆞᆫ쟈ᄂᆞᆫ 징역삼년에 쳐ᄒᆞᄂᆞ니라

畫그림 화 像형상 상 香향긔 향 慕ᄉᆞ모 모 寺졀 ᄉᆞ

刹졀 찰 刱비로소 창

뎨오십삼쟝 禁금內ᄂᆡ庭뎡闖틈入입

인가의 드러가거든 반ᄃᆞ시 몬져 主人(쥬인)을 부르거나 ᄯᅩ 通告(통고)ᄒᆞᆷ이 가ᄒᆞ니 엇지 례의 업시 ᄂᆡ졍에 돌입ᄒᆞ리오 연고업시 밤의 인가에 드러간쟈ᄂᆞᆫ 슈범과 죵범을 믈론ᄒᆞ고 징역ᄒᆞᆫ개월이며 ᄂᆡ졍에 돌입ᄒᆞᆫ쟈ᄂᆞᆫ ᄐᆡ오십이며 마로에 올은쟈ᄂᆞᆫ 징역십개월이며 밤에 드러간쟈ᄂᆞᆫ 징역일년에 쳐ᄒᆞ되 作黨(작당)ᄒᆞ야 入(입)ᄒᆞᆫ쟈ᄂᆞᆫ 슈범과 죵범을 믈론ᄒᆞ고 징역삼년에 쳐ᄒᆞᄂᆞ니라

哭 欄(란막)을

네오십ᄉᆞ쟝 禁私屠(금ᄉᆞ도)

밍ᄌᆞㅣ ᄀᆞᆯᄋᆞᄉᆞᄃᆡ 大夫(대부)ㅣ 업고 업가든 士家(ᄉᆞ가)를 죽이자 니나ᄒᆞ시니 ᄒᆞ믈며 牛馬(우마)ᄂᆞᆫ 民生(민ᄉᆡᆼ)에 緊重(긴즁)ᄒᆞᆫ 畜産(츅산)이오 ᄯᅩ 國法(국법)에 ᄉᆞ도를 嚴禁(엄금)ᄒᆞᄂᆞᆫ고로 포ᄉᆞ의 稅金(세금)을 슈입ᄒᆞᄂᆞ니 官許(관허)를 엇지 아니ᄒᆞ고 우마를 ᄉᆞ도ᄒᆞᆫ쟈ᄂᆞᆫ ᄐᆡ일ᄇᆡᆨ이며 병드러 죽은 우마를 고관치 아니ᄒᆞ고 剝剮(박긔)ᄒᆞᆫ쟈ᄂᆞᆫ ᄐᆡᄉᆞ십이니라

屠 家

네오십오쟝 禁犯道路(금범도로)

도로ᄂᆞᆫ 衆人(즁인)이 通行(통ᄒᆡᆼ)ᄒᆞᄂᆞᆫ 곳이니 항상 쳥결홈을 주의ᄒᆞ야 즁인의 왕ᄅᆡ를 便利(편리)케 ᄒᆞᆯ지니 街舍(가샤)이나 도로에 계한을 범ᄒᆞ야 가옥을 지엇거나 圓圃(원포)를 耕作(경작)ᄒᆞᆫ쟈ᄂᆞᆫ ᄐᆡ륙십에 쳐ᄒᆞ고 그 가옥과 원포ᄂᆞᆫ 撤毁(쳘훼)ᄒᆞᄂᆞ니라

街 圃 撥을

뎨오십륙장 계공ᄉᆞ역방애(戒公私役妨碍)

형세빈한ᄒᆞ면 몸이 공장과 역부(役夫)에 드러가 ᄉᆡᆼ애ᄒᆞᆷ이 가ᄒᆞ나 반ᄃᆞ시 신분(身分)을 직힐지니 공역(公役)이나 ᄉᆞ역(私役)에 공장과 역부가 공젼(工錢)이나 고가(雇價)를 더ᄒᆞᆯ 계교로 다른 공장과 역부를 고동(鼓動)ᄒᆞ야 공역(工役)을 뎡폐(停廢)케ᄒᆞᆫ 쟈ᄂᆞᆫ 뎨삼십에 쳐ᄒᆞᄂᆞ니라

妨 해로울 방　碍 걸릴 애　鼓 북 고　停 머믈 뎡

뎨오십칠장 세계디지촬요(世界地誌撮要)

세계에 삼대륙(三大陸)이 잇스니 동대륙(東大陸)은 아셰아쥬(亞細亞洲)와 아비리가(亞非利加)와 구라파쥬(歐羅巴洲)오 셔(西)대륙은 북아미리가(北亞米利加)쥬(洲)와 남(南)아미리가쥬오 남(南)대륙은 대양쥬(大洋洲)며 또 오대양(五大洋)이 잇스니 태평양(太平洋)과

대셔양(大西洋)과 인도양(印度洋)과 북빙양(北氷洋)과 남빙양(南氷洋)이라 그 ᄉᆞ이에 국명(國名)이 허다ᄒᆞ고 「인종은 황(黃)인종과 ᄇᆡᆨ(白)인종과 흑(黑)인종과 동색(銅色)인종과 종색(棕色)인종이 잇스니 인구는 십ᄉᆞ억(億)팔쳔만인(人)이라 이로다 긔록지 못ᄒᆞ고 다만 우리 나라로 더부러 통상(通商)ᄒᆞᆫ 각국(各國)의 디지만 긔지ᄒᆞ노라

誌 긔록 지　撮 샐 촬　陸 뭇 륙　羅 깁 라　巴 파촉 파　印 인 인　黑 검을 흑　棕 종려나무 종　億 억 억　洲 믈가 쥬　氷 어름 빙　歐 구셜 구　黃 누를 황

뎨오십팔장 대한뎨국(大韓帝國)

대한뎨국은 아셰아쥬 동부(東部)에 잇스니 동셔남삼면(東西南三面)은 다 ᄒᆡ빈(海濱)이오 디방이 팔만이쳔방리(方里)라 젼국을 십삼도(道)에 논호고

십삼도를 또 삼ᄇᆡᆨ삼십여 군(郡)에 ᄂᆞ호며 인구는 이천만인이오 국톄(國體)는 독립대국이오 졍톄(政體)는 군주(君主)젼졔(專制) 졍치(政治)니 ᄉᆞ천이ᄇᆡᆨᄉᆞ십이년 젼(前)에 단군(檀君)이 비로소 동방(東方)을 기국(開國)ᄒᆞ샤 나라 일홈을 조션(朝鮮)이라 닐커르시고 그 후에 긔ᄌᆞ(箕子) 조션과 삼한(三韓)과 신라(新羅)와 고구려(高句麗)와 ᄇᆡᆨ졔(百濟)와 고려(高麗)를 지나 오ᄇᆡᆨ십팔년 젼에 우리 태조(太祖) 고황뎨(高皇帝)ᄭᅴ셔 기국(開國)ᄒᆞ샤 국도(國都)를 한양(漢陽)에 졍ᄒᆞ시고 이십팔 셰(世)를 지나샤

태황뎨폐하ᄭᅴ 이르심의 긔국오ᄇᆡᆨ륙년 뎡유(丁酉)에 나라 일홈을 대한이라 고치시고

광무(光武) 십일년 뎡미(丁未)에

대(大)황뎨폐하ᄭᅴ 젼위(傳位)ᄒᆞ시니 년호(年號)를 륭희(隆熙)라 닐커르시니라

五四

韓 나라 한　濱 물가 빈　檀 박달 단　拓 열 쳑　鮮 고을 션

句 글귀 구　濟 건널 졔　箕 키 긔　丁 장졍 뎡　酉 닭 유

武 호반 무　隆 놉흘 륭　熙 밝을 희

뎨오십구장 쳥국(淸國)

쳥국은 즁화(中華)라 닐컷고 또 지나(支那)라 일홈ᄒᆞ니 아셰아 ᄃᆡ륙의 동남(東南)을 졈령(占領)ᄒᆞ야 ᄃᆡ방이 륙ᄇᆡᆨ구십구만이천삼ᄇᆡᆨ리니 그 광대(廣大)홈이 아셰아 젼쥬(全洲)의 삼분일(三分一)이 유여(有餘)ᄒᆞ고 ᄂᆡ번(內藩)십팔셩(省)과 동삼셩(東三省)이 잇ᄉᆞ니 십팔셩을 ᄉᆞᄇᆡᆨ십쥬(州)에 ᄂᆞ호고 또 다시 일천이ᄇᆡᆨ팔십오 현(縣)에 ᄂᆞ호며 인구는 ᄉᆞ억(四億)칠(七)ᄇᆡᆨ(百)이십만인이니 그 다(多)홈이 셰계인구 젼슈(全數)의 ᄉᆞ분일(四分一)이오 군졔(軍制)는 일ᄇᆡᆨ십오만삼천인이오 국톄는 독립이오 졍톄는

五五

젼졔정치오 국도는 北京(북경)이니 直隷省(직례셩)에 잇느니라

那 나엇지 藩 번울 省 셩쇠헐 州 쥬고을 縣 현고을

夥 파만홀 多 다만홀

뎨륙십장 日本(일본)

일본은 아세아 동편에 잇스니 젼국에 ᄉ면이 다 히빈이오 디방이 일빅륙십이만삼쳔칠빅이십리니 십삼部(부)와 九(구)道(도)가 잇스며 인구는 ᄃ강 ᄉ쳔오빅륙십팔만ᄉ쳔이빅십륙인이오 군제는 國中(국중)에 男子(남ᄌ)가 丁年(뎡년)에 밋치면 반다시 兵役(병역)에 드러가느니 常備(샹비)兵(병)이 이십륙만여인이오 기타 後(후)備(비)병과 補充(보충)兵(병)과 國民(국민)兵(병)이 잇셔 젼국에 십ᄉ師團(ᄉ단)이 잇고 또 海軍(히군)의 準備(준비)도 확장ᄒ며 국톄는 독립이오 졍

톄는 立憲(립헌)정치오 국도는 東京(동경)이니 武藏國(무장국) 동남에 잇느니라

뎨륙십일장 英國(영국)

영국은 구라파 西北部(서북부)에 잇는 島國(도국)이오 또 英吉利(영길리)라 널커르니 근리에 國力(국력)이 부강ᄒ야 占領(졈령)ᄒ 屬地(속디)를 合計(합계)ᄒ면 디방이 일쳔일만오쳔ᄉ빅칠십칠방리니 세계 陸地(륙디)의 五分一(오분일)이 되야 그 광디ᄒ미 亞弗利加大洲(아불리가디쥬)와 곳ᄒ며 인구는 二億(이억)구쳔팔빅餘萬(여만)인이니 세계 居民(거민)의 오분일을 거느려 세샹에 비홀 디 업는 大國(디국)이오 군셰는 샹비병이 오십이만인이오 戰時(젼시)에는 豫備(예비) 整兵(정병)이 오십오만인이오 또 民兵(민병)과 志願兵(지원병)이 ᄉ십만인이오 印度(인도)에는 土人兵(토인병) 팔십관언

이 잇스며 또 ᄒᆡ군이 팔만팔쳔인이오 국톄는 독립이오
졍톄는 립헌졍치오 국도는 륜돈(倫敦)이니라

島 도셤 弗 불말

뎨륙십이장 법국(法國)

법국은 구라파 서부(西部)에 잇는 강국(强國)이오 또 불란서(佛蘭西)라 닐
ᄏᆞ르니 디방이 삼십오만ᄉᆞ쳔삼ᄇᆡᆨ팔십방리이오 젼국을 팔십
칠쥬(州)에 논호고 인구는 삼쳔팔ᄇᆡᆨ삼십ᄉᆞ만인이오 군졔는
샹비병 오십구만팔쳔인과 마(馬)십ᄉᆞ만(萬)두(頭)가 잇스며 젼시에는
예비병과 후(後)비병을 합ᄒᆞ야 ᄉᆞᄇᆡᆨ삼십오만인이오 ᄒᆡ군이 ᄃᆡ
강 ᄉᆞ만이쳔인이오 국톄는 독립이오 졍톄는 공화(共和)졍치오
ᄃᆡ통령(大統領)은 상하의원(上下議院)에서 선거(選擧)ᄒᆞ야 임긔(任期)는 칠년으로 경ᄒᆞ

고 국도는 파리(巴里)니라

佛 불부쳐 蘭 란란쵸 選 션ᄲᆞᆯ 擧 거들

뎨륙십삼장 아국(俄國)

아국은 구라파 동북부(東北部)로 붓터 동으로 아셰아를 련(連)ᄒᆞ야
셰계에 뎨일되는 ᄃᆡ국이니 혹 아라사(俄羅斯)라 로셔아(露西亞)라 로국(露國)
이라 로국(魯國)이라 닐커ᄂᆞ니라 디방이 일쳔ᄉᆞᄇᆡᆨ오십일만방리
오 구라파로 말ᄒᆞ야도 이ᄇᆡᆨ구만오쳔방리가 되니 곳 구
라파의 과반(過半)을 졈령ᄒᆞ며 인구는 일억이쳔륙ᄇᆡᆨ삼십오만인
이오 군졔는 평시(平時)에 팔십일만ᄉᆞ쳔인이오 젼시에는 이ᄇᆡᆨ
오십삼만인이오 마(馬)오십팔만두(頭)가 잇스며 ᄒᆡ군은 이만팔쳔
인이오 국톄는 독립이오 졍톄는 젼졔졍치오 국도는 셩피(聖彼)

득보(得堡)니라

俄(아 앗가) 連(련 련홀) 斯(ᄉᆞ 이) 堡(보 셩쳐)

뎨륙십ᄉᆞ장 덕국(德國)

덕국은 구라파 북부(北部)에 잇ᄂᆞᆫ 뎨국이오 또 일이만(日耳曼)이라 독국(獨國)이라 보국(普國)이라 일국(逸國)이라 널커르니 디방이 삼십오만삼빅방리오 인구ᄂᆞᆫ 오천일빅오십만인이오 군재ᄂᆞᆫ 샹비병이ᄉᆞ십팔만인이오 젼시에ᄂᆞᆫ 병졸(兵卒)이 빅이십삼만오천인과 마(馬)ᄉᆞ십ᄉᆞ만두를 츌(出)홀것이오 ᄎᆞ외(此外)에 또 국민군(國民軍)칠십만여인을 더ᄒᆞ면 위급ᄒᆞᆫ 경우에ᄂᆞᆫ 뎌갑 삼빅만 졸(卒)을 츌홀것이며 히군이 일만오천오빅인이오 국톄ᄂᆞᆫ 독립이오 졍톄ᄂᆞᆫ 헌법(憲法)졍치오 국도ᄂᆞᆫ 빅림(柏林)이니라

曼(만 인) 逸(일 편안)

뎨륙십오장 이태리(伊太利)

이태리ᄂᆞᆫ 구라파에 잇ᄂᆞᆫ 강국이오 또 라마(羅馬)라 날커르니 디방이 십구만이빅방리오 인군ᄂᆞᆫ 삼천칠십이만인이오 군제ᄂᆞᆫ 젼국이 군ᄉᆞ로 긔초를 숨아 현역병(現役兵)이 뎌강 이십팔만인이오 귀휴병(歸休兵)이 륙십삼만인이니 젼시에ᄂᆞᆫ 민병(民兵)을 더ᄒᆞ야 합이빅구십만인이오 히군은 뎌강 길만인이오 국톄ᄂᆞᆫ 독립이오 졍톄ᄂᆞᆫ 립헌졍치오 국도ᄂᆞᆫ 라마(羅馬)니라

伊(이 뎌) 歸(귀 도라갈) 休(휴 쉴)

뎨륙십륙장 미국(米國)

미국은 북아미리가쥬에 중앙(中央)을 졈령ᄒᆞᆫ 뎨국이오 또 미(米)

利堅(리견)이라 北米合衆國(북미합중국)이라 널커르니 디방이 오ᄇᆡᆨ팔십칠만
리라 그 광ᄃᆡᄒᆞᆷ이 구라파全土(젼토)와 ᄀᆞᆺᄒᆞ며 인구는 륙쳔이
ᄇᆡᆨ륙십이만인이오 군제는 미국은 平和(평화)를 主張(쥬쟝)ᄒᆞ야 타국
을 침노치 아니ᄒᆞ고 오작 國內(국ᄂᆡ)만 鎭守(진슈)ᄒᆞᄂᆞᆫ고로 샹비병
이 이만오쳔인에 지나지 못ᄒᆞ나 젼시에는 召募(쇼모)ᄒᆞᆫ 민병
이 팔ᄇᆡᆨ오십만인이샹이 되고 海軍(ᄒᆡ군)은 陸軍(륙군)에 비ᄒᆞ면 십
히 强盛(강셩)ᄒᆞ야 各處(각쳐)에 堅固(견고)ᄒᆞᆫ 砲臺(포ᄃᆡ)가 잇스며 국톄는 독
립이오 졍톄는 공화졍치오 ᄃᆡ통령은 公選(공션)ᄒᆞ야 任期(임긔)는
ᄉᆞ년으로 졍ᄒᆞ고 국도는 華盛頓(화셩돈)이니라

央 가온ᄃᆡ 앙　堅 굿을 견　募 살 모　固 굿을 고　臺 집 ᄃᆡ
頓 조을 돈

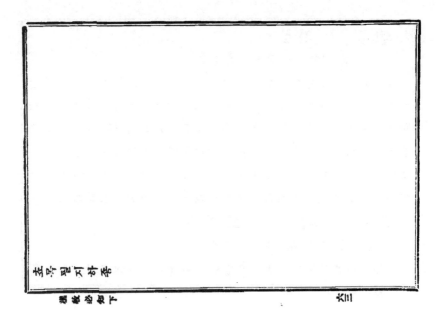

초목필지하죵

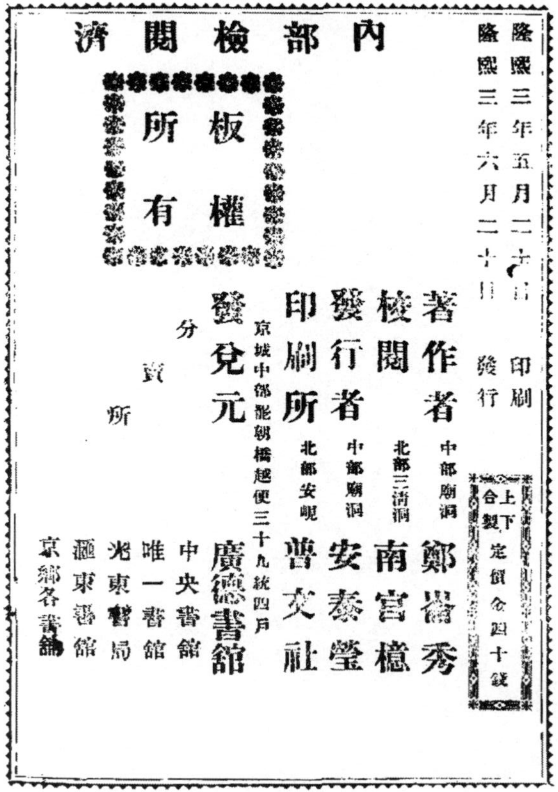
隆熙三年五月二十七日 印刷
隆熙三年六月二十日 發行

上下合製 定價金四十錢

內部檢閱濟

板權所有

著作者 中部廟洞 鄭崙秀
檢閱 北部三淸洞 南宮檍
發行者 中部廟洞 安泰瑩
印刷所 北部安峴 普文社

發兌元 京城中部罷朝橋越便三十九統四戶 廣德書館

分賣所 中央書館 唯一書館 光東書局 滙東書館 京鄕各書舖

신찬초등소학

(新纂初等小學)

卷1·2·3·4·5·6

新纂初等小學 一

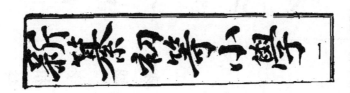

大正三年三月　日

新纂初等小學

東湖　李相益

初聲 字母 ㄱㄴㄷㄹㅁㅂㅅㅇㅈㅊㅋ
ㅌㅍㅎ

中聲 ㅏㅑㅓㅕㅗㅛㅜㅠㅡㅣㆍ

綴字 一

ㄱ 가 갸 거 겨 고 교

구 규 그 기 ᄀᆞ

新纂初等小學卷一 二

ㄴ 나 냐 너 녀 노 뇨

누 뉴 느 니 ᄂᆞ

ㄷ 다 댜 더 뎌 도 됴

두 듀 드 디 ᄃᆞ

ㄹ 라 랴 러 려 로 료

루 류 르 리 ᄅᆞ

ㅁ 마 먀 머 며 모 묘

무 뮤 므 미 ᄆᆞ

新纂初等小學卷一 三

ㅂ 바뱌 버벼 보뵤

부뷰 브비 ᄇᆞ

ㅅ 사샤 서셔 소쇼

수슈 스시 ᄉᆞ

ㅇ 아야 어여 오요

우유 으이 ᄋᆞ

ㅈ 자쟈 저져 조죠

주쥬 즈지 ᄌᆞ

ㅊ 차 챠 처 쳐 초 쵸

추 츄 츠 치 ᄎᆞ

ㅋ 카 캬 커 켜 코 쿄

쿠 큐 크 키 ᄏᆞ

ㅌ 타 탸 터 텨 토 툐

투 튜 트 티 ᄐᆞ

ㅍ 파 퍄 퍼 펴 포 표

푸 퓨 프 피 ᄑᆞ

ㅎ

하햐 허혀 호효

후휴 흐히 ᄒᆞ

重中聲

과궈 놔눠 돠둬

롸뤄 뫄뭐 봐붜

솨숴 와워 좌줘

촤춰 콰쿼 톼퉈

퐈풔 화훠

新纂初等小學卷一 十

第一課

ㄱ ㄴ ㄷ ㄹ ㅁ

ㅂ ㅅ ㅇ

ㅈ ㅊ ㅋ ㅌ ㅍ

ㅎ

第二課

ㅏ ㅑ ㅓ ㅕ ㅗ ㅛ

ㅜ ㅠ ㅡ ㅣ ㆍ

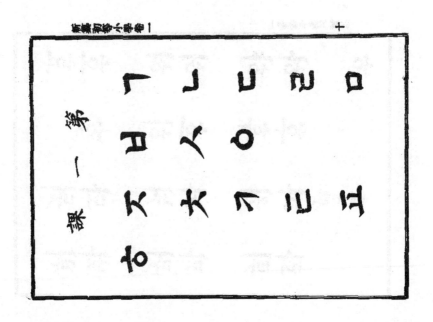

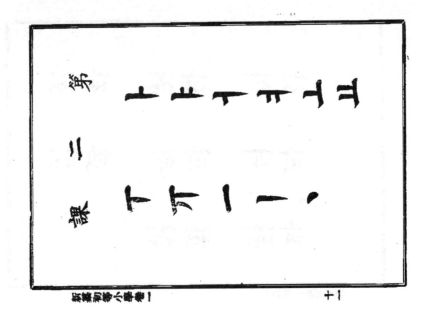

新纂初等小學卷一 十一

第三課

가지

茄

新纂初等小學卷一

가자미

鰈

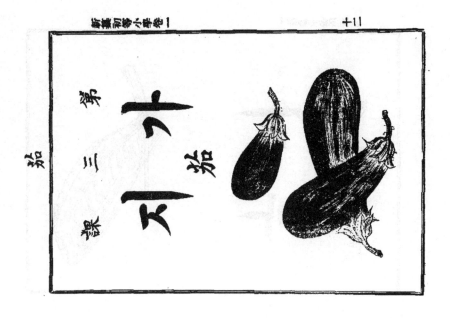

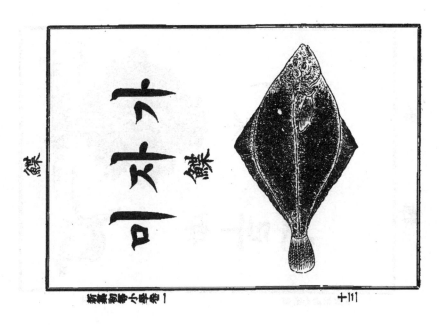

第四課

거루

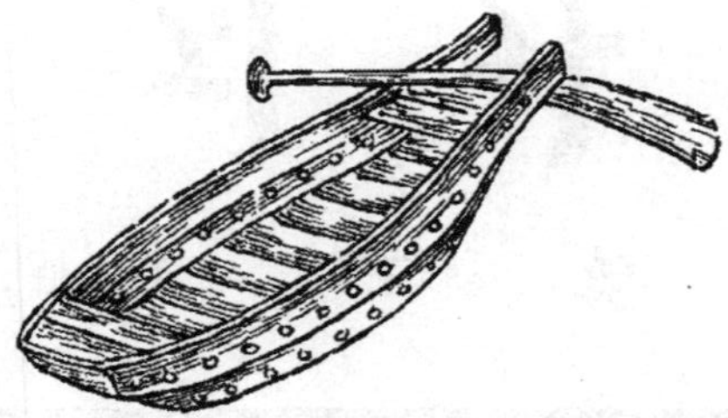

나무 木

노루 獐

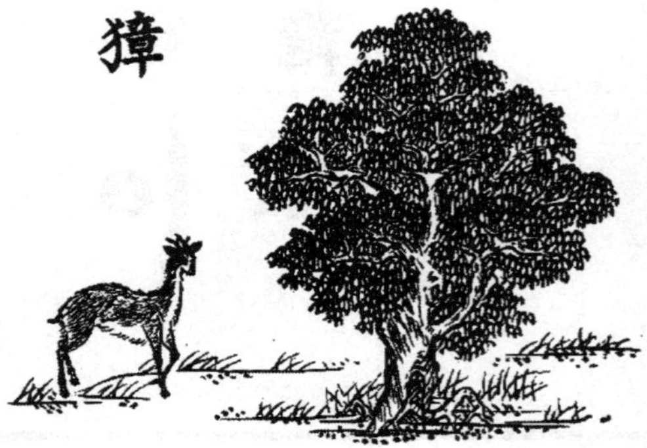

本 獐

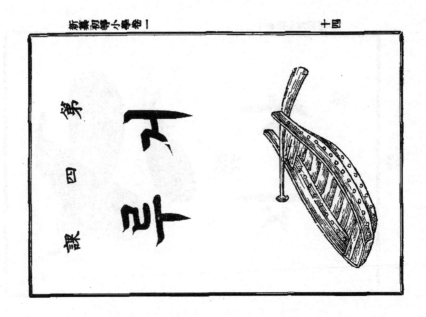

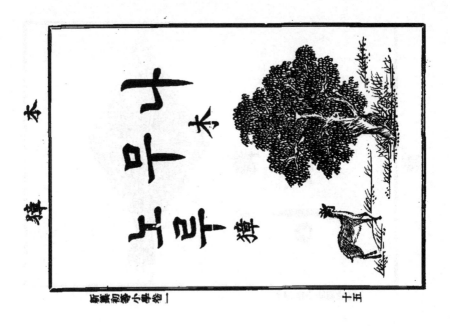

第五課

가 갸 거 겨 고 교

구 규 그 기 ᄀ

第六課

나 냐 너 녀 노 뇨

누 뉴 느 니 ᄂ

第七課

도야지

豕

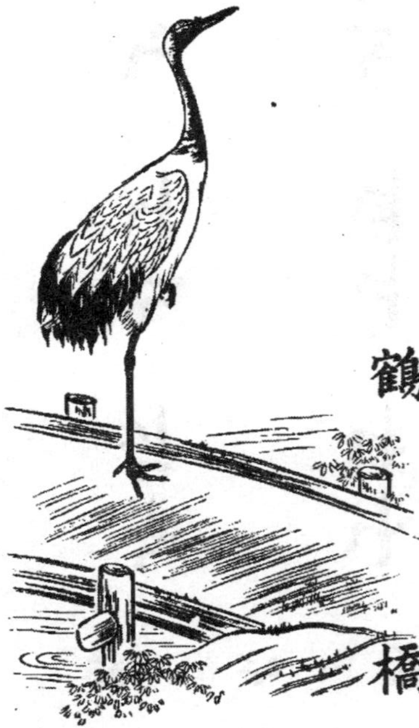

두루미 鶴

다리 橋

第八課

도화

리어

鯉

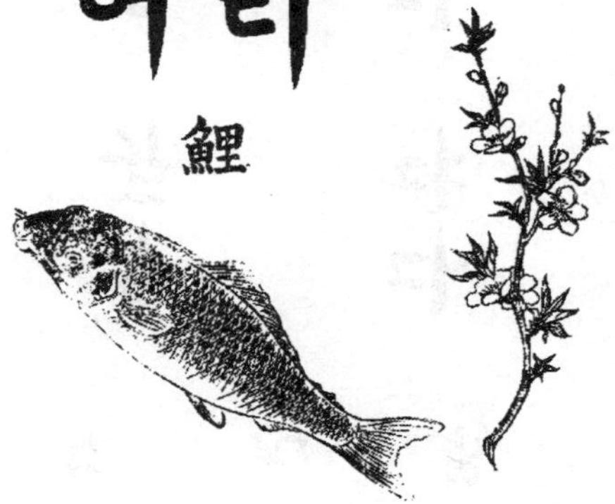

리화

로어

鱸

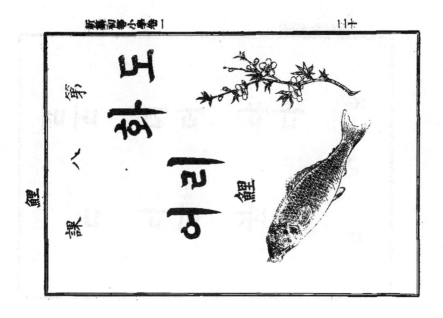

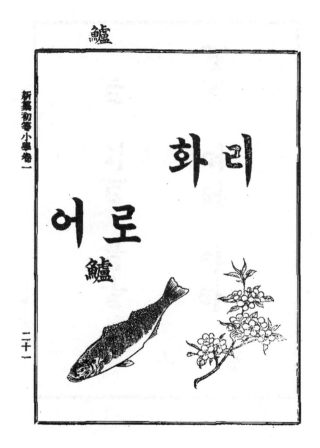

第九課

다댜 더뎌 도됴

두듀 드디 ᄃᆞ

第十課

라랴 러려 로료

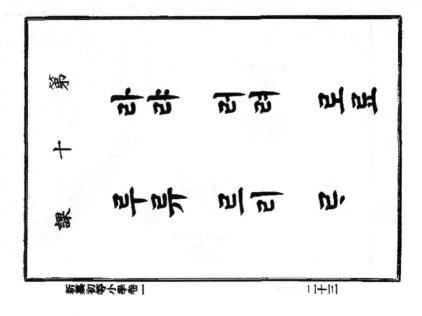

루류 르리 ᄅᆞ

第十一課

무우菁

마챠

벼루硯

보리麥

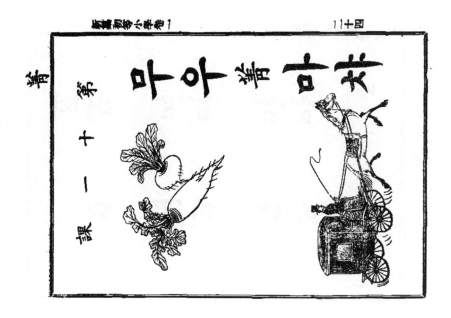

第十二課

마먀 머며 모묘

무뮤 므미 ᄆᆞ

第十三課

바뱌 버벼 보뵤

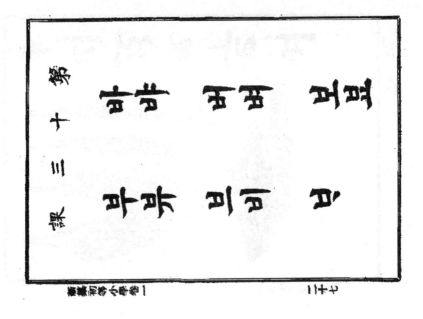

부뷰 브비 ᄇᆞ

第四十課

사ᄌᆞ 獅

소나무 松

쇼 牛

셔과

第十五課

소라

螺

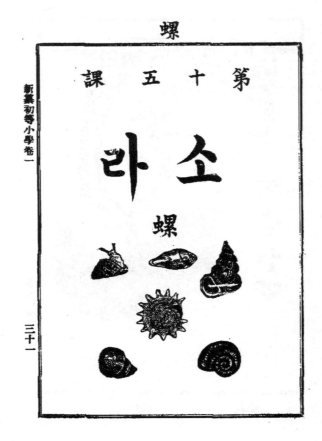

아바지父

어마니母

新纂初等小學卷一

第十六課

오미ᄌᆞ

유ᄌᆞ柚

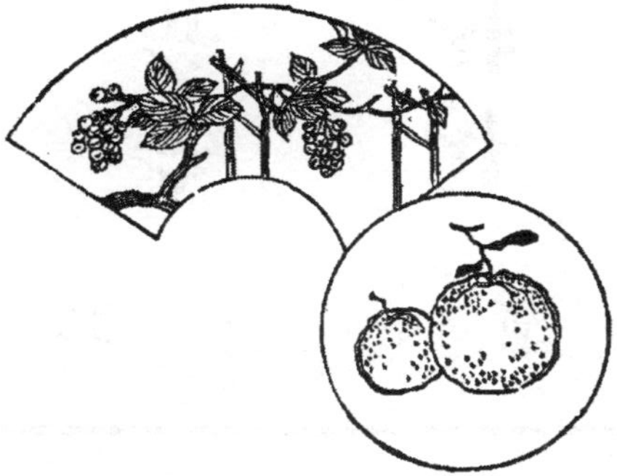

鳧

어부

오리 鳧

第十七課

사 샤 서 셔 소 쇼

수 슈 스 시 ᄉᆞ

新纂初等小學卷一 三十六

第十八課

아야 어여 오요

우유 으이 ᄋᆞ

襦 囊

第十九課

저고리 襦

주머니 囊

新纂初等小學卷一 三十七

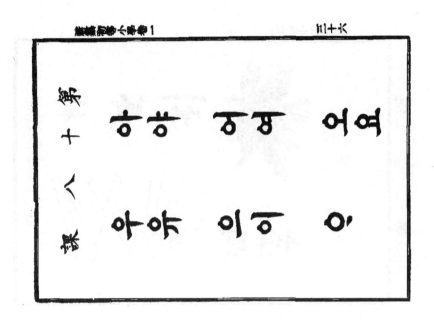

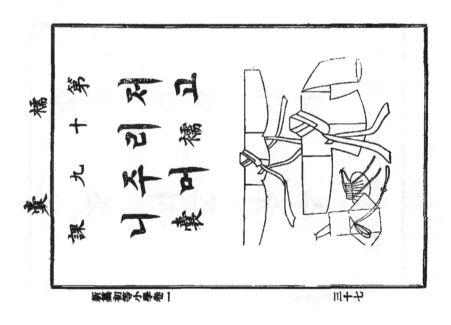

치ᄌᆞ 梔

초 燭

第二十課

자쟈 저져 조죠

주쥬 즈지 ᄌᆞ

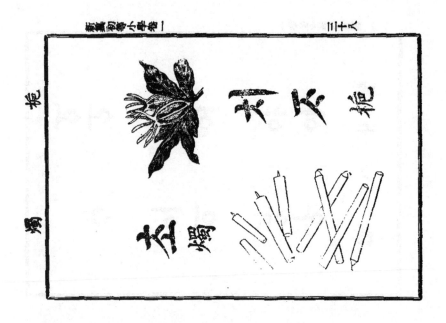

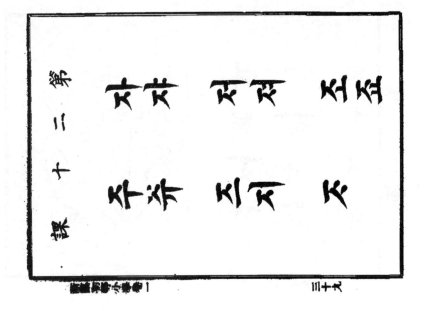

第二十一課

차챠 처쳐 초쵸

추츄 츠치 ᄎᆞ

象　箕

第二十二課

코기리 象

키 箕

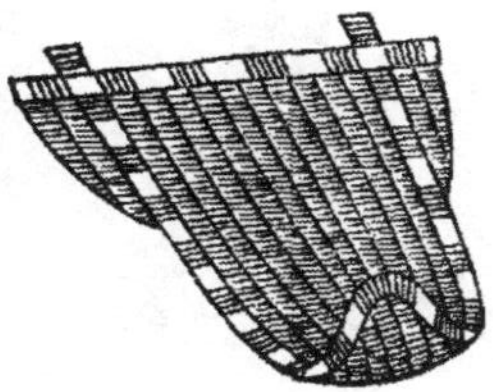

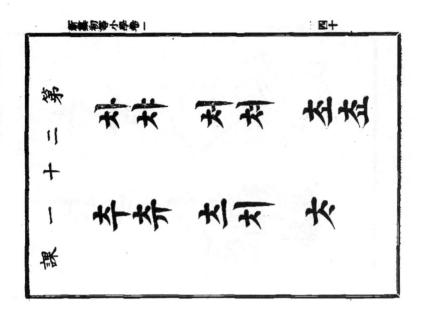

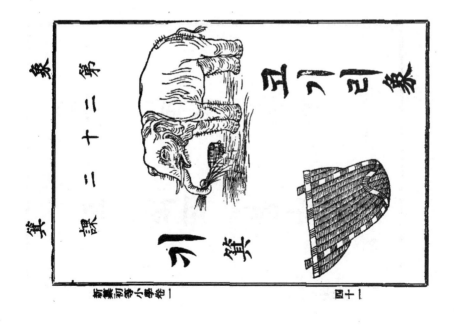

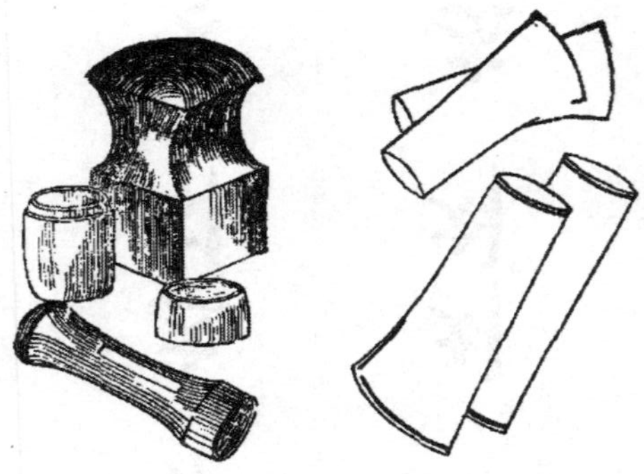

토수
투셔

第二十三課

카캬 커켜 코쿄

쿠큐 크키 ㅋ

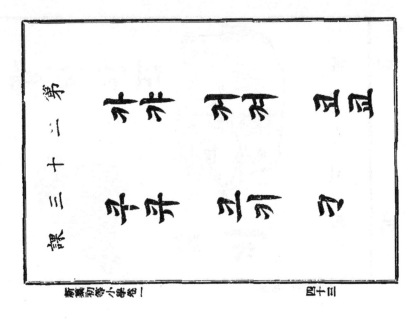

第二十四課

타탸 터텨 토툐

투튜 트티 ᄐᆞ

笙 蕉

第二十五課

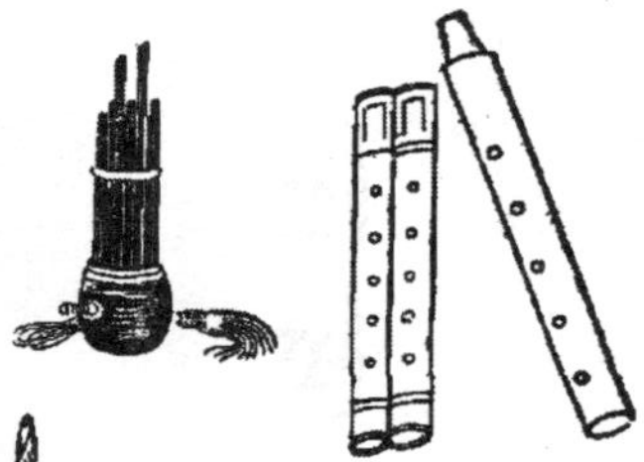

피리 笙

파쵸 蕉

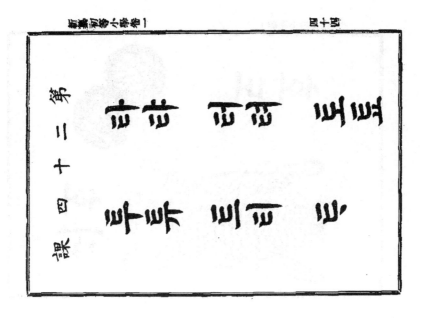

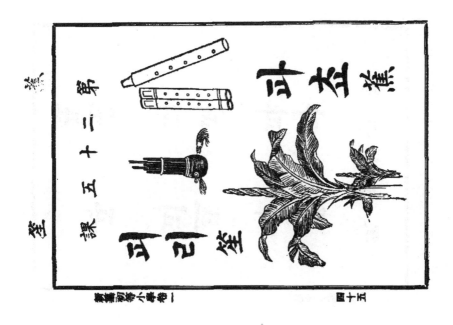

호도

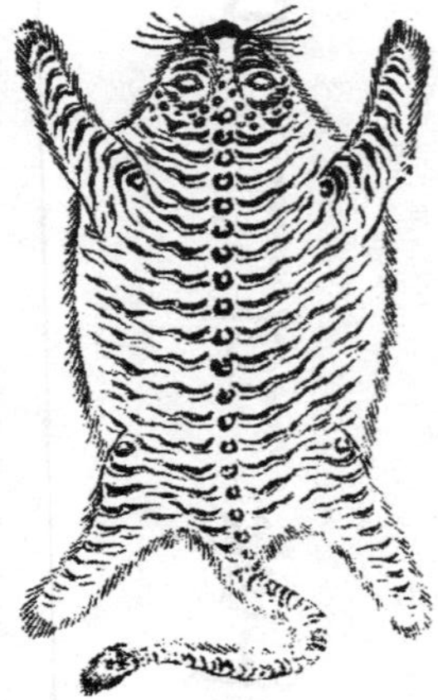

피호

第二十六課

파퍄 퍼펴 포표

푸퓨 프피 ᄑᆞ

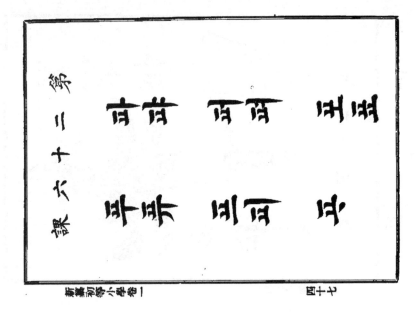

第二十七課

하햐 허혀 호효

후휴 흐히 ᄒᆞ

과궈 와워 화훠

終聲 ㄱ ㄴ ㄷ ㄹ ㅁ ㅂ ㅅ ㅇ ㅣ

綴字二

각 간 갇 갈 감 갑 갓 강 개

낙 난 낟 날 남 납 낫 낭 내

닥 단 닫 달 담 답 닷 당 대

락 란 랃 랄 람 랍 랏 랑 래

ᄅᆞᆯ ᄋᆞᆯ ᄂᆞᆫ ᄋᆞᆫ ᄉᆞᆫ ᄉᆞᆯ ᄌᆞᆫ ᄌᆞᆯ

에 헤 집 밥 옷 솟 칙 학

第二十八課

국긔

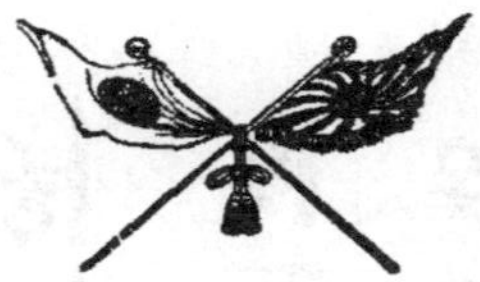

국긔를。
집々마다。
놉히。다
랏소

第二十九課

농부

농부들이。
싀벽에。이
러나。밧헤
셔。일ᄒᆞ오

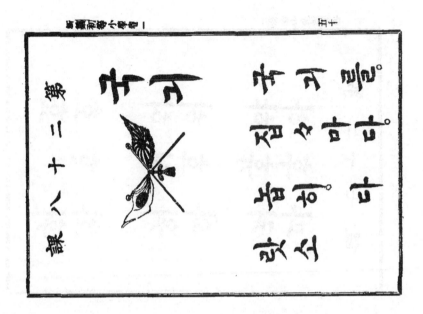

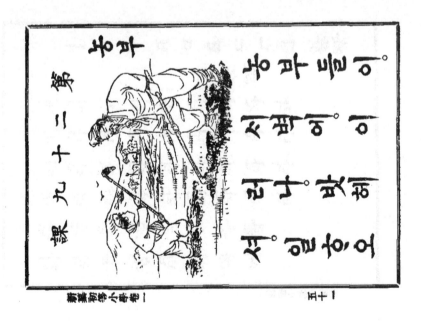

第三十課

대 竹 둑겁이 蟾

대。나무는。
두。줄기오。
둑겁이는。
여러마리。
올시다

第三十一課

련쏫 蓮 란초 蘭

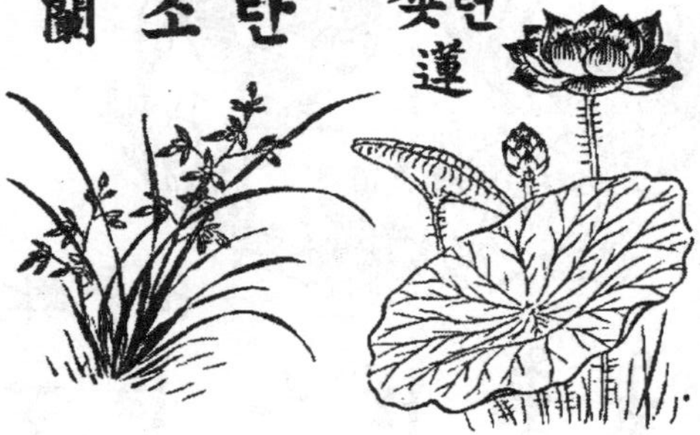

련쏫은。붉
고。희며。
란초쏫은。
푸르니。빗
이。다。좃소

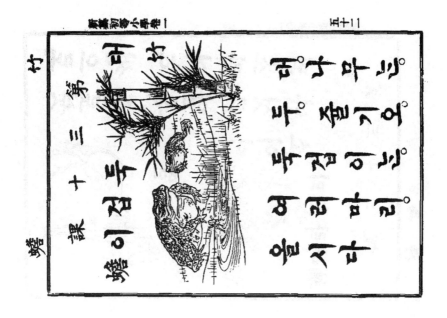

鶉 馬

第三十二課

뫼초라이는。쌍으로。안젓고。말은。홀로셧소이다

뫼초라이 鶉

말 馬

柳

第三十三課

버들。나무。밋헤。쇼탄。목동이。저를。불고。가니。그。소릐。듯기。좃소

버들 柳

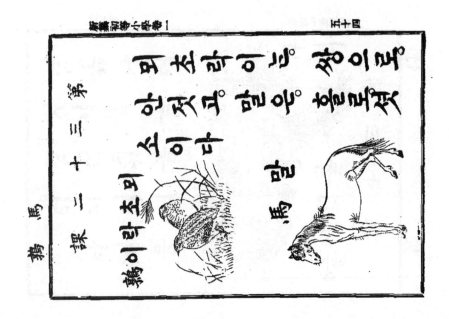

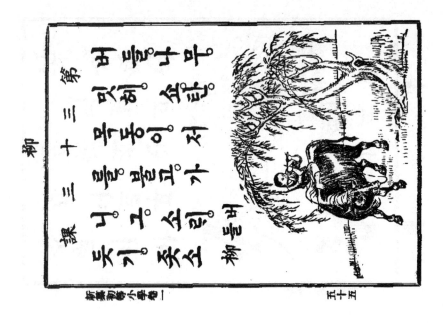

第三十四課

산

산ᄋᆡ 어구에。 폭포가。 ᄯᅮᆺ쳐。
나려오니。 경치도。 좃코。
소ᄅᆡ도。 요란ᄒᆞ오

第三十五課

약대란。 짐
ᄉᆡᆼ은。 셩품
이。 순ᄒᆞᆫ고
로。 조고마
ᄒᆞᆫ。 아희도。
능히。 ᄭᅳᆯ고。
가오

駝 대 약

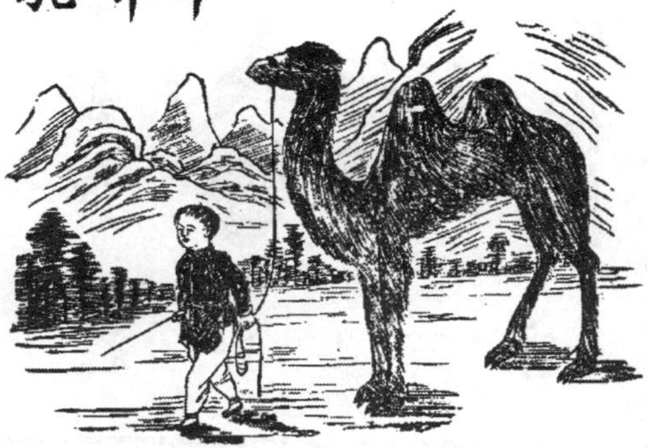

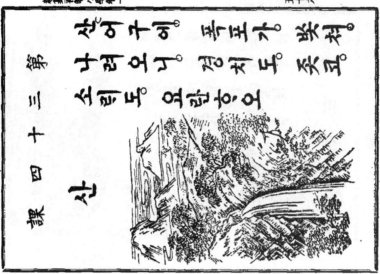

第三十六課

쥐의 버릇은 물건
을 잘 새을고 박
쥐는 낫에 눈이 어
두어 보지못ᄒᆞᄂᆞ오

쥐 鼠

박쥐

第三十七課

ᄎᆡᆨ샹丌

ᄎᆡᆨ冊

ᄎᆡᆨ샹우에 노인
것은 ᄎᆡᆨ이니
져 ᄎᆡᆨ은 우리
가 날마다 공
부ᄒᆞᄂᆞᆫ ᄎᆡᆨ이
올시다

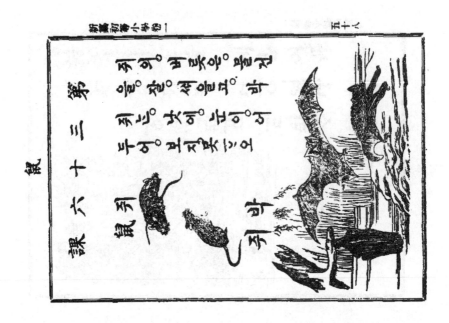

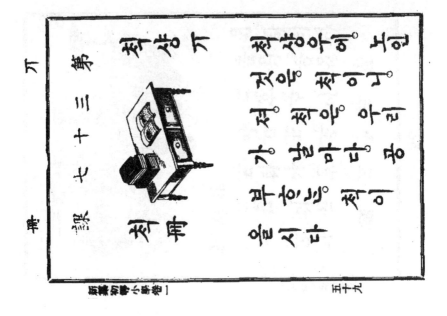

第三十八課

콩 菽

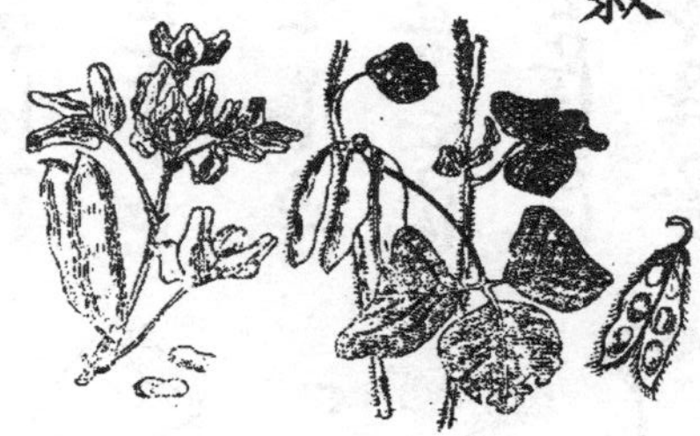

콩은。밥에。두어。먹으면。구수ᄒᆞ고。ᄯᅩ。두부를。민드러。반찬ᄒᆞ면。더욱。죳소

第三十九課

사ᄅᆞᆷ人 톱鉅

톱질ᄒᆞᄂᆞᆫ。사ᄅᆞᆷ은。목수이니。이。사ᄅᆞᆷ은。집도。짓고。세간도。민드니。참。지조가。잇소

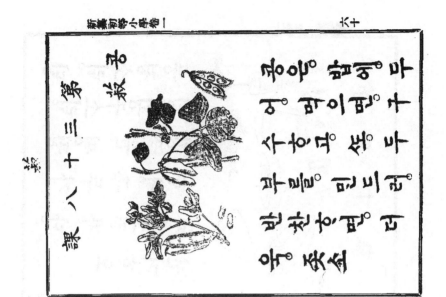

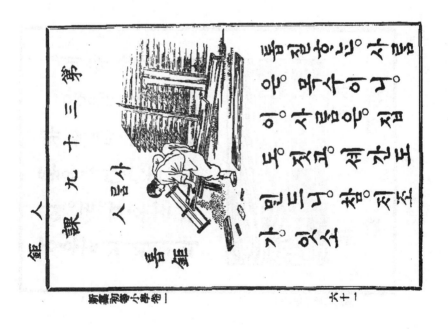

第四十課

풍경소릐。텅
텅。핑구소릐。
핑글을。핑핑
ᄒᆞ니。그。두가
지。소릐가 다。
신긔ᄒᆞ오

月

第四十一課

달月 희

희ᄂᆞᆫ。아참에。
돗ᄂᆞ니。항샹。
둥굴고。달은。밤
에。돗ᄂᆞ니。둥굴
기도ᄒᆞ고。ᄯᅩ。이
지러지기도ᄒᆞ오

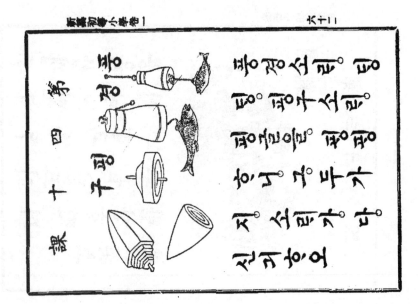

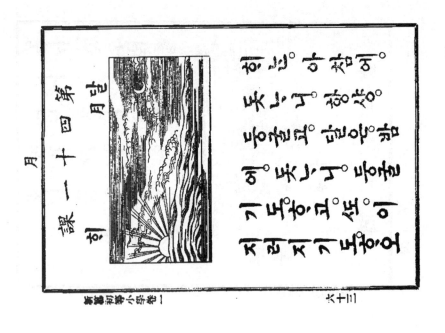

茄鰈木獐豕鶴橋鯉鱸菁硯
麥獅松牛螺父母柚鳧糯囊
梔燭象箕蕉筐竹蟾蓮蘭鶉
馬柳駝鼠刀册菽人鉅月

隆熙三年九月二十日 初刊印刷
隆熙三年九月二十三日 初刊發行
大正三年三月二十七日 再刊印刷
大正三年三月二十八日 再刊發行

學部檢定
不許複製

定價 壹、貳、參、各二十五錢 / 四、五、六、各二十錢　壹秩六冊壹圓〇五錢

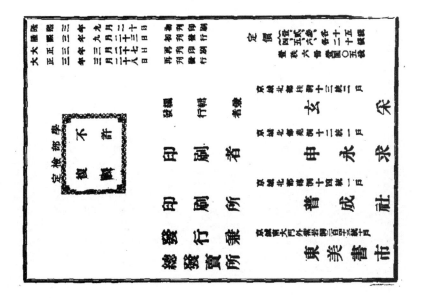

編輯兼發行者　京城北部桂洞十三統二戶　玄采
印刷者　京城北部苑洞十二統一戶　申永求
印刷所　京城北部礡洞十四統一戶　普成社
發行兼總發賣所　京城南大門外紫岩洞三百五十三統十戶　東美書市

新纂初等小學 二

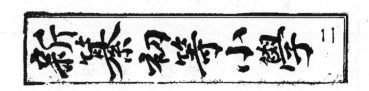

大正二年十月　日

新纂初等小學 二

東湖 李相益

新纂初等小學卷二 目錄

激音의例

ᄭᅭ ᄯᅩ ᄲᅡ 써 ᄶᅵ

四合音의例

닭 덟

五合音의例

ᄲᅢᆫ

六合音의例

떫

七合音의例

꽭

種 色

新纂初等小學卷二

第 課 학교

학교ᄂᆞᆫ 사ᄅᆞᆷ을 교육。ᄒᆞᄂᆞᆫ데니 各
種씨ᄅᆞᆯ 심으ᄂᆞᆫ 동산과 갓소
학교ᄂᆞᆫ 사ᄅᆞᆷ의。ᄆᆞᄋᆞᆷ을 아ᄅᆞᆷ답게
ᄒᆞᄂᆞᆫ데니 各色물을 드리ᄂᆞᆫ것과
갓소이다

第二課 정셩의ᄆᆞᄋᆞᆷ

兒孩 東西

사람이 정셩의ᄆᆞ음이 업스면 아
모일도 아니되고
정셩의ᄆᆞ음이 잇스면 아모일도
잘 되ᄋᆞᆸᄂᆞ이다

第三課 東西南北

져兒孩들이 아참에 돗ᄂᆞᆫ 히를
향ᄒᆞ야 섯스니
兒孩압흔 東이오 뒤ᄂᆞᆫ 西이며

南 北 第一 全身

또兒孩의 오른
편은 南이오
외인편은 北이
라 ᄒᆞᄋᆞᆸᄂᆞ이다

第四課 소

소ᄂᆞᆫ 농ᄉᆞ에
第一긴요ᄒᆞ고

全身에 한가지도 발일것이업ᄂᆞ니

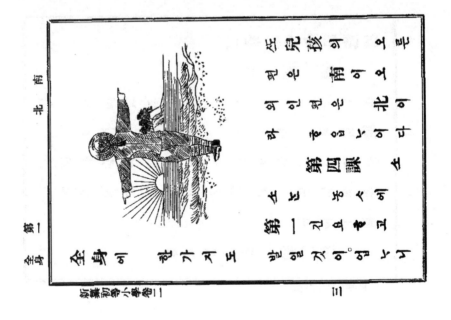

所用

그젓과。고기ᄂᆞᆫ 먹기에。조ᄒᆞ며 ᄲᅧᄂᆞᆫ
거름을ᄒᆞ며 가쥭은 신과。안장등
물을。ᄆᆡᆫ들고 털은 ᄌᆞ리를。ᄶᆞᆺ코 ᄲᅳᆯ
과。굽등도 다 所用이 되읍ᄂᆞ이다

第五課 혜ᄂᆞᆫ법 문답一

(문)너의 학도들 이ᄉᆡ를 혜여 보
아라
(답)한아 둘 셋 넷 다셧 여셧

일곱 여듧 아홉
열 이올시다

第六課 혜ᄂᆞᆫ
법 문답二

(문)그러면 너의들이
물건 혜ᄂᆞᆫ법을
아랏스니 긔특ᄒᆞ다
그러나 너의들 ᄯᅩ 한문글ᄌᆞ로

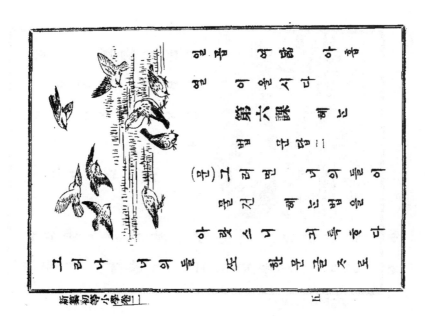

二三 四五 六七 八九 十

面 香氣

수ᄌᆞ를 쓰짓ᄂᆞ냐

(답) 一 二 三 四 五 六 七 八

九 十 이올시다

第七課 련못

서벽에 이러나 적은비를 타고

련못。가온데 드러가니 말근。바롬이

四面에서 이러나 련ᄭᅩᆺ 香氣가

한비에 가득ᄒᆞ오이다

련ᄭᅩᆺ의香氣도 조

커니와 련밤은

먹기에 맛이 잇

소

第八課 ᄀᆡ아

미

中 外

ᄀᆡ아미는 그中에 큰것은 왕ᄀᆡ아

미니 집을。직히고 그外에 젹은。ᄀᆡ

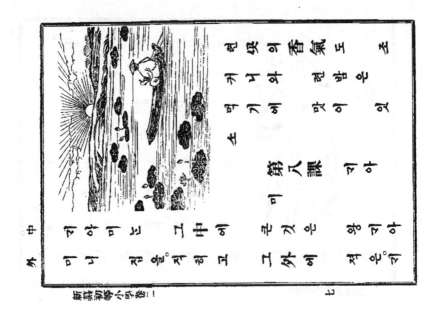

年

아미ᄂᆞᆫ 일을ᄒᆞ야
여름。ᄉᆞ이에 一
年 먹을것을 쟝만
ᄒᆞᄂᆞ니 사ᄅᆞᆷ이。되
야 져츅이 업스
면 버리지만 못。
ᄒᆞ오이다

第九課 닭

冠

닭은 집에셔 기르ᄂᆞᆫ 새니 슈닭
은 머리에 冠이。잇
고 울기를 잘ᄒᆞ며、
암닭은 알을。싸셔
석기를。치고
먹을것을
어든면 먼
져 그석기

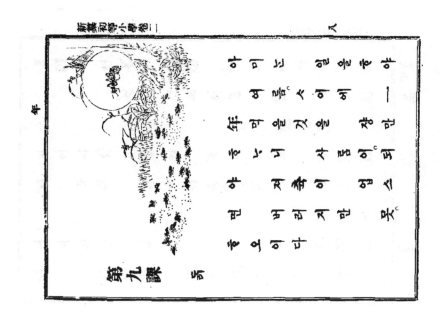

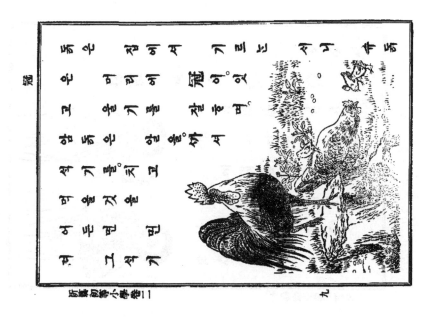

猫犬 傷 極力 耳目 手足

를 불너。먹이고 猫와 犬의게。傷ᄒᆞᆯ
가ᄒᆞ야 極力호위。ᄒᆞᄂᆞ이다

第十課 입

耳目은 둘식이오 입은 한아이니
듯고。보기는 만히ᄒᆞ고 말은 적
게ᄒᆞ오
手足은 둘식이오 입은 한아이니
로동은 만히ᄒᆞ고 밥。먹기는 적

烟

게ᄒᆞ오

第十一課 담배먹는兒孩

봉길이란兒孩가
담배를。먹다가 烟
氣가 목구녕에
드러가 기침ᄒᆞ고
코물。눈물이 나
셔 견딀슈 업는

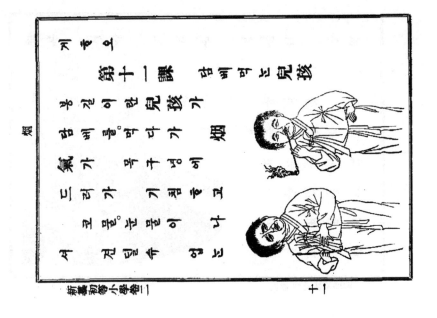

毒 永 山

지라 그。어머니가 보고 경계ᄒᆞ야
골오ᄃᆡ 담베란것은 毒이잇서 사
ᄅᆞᆷ의게 ᄒᆡ로오니 다시 먹지。말라.
ᄒᆞᆫᄃᆡ 봉길이가 그후브터 永히
먹지。아니ᄒᆞ얏소

第十二課 무지개

아그림은 슈풀과 山ᄉᆞ이에 ᄲᆡᆺ친。
무지개올시다

或 向

무지개ᄂᆞᆫ ᄒᆡ빗이
안개에 비취여。
된것이니 그빗은
七色으로 뵈ᄋᆞᆸᄂᆞ
이다
무지개ᄂᆞᆫ 아참或
져녁ᄯᅢ에 비가。개인후에 ᄒᆡ와。셔로向
ᄒᆞᄂᆞᆫ 구름。ᄉᆞ이에 ᄲᆡ침ᄂᆞ이다

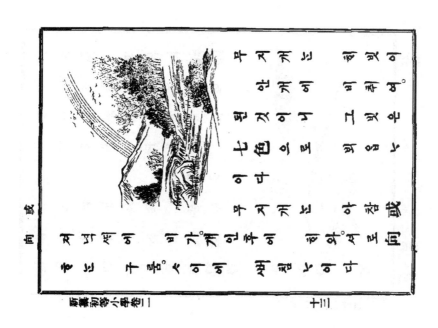

處 簷下 樹有益

第十三課 참새

참새는 處處에。잇·는 새올시다 이새는 簷下에 깃드리고 새기를。치며 나무에 잇는。버러지를 잡아。먹으니 樹木의게는 참 有益ᄒᆞ며 또。아참에는 저저히。우는모양이 게으른。사람을 깨는것。갓소이다

第十四課 筆

朝鮮 粉筆 石版

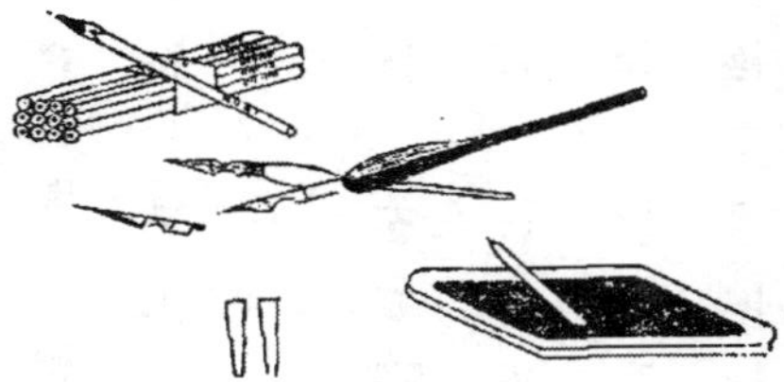

朝鮮에서는 녯젹。브터 붓을 털로。만드러。쓰고 外國에서는 강혈과 연으로 만들고 즉금 학당에서는 粉筆로。써 칠판에。쓰고 石筆은 石版에。쓰니 다 편리

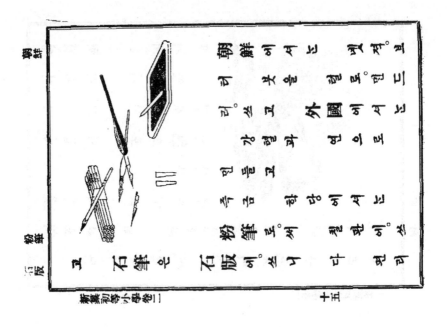

心

호。법이오이다

第十五課 그림이야기一

이。그림을보오
져兒孩가글읽
기에미오 心力
을드리옵니다
이兒孩 외인편에
는잉무서가잇

學徒 貪

셔 그兒孩의 글읽는。쇼리를 ᄯᅡ라
님너。님니다
이것은外面으로 보면 잉무도
글을。잘읽것마는 뜻을。모로고 읽으
니우리學徒들도 글뜻을。모로고
읽으면 이。잉무와갓소이다

第十六課 그림이야기二

또 이。그림보소 져。兒孩는 貪心이。

砂糖 大聲痛哭 當

대단ᄒᆞ야 유리병속에 잇ᄂᆞᆫ砂糖을
한。쥬먹에 잔
ᄯᅳᆨ。쥐고 ᄭᅳ집어
ᄂᆡ랴ᄆᆡ가 쥬먹
은 나오지아니
ᄒᆞ고 손。회목이
압하셔 大聲痛哭ᄒᆞ다가 그。누의
의。손가락질ᄒᆞ고 나무렴을當ᄒᆞ오

農 工 世上 賣買 商 業

第十七課 農工商

논과。밧을 갈며 누에를 기르ᄂᆞᆫ것
을 農이라。이르고 各色긔명과 여
러가지。긔계를 ᄆᆞᆫ드ᄂᆞᆫ것을 工이라
ᄒᆞ고 또世上만물을 賣買ᄒᆞᄂᆞᆫ것을
商이라。ᄒᆞᄂᆞ니
우리들은 農。工。商세가지中에 한가
지業이。잇셔야 사ᄅᆞᆷ된 직분이올시

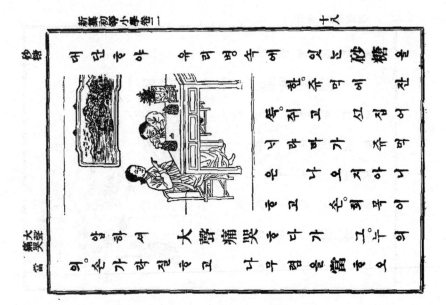

性品 順 戰場

다

第十八課 말

말은性品이順ᄒᆞ고 힘이。만코 몸을
가뵈업게 달니옵ᄂᆞ이다
그런고로 사람이。기르고 무거운짐
을 실으며 또 슈레를。ᄭᅳᆯ니고 戰
場에셔 싸울ᄶᅧᆨ에 말의。힘을 만이。
입ᄂᆞ이다

精神 門

第十九課 曉

슈풀에셔ᄂᆞᆫ 가마귀가 ᄶᅡ악ᄶᅡ악。울
고 나무。가지에셔ᄂᆞᆫ 참새가 저저
ᄒᆞ다
門여ᄂᆞᆫ소리ᄂᆞᆫ。ᄶᅡᆨᄶᅡᆨ 물장사 지게。ᄶᅧ
격ᄶᅧ격 참 새벽精神이 졔졀로
난다
그 뉘인고 벌셔。이러나 글。읽ᄂᆞᆫ。소

夫 雨

리 딩딩ᄒᆞ네

우리도 어셔 工夫ᄒᆞ세

第二十課 蜻蜓

大雨가 오랴ᄂᆞᆫ

지 검은구룸이

먹갓치。검다

잔자리들이 놀

아가ᄂᆞᆫ것 보소

翼 分明 能

저兒孩가 한마리를 잡아。보니 六

足과 四翼이 分明ᄒᆞ고 그몸에

마듸가 잇서셔 能히 구부리고

펴기를 임의로ᄒᆞ오

日時 秒 間計

第二十一課 時

一日은 二十四時오 一時ᄂᆞᆫ六十分이

오 一分은六十秒라

이時間은 다時計로 혬。ᄒᆞᄂᆞ니 七

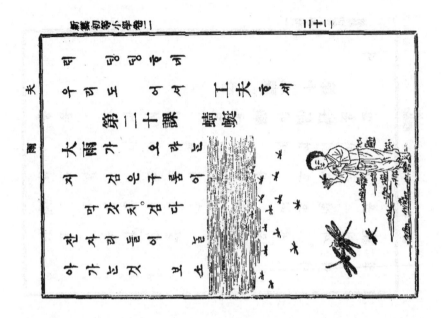

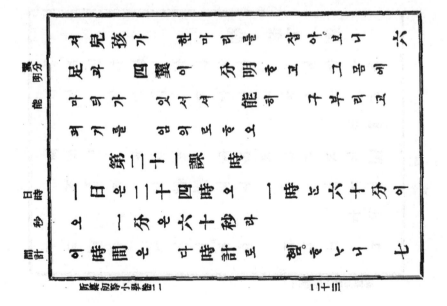

個週

個日이。되면 一週日이라ᄒᆞ고 三十

日或三十一日이。되면 한달이라ᄒᆞ고 달슈가。열둘이。되면 一年이라ᄒᆞᄂᆞ이다 또 一日二十

午 春 夏秋 冬

四時를 上午十二時와 下午十二時로 分ᄒᆞ얏소

第二十二課 四時

一年을 넷에。난우엇스니 일긔가 ᄣᅡᆺ듯ᄒᆞᆫ셕ᄂᆞᆫ春이오 더운셕ᄂᆞᆫ夏이오 셔늘ᄒᆞᆫ셕ᄂᆞᆫ秋이오 치운셕ᄂᆞᆫ冬이라ᄒᆞ고

春과夏와秋와冬이 다 각기 석달

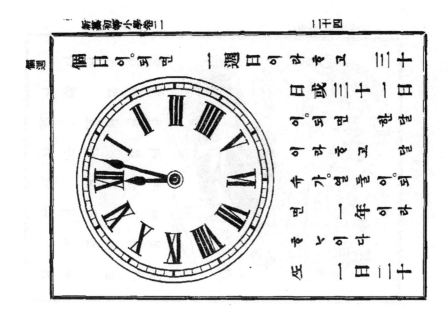

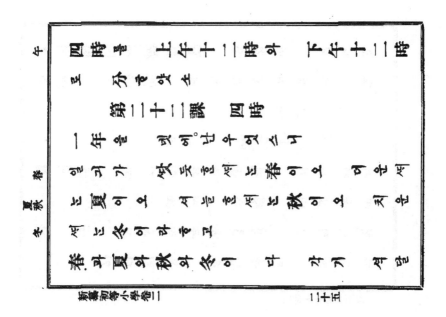

석이올시다 春에ᄂᆞᆫ 꼿이。만히픠고 夏에ᄂᆞᆫ 나무가。무셩ᄒᆞ고 秋에ᄂᆞᆫ 곡식과。실과가。익고 冬에ᄂᆞᆫ 눈이。

오니 이것을 春。夏。秋。冬四時라ᄒᆞ고 사름의。ᄒᆞᄂᆞᆫ일도 四時를 ᄯᅡ라 다르오이다

第二十三課 졔비집

져。졔비가 진흙을。무러다가 우리집。대들보에 집을 짓소

한。마리ᄂᆞᆫ 진흙을。무러오고 ᄯᅩ 한마리ᄂᆞᆫ 마른풀을 무러다가

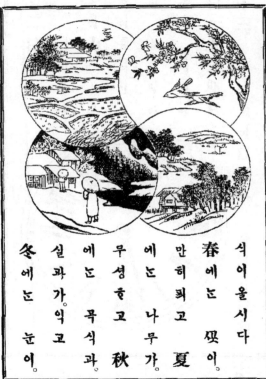

泥 壁 匠

진흙과。엉구어셔
붓게ᄒᆞ니 이ᄂᆞᆫ泥
匠이가 壁을。발을
써에 집을。쓰을어
흙에。셕ᄂᆞᆫ것과
갓소이다
져。졔비가 春日이。
되면 날나와셔

來

집을짓고 來年에도 또。차자올터이
오
졔비ᄂᆞᆫ 젹은。셔로디 그。잇던집을
이져바리지 아니ᄒᆞᄂᆞ이다

第二十四課 蠅과飛蛾의이야기

파리가 쭐。그릇가에 안ᄌᆞ셔 쭐을。
먹다가 쭐이 다리에。붓터셔 ᄲᅥ러
지지 아니ᄒᆞᄂᆞᆫ지라

飛蛾 慾心 致敗 畢竟 愚迷

飛蛾가 이것을。보고 우셔ᄀᆞᆯᄋᆞ되
네가慾心이。만아셔。致敗ᄒᆞ얏다。ᄒᆞ더
니 말이。맛지 못ᄒᆞ야 飛蛾가 그
것。등불가으로 나라
다니다가 畢竟 불
길로。드러가 크게。데
이거ᄂᆞᆯ 파리가 또
ᄒᆞᆫ。그愚迷ᄒᆞᆫ것을

辱害 羊 式

우섯ᄂᆞ이다
져의。흉은 모르고 남의일만 웃ᄂᆞᆫ
者ᄂᆞᆫ 필경 辱과害를 當ᄒᆞᄂᆞ이다

第二十五課 조고마ᄒᆞᆫ羊

조고마ᄒᆞᆫ羊두마리가 山길에셔 ᄒᆞᆫ
아ᄂᆞᆫ。가고 ᄒᆞᆫ아ᄂᆞᆫ。오다가 외나무다
리에셔 만낫소 이。다리ᄂᆞᆫ 미오。좁
아셔 ᄒᆞᆫ마리式아니면 건널슈。업거

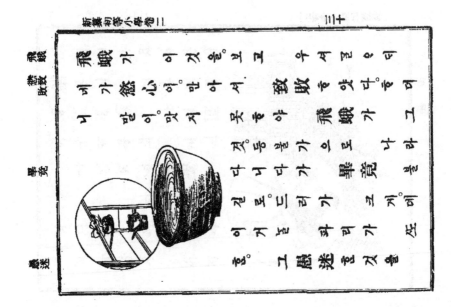

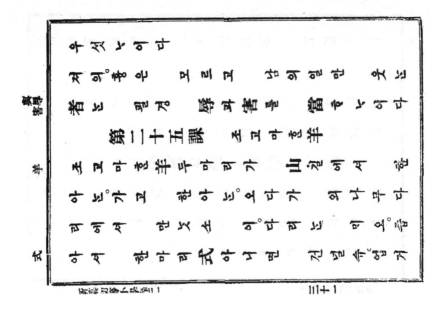

退步 羞恥 怒

놀 저羊의。마음은退步ᄒᆞᄂᆞᆫ것이 羞
恥라ᄒᆞ고 셔로
먼져。건너랴고ᄒᆞ야
한。거름도 물너
가지。아니ᄒᆞ고 셔
로怒ᄒᆞ야 밀치다
가 맛츰ᄂᆡ 둘이
다 다리아래로

萬 苦狀 朝鮮

ᄯᅥ러젓소
萬一。이두마리羊이 셔로 사양ᄒᆞ
얏스면 이러ᄒᆞᆫ苦狀을 아니당。ᄒᆞᆯ터
이오이다
여러분은 이。말ᄉᆞᆷ을 잘 헤아려。보
시오

第二十六課 朝鮮

우리朝鮮은 世界에 조흔ᄯᅡ이라

口千 京城 候 土地 礦 物

人口ᄂᆞᆫ二千萬이오 풍쇽이 슌박ᄒᆞ
오이다
서울은京城이오
一般人民이聚集ᄒᆞᆫ都會니。크고。번화ᄒᆞ
기ᄂᆞᆫ 朝鮮에第一이오이다
朝鮮은 氣候가。ᄯᅮᆺᄯᅮᆺᄒᆞ고 土地도。조
흐니 가셕。곡식이 만히。나고 ᄯᅩ礦
物이 만히 나옵ᄂᆞ이다

許多 校才藝 職 富 金進士

朝鮮에ᄂᆞᆫ 녜브터 어진。사ᄅᆞᆷ과。츙효
ᄒᆞᆫ。사ᄅᆞᆷ과 일홈난。사ᄅᆞᆷ이許多ᄒᆞ니
여러분도學校에셔 工夫ᄒᆞ야 才藝
ᄅᆞᆯ。닥고 몸을。츙실케ᄒᆞ며 職業을
부즈런히 힘써 家와國을 富케ᄒᆞ
옵시다

第二十七課 衛生

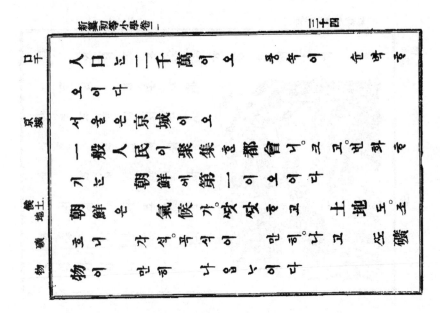

金進士ᄂᆞᆫ 늙은。사ᄅᆞᆷ이라 바ᄅᆞᆷ을。시

病 數 房 孝童 衛生 演說 窓 通

려ᄒᆞ야 病든지數月에 房門을 굿
게닷고。잇서셔 더러온。긔운이 房속
에。츙만ᄒᆞ더니
一日은 그。아달孝童이가 學校에。갓
다가 衛生으로演說ᄒᆞᄂᆞᆫ것을 듯고
집에。도라와셔 그날。브터房門과
窓門을 자조。여러 空氣를通케ᄒᆞ고
ᄯᅩ。마루와 ᄯᅳᆯ을。졍결케 쓰더니

衣服 吾 體 寒 暑

그러ᄒᆞᆫ지七八日만에 金進士의病이
쾌차ᄒᆞ얏ᄂᆞ이다

第二十八課 衣服一

衣服은 吾人이。입어셔 身體를。가리
ᄂᆞᆫ것이오
ᄯᅩ衣服은 寒과暑에 덕당케ᄒᆞᄂᆞᆫ것
이니 그럼으로 솜옷과 겹옷과
홋옷이잇소

솜옷은寒ᄒᆞᆯ ᄯᅢ에 입고 겹옷은。서늘ᄒᆞᆯ ᄯᅢ에 입고 홋옷은暑ᄒᆞᆯ ᄯᅢ에 입ᄂᆞ니다

第二十九課 衣服二

여긔。몃가지衣服이。잇ᄉᆞ니 이것은 우리朝鮮男子의 衣服이올시다

두루막이와 저고리와 족기ᄂᆞᆫ 우에。입ᄂᆞᆫ것이오 바지ᄂᆞᆫ 아래。입ᄂᆞᆫ것

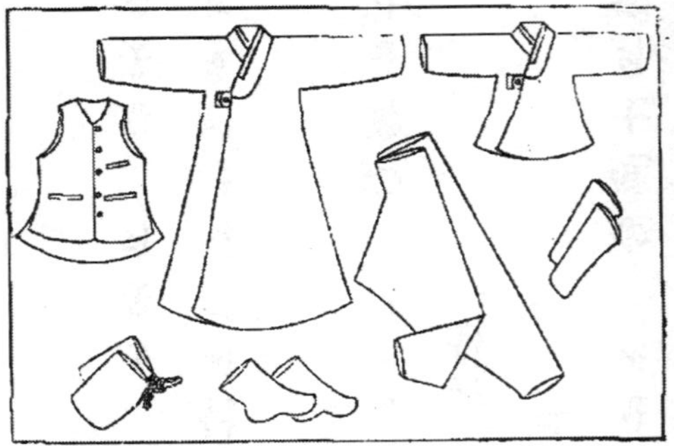

이오 토수ᄂᆞᆫ 팔둑에。ᄭᅵ고 버선은、발에。신고 힝젼은 종아리에 치ᄂᆞᆫ것이올시다

이런 여러가지衣服은 문영실이나 면쥬실로 ᄶᅡ서

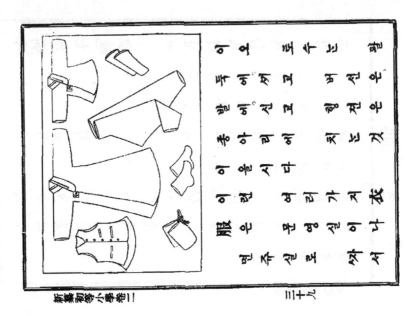

毛 甲吉 兄 收

만들며 또毛로 짜서 만드오
우리ᄂᆞᆫ 衣服을 身體에 맛게ᄒᆞ야 일
ᄒᆞᄂᆞᆫ데 편케ᄒᆞᆯ것이올시다

第三十課 稻

甲吉의兄이 甲吉이를 다리고 城
밧게나가더니 兄이甲吉이다려 ᄒᆞ
난말이
甲吉아 네가農夫의秋收ᄒᆞᄂᆞᆫ것을

至今 理 早稻 晩

보아라 우리가 두달젼에 나왓슬
쎄에도 벼를버히더니 至今도 벼
를버히니 네가그理致를아느냐
甲吉 그理致를 모로옵ᄂᆞ이다
兄 이왕버인것은早稻오 至今버이ᄂᆞᆫ
것은晩稻니 早稻ᄂᆞᆫ일즉익ᄂᆞᆫ것이오
晩稻ᄂᆞᆫ늣게익ᄂᆞᆫ것이니라
甲吉 그러면 早稻와晩稻를 다어ᄂᆞᆫ

先後 初

셕 락종ᄒᆞᄂᆞ잇가

兄 早稻와晚稻의 락종ᄒᆞᄂᆞᆫ셕ᄂᆞᆫ先後

가。업스니 곳五月陽曆初에 락종ᄒᆞ얏다

移秧 末 米出 爲

가 五月末。六月初에 移秧ᄒᆞᄂᆞ니라」

甲吉 그러면 엇지ᄒᆞ야 早稻나晚稻 두

中에 하나를 심으지아니ᄒᆞ고 두

가지를 심으ᄂᆞ잇가

兄 早稻ᄂᆞᆫ 米出이젹으나 일즉秋收

ᄒᆞ기를爲ᄒᆞ야 심으ᄂᆞᆫ것이오 晚稻

ᄂᆞᆫ 米出이。만은고로 심으ᄂᆞᆫ것이니

라

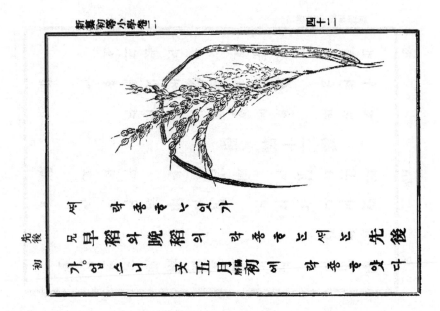

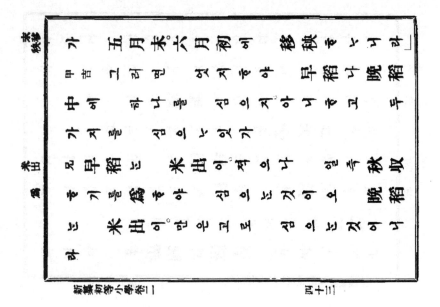

蘿葍　百姓 農事

또早稻ᄂᆞᆫ 秋收ᄒᆞᆫ後에 蘿葍等을。심
으며 早稻의집은 晩稻보다단단ᄒᆞ
고 또。기라가 긴고로 農夫가 집
을。쓰기爲ᄒᆞ야 심그ᄂᆞ니라

第三十一課 苦ᄂᆞᆫ樂의種

百姓이農事ᄒᆞᆯ셕ᄂᆞᆫ 寒과暑를 도라
보지。아니ᄒᆞ고 서벽브터 이러나셔
져녁後에야 드러오니 진흙과

露霜　雪　形容　受

거름에 더러오며 霜
雨露에。젓고 그苦狀
雪에。얼어 形容ᄒᆞᆯ슈。업스
이 形容ᄒᆞᆯ슈。업스
나 이受苦ᄒᆞᆷ으로
써 젹은種子를。가
지고 여러千갑절
秋收를。엇ᄂᆞ니 이

樂何 勞安 急

ᄂᆞᆫ 그苦狀이樂의種이라 何事든지
勞苦가。업시면 安樂을。엇지못ᄒᆞᄂᆞ니
다

第三十二課 가마귀와여호의이야기

한。가마귀가 生鮮한마리를 물고
나무가지에。안져서 먹으랴ᄒᆞᆯ시 여
호가。보고 慾心을。닉여 그生鮮을
세서。먹고자ᄒᆞ야 急히。그。나무아리에

와셔。가마귀다려ᄒᆞᄂᆞᆫ말이
當身소리ᄂᆞᆫ 참아름다온지라 아무
커나 한번。소리를 들닙시ᄉᆞ고ᄒᆞ니

稱讚 卽 價値 驕矜

가마귀가 여호의稱讚ᄒᆞᄂᆞᆫ말을 듯고 조아라ᄒᆞ야 ᄭᅡ악이라고。한소리를ᄒᆞ다가 곳 그。고기가 ᄯᅡ에。ᄯᅥ러지거ᄂᆞᆯ 여호가 急히。집어 입에。물고 卽時수풀로 다라낫소

제몸이 價値업ᄂᆞᆫ데 남의。칭찬만 듯고 驕矜ᄒᆞᆫ마옴을 너이면 도리혀 그신셰를 그릇치ᄂᆞ이다

移居 貌樣 對答 方 故

第三十三課 부엉이가 비둘기의게우슴을보앗소

비둘기가 부엉이의移居ᄒᆞ랴ᄂᆞᆫ貌樣을 보고 어ᄃᆡ로 갈터이뇨무르니

부엉이對答ᄒᆞ야ᄀᆞᆯᄋᆞᄃᆡ

이地方사ᄅᆞᆷ이 내우름소리를 미워ᄒᆞᄂᆞᆫ故로 나ᄂᆞᆫ 다른地方으로 올무랴。ᄒᆞ노라ᄒᆞ니 비둘기。우셔ᄀᆞᆯ오ᄃᆡ ᄌᆞ네가 우ᄂᆞᆫ소리를 고치지。안코

依舊 免 滋味

居處만 옴
기면 依舊
히 또。미워
홈을 免치
못ᄒᆞ리라。ᄒᆞ
얏소
이 이야기
는 참 滋味

自家 亦是 親

잇슴ᄂᆞ이다
여러분 중에도 自家의。악ᄒᆞᆫ일은 고
치지。안코 다른ᄃᆡ로만 가랴고。ᄒᆞ는
이。잇스면 이는 亦是 이。비둘기의게
우슘을。보오리다

第三十四課 호랑이와 거울

녯적에 ᄒᆞᆫ 兒孩가 그 父親을。모시고
마루에 누엇더니

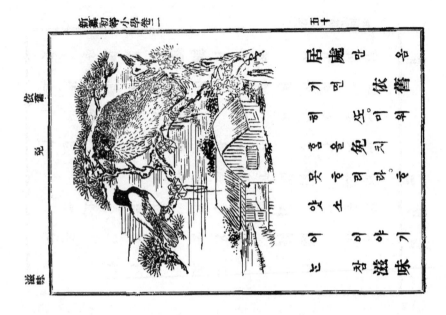

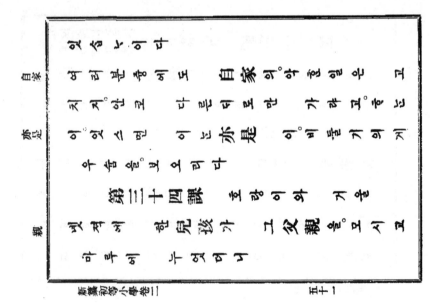

虎 鏡

별안간에山으로셔
虎가。너며와 곳。
압호로向ᄒᆞ는지라
그父親이虎를。보
고. 무셔워셔 엇

지홀줄을 모르거놀
그兒孩가 그父親을。ᄭᅳ으러 房속에。
드러가 숨께ᄒᆞ고 體鏡을門압헤

세워 房을。막앗더니
그虎가口를 벌니고 써여。달녀들다
가 體鏡속에 잇는虎를。보고 크게。
놀나셔 뛰다가體鏡만 쎗다리고
다라낫ᄂᆞ이다

第三十五課 曹冲이象의重量을知홈

支那 曹操 匹

支那三國써에 曹操가象一匹을。어드
니 大ᄒᆞᆫ기。큰집과。갓거놀

諸臣　冲曰　知　舟　漸　尺墨

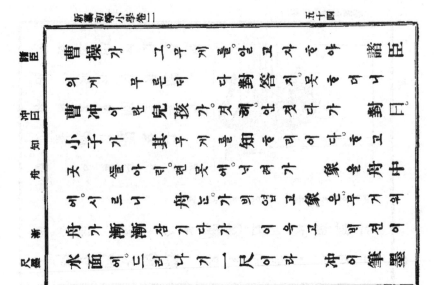

曹操가 그。무게를。알고자ᄒᆞ야 諸臣
의게 무른뒤 다對答지。못ᄒᆞ더니
曹冲이란兒孩가。겻헤。안졋다가 對曰。
小子가 其무게를知ᄒᆞ리이다。ᄒᆞ고
곳 뜰아리。련못에。너려가 象을舟中
에。시르니 舟는。가븨엽고象은。무거워
舟가漸漸잠기다가 이윽고 비젼이
水面에。드러나기一尺이라 冲이筆墨

線　礫　達　運

으로。비젼이。잠긴
곳에一線을。긋고
象을。쓰러낸後
또。다시 礫石
을舟에。가득히。시
르니 舟가。잠기
여墨線에達ᄒᆞ거
놀 礫石을運出

秤重 斤算 歲不可 法 官員 賣買

ᄒᆞ야 낫낫치秤으로。다라보니 그重
이幾千斤이라 다精算ᄒᆞ야 조회에。
긔록ᄒᆞ야 曹操의게。드렷ᄂᆞ이다

第三十六課 運動

사ᄅᆞᆷ이六七歲가。되면 不可不 冊을。
읽으며 글시를 쓰며 ᄯᅩ數法을 비
올일이오이다
이런일은 官員이나百姓이나商賈나

緊要 健康 飮食 恒常 動 强

다 緊要ᄒᆞᆫ것이오
學校에서도 이런일을 먼져。가르치
나 그러나 몸이健康치。못ᄒᆞ면 마
ᄋᆞᆷᄃᆡ로工夫를。못ᄒᆞᆯ것이니 사ᄅᆞᆷ은。몸
을操心ᄒᆞ야 飮食이라도 ᄉᆞᆷ가ᄒᆞ고。
ᄯᅩ恒常게으르지。아니케 運動ᄒᆞ고
몸을强ᄒᆞ게ᄒᆞᆷ이 緊ᄒᆞᆫ일이올시다

第三十七課 物件을整理ᄒᆞᆯ일

缺無 次到 教科 書卷 忽 婢 同席

이兒孩ᄂᆞᆫ 學校에。가기를。조화ᄒᆞ야
一日도 缺席ᄒᆞᆷ이無ᄒᆞ고 ᄯᅩ 一次
도晩到ᄒᆞᆷ이。업더니 어ᄂᆞ날은 學校
에。가려ᄒᆞᄂᆞᆫᄃᆡ 教科書ᄒᆞᆫ卷 둔곳을。
이져바려셔 차질수。업고 學校時間
은 갓가와。오ᄂᆞᆫ지라 마ᄋᆞᆷ이忽急ᄒᆞ
야 婢子만 ᄭᅮ짓다가 ᄒᆞᆯ일업시
今日만 同席學徒의冊을 ᄒᆞᆷ긔보고

如 件 看守 整 狼狽 懲戒

비호겟다ᄒᆞ고 急히。學校에가니
발셔十分이 지낫더라
집에온후 母親이。말ᄉᆞᆷᄒᆞ되 如何ᄒᆞᆫ
物件이던지 나의看守ᄒᆞᆯ바ᄂᆞᆫ 整理
ᄒᆞᆷ이 울호니 萬一。整理치、아니ᄒᆞ면
미양 오날갓치 狼狽가。만호니라
그兒孩가 크게懲戒ᄒᆞ야 그후에ᄂᆞᆫ。
무엇이던지 실수ᄒᆞᆷ이 업셧ᄂᆞ이다

嶺 弟 惡 念慮

第三十八課 慈母의心

西山에 히가。지고 東嶺에 달이돗
아오도록 우리兄弟가 도라가지。아
니ᄒᆞ니 우리母親 우리를기다리신
다 우리가。길을。일엇ᄂᆞᆫ가 우리가。물
에。ᄲᅡ졋ᄂᆞᆫ가 우리가惡ᄒᆞᆫ놈과。싸오다
가 우지나。아니ᄒᆞᆫᄂᆞᆫ지 비도。곱푸고
몸도。칩겟다ᄒᆞ면셔 念慮ᄒᆞ시ᄂᆞᆫ마

限量 暮 跡

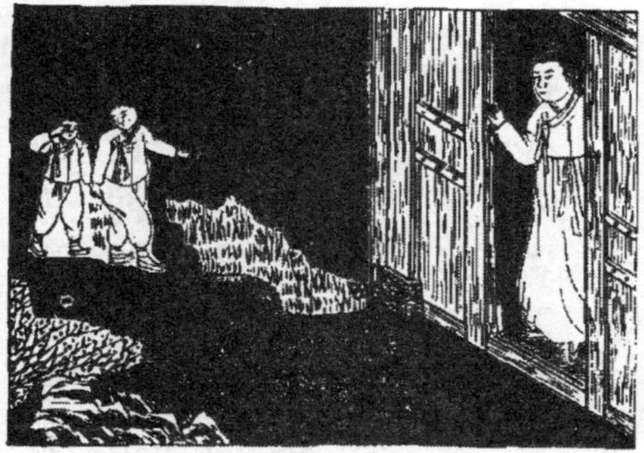

음限量업다
우리兄弟ᄂᆞᆫ 母
親의。마음을全혀。
모로고 日暮ᄒᆞᆫ
後에야 도라오
니 바람은 쳐。
부ᄂᆞᆫ데 四方에
人跡이。고요ᄒᆞ다

우리母親 門을。의지ᄒᆞ야 ᄒᆞᆯ로。서섯
다 우리母親우리를。보고 깃분가음
두손으로。우리를。붓들고 뭇ᄂᆞᆫ말슴
너의들。어ᄃᆡ갓다가 인졔오노 내。
간장 다。말낫다

新纂初等小學卷二漢字

各[一課]種色兒[三]孩東西南北第[四]一全身所用二[六]
三四五六七八九十面[七]香氣中[八]外年冠[九]猫
犬傷極力耳[十]目手足烟[十一]毒永山[十二]或向處[十三]簷
下樹有益朝[十四]鮮粉筆石版心[十五]學徒貪[十六]砂糖
大聲痛哭當農[十七]工世上賣買商業性[十八]品順
戰場門[十九]精神夫雨[二十]翼分明能日[二十一]時秒間計
個週午春[二十二]夏秋冬泥[二十三]匠壁來飛[二十四]蛾慾致敗

畢竟愚迷者辱害[二十五]羊式退步羞耻怒萬苦
狀[二十六]界口千京城候土地礦物許多校才藝
職富[二十七]金進士病數房孝童衛生演說慾空
通[二十八]衣服吾體寒暑[二十九]男子毛[三十]甲吉兄收至今
理早稻晩先後初末移秧米出爲蘿葍等
[三十一]百姓事露霜雪形容受樂何勞安[三十二]急稱讚
卽價値驕矜[三十三]居貌樣對答方故依舊免滋
味自家亦是[三十四]覩虎鏡[三十五]支那曹操匹諸臣冲

日知舟漸尺墨線礫達運秤重幾斤算[三十六]歲
不可法官員買緊要健康飮食恒常動强
缺[三十七]無次到教科書卷怨婢同席如件看守
整狼狽懲戒[三十八]嶺弟惡念慮限量暮跡

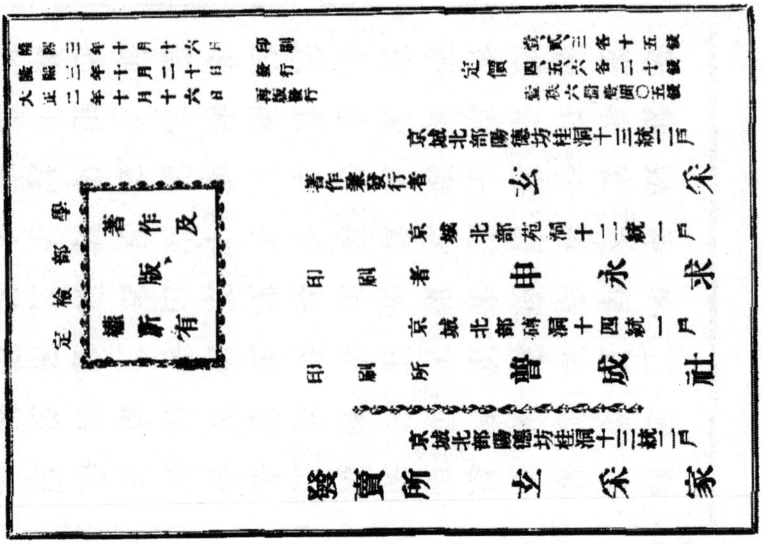

隆熙三年十月十六日印刷
隆熙三年十月二十日發行
大正二年十月十六日再版發行

學部檢定

著作及版、權所有

定價 壹、貳、三各十五錢
四、五、六各二十錢
壹秩六冊壹圓○五錢

著作兼發行者 京城北部陽德坊桂洞十三統二戶 玄采

印刷者 京城北部苑洞十二統一戶 申永求

印刷所 京城北部磚洞十四統一戶 普成社

發賣所 京城北部陽德坊桂洞十三統二戶 玄采家

新纂初等小學 三

隆熙三年八月二十八日
學部檢定
私立學校鮮語科
初等敎育學徒用

大正二年四月 日

新纂初等小學

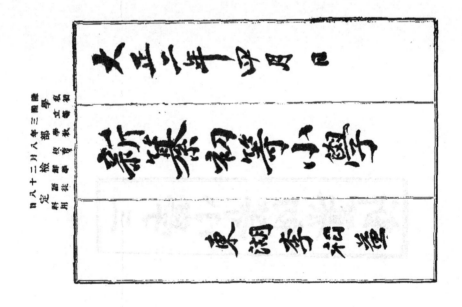

東湖李祒著

新纂初等小學卷三 目錄

期新 一 師祝賀 小 汝

新纂初等小學卷三

第一課 開學

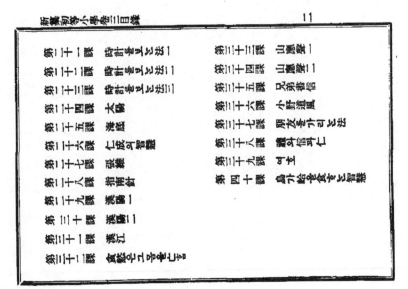

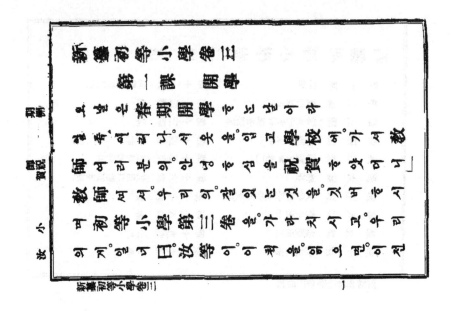

오날은春期開學ᄒᆞ는날이라
일즉、이러나。새옷을。입고學校에。가셔教
師여러분의。안녕ᄒᆞ심을祝賀ᄒᆞ얏더니
教師셔셔。우리의。잘잇는것을。깃버ᄒᆞ시
며初等小學第三卷을。가라치시고。우리
의게。일너日。汝等이。이ᄎᆡᆨ을。읽으면。이전

問

冊보다。더욱滋味가。잇고學問이。나아간
다。ᄒᆞ시더이다

第二課　貪心잇ᄂᆞᆫ犬

一犬이。고기를。물고橋를건너。가더니橋
下에서도。ᄒᆞᆫ犬이。고기를。무럿거ᄂᆞᆯ
犬이。또貪心이。나셔。져의고기를。아울녀。
셰시라고急히。멍멍。지지면셔水中으로
躍入ᄒᆞ얏소。그러나。그。짓노라고。입을。열

水　躍入

쎄에。고
기ᄂᆞᆫ。벌
서橋下
水에。써
러지고
犬은水
가。깁허
서。거의溺死ᄒᆞᆯ번。ᄒᆞ얏소

溺死

古兎　其

犬이。이에。간신히。뛰여나와橋上에。오르
니。고기는。간데。업고水中의犬도。또ᄒᆞᆫ。고
기가。업섯소
이것은其犬이。제。그림ᄌᆞ가橋下에。비친
것을。모로고貪心만。니인。까닭이올시다

第三課　株를守ᄒᆞ야兎를待홈

밧。가온데古木에。한兎가。부듸쳐。죽엇거
놀

每田　喜　此
坐株器

農夫가兎를。엇고大喜ᄒᆞ야。
싱각ᄒᆞ되如此히兎를。엇을
진딘農事ᄒᆞᆫ이보다。낫다ᄒᆞ
고田器를。바라고每日株下에坐ᄒᆞ야。기

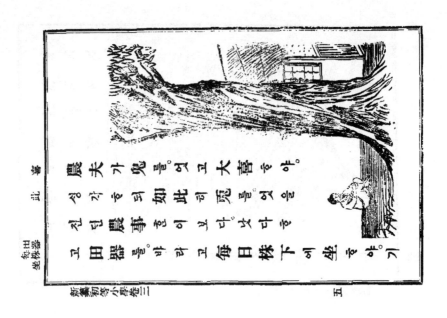

畝 荒蕪 已 僥倖 貧 牙 朝夕

다리더니鬼는。다시。엇지。못ᄒᆞ고田畝만
荒蕪ᄒᆞ야秋收ᄅᆞᆯ。한섬도。못ᄒᆞ얏ᄂᆞ이다」
무엇이던지自己의職業을。힘쓰지아니
ᄒᆞ고。다른僥倖을。바라면狼狽ᄒᆞ는일이。
만소이다

第四課 和睦ᄒᆞᆫ家眷一

여긔貧寒ᄒᆞᆫ。한집이。잇스니。그집에簷牙
와。집웅도。헐어지고朝夕먹을것이。업스

奇異 意思 必然 寶玉 銀 姊妹 和睦

나。그러나。그속을。본즉。奇異ᄒᆞ고。아름다
온것이。잇스니
여러분意思에는。이것이。무엇인듯。ᄒᆞ오
必然寶玉인가或金銀인가。넉이시는가。
보오이다
그러나寶玉도。아니오金銀도。아니라。다
만父母와兄弟와姊妹가和睦ᄒᆞ야。사는
貌樣이。아름답소이다

長 藁草索 白季女 曜 艱難

第五課 和睦ᄒᆞᆫ家眷二

今에其父는。집신을。삼고。겻헤서長子가
藁를。주리며次子는草索을。ᄭᅩ고其母는。
베틀에서白木을。ᄶᅡ고長女와季妹가母
의。ᄒᆞ는일을。겻드러쥬니。이는學校에다
니는女學徒라然ᄒᆞ나今日은土曜日이
기로。집안에서。일을。ᄒᆞ는것이라
이집이卽今은。비록艱難ᄒᆞ야도兒孩들

合久 溫梅花 紅 蝴蝶風雙

ᄭᅡ지。이러케合力ᄒᆞ야。일을ᄒᆞ니不久에。
넉넉히。지내겟슴ᄂᆞ이다

第六課 梅花

卽今은春日이라氣候가溫和ᄒᆞ야梅花
가。퓔적。되엿소 梅花는白梅도。잇고紅
梅도。잇소 白梅든지紅梅든지。ᄭᅩᆺ의향
긔도。조커니와。보기도。아름답소
ᄯᅩ東風에雙雙히。나라드는蝴蝶은花上

에서。너울너울。춤을。추오

蝴蝶은。꽃을。보고。조하ᄒᆞ거니와。우리ᄂᆞᆫ。꽃에蝴蝶의。오ᄂᆞᆫ것이。더욱。좃소이다

第七課 父母의뜻을아ᄂᆞᆫ兒孩

壽 信 命 園 桃

壽吉은信實ᄒᆞᆫ兒孩라。그동모順命이가壽吉의집花園에。왓다가桃花를。꺽거달나。ᄒᆞ거ᄂᆞᆯ

壽吉이가。대답ᄒᆞ되。나의父親의。말삼이。업시ᄂᆞᆫ。꺽지못ᄒᆞᆫ다。ᄒᆞᆫ더順命이가。다시。말ᄒᆞ되。너의父親이너를。사랑ᄒᆞ시니。꺽거도無事ᄒᆞ다。ᄒᆞ거ᄂᆞᆯ

壽吉이가。또。대답ᄒᆞ되。아모리無事ᄒᆞᆯ지

堂 諸 遺言 財 葡萄

라도。내가。꼿을썩그면父親의。마음을。어
김이라。ᄒᆞ고外堂에。나아가。그父親의許
諾을。밧은후에。꼿을썩거。쥬엇ᄂᆞ이다

第八課 葡萄田一

한。사ᄅᆞᆷ이。죽을ᄯᅢ에其子三兄弟를。불너
遺言ᄒᆞ되。내가。너의게分財ᄒᆞᆯ物件은。다
만葡萄田ᄲᅮᆫ이오。이外에ᄂᆞᆫ。아모것도。업
다。그러나葡萄田밋헤金。銀이。잇스니。너

의들이。파셔。가지라。ᄒᆞ얏소
三兄弟가。그말삼되
로。아비가。도라가신
後에。밤낫업시葡萄
田을。파。보아도金。銀
이。업슬ᄲᅮᆫ。아니라。쌍
파기에受苦ᄒᆞ얏소

第九課 葡萄田二

失望 前 成熟 錢

三兄弟가。이처럼葡萄田을。팟스되。아모것도。업ᄃᆞᆫ지라。다。크게失望ᄒᆞ얏소

그러나。이葡萄田은前에。업시。깁히。갈앗는지라故로。열ᄆᆡ가。만히成熟ᄒᆞ야。그。가을에其價錢이許多ᄒᆞᆫ金。銀이。되얏ᄂᆞ이다

三兄弟가。이金。銀을。엇고。비로소其父親의。말삼ᄒᆞ신ᄯᅳᆺ을。알앗소이다

獵 陷阱 行止 識 傍 隣 救

第十課 無識ᄒᆞᆫ害

山의虎가。사ᄅᆞᆷ을害ᄒᆞ거놀獵夫가陷阱을。파고。그겻헤。크게。써ᄀᆞᆯ오ᄃᆡ此下에虎阱이有ᄒᆞ니行人은止步ᄒᆞ라。ᄒᆞ얏더니」無識ᄒᆞᆫ。사ᄅᆞᆷ이。그。글을。아지못。ᄒᆞ고其傍으로。지나다가虎阱에。ᄲᅡ저。발을傷ᄒᆞ고。사ᄅᆞᆷ。살리라고。크게。부르지지거놀隣人이救出ᄒᆞ고。그。글을。가라처。그。ᄯᅳᆺ을

告 歎息　境

告ᄒᆞᆫ대其人이歎息曰
내가。글을。알앗드면。
엇지此境에。이
르리오。ᄒᆞ고
學堂에。가
工夫ᄒᆞ
얏ᄂᆞ이
다

下에虎阱이有ᄒᆞ니
行人은止步ᄒᆞ읍

張慶 苟且　里　甚　謝　願 使喚

第十一課　向學ᄒᆞᄂᆞᆫ兒孩

張慶이가。집이苟且ᄒᆞ야年이八歲에。남
의집의。도야지를。먹이더니
一日은其同里學校를。지나다가。글소릭
를。듯고甚히。부러워ᄒᆞ야。그教師압헤。나
아가。뵈옵고。ᄒᆞᄂᆞᆫ말이
小童은父母가。업서月謝金을。닉일수。
업사오니願컨대使喚이。되야學校일。

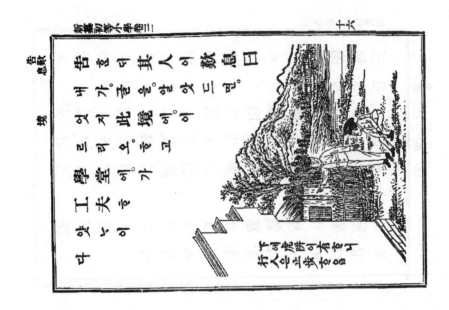

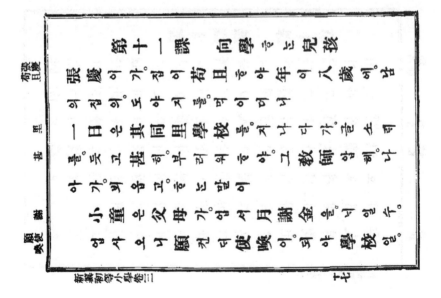

을보고。글을。
비와지이다。
ᄒᆞ얏소
教師가。그말
을。극히。넉
여許諾ᄒᆞ거
ᄂᆞᆯ張慶이가。
그날브터使

餘暇 蠶蟲 頃 天 孵卵 婦 桑葉 蛻

喚ᄒᆞᄂᆞᆫ餘暇에工夫ᄒᆞ야學業이大進ᄒᆞ
얏ᄂᆞ이다

第十二課　蠶

蠶은百蟲中에。가장。유익ᄒᆞᆫ者라四月頃
에天氣가。ᄯᅡᆺᄯᅳᆺᄒᆞ면蠶卵이孵化ᄒᆞ야。검
은긔야미와。갓흔。벌너지가。되ᄂᆞᆫ지라
婦女들이桑葉을。ᄊᆞ다가蠶을。먹이면蠶
이。점점。자라서。네번蛻ᄒᆞ고三四十日을。

지나면絲를。토ᄒᆞ야繭이。되고。그絲가。다
ᄒᆞ면蛹이繭속에。업
듸엿다가。또旬日이
면蛾가。되야繭을。뚤
코。나오ᄂᆞ이다

第十三課 桑

桑은蚕을。기르ᄂᆞᆫ。나
무라三四月間에。입

ᄡᅡᆨ이。나고。누에
가。ᄭᆡᆯ셕에ᄂᆞᆫ。어
린입이柔ᄒᆞ야。
누에를。먹이기。
죳소이다
桑은山과野에
自生ᄒᆞᆫ것도。잇
고。또園中에。심

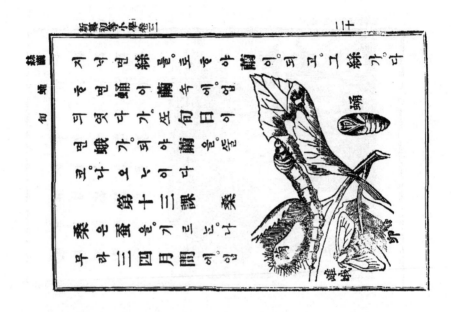

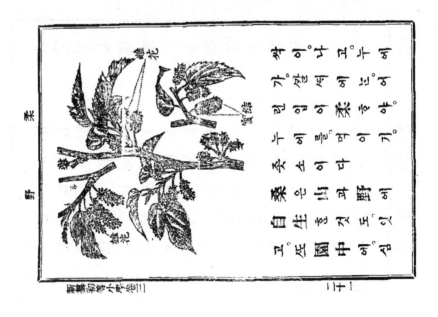

結椹 材 皿紙 穀菜

은것도。잇스니春末에。꼿이。픠고夏初에
結實ᄒᆞᄂᆞ니。이ᄂᆞᆫ桑椹이오
桑의葉은。누에를。먹이고。그木材ᄂᆞᆫ。단단
ᄒᆞᆫ故로器皿을。만들며。그껍질은紙를。쓰
ᄂᆞ이다

第十四課 食物

人은。먹기를爲ᄒᆞ야。살것이。아니라。살기
를爲ᄒᆞ야。먹ᄂᆞᆫ것이오食物은五穀과菜

果肉 棗 獸魚 穴適

와果實과肉이니
五穀이란것은。쌀과。보리의。종류오菜란
것은。무와白菜의。종류오果實이란것은。
복숑아와。감과。비와大棗와。밤의。종류오
肉이란것은獸肉과魚物등。이오이다

第十五課 鼠의이야기

鼠의。삭기가母鼠의게。ᄒᆞᄂᆞᆫ말이
나ᄂᆞᆫ。조흔데를。어더소穴의大小가適當

內 餠

ᄒᆞ야 出入ᄒᆞ기。조코 猫
는。들어올슈。업스며
其內에는 餠과 魚의。쌔
가。만히 잇ᄂᆞᆫ지라。내가
드러가랴다가。어마님
意向을。몰나。아니。들어
갓소
母鼠가 對答ᄒᆞᄂᆞᆫ 말이

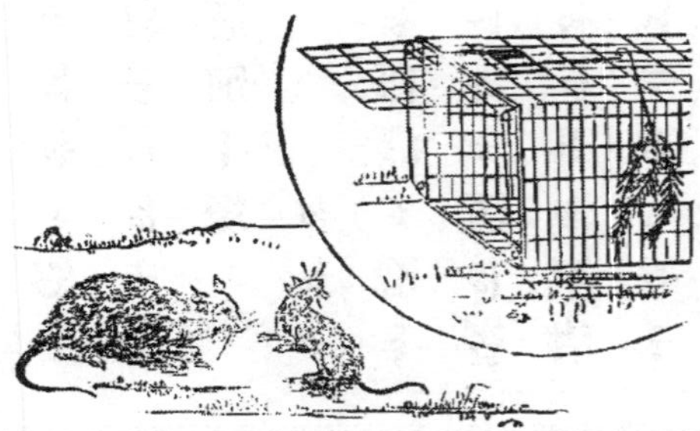

禍 抵

어어。이。어인 말이냐。큰 일이。날번ᄒᆞ얏다。
그것은。쥐덧이란 것이니。한번。드러간즉。
나올슈。업ᄂᆞ니라。네가。아니。들어가기를。
참。잘ᄒᆞ얏다
大抵아모일이라도。모로ᄂᆞᆫ 것을 問치。아
니ᄒᆞ고 行ᄒᆞ면 意外의 禍를 當ᄒᆞᄂᆞ이다

第十六課 父母의 敎訓을 聽ᄒᆞᆷ

사ᄅᆞᆷ이。나면셔。지각이。잇ᄂᆞᆫ 것이。아니라

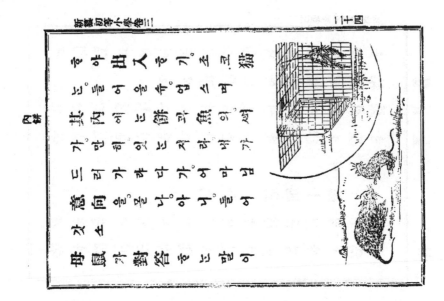

訓 賢 論

父母의敎訓을。드리
셔。지각이。나ᄂᆞ이다」
이兒孩가。능히父母
의敎訓을。드러。어긔
지。아니ᄒᆞ니。이兒孩
ᄂᆞᆫ後日에賢人이。되
겟ᄂᆞ이다
何人을無論ᄒᆞ고父

銘 語云 忠求 賤待

母의敎訓을銘心ᄒᆞ야。드를것이오
父母의敎訓을。잘듯ᄂᆞᆫ사ᄅᆞᆷ은孝子니古
語에云ᄒᆞ되忠臣을孝子의門에셔求ᄒᆞ
라。ᄒᆞ얏소
萬一。父母의敎訓을。어긔면。이ᄂᆞᆫ不孝子
니不孝子ᄂᆞᆫ世上사ᄅᆞᆷ이。다賤待ᄒᆞᄂᆞ이
다

第十七課 鹽

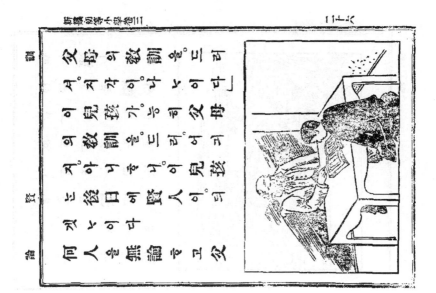

鹽 鹹

우리가鹽의맛
이鹹ᄒᆞᆫ줄은。아
나。그러나。그것
을。무엇으로。ᄆᆞᆫ
드ᄂᆞᆫ지。모로ᄂᆞ
니。그法을。말ᄒᆞ
읍시다

鹽은。바다물로。ᄆᆞᆫ드ᄂᆞᆫ것인데潮水를。기러서海邊。細土
塲에。널니。여러번。ᄲᅳ리여。ᄒᆡ빗헤。말니면
鹽이。모ᄅᆡ에。붓ᄂᆞ니。이細土塲을鹽田이
라。ᄒᆞᄂᆞ이다

其次에。그모ᄅᆡ를。그러모와。광쥬리에。담
고。물을。부어。그鹽이。녹은물을大釜에。담
아。물이。마르도록。쇠리면。희고精ᄒᆞᆫ鹽이。
되ᄂᆞ이다

潮沙 海邊 釜

得 蟬

또鹽은山에서。파ᄂᆞᆫ法도。잇ᄉᆞᆸᄂᆞ이다

第十八課 蟬

壽得이가樹下에서。한異常ᄒᆞᆫ것을。엇어가지고。저의父親씌。뭇ᄂᆞᆫ말삼이

아바지。이것。보시오。몸은。큰。벌만ᄒᆞ고足은六이오。속은。비고。등은。갈나젓스니。이것이。무엇이오닛가

그父親이。ᄃᆡ답ᄒᆞ되。그것은蟬의。껍질이

라。蟬은。굼벙이가化ᄒᆞ야。된것이니夏日에土中으로셔出ᄒᆞ야。그껍질을蛻ᄒᆞᆫ後에。날기도ᄒᆞ며。울기도。ᄒᆞᄂᆞ니라

壽得이가父親의。말삼을。듯고。그제

枝 津液 緣

야蟬의접질인줄을。알앗소
그셔에。또蟬ᄒᆞ나가。樹枝에셔。매암매암。
울고。날아갓소이다

第十九課 木理

나무의。줄기와。가지가漸漸크게되는것
은。그。뿌리가土中에셔。나무를。기를만ᄒᆞᆫ
津液을。자아。올니는緣故라
大抵。木은每年에。한。접질式자라ᄂᆞ니。그

爻

런故로。몃히。묵은줄
을。알고자ᄒᆞ면木의
줄기를。버혀셔。그버
힌。자리를。보면。둥글
게。도라간。나무결數
爻로。좃차。알것이오」
또。그中心에第一적
게。둥근것은初年에

셩긴것이오이다

第二十課 기름

기름은。그種類가甚히만호니
참쌔기름과。콩기름은恒常食物에。쓰며。
또。불도。켜고靑魚와。고릐와。며르치等。魚
類의。기름은。불을。켜며
들쌔기름은。쇼리여서。도유를。민드러雨
傘이며油衫민드ᄂᆞᆫ데。쓰고石油ᄂᆞᆫ專혀

Margin notes: 類 靑 傘油 衫專

燈과器械에。쓰옵ᄂᆞ이다
石油ᄂᆞᆫ石油잇ᄂᆞᆫ샹을。깁히。파셔。길어너
여。그。기름을。민든것이올시다

第二十一課 時計를보ᄂᆞᆫ法一

榮吉이가。그兄의게時計보ᄂᆞᆫ法을。무럿
더니。그兄이。손으로自鳴鐘을。가르쳐曰
저것을。보아라。내가。일너쥬마
榮吉아。저것은。팔모鐘이오。그前面에。쓴。

Margin notes: 燈械 榮 鳴鐘

字羅 針短

글字ᄂᆞᆫ。녯적羅馬國에서。쓰던數字이니。
곳Ⅰ。Ⅱ。Ⅲ。IIII。Ⅴ。Ⅵ。Ⅶ。Ⅷ。Ⅸ。Ⅹ。Ⅺ。Ⅻ이니라」

榮吉이가。또問ᄒᆞ되。그속에。긴바늘과。짜른。바늘이。잇ᄂᆞ이다」
兄曰긴。바늘은長針이라ᄒᆞ고。짜른。바늘은短針이라。ᄒᆞ

刻

ᄂᆞᆫ데長針은刻針이오短針은時針이라。ᄒᆞ며
長針과短針이。도라다니면서。그가에。잇ᄂᆞᆫ。글ᄌᆞ를。가르치다가長針과短針이合ᄒᆞ야。그끗치。Ⅻ에。오면。열두시니라

第二十二課 時計를보ᄂᆞᆫ法二

榮吉이가。다시自鳴鍾압헤。나아가서。보더니。어어。보시오時針은。조고마치。도라

端 周圍 指 則

갓거놀刻針은大端히。몬져。도라갓소。ᄒᆞ
나兄이。또。ᄒᆞ는말이
이時針이。XII에서。I까지。갈사이에刻
針은時計의周圍를。한번。도라다니ᄂᆞ
니時針。이I을指ᄒᆞᄂᆞᆫ쎄에刻針이。XII
를指ᄒᆞ면。그쎄를一時라。이르ᄂᆞ니라」
다음에。또刻針이。한번。도라다녀서。XII를
指ᄒᆞ며時針이。II를指ᄒᆞᆫ則두시오。III을

指ᄒᆞ면。세시가。되ᄂᆞ니라

第二十三課 時計를보는法三

榮吉이。그러면刻針이。XII를指ᄒᆞ고時針
이。III를指ᄒᆞᆫ則네시오。또。V를指ᄒᆞ면。다
섯시오닛가
兄이。골오듸。그러ᄒᆞ다。그後도亦是前과。
갓치刻針이。XII를指ᄒᆞ고時針이。VI을指
ᄒᆞ면。여섯시오。VII을指ᄒᆞ면。일곱시오VIII

仔細

을指ᄒᆞ면。여덟시오。IX를指ᄒᆞ면。아홉시오。X을指ᄒᆞ면。열시.오。XI을指ᄒᆞ면。열한시오。XII를指ᄒᆞ면。열두시라고仔細히。가르쳐더니

榮吉이가。또。그러면。열두시에ᄂᆞᆫ。다시時針과刻針이。한데。와셔合ᄒᆞᆯ터이라。이졔야時計보ᄂᆞᆫ法을。잘。ᄇᆡ왓ᄂᆞ이다

第二十四課 太陽

太 晝夜 分別 煖冷 熱

太陽이。나오면四方의萬物이。밝히。비최오고太陽이。가리오면天地가。어둡ᄂᆞ니

太陽이。비최이지。아니ᄒᆞ면全世界가。어두어晝夜의分別이。업슬것이오

太陽이。비최어ᄂᆞᆫ데ᄂᆞᆫ。ᄯᆞᆺᄯᆞᆺᄒᆞ고。비최이지。아니ᄒᆞᄂᆞᆫ데ᄂᆞᆫ。치우니。이런故로晝ᄂᆞᆫ溫煖ᄒᆞ고夜ᄂᆞᆫ寒冷ᄒᆞ오이다

太陽은熱力이甚大ᄒᆞ니。만일熱力이。업

禽 凍　平 底　谷 植　原 氷　鯨 鯛 秀　鰒 蛤 貝

스면山海와原野가。다氷雪이。되고草木과禽獸와人類까지凍死ᄒᆞ겟ᄂᆞ이다

第二十五課 海底

바다를外面으로。보면平平ᄒᆞ나。그底面에는山도。잇고谷도。잇고野도。잇스며植物도。잇고動物도。잇ᄂᆞ니

動物에는鯨이잇고。또此外에鯛魚(미도)秀魚等의魚類와全鰒。大蛤等의貝類가。잇

고。또四足이。잇는것도。잇스며

植物에ᄂᆞᆫ昆布。海衣。甘藿。青苔等이。잇고。
또樹木갓흔것도。잇ᄂᆞ니
잠역질。ᄒᆞᄂᆞᆫ사ᄅᆞᆷ이水中으로。도라다니
면서。구경ᄒᆞ면奇異ᄒᆞᆫ것과美麗ᄒᆞᆫ것과
恐怕ᄒᆞᆫ것이。만사오이다

第二十六課 仁成의智慧

數多ᄒᆞᆫ兒孩들이。모혀셔。공을。ᄯᅥ지며。노
다가木根의穴로。ᄯᅥ러져。드러간지라。힘

을。다ᄒᆞ야。집어ᄂᆡ랴。ᄒᆞ나其穴이。깁허。ᄒᆞᆯ
수。업더니其中에仁成이란兒孩가。물한
桶을기러
와셔木根
穴압헤。노
코。ᄒᆞᄂᆞᆫ말
이
나ᄂᆞᆫ即今

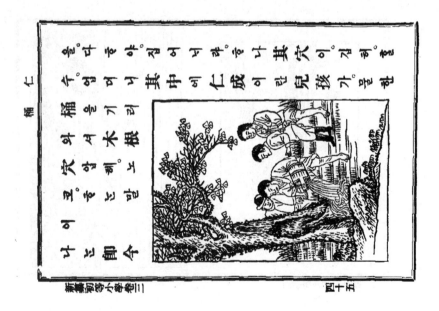

維名 籍 道清 俗離 僧讀 舍

그穴中에。들어가셔。공을。가지고。나오겟다。ᄒᆞ고。곳。그물을。그穴에。부엇더니。그。공이。물에쪄셔。나왓소이다

第二十七課 張維

朝鮮에張維ᄂᆞᆫ有名ᄒᆞᆫ사ᄅᆞᆷ이라。모든書籍을。읽고쟈。ᄒᆞ야忠清道。俗離山에。들어가山僧의게讀書ᄒᆞᆯ처소ᄅᆞᆯ請ᄒᆞᆫᄃᆡ山僧이。한房舍를。가르쳐曰져房에一書生이。

公 歸 作凡

몬저。와。잇스니公子ᄂᆞᆫ。ᄒᆞᆷ씌居處ᄒᆞ라。ᄒᆞ거ᄂᆞᆯ

張維가大喜ᄒᆞ야晝夜로工夫ᄒᆞᆯ새歲月가ᄂᆞᆫ쥴을。모르더니一日은。그同居ᄒᆞ든書生이歸家ᄒᆞ거ᄂᆞᆯ。그재야。비로소姓名을通ᄒᆞ고作別ᄒᆞ니凡。一房에서居處ᄒᆞᆫ지七年이라

張維ㅣ。이갓치工夫ᄒᆞᆫ지十年에天下事

宣廟 堅確 除授 文章 功績

理에。모를것이。업ᄂᆞᆫ지라 宣廟朝씌서그。마음이堅確ᄒᆞᆷ을稱賞ᄒᆞ샤大官을除授ᄒᆞ시며。그文章과功績이有名ᄒᆞ얏ᄂᆞ이다

第二十八課 指南針

指南針이라。ᄒᆞᄂᆞᆫ것은南을。가르쳐四方을。분변ᄒᆞ기。쉬운고로。김흔山이나。큰。바다에도。다。긴요ᄒᆞ게。쓰ᄂᆞ니

郭孔 橫在 他

指南針이外郭은。둥굴고。그。가온데孔이。잇ᄂᆞᆫ데。적은。기동을。세우고指南針이。그우에橫在ᄒᆞ얏스니

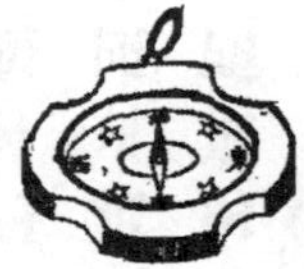

指南針은四面으로。돌닐지라도其針이。곳칠셰ᄂᆞᆫ。한끗은北을。가르치고。한끗은南을。가르처。아모리他處를向케。ᄒᆞ야도。되지。아니ᄒᆞᄂᆞ이다

歐巴 航 磁 首都 角 岳 覓 江

指南針이歐羅巴에。젼ᄒᆞ야航海ᄒᆞᄂᆞᆫ법이。더욱。발명이되고。또名ᄒᆞ야曰。磁針이라。ᄒᆞᄂᆞ이다

第二十九課 漢陽一

漢陽은。朝鮮의首都라北에ᄂᆞᆫ三角山과白岳山이오南에ᄂᆞᆫ木覓山이오地形이西。北은。놉고東。南은。나즈며漢江이。압헤。잇ᄂᆞ이다

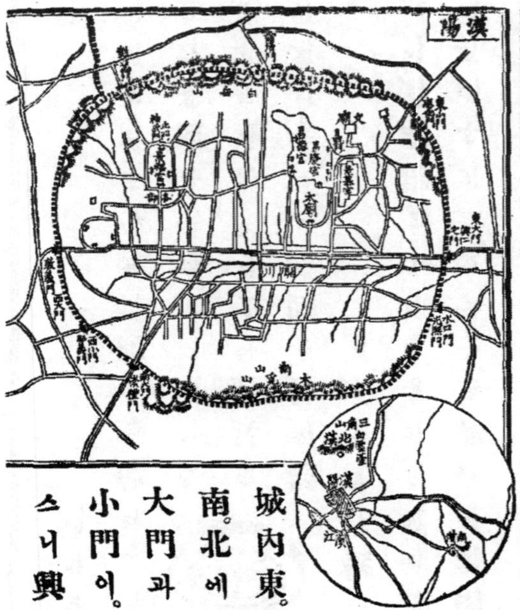

城內東。西。南。北에四大門과四小門이。잇스니興仁

興

之敦 義崇 禮惠 肅光 熙昭 彰

之門과敦義門과崇禮門과惠化門을四大門이라。일으고肅淸門과光熙門과昭義門과彰義門을四小門이라。ᄒᆞᆸᄂᆞ이다

第三十課 漢陽二

景福 宮 昌德 稠密

漢陽은城內에 景福宮과昌德宮과德壽宮이。잇스며人家가稠密ᄒᆞ고

三角山圖

北漢山映樓

京鎭 雲臺 映樓 峯巒 近

三角山은我國京城의鎭山이라其上에
白雲臺가잇고또北漢山城이잇스니山
中에山映樓의景致ᄂᆞᆫ노ᄂᆞᆫ사ᄅᆞᆷ으로ᄒᆞ
야곰心神이쾌활ᄒᆞ고峯巒이라렬ᄒᆞ야
京城近地에第一樓臺오
또京城東南에南漢山城이잇ᄂᆞ이다

第三十一課 漢江

漢江은우리나라五大江의一이니그근

陵淮 報恩 畿廣 州流 臨 華島 兩岸

원이江陵。五臺山과淮
陽。金剛山과報恩。俗離
山에서出ᄒᆞ고京畿。廣
州에至ᄒᆞ야合流ᄒᆞ며。
이물이。다시臨津江을
合ᄒᆞ고南으로江華島
에至ᄒᆞ야海에入ᄒᆞ니
長이六百餘里에兩岸

漢江之鷺梁鐵橋

狹淺 往 鷺梁 汽車 鐵 猿

이狹淺ᄒᆞ야。큰비ᄂᆞᆫ來往키。어렵고
鷺梁에ᄂᆞᆫ汽車다니ᄂᆞᆫ鐵橋가。잇ᄂᆞ이다

第三十二課 貪慾은그몸을亾ᄒᆞᆷ

한農夫가。덧을樹上에。미고。그속에米를。
너엇더니
其夜에猿이樹上에。올나가。덧속의米를。
다。먹고。나아가다가。몸이。덧에。씨엿ᄂᆞᆫ지
라。그明日에農夫가。와서。잡앗ᄂᆞ이다

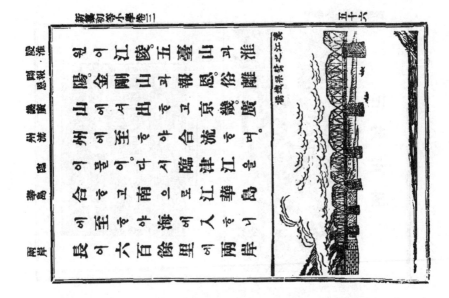

자諸君들。보시오。이猿은貪慾ᄒᆞᆫ。마음을

忍치。못ᄒᆞ야。그身을亾ᄒᆞ얏스니。참知覺
업는것이오이다
슬푸다世上사ᄅᆞᆷ이財物을貪ᄒᆞ다가亾
身。敗家ᄒᆞ는者는。이猿과。갓소이다

第三十三課 山應聲一

一日은龍得이가山에。가서。ᄒᆞᆫ자。놀더니。
그ᄯᅢ는仲春이라山에。ᄭᅩᆺ이盛開ᄒᆞ고。새
는。저저히。우니。경치가。참。조ᄒᆞᆫ지라龍得

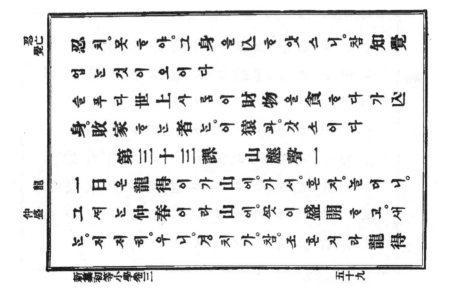

爛 暢

이가花爛春城ᄒᆞ고萬和方暢이라고。노리ᄒᆞ얏더니。건넌편

想 誰 忿 迹

에셔도花爛春城ᄒᆞ고萬和方暢이라고。부르ᄂᆞᆫ지라龍得이가想覺ᄒᆞ되誰가我를。숭내너이ᄂᆞᆫ고。ᄒᆞ고。크게。소리질너。누구냐ᄒᆞᆫ즉。또。누구냐。ᄒᆞᄂᆞᆫ지라

龍得이가怒ᄒᆞ야辱ᄒᆞ얏더니。또。그辱소리갓치。소리가。나거늘龍得이가大端히※忿ᄒᆞ야。다름질ᄒᆞ야서。그숭내너던놈을。차지되形迹이。업ᄂᆞᆫ지라

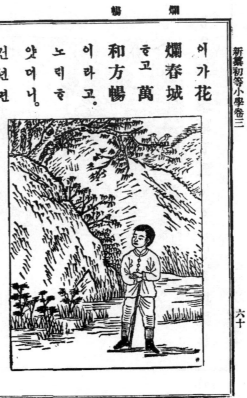

應

第三十四課 山應聲二

龍得이가。집에도라와。그母親씌告ᄒᆞ되
山에。엇던놈이我를。숭내너ᄂᆞᆫ故로我가
辱ᄒᆞ얏더니。그놈도我를辱ᄒᆞ옵되다
龍得의母親이對答ᄒᆞ되。아니다。그ᄂᆞᆫ山
應聲이란것이니
我와。소리가山에。마조치면我가。ᄒᆞ던소
리와。갓치。소리가。나ᄂᆞ니라。네게辱。ᄒᆞᄂᆞᆫ

若好

말이。들닌것은本來네가辱ᄒᆞᆫ緣故라萬
若네가好言을。ᄒᆞ얏스면。엇지好言으로。
도라오지。아니ᄒᆞ리오
龍得아。이일뿐아니라。사ᄅᆞᆷ이他人의게。
ᄒᆞᄂᆞᆫ일도。이山應聲과。갓ᄒᆞ야셔他人의
게。조흔일을。ᄒᆞ면他人도亦是조흔일로。
갑ᄂᆞ니라。ᄒᆞ얏소

第三十五課 兄弟書信

沓　節寧恙　具　主　泰伏承

久히書信을。보지。못ᄒᆞ니沓沓ᄒᆞ다此中
은
兩堂諸節이安寧ᄒᆞ시고兄도無恙ᄒᆞ다
君의工夫가。엇지나。되얏ᄂᆞᆫ지。알고쟈ᄒᆞᆫ
다餘不具　　舍兄仁榮書　　年月日

下書를밧자와
兩堂氣體候ㅣ安康ᄒᆞ시고　兄主諸節
이泰平ᄒᆞ심을伏承ᄒᆞ오니伏喜萬萬이

術稍　勝回放　備　蛙

외다　舍弟ᄂᆞᆫ算術과作文이前日보다稍
勝ᄒᆞ옵고放學後에。곳回歸ᄒᆞ겟ᄂᆞ이다
不備上答書　　舍弟和榮上答書　年月日

第三十六課　小野道風

이。그림은日本의名筆小野道風이가雨
中에。서서蛙를見ᄒᆞᄂᆞᆫ것이오이다
이蛙ᄂᆞᆫ柳枝에。븟고쟈ᄒᆞ다가。여러번。셔
러지되。더욱用力ᄒᆞ야。곳치지。아니ᄒᆞ며

感 耐

니畢竟그柳枝에。붓텃는지라
道風이가。그것을。보고感動ᄒᆞ야。아모일

이라도忍耐
ᄒᆞ야力을用
ᄒᆞ면。못될것
이。업다ᄒᆞ고
其後는寒。暑
와晝。夜를。고

朋友 切

계치。아니ᄒᆞ고。글시를工夫ᄒᆞ야有名ᄒᆞᆫ
筆家가。되얏ᄂᆞ이다

第三十七課　朋友를갈희는法

朋友란것은。갓치學校에。다니고。갓치工
夫ᄒᆞ며。또。갓치。노는者를。일으ᄂᆞ이다
그親切ᄒᆞ야他人을。속이지。아니ᄒᆞ는사
람은。조ᄒᆞᆫ朋友니。우리몸에益友가。될것
이라。그런故로。우리는。힘써서。그런。조ᄒᆞᆫ

決斷 相從 習 恭敬

朋友를。사귀는것이。올소이다

또他人을。속이며他人을害롭게。ᄒᆞᄂᆞᆫ사ᄅᆞᆷ은惡ᄒᆞᆫ朋友니。우리ᄂᆞᆫ決斷코。그런惡ᄒᆞᆫ朋友를。사귀지。아니ᄒᆞᆯ것이오이다

惡ᄒᆞᆫ朋友를相從ᄒᆞ면自己도惡ᄒᆞᆫ行習에。물드러惡人이。되ᄂᆞ이다

第三十八課 禮와信과仁

사ᄅᆞᆷ을恭敬ᄒᆞ며。사랑ᄒᆞᄂᆞᆫ것을禮라。ᄒᆞ며正直ᄒᆞ야。남을。속이지、아니ᄒᆞᆷ을信이라。ᄒᆞ며。내힘을。혜아려、남을救濟ᄒᆞᆷ을仁이라。ᄒᆞᄂᆞ이다

正直 濟 善良

사ᄅᆞᆷ이。이三德을具備ᄒᆞ면大人。君子라。ᄒᆞᄂᆞ이다

사ᄅᆞᆷ이世上에。나셔善良ᄒᆞᆫ。사ᄅᆞᆷ이。못되면。그世上에。나온보람이、잇슬잇가

그럼으로。여러분이工夫를。ᄒᆞ심도畢竟。

盡　狡　猾　鼻

善良ᄒᆞᆫ。사ᄅᆞᆷ이。되야公益을爲ᄒᆞ며。또自己를爲ᄒᆞ야盡力ᄒᆞ랴。홈이。아니오닛가

第三十九課　여호

여호ᄂᆞᆫ。그形狀이。개와。비스름ᄒᆞ고。또狡猾ᄒᆞᆫ才操가。잇ᄂᆞᆫ짐ᄉᆡᆼ이라。그런고로。간교ᄒᆞᆫ才操잇ᄂᆞᆫ사ᄅᆞᆷ을。여호。갓다。ᄒᆞᄋᆞᆸᄂᆞ이다

여호의耳와鼻ᄂᆞᆫ。ᄲᅭ족ᄒᆞ고目은。밝으며

尾

尾ᄂᆞᆫ。길고。숫ᄒᆞ며。ᄡᅡ에。구멍을。파고其中에서居處ᄒᆞᄂᆞ니

晝에ᄂᆞᆫ。숨어。다니고夜에ᄂᆞᆫ。먹을것을。차지러。나옵ᄂᆡ다

여호ᄂᆞᆫ。ᄃᆞᆰ이며。개구리며。쥐를。잘。먹

鷗　巖

으며。또鷗과木實을。먹습ᄂᆞ이다

第四十課 烏가蛤을食ᄒᆞᄂᆞᆫ智慧

許多ᄒᆞᆫ。가마귀가。바다가에서蛤을巖上

固　策　段　猝

에。놋코。부리로。써。쌔치고쟈ᄒᆞ나蛤의。썹질이堅固ᄒᆞ야。써지지。아니ᄒᆞᄂᆞᆫ지라。여러가마귀가。ᄒᆞᆯ일업서。ᄒᆞ더니其中에。ᄒᆞᆫ。가마귀가。고개를。숙이고。무삼計策을想覺ᄒᆞᄂᆞᆫ듯。ᄒᆞ더니。맛참니。ᄒᆞᆫ手段을。내얏ᄂᆞ이다

이。가마귀가蛤을。물고空中으로。놉히。날더니猝然히。조개를。그。아래巖上으로。써

啄

러치니蛤이。써야지는지라。이에蛤의。껍
질속에。잇는고기를啄食ᄒᆞ야ᄂᆞ이다

新纂初等小學卷三漢字

(一課)期 開 師 祝 賀 小 汝 問 (二)水 躍 入 溺 死 其 (三)古 兎 喜 此 田
器 每 株 坐 畝 荒 蕪 已 俛 倖 (四)貧 牙 朝 夕 奇 異 意 思 必
然 寶 玉 銀 姊 妹 和 睦 (五)長 薰 草 索 白 女 季 曜 艱 難 合
久 (六)溫 梅 花 紅 風 雙 蝴 蝶 (七)薔 信 命 園 桃 堂 諸 (八)遺 言 財
葡 萄 (九)失 望 前 成 熟 錢 (十)獵 昭 阱 行 止 識 傍 隣 救 告 歎
息 境 (十一)張 慶 苟 且 里 甚 謝 願 使 喚 餘 暇 (十二)蚕 蟲 頃 天 卵
孵 婦 桑 葉 蛻 絲 繭 蛹 旬 (十三)柔 野 結 椹 材 皿 紙 (十四)穀 桒 果
肉 棗 獸 魚 (十五)穴 適 內 餅 抵 禍 (十六)訓 賢 論 銘 語 云 忠 求 賤
待 (十七)鹽 鹹 潮 海 邊 沙 釜 (十八)得 蟬 枝 (十九)津 液 緣 爻 (二十)類 青 傘 油

新纂初等小學卷三漢字

彩 專 燈 械 欒(二十一) 鳴 鍾 字 羅 針 短 刻 端(二十二) 周 圍 指 則 仔(二十三) 細
太(二十四) 壽 夜 別 煖 冷 熱 原 冰 禽 凍 平(二十五) 底 谷 植 鯨 鋼 秀 鰒
蛤 貝 昆 布 甘 藿 苔 美 麗 恐 怕 根(二十六) 仁 桶 維(二十七) 名 籍 清 道
俗 離 僧 讀 舍 公 歸 作 凡 宜 廟 堅 確 賞 除 授 文 章 功
績 郭(二十八) 孔 横 在 他 歐 巴 航 磁 首(二十九) 都 角 岳 覓 江 輿 之 敎
義 崇 禮 惠 肅 光 熙 昭 彰 景(三十) 福 宮 昌 德 耦 密 京 鎭 雲 臺
映 樓 峯 樹 近 陵(三十一) 淮 剛 報 恩 畿 廣 州 流 臨 華 島 兩 岸
狹 淺 往 驚 梁 汽 車 鐵 猿(三十二) 君 忍 亡 覺 龍(三十三) 仲 盛 爛 蝪 想
誰 忿 迹 應(三十四) 若 好 沓(三十五) 節 寧 恙 具 主 泰 伏 承 術 稍 勝 放
回 備 蛙(三十六) 感 耐 朋(三十七) 友 切 決 斷 相 從 習 恭(三十八) 敬 正 直 濟 眷
良 盡 狡(三十九) 猾 鼻 尾 鳴 嚴(四十) 固 策 段 猝 啄

七十六

隆熙三年九月二十七日內部出版許可

著作及版權所有

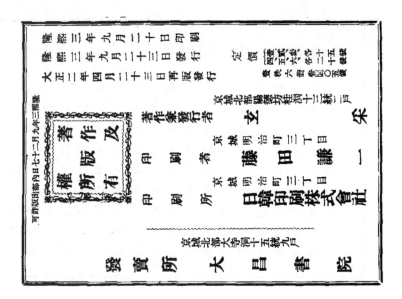

隆熙三年九月二十日印刷
隆熙三年九月二十三日發行
大正二年四月二十三日再版發行

定價 壹、貳、參、各十五錢 四、五、六、各二十錢 壹秩六冊 壹圜〇五錢

著作兼發行者 京城北部陽德坊桂洞十二統二戶 玄采
印刷者 京城明治町三丁目 藤田謙一
印刷所 京城明治町三丁目 日韓印刷株式會社

發賣所 京城北部大寺洞十五統九戶 大昌書院

新纂初等小學 四

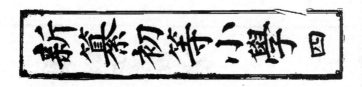

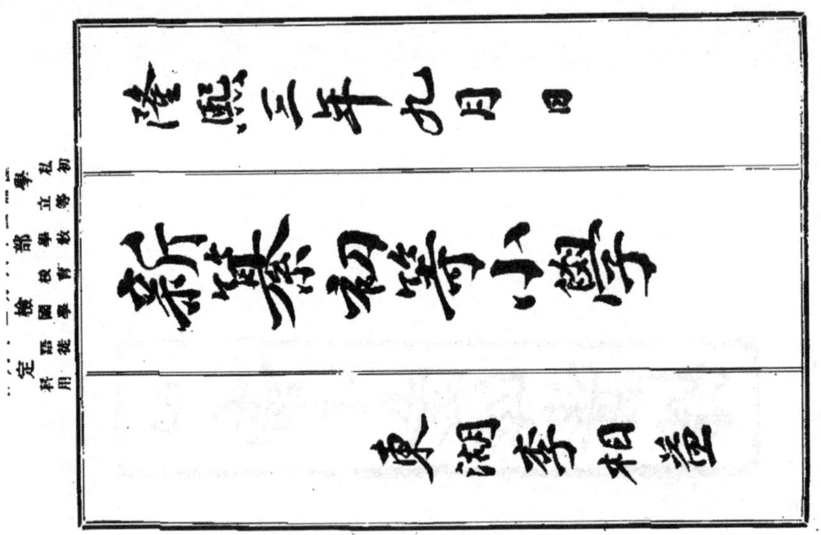

學部檢定

私立學校國語科

初等教育學徒用

隆熙三年九月 日

新纂初等小學

東湖李相益

新纂初等小學卷四目錄

新纂初等小學卷四

第一課 綿과 씨아와 문리

綿料

綿의 실은 衣服의 材料를。짜고。솜은。퍼셔 衣服속에。두ᄂᆞ이다

綿은 春에。씨를。심어 秋에。ᄯᅡ고。그 송아리의 色은 雪과。갓ᄒᆞ며 我國은 土地가。조코 氣候가。고른고로。매우。잘되ᄂᆞ이다

高

我國에ᄂᆞᆫ 綿이。업더니 高麗ᄯᅢ 사ᄅᆞᆷ 文益

漸이支那에。가셔綿의씨를。엇어와셔其

種子

棉花

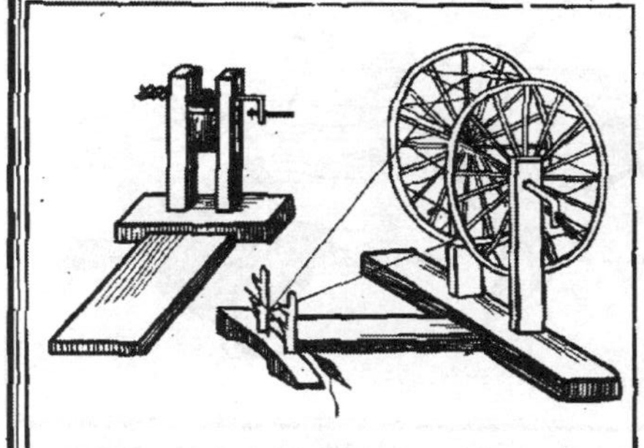

後。全國에。심엇ᄂᆞ이다
또。씨아를。발명ᄒᆞ야綿花의씨를。발나너
고。문리ᄂᆞᆫ。실을。잣ᄂᆞᆫ긔계니。이ᄂᆞᆫ文益漸
의아들文萊가。발명ᄒᆞᆫ故로其긔계의名
稱을。문리라。ᄒᆞ얏ᄂᆞ이다

第二課 蚌과鷸의相爭

조ᄀᆡ가岸上에。나왓더니鷸새가。그。살을。
쏘거ᄂᆞᆯ

危殆

조ᄀᆡ가。곳鷸의。부리를。
문ᄃᆡ鷸이。골오ᄃᆡ今日
에。비가。아니오고明日
에도。비가。아니오면。너
조ᄀᆡᄂᆞᆫ危殆ᄒᆞ리라。ᄒᆞ
거ᄂᆞᆯ
조ᄀᆡ가對答ᄒᆞ되今日
에。네鷸의부리가吾口

彼 漁擒

에셔。나오지。아니ᄒᆞ고明日에도。또。나오
지。아니ᄒᆞ면。네鷸이死ᄒᆞ리라。ᄒᆞ고彼此
놋치。아니ᄒᆞᄂᆞᆫ지라
漁父가此를。보고。다生擒ᄒᆞ얏ᄂᆞ이다

第三課　兒孩의道理

一 父母의恩惠ᄂᆞᆫ山보다。놉고海보다。깁
ᄒᆞ오이다
二 아들。되ᄂᆞᆫ者ᄂᆞᆫ每朝에父母보다。몬져。

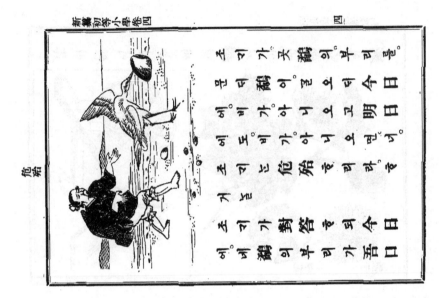

梳洗 潔 患 侍湯

니러나梳洗ᄒᆞ야。몸을淸潔케。ᄒᆞ고父母
ᄭᅦ問安ᄒᆞᆯ것이오이다
三 父母가。만일病患계신ᄯᅦ는萬事를。졔
ᄒᆞ고侍湯ᄒᆞᆯ일이오이다
四 父母를對ᄒᆞ야怒色을。보이는것은子
息의道理가。아니오이다
五 年歲가。만흐신父母를奉養ᄒᆞ는ᄯᅦ는。
아모일이라도父母마ᄋᆞᆷ에合ᄒᆞ시게。ᄒᆞ

養志 休 姑 週

야養志ᄒᆞ는道理를。일치아니。ᄒᆞᆯ것이오
이다

第四課 七曜日

今日은日曜日이라大吉이가休學ᄒᆞ고。
그姑母의家에。갓더니姑母ᄭᅦ서大吉이
를。불너。뭇는말이
大吉아今日은。무삼날이기에汝가。내집
에。왓ᄂᆞ냐大吉이對答ᄒᆞ되今日은週日

인고로休學ᄒᆞ고。왓ᄂᆞ이다
姑母가。다시。못되週日은。무삼날이라。ᄒᆞ
ᄂᆞ냐大吉이對答ᄒᆞ되週日은日曜日이
라。ᄒᆞᄂᆞ이다姑母가。또。못되。그러면汝가
一週日의。일홈을。다。아ᄂᆞ냐
大吉이가手指를。ᄭᅩᆸ부면셔對答ᄒᆞᄂᆞ말
이。다。아옵니다一週日은七曜日인데今
日이日曜日인즉明日은月曜오其次ᄂᆞ

火　丁　姬

火曜。水曜。木曜。金曜。土曜오又其次ᄂᆞ日
曜니七日後ᄂᆞ今日과。갓흔日曜日이올
시다
姑母가。그말삼을。듯고。그아달丁得이를。
불너。ᄒᆞᄂᆞ말이汝도七曜日을仔細히。비
오라。ᄒᆞ얏소

第五課　爲됨을願ᄒᆞᄂᆞ問答

教師가女學徒셋의게。뭇ᄂᆞ말이蘭姬야。

鶯

너는。새가。ᄯᅬᆯ진ᄃᆡᆫ。무슨새。되기를願ᄒᆞᄂᆞ
냐

蘭姬가對答
ᄒᆞ되。나는。ᄭᅬᆨ
고리。되기를
願ᄒᆞ옵ᄂᆞ이
다。ᄭᅬᆨ고리는
聲音도。조코

鴛鴦

貌樣도。아름답소이다
教師曰。竹姬야。너는。무슨새。되기를願ᄒᆞ
ᄂᆞ냐

竹姬가對答ᄒᆞ되。나
는鴛鴦되기를願ᄒᆞ
옵ᄂᆞ이다鴛鴦은。깃
도。고을섇더러恒常
즐겁게。물에셔。노옵

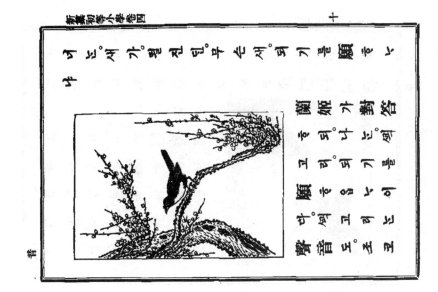

貞

ᄂᆞ이다
教師曰。貞姬야。너ᄂᆞᆫ。무슨새。되기를願ᄒᆞᆫ

ᄂᆞ냐
貞姬曰나ᄂᆞᆫ。가마귀。
되기를願ᄒᆞ옵이ᄂᆞ
다。가마귀ᄂᆞᆫ。보기ᄂᆞᆫ。
좃치。아니ᄒᆞ나孝心
이大端ᄒᆞᆫ새라。ᄒᆞ옵

聞　姿　紀元　創建

ᄂᆞ이다
教師가三女의對答을聞ᄒᆞ고貞姬의對
答을稱讚ᄒᆞ고。또訓戒曰사ᄅᆞᆷ은姿貌가。
고ᄒᆞᆫ것보다心志의。아ᄅᆞᆷ다온것이第一
이라。ᄒᆞ얏ᄂᆞ이다

第六課　開國紀元節

紀元節은。우리
太祖高皇帝ᄭᅴ오셔大業을創建ᄒᆞ신日

寇侵 犯 定 隆壬申 推御戴 位號 聖

이오이다
前朝高麗의末年에國內가。요란ᄒᆞ고外
寇가侵犯ᄒᆞ거ᄂᆞᆯ
太祖高皇帝ᄭᅴ오서一一히平定ᄒᆞ시고
隆熙元年前。五百十六年。壬申八月十四
日(陰曆七月十六日)에全國臣民의推戴를因ᄒᆞ야御
位에。나아가사國號를。곳쳐ᄀᆞᆯ오ᄃᆡ朝鮮
이라。ᄒᆞ시고聖德이日隆ᄒᆞ샤至今ᄭᆞ지。

澤傳 鄕民 戶旗 杏 霏

그餘澤이傳ᄒᆞ옵ᄂᆞ이다
是日에ᄂᆞᆫ京鄕官民이。다業을休ᄒᆞ고家
家戶戶에國旗를。놉히。달아慶祝ᄒᆞᄂᆞ이
다

第七課 學問을勸홈

杏花와桃花ᄂᆞᆫ 벌셔。셔러지고
三夏。九秋가。또 어느。겨를에。다。갓노
白雪이霏霏ᄒᆞ야 今年이。벌셔暮歲로다

於焉 少壯 譏弄 悔 效驗 暫 虛送 般 代歷

오ᄂᆞᆫ날을。밋고 게으르게。마라
歲月은。사ᄅᆞᆷ을 가다리지。아니ᄒᆞᆫ다
於焉間에 少壯ᄒᆞ던이가老大ᄒᆞ야젓네
不學ᄒᆞ면無識ᄒᆞ니 ᄂᆞᆫ世上사ᄅᆞᆷ의게
譏弄을。밧을 그셰에ᄂᆞᆫ
後悔ᄒᆞ고。슬퍼ᄒᆞ야도 效驗이。업ᄂᆞ니라
暫時사이라도 虛送ᄒᆞ지。말고
各般才藝를學習ᄒᆞ며古今歷代를達通ᄒᆞ야

着 追 英祖 判 朕 老 便 臥 寢 褥

着實히工夫ᄒᆞ면 追後에ᄂᆞᆫ必然
有識ᄒᆞᆫ。사ᄅᆞᆷ이 될터이니
到底히工夫ᄒᆞ세 우리들

第八課 英祖朝씌셔褥을還給ᄒᆞ신일

英祖朝씌셔一日은戶曹判書를入侍식
히샤日。朕이年老ᄒᆞ야坐臥가不便ᄒᆞ니
寢褥을。드리라。ᄒᆞ시거ᄂᆞᆯ戶判이靑木에。
솜을。만히두어。드렷ᄂᆞ이다

召 還給 睡 懈惰 疾

數日만에上이。다시戶籍을召ᄒᆞ야籍을
還給ᄒᆞ샤曰。朕이此籍을。엇은後로寢睡
ᄂᆞᆫ便安ᄒᆞ나。몸이懈惰ᄒᆞ야。일즉。자고。늣
게。이러ᄂᆞ니百姓의疾苦를。도라볼餘暇
가。업다ᄒᆞ시고
또。갈ᄋᆞ사ᄃᆡ國內에朕과。갓치年老ᄒᆞᆫ者
ㅣ多ᄒᆞ리니錢。米를分給ᄒᆞ라。ᄒᆞ셧ᄂᆞ이
다

尹勢 借 汙損 柴粮

第九課 書冊을借홈

尹生이란。사름이書冊을。조와ᄒᆞ나家勢가貧寒ᄒᆞ야恒常。其友人의게借見ᄒᆞ더니借ᄒᆞᆫ後에ᄂᆞᆫ。그冊을精ᄒᆞ게。보고期限에。이르면。비록。다。보지。못ᄒᆞ야도還送ᄒᆞ얏다가後日에。다시借來ᄒᆞ며

또或。汙損ᄒᆞ면。비록柴粮은。업슬지라도。셔冊을。사셔。보니ᄂᆞᆫ지라。이런故로冊을。

羣博覽 奉 起頌屢

빌리지。아니ᄒᆞᆯ이。업스나尹生의집에ᄂᆞᆫ。아모것도。업고四壁만。남앗소

尹生이。이러ᄒᆞᆫ지多年에羣書를博覽ᄒᆞ야世上에有名ᄒᆞ얏ᄂᆞ이다

第十課 書册을借ᄒᆞᄂᆞᆫ書札

志堂仁兄大人足下여奉別ᄒᆞᆫ지久ᄒᆞᆫ데。아지못게이다

起居가安適ᄒᆞ신지伏頌이오며屢

再 查 納

次。書籍을惠借ᄒᆞ시니他日에萬一。
學識이。늘진된。이는。다我
兄의賜ᄒᆞ신바이오이다今에算學
書三册을還納ᄒᆞ오니 查收ᄒᆞ시
고其。第四五兩册을 再惠ᄒᆞ시면
一週日內에奉還ᄒᆞ오리다
文安ᄒᆞ심을敬問ᄒᆞ노이다
弟 尹生拜手

蕃 碎 浴

第十一課 豕

豕는四個月만에。석기十餘머리를。낫는
故로甚히蕃盛ᄒᆞ며
그。먹는것을。잘。씹지。아니ᄒᆞᄂᆞ니。그러ᄒᆞᆫ
즉菜根과穀實의類를斷碎ᄒᆞ야。쥬는것
이。올소이다
豕는熱을。겁니고浴ᄒᆞ기를。조아ᄒᆞᄂᆞᆫ故
로。조흔물을。엇지못ᄒᆞ면汙泥中이라도。

脂　膏濃厚　微　煑

구르나니時時로清
水를。디녀浴케。ᄒᆞᆯ것
이오
豕는肉이多ᄒᆞ고脂
가膏ᄒᆞ야味가濃厚
ᄒᆞ나然ᄒᆞ나微生蟲
이만으니熟煑ᄒᆞ야。
먹는것이。올소이다

李議政牧丹　宗　似　玩　庭　拜賄賂

第十二課　李時白이옷을밧치지아니ᄒᆞᆯ일

李議政時白의家에牧丹이盛開ᄒᆞ얏더
니
孝宗씌셔中官을。보니사求ᄒᆞ신디時白
이正色ᄒᆞ야。ᄀᆞᆯ오디。내。비록不似ᄒᆞ나三
公이。되야玩好로人君을。셤기리오。ᄒᆞ고
庭下에。나려牧丹을。ᄶᅥ거바리고北向再
拜ᄒᆞ야曰。陛下가玩好를求ᄒᆞ시면賄賂

가行ᄒᆞ야國家가亾ᄒᆞ리이다。ᄒᆞᆫ데上이。드르시고大端히

後悔ᄒᆞ사敬禮가。더욱隆重ᄒᆞ셧ᄂᆞ이다

第十三課 秤

輕 厘 星

秤은物의輕重을。다ᄂᆞᆫ것이니其重數를計ᄒᆞᄂᆞᆫ法은

十厘가分이。되고十分이錢이。되고十錢이兩이。되고十六兩이斤이。되며

秤의大ᄒᆞᆫ者ᄂᆞᆫ斤으로。써計ᄒᆞᄂᆞ니每ᄒᆞᆫ星이一斤이오其次ᄂᆞᆫ兩으로計ᄒᆞᄂᆞ니

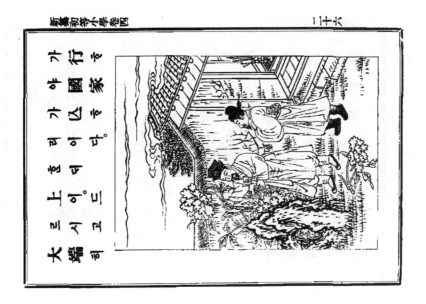

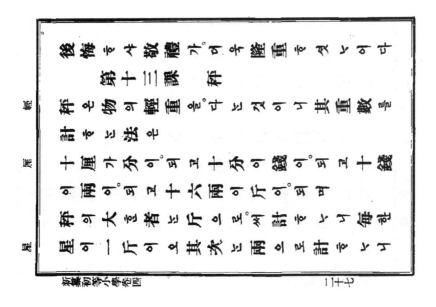

桿 錘

每ᄒᆞᆫ星이一兩이。되
고
또小秤은每ᄒᆞᆫ星에
分으로計ᄒᆞ며錢과
兩과斤까지計ᄒᆞᄂᆞ
니此ᄂᆞᆫ其桿의大小
와錘의輕重을。ᄯᅡ라。
다르오이다

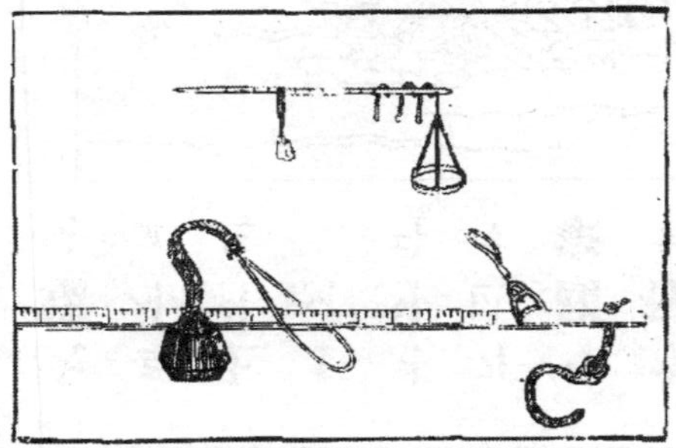

氏 疋 廛 某 圜

第十四課 貿易

方氏의母가家貧ᄒᆞ야朝夕으로布를。ᄶᅡ
더니一日은布一疋을。너여。그。어린아달
을。쥬어曰。今日에米가。업스니。네가廛에
나가셔。쥬ᄂᆞᆫᄃᆡ로賣ᄒᆞ라。ᄒᆞ얏거니
그兒孩가市에。나가니布廛主人張某가。
돈。二圜을。쥬ᄂᆞᆫ지라。그孩兒가。가지고。도
라왓ᄂᆞ이다

方母가此를。보고大喜ᄒᆞ야曰네가갑을。불넛ᄂᆞ냐。ᄒᆞᆫ듸」兒孩가對答ᄒᆞ되張書房이。갑도。못지아니ᄒᆞ고。돈을。쥬엇ᄂᆞ이다

方母가。ᄀᆞᆯᄋᆞ듸

張君이孺子를。속이지。아니ᄒᆞ니感謝ᄒᆞ다。ᄒᆞ얏소

其後에同里사ᄅᆞᆷ이。이말을。듯고布를織ᄒᆞ면張某의게로만。가셔。파ᄂᆞᆫ지라故로張某의貿易이。날로興盛ᄒᆞ얏ᄂᆞ이다

第十五課　虎와狐의話

한。범이狐한아를生擒ᄒᆞ얏더니狐가。말ᄒᆞ되。나ᄂᆞᆫ。짐셩의王이라天에셔。나려왓

罰 半 疑

스니。나를犯ᄒᆞ면卽
地에罰을。입으리라。
ᄒᆞᆫ디
범이。그말을。듯고半
信。半疑ᄒᆞ거놀狐가。
또。굴ᄋᆞ되。네가。나의
後를。좃차。오너라山
中의百獸가。나를보

眞僞 試 威嚴 權 弱凌虐 假

면。다逃亡ᄒᆞ리라。ᄒᆞᆫ디
범이眞僞를試코자ᄒᆞ야其後를從ᄒᆞ야。
본즉果然모든짐싱이。겁니여逃亡ᄒᆞ거
놀。범이自己를怯ᄒᆞ야逃亡ᄒᆞᆫ줄은。아지
못ᄒᆞ고狐의威嚴이壯ᄒᆞ다。ᄒᆞ얏소
그런고로主人의勢力과親知의威權을。
밋고微弱ᄒᆞᆫ。사ᄅᆞᆷ을凌虐ᄒᆞᄂᆞᆫ者를。일으
되狐假虎威라。ᄒᆞᄂᆞ이다

渦 轉

第十六課 渦水

여긔渦水가。잇스니。보시오。져木葉이水를。싸라出ᄒᆞ기도。ᄒᆞ며入ᄒᆞ기도。ᄒᆞ며。또回轉ᄒᆞ옵ᄂᆞ이다

終 河 激 游泳 船險

卽今은水中에許多ᄒᆞᆫ葉이。잇스나向者에。내가。더진葉이。여러번。도라다니다가終末에ᄂᆞᆫ。다。물에。싸이여。들어갓소

내가家親의말솜을。드르니海와河에도。돌과。물결이激ᄒᆞ야急히轉回ᄒᆞ면渦水를成ᄒᆞ야游泳과船行에危險ᄒᆞᆫ일이。만타。ᄒᆞ시옵더이다

第十七課 蝸

蝸殼 藏 軟

蝸ᄂᆞᆫ 등에 一殼이 잇스니 이ᄂᆞᆫ 몸을 藏ᄒᆞᄂᆞᆫ 집이오이다

蝸가 出ᄒᆞᆯ ᄯᅢᄂᆞᆫ 軟ᄒᆞᆫ 角넷을 내미니 그中 二個長角의 ᄭᅳᆺ태ᄂᆞᆫ 눈이 잇고 二個短角의 아ᄅᆡ에ᄂᆞᆫ 입이 잇ᄂᆞ이다

蝸가 그 角을 움치기도

腹 懶

ᄒᆞ고 ᄯᅩ ᄂᆡ여 느리가도 ᄒᆞ며 腹을 붓치고 느릿느릿ᄒᆞ게 다니며 ᄯᅩ 高處에도 上ᄒᆞ나 急히ᄂᆞᆫ 못다니고 겨울에ᄂᆞᆫ 집에 들어지ᄂᆡᄋᆞᆸᄂᆞ이다

ᄯᅩ 우렝이와 소라 등이 다 蝸와 同類오이다

第十八課 懶惰ᄒᆞᆫ 사ᄅᆞᆷ 一

녯적에 ᄒᆞᆫ 懶惰ᄒᆞᆫ 사ᄅᆞᆷ이 잇스니 이 사ᄅᆞᆷ

樵斧　引　屋　冶

이初次에ᄂᆞᆫ樵夫가。되얏다가斧의무거
움을忍치。못ᄒᆞ야。그만두고
其次에ᄂᆞᆫ引鉅匠이가。되얏더니引鉅ᄒᆞ
기苦ᄒᆞ야。그만두고
其次에ᄂᆞᆫ草家匠이가。되얏다가屋上에。
오르기를怯ᄒᆞ야。그만두고
其次에ᄂᆞᆫ冶匠이가。되얏더니夏日에。더
웁다ᄒᆞ야。그만두고

肥　舂　進

其次에ᄂᆞᆫ農夫가。되얏더니肥料가。츄ᄒᆞ
야。그만두고
其次에ᄂᆞᆫ米。舂精을。ᄒᆞ얏더니勞力이。된
다ᄒᆞ야。그만두고
終末에ᄂᆞᆫ白丁이。되얏더니賤ᄒᆞᆫ生涯라。
ᄒᆞ야亦是그만。두엇ᄂᆞ이다

第十九課　懶惰ᄒᆞᆫ사ᄅᆞᆷ二

슬푸다。이懶惰ᄒᆞᆫ。사ᄅᆞᆷ이여。이제ᄂᆞᆫ移業

費　恨

ᄒᆞᆯ것도。업고歲月만虛費ᄒᆞ얏ᄂᆞ이다
그사ᄅᆞᆷ이至今은大端히後悔ᄒᆞ야。ᄒᆞᄂᆞᆫ
말이。슬푸다。나ᄂᆞᆫ少年時에。어이ᄒᆞ야生
業을專一히。아니ᄒᆞ얏ᄂᆞ뇨。ᄒᆞ면셔恨歎
ᄒᆞ고。슬허ᄒᆞ나。ᄒᆞᆯ일업셔他人의게。엇어
먹고世事를。보니니。그苦狀은形容ᄒᆞᆯ슈。
업고後悔만ᄒᆞ옵ᄂᆞ이다
자。여러분은。이懶惰ᄒᆞᆫ。사ᄅᆞᆷ의苦狀ᄒᆞᄂᆞᆫ

途變　始　帽墻　忽

것을。보고。한번定ᄒᆞᆫ職業은。아모리。어려
울지라도忍耐ᄒᆞ야中途에셔變치。말고
始終이如一ᄒᆞᆯ것이오이다

第二十課　犬이盜賊을잡다

한兒孩가他人의果園에。들어가果實을。
만히。ᄯᆞ셔帽子속에。넛코墻을。ᄯᅱ여。넘고
쟈。ᄒᆞ더니
忽然히犬이急히。지지면셔。ᄶᅩᆺ차와。그兒

裳

孩의衣裳을。물고。
잡아당기ᄂᆞᆫ지라
그兒孩가犬의게。
물니여進退維谷
이라。엇지ᄒᆞᆯ슈。업
셔。그果實을犬의
前에。던지니犬이
그제야。놋코。갓소

頓獨

이다
諸君들。보시오。그犬은果然제직분을。직
힌다。ᄒᆞ려니와。사ᄅᆞᆷ이。되야一生에好事
業이無數ᄒᆞ거ᄂᆞᆯ。이처럼惡ᄒᆞᆫ일을行ᄒᆞ
니。엇지。사ᄅᆞᆷ이라。닐으릿가

第二十一課 華盛頓

華盛頓은百餘年前에美國을獨立ᄒᆞᆫ。사
ᄅᆞᆷ이오이다

利 鈍 櫻

華盛頓이。어릴셔에。그父親이小斧을。쥬거놀華盛頓이甚히喜ᄒᆞ야。그小斧의利ᄒᆞ고鈍ᄒᆞᆫ것을。알고쟈ᄒᆞ야庭前에。나아가櫻樹를。버혀。너머더리니此ᄂᆞᆫ。그父親

愛惜 幼 見

이。가장愛惜ᄒᆞᄂᆞᆫ것이라。그러나華盛頓은年幼ᄒᆞᆫ故로。그일이惡ᄒᆞᆫ쥴은。아지。못ᄒᆞ얏소

이옥고。그父親이。드러와。이것을見ᄒᆞ고怒ᄒᆞ야曰。誰가。이나무를。버혓ᄂᆞ냐。ᄒᆞᆫ듸家人이怯녀여對答지。못ᄒᆞᄂᆞᆫ지라華盛頓이。그졔야。잘못ᄒᆞᆫ쥴을。알고。곳恭敬히。엿자오되小子가。모로고。버혓ᄉᆞᆸᄂᆞ이다。

特　欺罔 責　乾

ᄒᆞ얏소
그父親이。이말을。듯고大喜ᄒᆞ야華盛頓
의。머리를。어루만져曰참奇特ᄒᆞ다。나는
너의欺罔치。아니ᄒᆞᆷ을。사랑ᄒᆞ야責지。아
니ᄒᆞᆫ다。ᄒᆞ얏ᄂᆞ이다

第二十二課　乾元節

三月二十五日은
乾元節이니今

誕　戊 春　武　未 禪　改

上陛下誕生ᄒᆞ신날이라人民들이國旗
를。달고
聖壽萬歲를祝賀ᄒᆞᄂᆞ이다
陛下씌셔甲戌年에誕生ᄒᆞ샤睿德이日
隆ᄒᆞ시더니光武元年에皇太子가。되시
고十一年。丁未陽曆七月十九日에受禪ᄒᆞ
사年號를改ᄒᆞ야曰。隆熙오春秋가三十
四歲시니

太祖高皇帝브터繼統이三十代시오이
다

第二十三課 汽車와停車場

져黑煙이。나면셔。쏄니。오는것은汽車라
汽車를。먼데셔。보면但一輛인듯。ᄒᆞ나其
實은。수레여러輛을連ᄒᆞ얏스니
第一前面에셔煙氣가。나면셔。오는것은
機關車오最後에는客車니。이는。사ᄅᆞᆷ이。
타는것이오
客車와機關車의間에。검운車가。잇스니。
이는物貨를。싯는貨車니機關車一輛이。
모든車를引行ᄒᆞᄂᆞ이다
停車場은汽車가。굿치는데오汽車를。타
는人은停車場에。가셔車票를買ᄒᆞ고汽
車의室은三等이니車票의價도。ᄯᅩᄒᆞᆫ高
下가。잇스며車票가一等은白色이오二

赤 歇脚

等은靑色이오三等
은赤色이오이다
汽車가停車塲에셔
셔나ᄂᆞᆫ時間과。오ᄂᆞᆫ
時間이。잇고。또待合
室은客人이汽車를
라기젼에歇脚ᄒᆞᄂᆞᆫ
데오이다

西 尙 黃 咸

第二十四課 十三道

우리나라國初에ᄂᆞᆫ全國을。난호아八道
라。ᄒᆞ더니光武元年丁酉에十三道로定
ᄒᆞ얏스니
이ᄂᆞᆫ京畿와忠淸北道와忠淸南道와全
羅北道와全羅南道와慶尙北道와慶尙
南道와黃海道와平安北道와平安南道
와江原道와咸鏡北道와咸鏡南道오。이

輪 製造

다.

第二十五課 船

船은江海에서。사ᄅᆞᆷ도。티이고物貨도輸運ᄒᆞᄂᆞᆫ것이오이다

船은木으로도製造ᄒᆞ며鐵로도製

帆輪 竿櫓搖 檣 蒸

造ᄒᆞᄂᆞ니木으로製造ᄒᆞᆫ것은古來브터。잇셧스나鐵로製造ᄒᆞᆫ것은近時에야行用ᄒᆞᄋᆸᄂᆞ이다

船의種類ᄂᆞᆫ津船과帆船과火輪船이。잇스니津船은長竿竹이나或櫓를搖ᄒᆞ야行ᄒᆞ고帆船은檣을。세워帆布를。달고風力을。따라進行ᄒᆞ며火輪船은蒸氣力으로進케。ᄒᆞᄂᆞᆫ것이오이다

軍艦 爭 鋼 彈丸

此外에。또軍艦이。잇스니軍艦도蒸氣力으로進行ᄒᆞᄂᆞ이다

第二十六課 軍艦

軍艦이라。ᄒᆞᄂᆞᆫ것은海上의戰爭에。쓰ᄂᆞᆫ船이니鋼鐵로製造ᄒᆞ고大砲를。만히備置ᄒᆞ얏스니大砲의大ᄒᆞᆫ者ᄂᆞᆫ長이五十尺이라

如此ᄒᆞᆫ大砲의彈丸은周圍가三尺이오

包 裹寸 發射 貫 壘擊 破壞 港兀 立笛

重量은六百餘斤이라然ᄒᆞ나軍艦에包裹ᄒᆞᆫ鋼鐵은其厚가一尺。或一尺四五寸이。되ᄂᆞᆫ故로如此ᄒᆞᆫ大砲로發射ᄒᆞ야도貫通키。어려우니故로軍艦을海上城이라。ᄒᆞᄂᆞ이다

녯적城壘ᄂᆞᆫ大砲로射擊ᄒᆞ면。곳破壞ᄒᆞᆯ것이오軍艦은港口에。대이면山岳이兀立ᄒᆞᆷ과。갓다가汽笛의。소리가出ᄒᆞ면黑

鷹 鷲走 隻 敵 額

煙을。토ᄒᆞ고鷹。
鷲와。갓치疾走
ᄒᆞ니。넷뎍軍艦
은千百隻이라
도今日軍艦一
隻을。對敵지。못
ᄒᆞ고其價額도。
넷뎍軍艦보다

倍 宋司 遊 甕 惶 措

千百倍가。되ᄂᆞ이다

第二十七課 司馬光

支那넷젹宋時에司馬光이란사ᄅᆞᆷ이。잇
스니五六歲ᄶᅦ에兒孩들과。갓치遊ᄒᆞ다
가。동모中에。한兒孩가水甕속에。ᄲᅢ지ᄂᆞᆫ
지라急히救코쟈ᄒᆞ나其甕이。깁고水가
多ᄒᆞ야。엇지ᄒᆞᆯ슈。업ᄂᆞᆫ지라。다各各。惶惶
罔措ᄒᆞ더니獨히司馬光이。돌을。드러다

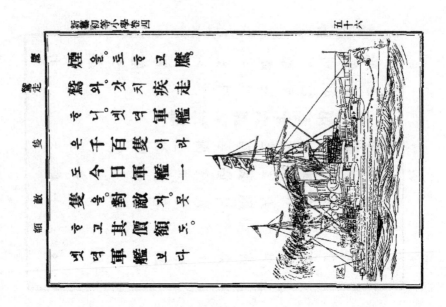

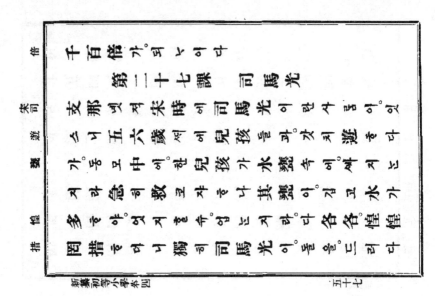

가甕을。셰쳐。이兒孩를救ᄒᆞ얏소이다

第二十八課 古代朝鮮

우리나라太古時에檀君이太白山의檀樹下에降生ᄒᆞ시거ᄂᆞᆯ國人이。그聖德을知ᄒᆞ야王으로推戴ᄒᆞ고號를檀君이라ᄒᆞ니。이ᄂᆞᆫ檀樹下에셔降ᄒᆞ신故오이다」

平壤에。도읍을定ᄒᆞ고國號를朝鮮이라ᄒᆞ고太子扶婁를支那。夏禹氏의塗山會

에送ᄒᆞ시고江華에祭天壇과三郎城을築ᄒᆞ고

그後。千餘年을。지ᄂᆡ고支那의箕子가平壤에來都ᄒᆞ니。그ᄯᅢ朝鮮은漢江以北과滿洲南部를。웅거ᄒᆞ고漢江以南에ᄂᆞᆫ三韓이。잇셧ᄂᆞ이다

箕子의。나라이歷年ᄒᆞ기九百餘年에其。四十一代孫。箕準이支那燕國사ᄅᆞᆷ衛滿

逼去 菊凋零 瓣 培

의게逼ᄒᆞᆫ비。되야南方으로避去ᄒᆞ니箕
子의基業이此에終ᄒᆞ얏ᄂᆞ이다

第二十九課 菊花

菊花ᄂᆞᆫ百花가凋零ᄒᆞᆫ後에獨히。아름다
온ᄭᅩᆺ을。피고香氣가。대단히。나오」
菊花ᄂᆞᆫ。큰瓣과。적은瓣이。잇스며。ᄯᅩ各色
이。잇고。그種類가。대단히。만흐니。이ᄂᆞᆫ培
養ᄒᆞ기를。ᄯᅡ라變ᄒᆞᄂᆞᆫ것이오此外에種

子를。심어셔。되ᄂᆞᆫ
것도。잇ᄉᆞ외다
菊花ᄂᆞᆫ培養이不
足ᄒᆞ면。잘。되지。아
니ᄒᆞᄂᆞ니。우리도
兒時에培養치。못
ᄒᆞ면後悔가。날지
라今에。우리를培

育 叢苗 讌

養ᄒᆞ시ᄂᆞᆫ이ᄂᆞᆫ父母와敎師시오。그敎育
ᄒᆞᆷ은菊花의肥料ᄅᆞᆯ。쥬ᄂᆞᆫ것과。갓소이다
우리弟妹가各各學校로。드러가ᄂᆞᆫ것은
叢生ᄒᆞᄂᆞᆫ菊의苗ᄅᆞᆯ。ᄶᅵ져셔花壇으로移
植ᄒᆞᆷ과。갓소이다

第三十課 一年의月日

新年에ᄂᆞᆫ人人이。다業을。쉬이고新元을
致賀ᄒᆞ며讌樂ᄒᆞᄂᆞ니汝等이一月브터

例 番閏

十二月末ᄭᆞ지日數가幾何인지。아ᄂᆞ냐」
一年의日數ᄂᆞᆫ三百六十五日이오。ᄯᅩ一
個月의日數ᄂᆞᆫ三十一日이。되ᄂᆞᆫᄯᅢ도。잇
고三十日이。되ᄂᆞᆫᄯᅢ도。잇스나。다만二月
만二十八日이니라
그러나。그것은例定ᄒᆞᆫ月의數어니와
四年마다一番式。閏年이。되ᄂᆞᆫᄃᆡ이니閏
年에ᄂᆞᆫ一年의日數가三百六十六日이

歌曲
暗記

니二月의日數가二十九日이。되ᄂᆞ니라」
此下에各月의日數를。가지고歌曲을記
ᄒᆞ얏스니汝等은此를暗記ᄒᆞ여라
四。六。九와十一의 넉달은三十日이오
其餘月은一體로 三十一日이되ᄂᆞ니라
그러나二月의日數ᄂᆞᆫ 例事二十八日이로되
閏年에ᄂᆞᆫ一日을 더ᄒᆞ야二十九日이라

第三十一課 工業

紡

世界의物을二에大別ᄒᆞ니天然物과人造物이라。ᄒᆞᆷ은人力을。빌지。아니ᄒᆞ고自然히。ᄉᆡᆼᄒᆞᆫ것이오人造物이라。ᄒᆞᆷ은天然物에人工을。더ᄒᆞᆫ것이라
우리사ᄅᆞᆷ의日用ᄒᆞᄂᆞᆫ衣服과器具ᄂᆞᆫ。다人造物이니。그製造ᄒᆞᄂᆞᆫ사ᄅᆞᆷ은職工이라ᄒᆞ고。工業은工業이라。ᄒᆞᄂᆞ이다
綿과繭은天然物이거ᄂᆞᆯ人工으로紡ᄒᆞ

佩飾 鑛 雕 紋

야실을。민들면其價가倍가되고。또白木과綿紬를織ᄒᆞ면其價가。또倍오。다시鮮明히。염석ᄒᆞ거나奇異ᄒᆞᆫ紋을。더ᄒᆞ면其價가더욱。더ᄒᆞᆯ것이오

이외에竹。木으로器具를。민들거나。또雕刻ᄒᆞᆫ것과鑛物로金。鐵을민들거나。또器械나佩飾을。민들면其價가。더ᄒᆞᄂᆞ이다

그러ᄒᆞᆫ즉天然物의價ᄂᆞᆫ限이。잇스되人造物의價ᄂᆞᆫ限이。업스니工業의利益이。더욱。크오이다

第三十二課 鷹

大吉이가。그父親을。모시고。마당에。셧더니此時ᄂᆞᆫ秋夜라月은。명랑ᄒᆞ고風은。셔ᄂᆞᆯᄒᆞᆫ데。ᄭᅵ럭ᄭᅵ럭ᄒᆞᄂᆞᆫ소릐가。나ᄂᆞᆫ지라大吉이가天을。쳐다보니。새가。만히。버려셔셔。날라오거ᄂᆞᆯ

大吉 아버지。져것이。무슨새오닛가。차례잇게。참。잘。날어오ᄂᆞ이다

父親 져새의。일홈은。기러기다。기러기ᄂᆞᆫ恒常져럿케。차례。잇게。날어가ᄂᆞ니라

羽 趾

大吉 기러기ᄂᆞᆫ。엇던새오닛가

父親 기러기ᄂᆞᆫ。물가에。잇ᄂᆞᆫ새니。그羽ᄂᆞᆫ。미오。힘이잇셔。잘。날어다니고。그足趾ᄂᆞᆫ。한데。붓터셔水中에。잘。헤염ᄒᆞᄂᆞ니라

大吉 기러기ᄂᆞᆫ至今어ᄃᆡ셔。오ᄂᆞ닛가

父親 大吉아至今쳐럼日氣가。셔늘ᄒᆞ면北에셔南으로。오고日氣가。ᄯᅡᆺ듯ᄒᆞ면南에셔北으로。가ᄂᆞ니라

需 質

第三十三課 天然界의利用

工業에需用되는것이一은日質이오一은日力이라木石과金鐵은質이오木石으로宮室을짓거나金鐵로器物을ᄆᆞᆫ드는것은力이니質은天然이오力은人造오이다

瀑

그러나天然界에利用ᄒᆞᆯ者가質뿐아니라力으로도되ᄂᆞ니瀑衣를말니는것은

煤

煤를쾨는力이오船을行케ᄒᆞᆷ은棹를젓는力이오米를찟는데水를用ᄒᆞᆷ은其流를인ᄒᆞ야自舂케ᄒᆞᆷ이니天然力의利用ᄒᆞᆷ이이와갓소이다

瀑

美國北方에瀑布는世界에第一最大ᄒᆞᆫ者라高가一百數十尺이오飛流ᄒᆞ기신속ᄒᆞ야其力이極大ᄒᆞ거ᄂᆞᆯ美人이其傍에磨麪廠을빌셜ᄒᆞ고水力으로器械를

磨 麪 廠

運行ᄒᆞᄂᆞᆫ고로其地의麥粉이。다瀑布로成ᄒᆞᆫ것이오이다

第三十四課 鳩

大成이란學生이鳩를。가지고春吉이를。차자。왓ᄂᆞᆫ지라春吉이가。그鳩를。만지며日。鳩가外貌도。조커니와。또。무삼才操가。잇ᄂᆞ잇가。ᄒᆞᆫ되

大成이가答ᄒᆞ되此鳩ᄂᆞᆫ性品이溫和ᄒᆞᆯ

뿐。아니라。또。져의居ᄒᆞᄂᆞᆫ집을知ᄒᆞᄂᆞᆫ故로。아모리。멀니。와셔放ᄒᆞ야도家를。잘。차져가ᄂᆞ이다

春吉이가。이말을。듯고奇異히。녁여

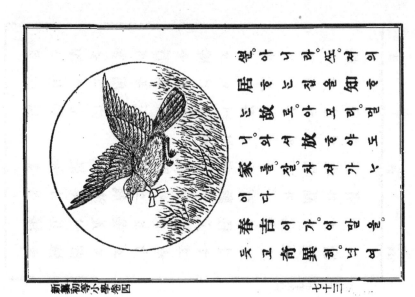

宅 遣 拾 札 矢

曰그러면此鳩를宅으로遣ᄒᆞ옵시다。ᄒᆞᆫ
ᄃᆡ大成이가答ᄒᆞ되家에가기ᄂᆞᆫ姑捨ᄒᆞ
고。또書札도傳ᄒᆞᄂᆞ이다。ᄒᆞ고
大成이가急히。열븐조희에極細字로書
札을。써서鳩의목에。ᄆᆡ이고放ᄒᆞ니。그鳩
가矢와。갓치셀리。나라갓다가半時間에
春吉의집으로。도라왓스니大成의집이
春吉의집과距離가十里오이다

警察 市街 林 管轄 巡視 火災 盜 豫防 救援

近時他國에서ᄂᆞᆫ鳩가軍事上의通信을。
ᄒᆞᄂᆞ이다

第三十五課 警察

警察이라。ᄒᆞᄂᆞᆫ것은市街와田野와山林
과或水上이던지。그管轄되ᄂᆞᆫ데를巡視
ᄒᆞ야火災며水患이며盜難이며其他。人
民의災難을豫防ᄒᆞ기도ᄒᆞ고。또救援ᄒᆞ
ᄂᆞ이다

負擔 規遵 顧 住圓球

그職分을負擔ᄒᆞᆫ。사ᄅᆞᆷ은警視와警部와
巡查라。이런사ᄅᆞᆷ은恒常。嚴ᄒᆞᆫ規則을遵
守ᄒᆞ야人民의災難을。방비ᄒᆞ며救濟ᄒᆞ
기에。제身命을顧치。아니ᄒᆞᄂᆞᆫ者ㅣ니故
로人民되ᄂᆞᆫ者ᄂᆞᆫ。이사ᄅᆞᆷ을恒常敬愛ᄒᆞᆯ
것이오이다

第三十六課 地球

우리居住ᄒᆞᄂᆞᆫ地의形狀이圓ᄒᆞ기球와。

接 遠 現

갓ᄒᆞ니海上에서見ᄒᆞ면天과水가連接
ᄒᆞ야一物도無ᄒᆞ다가遠處에서船의帆
이現ᄒᆞ고。또檣
이現ᄒᆞ며。또。이
옥고全船이現
ᄒᆞᄂᆞ니此ᄅᆞᆯ。보
면地形의圓ᄒᆞᆷ
을。알것이오地

鎔 表略 硬

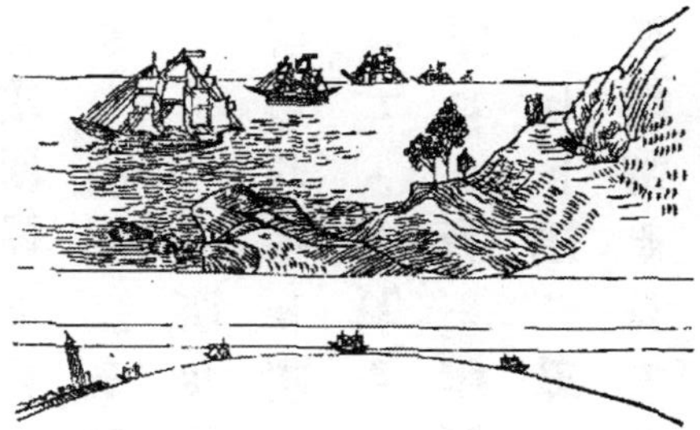

球의南端은曰。南極이오北端은曰。北極이오」地球의內部ᄂᆞᆫ甚히熱ᄒᆞ야巖石을鎔化ᄒᆞ고表面의厚ᄂᆞᆫ大略。百五十里에。다堅硬ᄒᆞᆫ巖石으로。된것이니。이를稱曰。地殼이오地殼外에

凹聚 洋 陸 積 占

土壤이包ᄒᆞ며其凹處에水가聚ᄒᆞᆫ者ᄂᆞᆫ海오

海의。큰것은曰。大洋이오土의。큰것은曰。大陸이니地球의面에五大洋과六大陸이。잇ᄉᆞ니大洋과大陸의面積을合計ᄒᆞ면陸이大略。水의三分의一을占居ᄒᆞ얏ᄂᆞ이다

第三十七課 三韓

昔辰 弁 域 枕 摠 濊

古昔에三韓이라稱ᄒᆞ는것은馬韓。辰韓。
弁韓이니漢江以南에在ᄒᆞᆫ國이라
馬韓은境域이北은黃海를接ᄒᆞ고南은
日本에臨ᄒᆞ며西는海를枕ᄒᆞ니。그ᄯᅢ에。
적은나라이五十餘라摠히十餘萬戶니
今。京畿。忠淸。全羅三道의地오
辰韓은十二國이니北은濊國(江原道 江陵)을接
ᄒᆞ고南은弁韓과隣ᄒᆞ니今。慶尙道ᄯᅡ이

秦 割予 雜 舞 格髮

라當時에支那사ᄅᆞᆷ이秦을避ᄒᆞ야馬韓
에來ᄒᆞ거ᄂᆞᆯ馬韓이東界를割予ᄒᆞ니。곳
十二國中의一이오
弁韓도。또ᄒᆞᆫ十二國이니今。慶尙道의南
邊이오辰韓과雜居ᄒᆞ니
大抵。馬韓사ᄅᆞᆷ은田蚕을知ᄒᆞ고歌舞를
喜ᄒᆞ며弁韓사ᄅᆞᆷ은體格과毛髮이美好
ᄒᆞ고衣服이淸潔ᄒᆞ며城郭과言語。風俗

新鋤 辭讓

은辰韓사ᄅᆞᆷ과相似ᄒᆞ오이다

第三十八課　金을讓ᄒᆞᆫ事

ᄒᆞᆫ。사ᄅᆞᆷ이田을新買ᄒᆞ고鋤ᄒᆞ다가金과玉을。엇은지라

其人이自思ᄒᆞ야曰。我가田은買ᄒᆞ얏거니와金玉은買치。아니ᄒᆞ얏다。ᄒᆞ고其金玉을舊田主의게。보냇더니

賣田者가辭讓ᄒᆞ야曰。我가田을賣ᄒᆞ얏ᄉᆞ니田中에。잇ᄂᆞᆫ것은我의所有가。아니라。ᄒᆞ고還送ᄒᆞ얏ᄂᆞ이다

妥

이에兩人이。서로辭讓ᄒᆞ더니。ᄒᆞᆫ老人이曰。君等이子女가有ᄒᆞ냐。ᄒᆞᆫ거ᄂᆞᆯ對曰。新田主ᄂᆞᆫ子가有ᄒᆞ고舊田主ᄂᆞᆫ女가有ᄒᆞ오이다

老人曰。然ᄒᆞ면吾가君等의事를妥決ᄒᆞ리라新田主ᄂᆞᆫ義士라其子가。반다시善

娶 婿 悅 婚姻

홀지니其。舊田主의女를娶케。ᄒᆞ고其金
王은其婿의게給予ᄒᆞ라ᄒᆞ니兩人이大
悅ᄒᆞ야。곳婚姻ᄒᆞ얏ᄂᆞ이다

新纂初等小學卷四漢字

綿一課 料 高 萊 鷸二 危 殆 彼 漁 擒 梳三 洗 潔 患 侍 湯 蒼 志 依四
姑 還 火 丁 姬五 音 鴛 鴦 貞 聞 姿 紀六 元 創 建 寇 侵 犯 定
隆 距 壬 申 推 戴 御 位 號 聖 澤 傳 鄉 民 戶 旗 杏七 霏 於
焉 少 壯 譏 弄 悔 効 驗 暫 處 送 般 歷 代 着 追 羨八 祖 判
朕 老 臥 便 寢 稱 召 還 給 睡 懈 惰 疾 尹九 勢 借 汙 損 柴
粮 輩 博 覽 奉十 起 頌 屢 賜 納 査 再 蕃十一 碎 浴 脂 膏 濃 厚
徵 賓 李十二 議 政 牧 丹 宗 似 玩 庭 拜 賄 賂 輕十三 厘 呈 桿 錘
氏十四 疋 匱 某 圓 彌 織 貿 易 狐十五 王 罰 半 疑 眞 僞 試 威 嚴
樫 弱 淩 慮 假 渦十六 轉 紛 河 激 游 泳 船 險 蝸十七 殼 戱 軟 腹
閣十八 樵 斧 斤 屋 冶 肥 春 涯 賞十九 恨 途 變 始 痛二十 墻 忽 寞 頓二十一

獨利鈍櫻愛惜幼見特欺罔責(二十二)乾誕戌容武未禪
改繼統(二十三)黑但輛連機關最客貨停票室赤歇脚(二十四)酉
尙黃咸(二十五)輸製造帆輪竿櫓搖檣蒸軍艦(二十六)爭鋼彈丸
包裹寸發射貫壘擊破壞港兀立笛鷹驚走隻敵
貂倍(二十七)朱司遊甕惺措(二十八)檀降壤扶婁禹塗會祭壇郎
築以滿洲孫準燕逼避去(二十九)菊凋零瓣培育叢苗(三十)讖
例番閱歌曲記暗(三十一)紡紬紋雕鑛佩飾(三十二)羽趾(三十三)需貿濕
煤瀑磨麪廠(三十四)鳩宅遺拾札矢(三十五)警蔡市街林管轄巡
視災盜豫防援貢擔規逢顧(三十六)住圓球接遣現鎔表
畧硬凹聚洋陸積占(三十七)昔辰弁域枕捲濾秦割予雜
舞格髮(三十八)新錫辭讓安娶婿悅婚姻

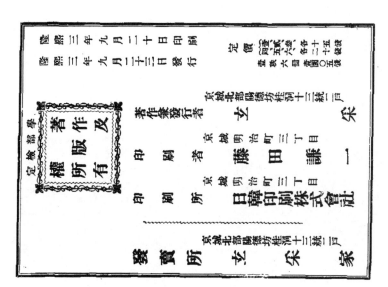

隆熙三年九月二十日印刷
隆熙三年九月二十三日發行

定價 (壹、貳、參、各十五錢 四、五、六、各二十錢) 壹秩六冊 壹圓〇五錢

學部檢定

著作及版權所有

著作兼發行者 京城北部陽德坊桂洞十三統二戶 玄采

印刷者 京城明治町三丁目 藤田謙一

印刷所 京城明治町三丁目 日韓印刷株式會社

發賣所 京城北部陽德坊桂洞十三統二戶 玄采家

新纂初等小學 五

學部檢定
私立學校國語科
初等教育學徒用

隆熙三年九月 日

新纂初等小學

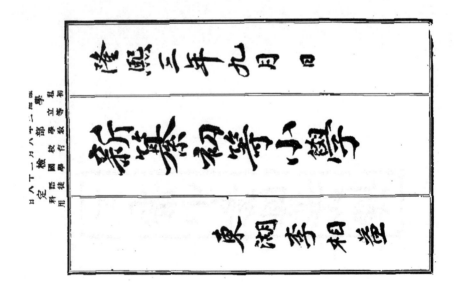

東湖李相益

新纂初等小學卷五目錄

句 幷據 朴赫

新纂初等小學卷五

第一課 羅麗濟三國의起原

箕準이南方에。가셔馬韓이라稱ᄒᆞ더니其後。二百年에亾ᄒᆞ고新羅高句麗。百濟셰나라이幷起ᄒᆞ야各各。一方을割據ᄒᆞ니。이ᄂᆞᆫ三國時代오이다

新羅ᄂᆞᆫ古辰韓의地라朴赫居世가聖德이有ᄒᆞ거ᄂᆞᆯ國人이推戴ᄒᆞ야王이。되니此ᄂᆞᆫ新羅太祖라隆熙元年前。一千九百六十四年에慶尙道慶州에。도읍ᄒᆞ고

朱蒙 猜忌 衆 渾 沸 征 祚 滅

新羅太祖가立ᄒᆞᆫ지二十一年에高句麗。東明聖王、高朱蒙이立ᄒᆞ니高句麗ᄂᆞᆫ古朝鮮의地오朱蒙은朝鮮北方의扶餘國王의子라諸兄의猜忌를避ᄒᆞ야其衆으로。더브러南來ᄒᆞ야南滿洲渾河의上流地方沸流水上에。도읍을定ᄒᆞ더니未幾에古朝鮮의地를征服ᄒᆞ고

百濟王은高溫祚니朱蒙의子라其臣十人으로。더브러京畿의廣州에來ᄒᆞ야。도읍을定ᄒᆞ고王이。되니朱蒙이立國ᄒᆞᆫ後。二十年이라溫祚가馬韓을滅ᄒᆞ고其地를統一ᄒᆞ얏ᄂᆞ이다

領 襲 帶 飼 捷 被 眼 瞳

이에高句麗ᄂᆞᆫ漢江以北의古朝鮮地를領有ᄒᆞ고百濟ᄂᆞᆫ馬韓의後를襲ᄒᆞ야忠淸。全羅二道와京畿의大部分을占據ᄒᆞ고新羅ᄂᆞᆫ百濟東方의地。一帶를有ᄒᆞ얏ᄂᆞ이다

第二課　猫

猫ᄂᆞᆫ鼠를捕ᄒᆞ고。또家中에셔飼養ᄒᆞᄂᆞᆫ짐승이니

猫의몸은輕捷ᄒᆞ고軟ᄒᆞᆫ毛가全身에被ᄒᆞ며眼中의瞳子ᄂᆞᆫ午時가。되면。가ᄂᆞᆯ기絲와。갓다가夜에ᄂᆞᆫ圓滿ᄒᆞ야能히暗中의物을。보고耳

는。자조轉動ᄒᆞ야。소리를善히。살피고齒는。다
尖ᄒᆞ고銳ᄒᆞ야。씹고。찟기에利ᄒᆞ며舌의面에
는細ᄒᆞᆫ刺가滿布ᄒᆞ야
骨에附ᄒᆞᆫ肉을舐ᄒᆞ야
食ᄒᆞ고四足의掌에厚
ᄒᆞᆫ肉과穚毛가。잇ᄂᆞᆫ고
로行ᄒᆞᆯ ᄯᅢ에聲이。업고
爪ᄂᆞᆫ銳ᄒᆞ고利홈이鉤
와。갓ᄒᆞ야尋常ᄒᆞᆫ ᄯᅢᄂᆞᆫ
趾의內에。감추엇다가

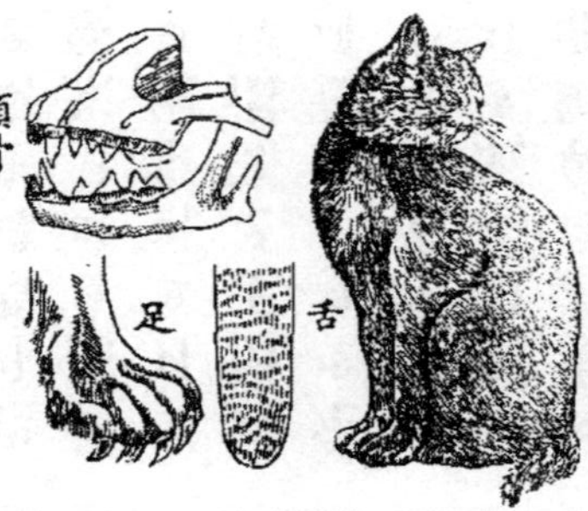

物을攫取코자ᄒᆞ면爪를突然히伸長ᄒᆞᄂᆞ니。
그全體의構造ᄒᆞᆫ것이全혀物을搏擊홈과。밋
攫取ᄒᆞᄂᆞᆫ데合ᄒᆞᆫ지라
大抵野獸中에獅와虎와豹의等이。가장凶猛
ᄒᆞ거ᄂᆞᆯ猫의目과舌과齒와爪가。다相似ᄒᆞᆫ고
로猫를稱ᄒᆞ야曰。獅。虎。豹의同類라。ᄒᆞᄂᆞ이다

第三課 蝦와蟹

蝦ᄂᆞᆫ水中에셔棲息ᄒᆞᄂᆞ니。몸에堅殼을。닙고節
이。잇셔自由로屈ᄒᆞ고伸ᄒᆞ며。그形狀을。보면
古代의戰士가甲冑를。닙은것과。갓고

頭觸 胷 翅 追 跳

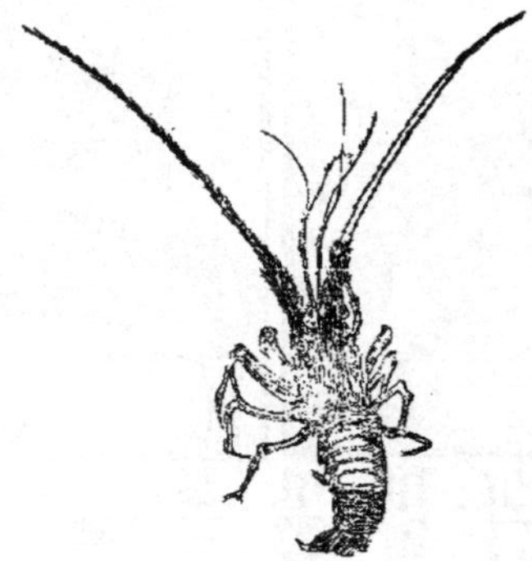

頭部에ᄂᆞᆫ觸角二對가。잇스니一은長ᄒᆞ고一은短ᄒᆞ며目이一對오觸角은水中에서觸ᄒᆞ면物體를。알고胷部에ᄂᆞᆫ足이五對니水底에步行ᄒᆞ고腹中에。ᄯᅩ別로히翅와。갓ᄒᆞᆫ足이。잇서游泳ᄒᆞᄂᆞᆫ고로急迫ᄒᆞᆫ셰에ᄂᆞᆫ其體를屈ᄒᆞ야跳躍ᄒᆞ며

蟹 螯 浦

蟹ᄂᆞᆫ蝦와。ᄀᆞᆫ사ᄒᆞ고。ᄯᅩ堅殼을。입엇스되。오작觸角이短ᄒᆞ고足은五對中에一對ᄂᆞᆫ螯脚倒行가。되니。이ᄂᆞᆫ。그小異ᄒᆞᆫ바ㅣ오蟹도。ᄯᅩᄒᆞᆫ水中에身을棲ᄒᆞ나。오쟉時時로陸地에上ᄒᆞ야食을覓ᄒᆞ고。ᄯᅩ。오쟉足은。잇스나游泳ᄒᆞᄂᆞᆫ體具가。업ᄂᆞᆫ고로恒常水田內에穴을。ᄯᅮᆯ어農業에害가。되ᄂᆞ이다

第四課　九港과三市

仁川의濟物浦ᄂᆞᆫ。우리나라。아홉港口中에一

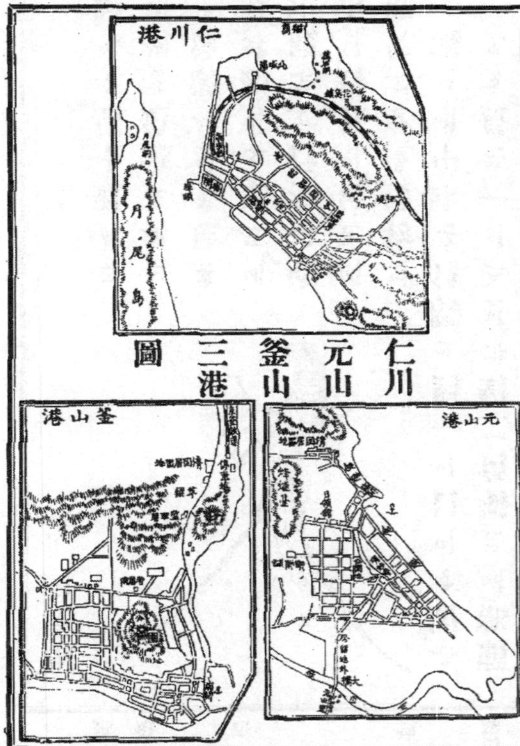

留 源 甑 沃溝 務 謂

이니每日에汽船이來往ᄒᆞ고
慶尙道。東萊의釜山港은三百餘年前브터日
本人이居留ᄒᆞᄂᆞᆫ곳이오。또昌原의馬山浦가。
스며
咸鏡道에ᄂᆞᆫ德源의元山港과城津의城津港
이오平安道에ᄂᆞᆫ三和의甑南浦와龍川의龍
巖浦오全羅道에ᄂᆞᆫ沃溝의群山港과務安의
木浦港이。잇스니。이를謂ᄒᆞ되九港口오
또三開市場은平壤과義州와慶興이니
以上의九港口와三開市場은。다外國人과通

黑

商ᄒᆞᄂᆞᆫ곳이오이다

第五課 雪

夕陽쎄。브터北風이急히。불고黑雲이太空을。덥흐며星은一個도。뵈이지。아니ᄒᆞ더니暫時間에大雪이霏霏히。오ᄋᆞᆸᄂᆞ이다

兒孩들은。조타구나。ᄒᆞ고窓前에。안져玩賞ᄒᆞ더니雪이。더욱甚히。오ᄋᆞᆸᄂᆞ이

輝 煌燦 稜

다

次日아참에見ᄒᆞ니樹木의枝에ᄂᆞᆫ。다白花가。퓌고地에ᄂᆞᆫ白玉을。깐듯ᄒᆞ야一夜에世上이銀世界가。되얏더니

太陽이。그景致를。보랴ᄂᆞᆫ드시東邊에셔。돗아오니。이景致가。더욱奇異ᄒᆞ다太陽이雪上에。비최ᄂᆞᆫ貌樣이。맛치無數ᄒᆞᆫ星辰이輝煌燦爛ᄒᆞᆫ과。갓ᄒᆞ야獨히。보기。앗갑도다

이눈은仔細히。보면。다六稜이。져셔各色形容을。이루ᄂᆞ니故로雪을六出花라。ᄒᆞᄂᆞ이다

繁 産豊 稠密 豆 綠 比殘

第六課 氣候

우리나라는南北이長호故로南方과北方의
氣候가다른지라忠淸。全羅。慶尙三道에는氣
候가。땃듯호야各種의植物이繁盛호며此三
道를三南이라。이르느니農産物이豊富호고
人口가稠密호오이다
北方의五道는寒氣가。밍렬호야豆滿江과鴨
綠江과大同江等은冬期의三四個月間을氷
이結호야人馬가氷上에通行호는지라三南
地方에比호면農業이凋殘호고人口가。또호

凉適 丈 聳挺槪 柏

少호오이다
我國의氣候는寒과暑가。다甚호지라南韓의
溫煖호地方도冬節에는寒호고北韓의寒冷
호地方도夏節에는熱호며一日內에도晝夜
의溫과凉이適異호오이다

第七課 竹

竹은四時常靑호는植物이라高는數丈이나
聳立호되屈曲지。아니호고로其挺直호氣槪
를松柏과並稱호며其竿은圓호고長호며中
은虛호고節이。잇스며表面은綠色이光澤호

脉 莖鬚 筍 芽 層籜 禦

고堅ᄒᆞ며其節에서枝와葉이生ᄒᆞᄂᆞ니

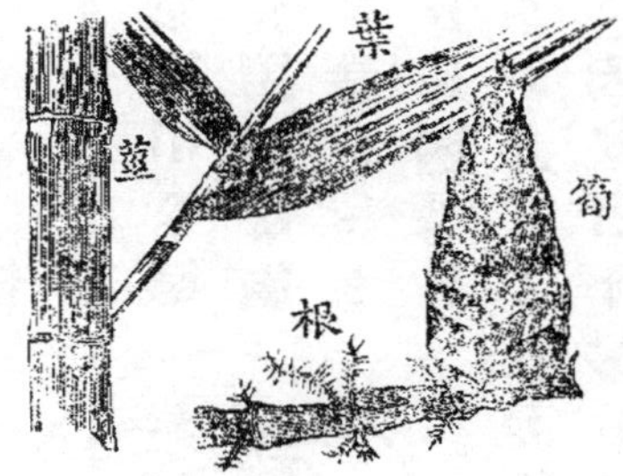

竹의葉은狹ᄒᆞ고長ᄒᆞ며脉은平行이니稻와麥葉과同ᄒᆞ고竹根은土中에在ᄒᆞᆫ莖에서生ᄒᆞᆫ細鬚오筍은莖의節에서生ᄒᆞᆫ것이오

筍은竹의芽니初生時에ᄂᆞᆫ柔弱ᄒᆞ고多層ᄒᆞᆫ籜(竹皮)에이包裹ᄒᆞ야風雨의侵虐을防禦ᄒᆞ다가竹이。

護持 脫落 稀 宇 饌 供 佳 笠 編析

된後에ᄂᆞᆫ堅實ᄒᆞ야護持치。아니ᄒᆞ야도自立ᄒᆞ고籜도。또ᄒᆞᆫ脫落ᄒᆞ며

竹의花ᄂᆞᆫ稻와麥의花와近似ᄒᆞ나然이나花가甚稀ᄒᆞᆫ故로人이知치。못ᄒᆞ며竹의竿은堅固ᄒᆞ야用物을製造ᄒᆞ고屋宇를建築ᄒᆞ며筍은饌에供ᄒᆞᆷ에味가佳ᄒᆞ고。또。우리가普通쓰ᄂᆞᆫ笠은竹을細析ᄒᆞ야編ᄒᆞᆫ者이오籜으로製造ᄒᆞᆫ笠과冠도有ᄒᆞ니我國에竹이生ᄒᆞᄂᆞᆫ곳은全羅道에。가쟝。만코忠清南道와慶尚道에도略干生ᄒᆞ며。그外에ᄂᆞᆫ。나ᄂᆞᆫ곳이。적소이다

新纂初等小學卷五

丘 尼 魯 省 厭

第八課 孔子

東洋의大聖人은孔子ㅣ니名은丘오字ᄂᆞᆫ仲尼라隆熙元年前。二千四百五十八年에支那의魯國에서生ᄒᆞ시니魯ᄂᆞᆫ我國黃海道와相對ᄒᆞᆫ山東省의一部分이오이다

孔子ᄭᅴ셔ᄂᆞᆫ生知ᄒᆞᆫ聖이라學ᄒᆞ기不厭ᄒᆞ며

十六

倦 治 著 沒 纂 孟

教ᄒᆞ기不倦ᄒᆞ시니弟子가三千餘人이오魯의相이。되신지三月에國이大治ᄒᆞ나。맛참ᄂᆡ久用치。못ᄒᆞ거ᄂᆞᆯ去ᄒᆞ시고列國에周流ᄒᆞ신지十四年이오

魯에。도라오사書를著ᄒᆞ야後世人을教ᄒᆞ시다가七十三歲에沒ᄒᆞ신지라門弟子가。그立言ᄒᆞ신바를編纂ᄒᆞ니。곳今世에讀ᄒᆞᄂᆞᆫ바論語가。이것이오이다

第九課 孟子

孔子가沒ᄒᆞ신지百年後에孟子가生ᄒᆞ시니

新纂初等小學卷五 十七

亞 軻 輿 鄒

此ᄂᆞᆫ亞聖이니孟子의名은軻오字ᄂᆞᆫ子輿라魯國南隣되ᄂᆞᆫ鄒國에셔生ᄒᆞ야賢母의教訓을。밧아學識이。크게進ᄒᆞ셧ᄂᆞ이다

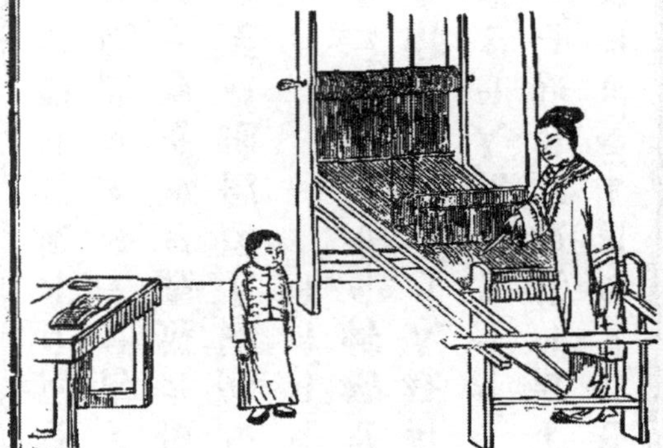

孟子ᄭᅴ셔孔子

儒 叔 路

의道統을傳ᄒᆞ시고諸國에周遊ᄒᆞ시나道를行치。못ᄒᆞ고歸ᄒᆞ야弟子로。더브러問答ᄒᆞ야一書를著ᄒᆞ시니後世에셔其書를孟子라。일커러論語와。갓치行ᄒᆞ니孔子와孟子의教를儒教라。ᄒᆞᄂᆞ이다

第十課　酒와煙草

丁吉이가一日은其叔父를。뫼시고公園에遊覽가더니中路에셔一人이面은赤ᄒᆞ고。비틀거리면셔行人을。붓들고辱ᄒᆞ며。또소리를。지르ᄂᆞᆫ지라行人이。이것을見ᄒᆞ고。ᄒᆞᄂᆞᆫ말이。한

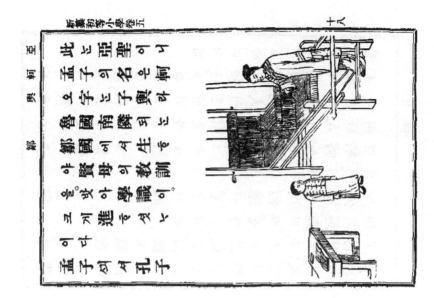

잔만。덜먹지오。ᄒᆞᄂᆞᆫ지라
丁吉이其叔父의袂를。붓들고。엿자오ᄃᆡ。아자
씨。저사ᄅᆞᆷ은狂人이온잇가。ᄒᆞᆫᄃᆡ叔父가答ᄒᆞ
되狂人이。아니오。술醉ᄒᆞᆫ사ᄅᆞᆷ이다。술을。먹으
면精神이。산란ᄒᆞ야。그러ᄒᆞ다。너도日後에。술
먹지。마라
또外國人。居留地에至ᄒᆞ니成年되지못ᄒᆞᆫ兒
孩가巡査의게。잡혓ᄂᆞᆫ지라
丁吉이。뭇자오ᄃᆡ彼兒ᄂᆞᆫ何故로巡査의게。잡
혓ᄂᆞ잇가叔父가對答ᄒᆞᄂᆞᆫ말이彼兒ᄂᆞᆫ煙草

를。먹다가。잡힌것이다煙草ᄂᆞᆫ毒草라人이吸
ᄒᆞ면精神을。어지러치ᄂᆞᆫ것이오兒孩들은。먹
으면。더욱害가。되ᄂᆞᆫ故로外國에서ᄂᆞᆫ禁ᄒᆞᄂᆞ
니汝도銘心ᄒᆞ라。ᄒᆞ얏더니
丁吉이가。이말ᄉᆞᆷ을。듯고其後。長成ᄒᆞᆫ後에도
酒와煙草를。아니먹엇소이다

第十一課　忠實ᄒᆞᆫ犬

一牧者가羊과犬을養ᄒᆞᄂᆞᆫᄃᆡ其犬은主人의
言을能히。알아듯ᄂᆞ이다
一日은主人이牧場에。갈셔其幼兒와犬을。다

驅 困憊 霧遍 咫辨 懼 影 悲

리고。갓다가日이暮ᄒᆞ거ᄂᆞᆯ羊을驅回코자ᄒᆞ
야山中으로。두루차지니羊은。간데업고幼兒
ᄂᆞᆫ甚히困憊ᄒᆞ지라岩下에置ᄒᆞ고犬과。갓치
峰上에。올나갓더니
忽然히大霧가山野에遍滿ᄒᆞ야咫尺을分辨
치。못ᄒᆞᆯ지라牧者가大懼ᄒᆞ야急히幼兒의。안
진곳을。차져가니幼兒가。업거ᄂᆞᆯ其名을。부르
고四面으로。차지나影響이。업ᄂᆞᆫ지라。할수업
서家으로還來ᄒᆞ얏더니此夜에犬도。또ᄒᆞᆫ來
치。아니ᄒᆞ거ᄂᆞᆯ牧者가終夜토록悲懼히。지너

怪

더니
明朝에犬이忽然히來ᄒᆞ야尾를搖ᄒᆞ면서牧
者의衣를。물고。잇그ᄂᆞᆫ
지라牧者가疑怪ᄒᆞ야
犬을。ᄯᅡ라가니。그犬이
一江岸에至ᄒᆞ야岩穴
中으로入ᄒᆞ거ᄂᆞᆯ牧者
가。또ᄒᆞᆫ入ᄒᆞ야見ᄒᆞ니。
그兒가。서서。우ᄂᆞᆫ지라
牧者가大喜ᄒᆞ야其兒

散　濱　消

를。안고犬과。갓치歸ᄒᆞ얏스니
이것은幼兒가大霧中에서。그父親을。찻다가。
언덕에。셔러져岩穴로入ᄒᆞ얏더니犬이其夜
에山中으로。도라다니면서。찻다가日이出ᄒᆞ
야霧가散ᄒᆞᆫ後에야幼兒를覔ᄒᆞ고牧者의게
來報ᄒᆞᆫ것이오이다

第十二課 通商

世界中에陸이多ᄒᆞᆫ國도。잇고海에濱ᄒᆞᆫ國도。
잇고山이多ᄒᆞᆫ國도。잇고。또熱ᄒᆞ야一年中에
草木이青青ᄒᆞᆫ國도。잇고寒ᄒᆞ야雪이消치。아

交換　茶　炭

니ᄒᆞᆫ國도。잇ᄂᆞᆫ지라
이런고로此等國에서産出ᄒᆞᄂᆞᆫ物品도。또ᄒᆞᆫ
同치。아니ᄒᆞ니我國갓치米를多産ᄒᆞᄂᆞᆫ國도。
잇고英國갓치鐵。石炭을多産ᄒᆞᄂᆞᆫ國도。잇고
支那갓치茶를多産ᄒᆞᄂᆞᆫ國도。잇고此外에海
의産物은。잇스되山의産物은。업ᄂᆞᆫ國도。잇스
며熱ᄒᆞᆫ土地에ᄂᆞᆫ熱ᄒᆞᆫ土地의産物이。잇고寒
ᄒᆞᆫ土地에ᄂᆞᆫ寒ᄒᆞᆫ土地의産物이。잇ᄂᆞ이다
然ᄒᆞᆫ故로此等의國은各其産物을賣買ᄒᆞ야
有와無를。서로交換ᄒᆞᄂᆞ니此와。갓치賣買ᄒᆞᆷ

勤勉 奬勵

을通商이라。ᄒᆞᄂᆞ이다
通商이盛ᄒᆞ면其國이富ᄒᆞ고通商이盛치。못ᄒᆞ면其國이貧ᄒᆞᄂᆞ니現今時代의英國과美國을見ᄒᆯ지라我國의國民된者ᄂᆞᆫ各其。勤勉ᄒᆞ야多量ᄒᆞᆫ產物을製造ᄒᆞ야通商이盛케。ᄒᆞ옵시다

第十三課 儒敎

儒敎ᄂᆞᆫ隆熙元年前。一千五百三十五年에高句麗의小獸林王이太學을。세우고儒敎를奬勵ᄒᆞ니

齎 渡 設 畫像 奠幸 講聰 俊唐

此時에百濟에셔ᄂᆞᆫ儒敎가。이믜行ᄒᆞ얏ᄂᆞᆫ지라博士王仁이論語와千字文을齎ᄒᆞ고日本에渡去ᄒᆞ야其太子師가。되야敎를傳布ᄒᆞ고新羅ᄂᆞᆫ秦。漢의流入ᄒᆞᆫ人民이라儒敎가自然傳布ᄒᆞ얏스나國學을設ᄒᆞ기ᄂᆞᆫ麗。濟二國보다三百餘年後가。되얏스니國學은即大學이오其後에孔子와。밋諸弟子의畫像을奉安ᄒᆞ고祭奠ᄒᆞ며景德王과景文王은。루ᄎᆞ幸行ᄒᆞ야道義를講ᄒᆞ고聰俊子弟를唐에留學케。ᄒᆞ더니其後에儒敎가。또ᄒᆞᆫ盛ᄒᆞ얏ᄂᆞ이다

佛 苻 經 摩陀 寺仰

第十四課 佛教

佛教도。또한高句麗에서先起하더니小獸林王이大學을建하던同年에支那의秦王苻堅이僧順道를遣來하야佛像과佛經을드리거늘王이大喜하야子弟로。하야곰受學케。하고其後代諸王이。또奬勵하야名僧이。만이。나고」이세에道僧摩羅難陀가支那로。브터百濟에來하거늘枕流王이厚禮로。뎌졉하고漢山에寺를。세워居케。하니自後로信仰者가多하야佛教의盛함이三國의第一이。되얏나이다

釋迦 銅幡 蓋典 殺

佛教가日本에傳함도。또한百濟라百濟의聖王이釋迦佛의金銅像과幡蓋와經典을日本에送하고

威德王도。또한經像과禪師를日本에送하기屢次오法王은殺生을禁

院 后 削 亮

ᄒᆞ고佛教ᄅᆞᆯ奬勵ᄒᆞ기儒教보다十倍가。되얏ᄂᆞ이다

佛教가高句麗에傳ᄒᆞᆫ지百六十年後에新羅眞興王이高句麗ᄅᆞᆯ代ᄒᆞ다가高僧。惠亮으로。더브러歸ᄒᆞ야僧統을拜ᄒᆞ고百座講會와八關法을設ᄒᆞ더니王이末年에ᄂᆞᆫ削髮ᄒᆞ고僧衣ᄅᆞᆯ。입고法雲이라號ᄒᆞ며王后도。또ᄒᆞᆫ尼가。되야寺院에住ᄒᆞ니。이에佛教가全國에廣布ᄒᆞ야信仰치。아니ᄒᆞᆫ者ㅣ。업셧ᄂᆞ이다

第十五課 金剛山

圖刹 楡岾 醒

金剛山은江原道에。잇ᄉᆞ니我國의第一名山이오白頭山의南脉이라分水嶺으로。브터千餘里ᄅᆞᆯ。뻣쳣ᄉᆞ니

一萬二千峰이。놉히東海上에臨ᄒᆞ고山上에松樹와柏樹가。하ᄂᆞᆯ에。사못치며奇異ᄒᆞᆫ景致가畵圖와。갓고內外山에寺刹이一百八에正陽。楡岾이。더욱有名ᄒᆞ고僧。道의念佛ᄒᆞᄂᆞᆫ。소리가俗人의。마ᄋᆞᆷ을警醒ᄒᆞᄂᆞ이다

斷髮嶺은金剛山으로。가ᄂᆞᆫ初入에。잇ᄂᆞᆫ嶺이니。이嶺에。올나가셔。바라보면金剛山의全體

峰千二萬一山剛金

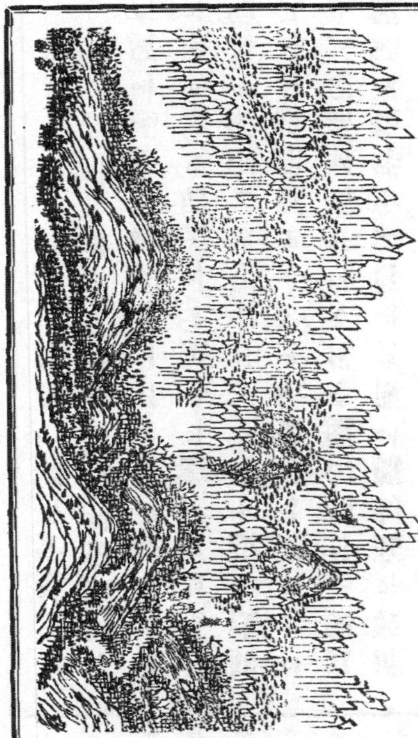

가。보이고恍然히神仙地境에。온듯。ᄒᆞᆫ지라。구
경ᄒᆞᄂᆞᆫ사ᄅᆞᆷ이斷髮ᄒᆞ야僧이。되고쟈。ᄒᆞᄂᆞᆫ故
로斷髮嶺이라。ᄒᆞ고
四面에。둘난萬壑千峰은。푸르고。흰빗이。사ᄅᆞᆷ
을。보고歡喜ᄒᆞᄂᆞᆫ듯。ᄒᆞ며支那人은我國에生
ᄒᆞ야。한번見ᄒᆞ기를祝願ᄒᆞᄂᆞ이다

第十六課　乙支文德

乙支文德은高句麗의。대신이라隆熙元年前。
一千二百九十六年에支那의隋帝。楊廣이來
攻ᄒᆞ니。이ᄂᆞᆫ高句麗가其國의邊疆을侵擾ᄒᆞᆫ

兵 旌 絡繹 鼓 浿

故라。이에楊廣이大兵三十萬五千人을發ᄒᆞ
야九軍에分ᄒᆞ고平壤으로期會ᄒᆞ니旌旗가

九百里에絡繹ᄒᆞ
야金鼓소리가相
聞ᄒᆞ고水軍은。몬
져浿江으로入케。
ᄒᆞ야水陸幷進ᄒᆞ
니此ᄂᆞᆫ隋君이其
國力을竭ᄒᆞ야武
功을建立ᄒᆞ고天

疲弊 將述 驟 川陣 班卒 拔 抄 乘

下를統一코자。홈이러라
文德이敵軍을疲弊코자。ᄒᆞ야一日동안에七
戰七走ᄒᆞ니隋將宇文述等이。그驟勝홈을見
ᄒᆞ고淸川江을渡ᄒᆞ야山下에陣ᄒᆞ니平壤과
相距가三十里라文德이使者를遣ᄒᆞ야和親
ᄒᆞ겟다。ᄒᆞ고。또班師ᄒᆞ라。ᄒᆞᆫ듸述等이其士卒
의疲困ᄒᆞ야復戰키難홈을見ᄒᆞ고。또平壤城
이險ᄒᆞ야猝然히拔치。못ᄒᆞᆯ지라。드듸여回軍
ᄒᆞ거ᄂᆞᆯ文德이。이에四面으로抄擊ᄒᆞ다가淸
川江에셔ᄂᆞᆫ隋軍이半渡ᄒᆞᆯ時를乘ᄒᆞ야尾擊

潰　奔　僅　爽快呼　活　族

ᄒᆞ니隋의諸軍이潰散ᄒᆞ야一日一夜間에四百五十里되ᄂᆞᆫ鴨綠江으로奔還ᄒᆞ고其水軍大將來護兒도。ᄯᅩᄒᆞᆫ大敗ᄒᆞ니此戰에隋兵의生還ᄒᆞᆫ者ㅣ僅히二千七百人이오이다

第十七課　空氣

아참에窓門을開ᄒᆞ니淸風이。조ᄅᆞᆷ을세워셔心界가爽快ᄒᆞ니。이ᄂᆞᆫ空氣ᄅᆞᆯ呼吸ᄒᆞᄂᆞᆫ故라。만일空氣가。업스면我等은暫時間이라도生活치。못ᄒᆞᆯ지니

사ᄅᆞᆷ이空氣中에生活ᄒᆞᄂᆞᆫ것은魚族이水中

濁　穢　集臭　證

에셔生活ᄒᆞᆷ과如ᄒᆞ야。고기가水밧게。나면。살지。못ᄒᆞᆯ것이오人도空氣ᄅᆞᆯ失ᄒᆞ면。곳。죽ᄂᆞ니、사ᄅᆞᆷ이水中에。ᄲᅡ져。죽ᄂᆞᆫ것은水ᄅᆞᆯ。먹ᄂᆞᆫᄭᆞ닭이。아니오空氣ᄅᆞᆯ呼吸지。못ᄒᆞᄂᆞᆫ所以라

空氣의淸濁이水의淸濁갓타야淸潔ᄒᆞᆫ空氣와汚穢ᄒᆞᆫ空氣가。잇스니淸潔ᄒᆞᆫ것은衛生上에有益ᄒᆞ고汚穢ᄒᆞᆫ것은有害ᄒᆞᆫ지라多數ᄒᆞᆫ。사ᄅᆞᆷ이會集ᄒᆞᆫ狹室中에。드러가면惡臭가。잇고暫時만同坐ᄒᆞ면頭痛이。나ᄂᆞ니。이ᄂᆞᆫ空氣가汚濁ᄒᆞᆫ證據라。그런고로室中에空氣의流

灑掃 注 奢 戈慈

通을善케。ᄒᆞ고朝夕으로灑掃를精히。ᄒᆞ며時
時로窓戶를開放ᄒᆞ야新鮮ᄒᆞᆫ空氣를注入ᄒᆞᆯ
것이오이다

第十八課 三國의衰亡一

百濟의後代諸王은驕奢ᄒᆞ야國政을。도라보
지。아니ᄒᆞ고。자조兵戈를用ᄒᆞ더니義慈王ᄯᅢ
에。이르러ᄂᆞᆫ新羅가唐과合兵ᄒᆞ야百濟를滅
ᄒᆞ니百濟가溫祚王브터六百七十八年에亾
ᄒᆞ얏고
其後에新羅가。또唐과合勢ᄒᆞ야高句麗의國

弓裔 解弛 既 叛

都。平壤을來圍ᄒᆞᄂᆞᆫ지라高句麗。寶藏王이。또
降服ᄒᆞ니朱蒙이建國ᄒᆞᆫ지七百五年에亾ᄒᆞ
니百濟가亾ᄒᆞᆫ後。八年이라
唐이百濟와高句麗의土地를取ᄒᆞ얏다가本
國과相距가遠ᄒᆞᆫ고로政令이行치。못ᄒᆞ고新
羅가。또百濟의土地를侵略ᄒᆞ며高句麗의叛
臣을納ᄒᆞ더니既而오鴨綠江以南이。다。新羅
의領土가。되얏ᄂᆞ이다

第十九課 三國의衰亾二

其後에新羅의政令이漸漸解弛ᄒᆞ니弓裔라。

邑　封　傲拾　甄萱　哀　珍奪

ᄒᆞᄂᆞᆫ者ᄂᆞᆫ王이라稱ᄒᆞ고江原道鐵原에都邑을定ᄒᆞ고國號를泰封이라。ᄒᆞ더니弓裔가驕傲ᄒᆞ야人心을收拾지。못ᄒᆞ거ᄂᆞᆯ。그部下가王建을推戴ᄒᆞ야國號를高麗라。ᄒᆞ고國都를開城에定ᄒᆞ니弓裔가平康山谷으로逃亾ᄒᆞ다가被殺ᄒᆞ고

또甄萱이라。ᄒᆞᄂᆞᆫ者ᄂᆞᆫ全羅道全州에定都ᄒᆞ고國號를後百濟라稱ᄒᆞ고甄萱이新羅의王都를襲擊ᄒᆞ야景哀王을逼殺ᄒᆞ고子女와兵器와珍寶를略奪ᄒᆞ거ᄂᆞᆯ高麗王이使臣을。보

吊擁　叙逐

내여吊祭ᄒᆞ고景哀王의族弟。敬順王을擁立ᄒᆞ니敬順王이其國力이微弱ᄒᆞ야能히自立지。못ᄒᆞᆷ을知ᄒᆞ고高麗에歸降ᄒᆞ니新羅가赫居世로。브터敬順王ᄭᅡ지九百九十二年에亾ᄒᆞ고

後百濟王甄萱은其子神劒의게被逐ᄒᆞ야高麗로來歸ᄒᆞ거ᄂᆞᆯ高麗王이厚待ᄒᆞ고親히神劒을攻破ᄒᆞ니此ᄂᆞᆫ新羅가亾ᄒᆞᆫ지一年이라。이에海內가統一ᄒᆞ잇ᄂᆞ이다

第二十課　金屬

屬　採　爐　鍛鍊　貴 貨幣 釵

金。銀。銅。鐵의類는。다。견고ᄒᆞ고。또火에。녹기는
同ᄒᆞᆫ故로此를。죵히金屬이라稱ᄒᆞᄂᆞ니金屬
은。다光澤이。잇셔甚히美麗ᄒᆞ나地中에셔新
히採出ᄒᆞ면雜物이。셕기여石과。갓흔지라此
를礦金이라云ᄒᆞᄂᆞ이다
礦金을。씻셔려雜物은。바리고爐火中에。녹이
고。또鍛鍊ᄒᆞ야各種物品을製造ᄒᆞᄂᆞ이다
金은色이黃ᄒᆞ고光이美ᄒᆞ고量이重ᄒᆞ며銀
은色이白ᄒᆞ고光이美ᄒᆞ니。이兩種은金屬中
에第一貴ᄒᆞᆫ者라貨幣를造ᄒᆞ며。또時計와釵

環　鉛 鍮　灰 曝　鑄 鍋　刀 鍬

와指環等을製ᄒᆞᄂᆞ이다
銅은色이赤ᄒᆞᆫ고로赤銅이라。ᄒᆞᄂᆞ니此도。또
ᄒᆞᆫ貨幣를製造ᄒᆞ며此를鉛과合ᄒᆞ면鍮가。되
고鐵은灰色이라然ᄒᆞ나空氣中에曝ᄒᆞ면黑
色이生ᄒᆞᄂᆞᆫ고로黑鐵이라。ᄒᆞ며
鐵은其用이廣大ᄒᆞ니鑄匠은此로。써釜와鍋
를作ᄒᆞ고冶匠은刀와劍과鋤와鍬의等器를
造ᄒᆞ며。또軍器와兵船을製造ᄒᆞᄂᆞ이다
我國은各色礦物이多ᄒᆞ야天然의富源이有
ᄒᆞ오이다

第二十一課 楊萬春

楊萬春은高句麗의安市城主라隆熙元年前。一千二百六十三年에

遼 背 濠 賊

支那의唐太宗。李世民이。군사三十萬을。거나리고來伐홀서其臣下다려謂ᄒᆞ야曰。隋氏가高句麗의게屢次。敗ᄒᆞ얏스니我가。그羞耻를。씻ᄂᆞᆫ다ᄒᆞ고

世民이遼水를。건너其橋梁을。끈으니。이ᄂᆞᆫ歸路를斷ᄒᆞ야必死홀뜻을示홈이오背에親히土를負ᄒᆞ고。리왕ᄒᆞ야遼東의城濠를。메우며鼓를擊ᄒᆞ고呼喊ᄒᆞᄂᆞᆫ。소리가天地를。움지기더니

世民이。또安市城을。치거ᄂᆞᆯ萬春이城門을。굿

掩 闊 栽 鳥 郊

게。닷고奇兵을。너여掩襲ᄒᆞ야。친지。두달이오。
ᄯᅩ世民이流矢에中ᄒᆞᆫ바ㅣ。되야目을傷ᄒᆞ고
退歸ᄒᆞ얏ᄂᆞ이다

第二十二課 公園

各國都會에ᄂᆞᆫ公園이。잇ᄉᆞ니公園은廣闊ᄒᆞᆫ
空地에草木을栽培ᄒᆞ고魚鳥를飼養ᄒᆞ야衆
人이遊樂케。ᄒᆞᄂᆞᆫ곳이니市都中이나或市都
近郊에設置ᄒᆞᄂᆞ이다
人家가稠密ᄒᆞᆫ市街中에만居處ᄒᆞ면新鮮ᄒᆞᆫ
空氣를呼吸지。못ᄒᆞ야耳目을快樂케。ᄒᆞᆯ수。업

衰 鬱蒼 娛 復 朶 挑發 糞尿

ᄂᆞᆫ故로身體가衰弱ᄒᆞ거니와公園에ᄂᆞᆫ草木
이鬱蒼ᄒᆞ고空氣가淸潔ᄒᆞ며。ᄯᅩ花가開ᄒᆞ고
鳥가鳴ᄒᆞ고魚가游ᄒᆞᄂᆞᆫ것이。다人의耳目을
娛樂케。ᄒᆞᄂᆞᆫ것이라故로空氣가不潔ᄒᆞᆫ市內
에生活ᄒᆞᄂᆞᆫ者라도時時로公園에往遊ᄒᆞ면
忽然히身體의疲勞ᄒᆞᆷ을回復ᄒᆞ고
公園은衆人을爲ᄒᆞ야設置ᄒᆞᆫ것인故로衆人
이。서로注意ᄒᆞ야樹枝를。ᄭᅥᆨ지。말고花朶를取
치。말지며。ᄯᅩ公園이不潔ᄒᆞ면衆人의不快ᄒᆞᆫ
感情을挑發ᄒᆞᄂᆞᆫ故로糞尿等의汚穢物을放

燃燒 猛烈 飯炊

散ᄒᆞᄂᆞᆫ것은極惡ᄒᆞᆫ行爲오이다

第二十三課 石炭과石油

石炭은堅强ᄒᆞ기石과。갓고黑ᄒᆞ기炭과。갓흔
것이라木炭을燃燒ᄒᆞᄂᆞᆫ것。보다火力이猛烈
ᄒᆞᆫ故로燃料로用ᄒᆞᄂᆞ니大都會에柴草가稀
少ᄒᆞᆫ곳에ᄂᆞᆫ飯을炊ᄒᆞ고水를沸ᄒᆞᄂᆞᆫ데도石
炭을用ᄒᆞᄂᆞ이다
汽車와汽船과各樣工場에셔機械를運轉ᄒᆞ
ᄂᆞᆫ것은蒸氣力이오。큰。가마에。물을。ᄭᅳ려셔蒸
氣力을。만드ᄂᆞᆫ時에ᄂᆞᆫ。다石炭을。쓰ᄂᆞᆫ故로汽

森 薰

車와汽船과工場의烟
突에셔。나오는黑煙은。
다石炭의烟氣라工場
이最多ᄒᆞᆫ各國都會에
는烟突이森林과。갓치
空中에聳立ᄒᆞ야市街
가濃烟中에。싸힌지라。
어려ᄒᆞᆫ곳의家屋等은。
다煤烟에薰汚ᄒᆞ야。아
름다온光澤이。업스나。그러나人民은甚히富

饒殿 埋 掘 點湧

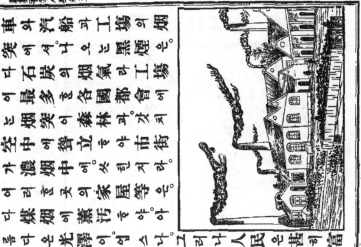

饒ᄒᆞ야。그家內에는金殿玉樓와。갓흔者ㅣ。만
이잇고
石炭은外面으로는石과。갓호나此는石이。아
니오太古時代에樹木이土中에埋沒ᄒᆞ야。된
것이라我國에도石炭이多ᄒᆞ나。아직採掘치。
아니ᄒᆞ야他國에셔輸入ᄒᆞᄂᆞ이다
洋燈에點火ᄒᆞ는石油도地中에湧出ᄒᆞ는것
이니地中에셔掘出ᄒᆞᆯ셰에는各種物이渾雜
ᄒᆞ야濃濁ᄒᆞ나。그것을精히製ᄒᆞ면。맑은기름
이。되ᄂᆞ이다

徐 保 契 蕭遜

第二十四課 徐熙一

徐熙는高麗成宗셔太保라九百十五年前에契丹장슈蕭遜寧이。군사八十萬을。거나리고

詰

入寇ᄒᆞ니。모든臣下가怯ᄂᆡ여。골오ᄃᆡ契丹은大國이라當치。못ᄒᆞᆯ지니地를。버혀和親ᄒᆞ자。ᄒᆞᄂᆞᆫ지라徐熙가正色ᄒᆞ야日。地를。버혀敵國의게。쥬면。이ᄂᆞᆫ萬世의。슈치니臣이。한번。싸오다가和親ᄒᆞᆷ이。늣지。안타。ᄒᆞ얏ᄂᆞ이다

이욱고蕭遜寧이。그兵勢를。밋고大臣을。보ᄂᆡ라。ᄒᆞ거ᄂᆞᆯ王이徐熙를。보ᄂᆡ니遜寧이日。我ᄂᆞᆫ大國의貴人이니汝가庭下에셔拜ᄒᆞ라。ᄒᆞᄂᆞᆫ지라徐熙가大怒ᄒᆞ야日。今에兩國大臣이相見時에。엇지無禮ᄒᆞ기如此ᄒᆞ뇨。ᄒᆞ고詰難ᄒᆞ

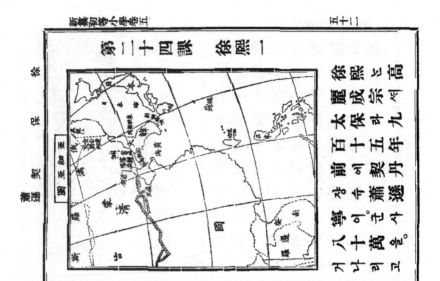

賓

기再三에遜寧이。듯지。아니ᄒᆞ거ᄂᆞᆯ熙가。더욱怒ᄒᆞ야。도라와戰爭을。쥰비。ᄒᆞ얏ᄂᆞ이다

第二十五課 徐熙二

蕭遜寧이。그屈服지。못ᄒᆞᆯ줄。알고賓主의禮로。ᄃᆡ접ᄒᆞ고東西에對坐ᄒᆞ야遜寧이言ᄒᆞ야曰。貴國이新羅ᄯᅡ에서起ᄒᆞ얏스니高句麗ᄯᅡᄂᆞᆫ我의領有ᄒᆞᆯ바어ᄂᆞᆯ今에貴國이侵占ᄒᆞᆫ고로動兵ᄒᆞ얏노라。ᄒᆞ거ᄂᆞᆯ熙가答曰。我國은。곳高句麗의。舊地라故로高麗라。일커럿스니然ᄒᆞᆫ즉高句麗ᄯᅡᄂᆞᆫ我國이。

反　慰宴　懇

옹당。가질바ㅣ니貴國東京도我의게。돌녀보ᄂᆡᆯ지라。엇지反히侵占ᄒᆞᆫ다。ᄒᆞ리오。ᄒᆞ고言語가。심이正大ᄒᆞ니遜寧이。그ᄯᅳᆺ으로契丹主의게告ᄒᆞᆫᄃᆡ契丹主가和親ᄒᆞ라。ᄒᆞᄂᆞᆫ지라이에遜寧이徐熙를慰勞코쟈ᄒᆞ야大宴을。베풀거ᄂᆞᆯ熙가遜寧다려。일너曰。我國이。비록。그른일은。업스나上下가。황황ᄒᆞ고兵士ᄂᆞᆫ露處ᄒᆞᆫ지。오리니我ㅣ。엇지宴樂으로。질기리오。ᄒᆞᆫᄃᆡ遜寧이。글오ᄃᆡ兩國大臣이。셔로和親ᄒᆞᄂᆞᆫ셕에。엇지宴禮가。업스리오。ᄒᆞ고懇請ᄒᆞ거ᄂᆞᆯ

律柁 擧 軒昂 訝 奸

不得已ᄒᆞ야許諾ᄒᆞ얏ᄂᆞ이다
이에世上사ᄅᆞᆷ이。일컷되徐太保의三寸舌이
蕭遜寧의八十萬兵을當ᄒᆞᆫ다。ᄒᆞ얏ᄂᆞ이다

第二十六課 몬데스규의陰德一

法蘭西國에。몬데스규。라。ᄒᆞᄂᆞᆫ人은高明ᄒᆞᆫ法律家라一日은河水를渡ᄒᆞᆯ시舟中에柁工二人의擧行이分明ᄒᆞ거ᄂᆞᆯ仔細히見ᄒᆞ니氣品이軒昂ᄒᆞ야賤業子와不同ᄒᆞᆫ지라
몬데스규。가疑訝ᄒᆞ야。그緣故를問ᄒᆞᆫ대答ᄒᆞ야日。吾等二人은兄弟라七十老父가奸人의

騙巨 債 奴隷 償 雇傭 泣涕 惻隱

欺騙을受ᄒᆞ야巨額의債를負ᄒᆞ고現今에被賣ᄒᆞ야遠히美洲南方에驅去ᄒᆞ야奴隷가。되얏스니我兄弟二人이。비록日夜로悲歎ᄒᆞ나報償ᄒᆞᆯ力이。업ᄂᆞᆫ지라
故로我兩人이此船에來ᄒᆞ야雇傭ᄒᆞ되得ᄒᆞᆫ바錢兩이不多ᄒᆞ니何日에나我父의面을見ᄒᆞ리오。ᄒᆞ고泣然히流涕ᄒᆞ거ᄂᆞᆯ。몬데스규。가惻隱히。녁이여賞給을厚히。ᄒᆞ얏ᄂᆞ이다

第二十七課 몬데스규。의陰德二

其後에柁工兄弟가家에歸ᄒᆞ얏더니一日은

深 叩 執 泣 驚 鬼 夢 寐 贖

夜深ᄒᆞᆫ데忽然히門을叩ᄒᆞᄂᆞᆫ聲이有ᄒᆞ거ᄂᆞᆯ二人이出見ᄒᆞ니其父라二人이悲喜ᄒᆞ기極ᄒᆞ야其父의手를執ᄒᆞ고涕泣ᄒᆞ다가其如何히還國ᄒᆞᆫ緣由를。무론ᄃᆡ

其父ㅣ失驚ᄒᆞ야曰。吾가人의奴隸가。되야。엇지故國에生還키를念ᄒᆞ얏스리오自思ᄒᆞ되異域의鬼가。되리라。ᄒᆞ얏더니一日은夢寐밧게某人이金을持ᄒᆞ고來ᄒᆞ야汝의使者라。ᄒᆞ고我를贖身ᄒᆞ야回國ᄒᆞ얏다。ᄒᆞᄂᆞᆫ지라

이에兄弟二人이其緣由를。아지못ᄒᆞ고。다만空中을向ᄒᆞ야拜謝ᄒᆞ고其恩人을祝壽ᄒᆞ니此說이遠近에傳播ᄒᆞ나畢竟何人의所爲인줄은不知ᄒᆞ얏ᄂᆞ이다

播 篋 寫 弗

其後몬데스큐。가死ᄒᆞᆫ後에門弟子가見ᄒᆞ니其遺篋中日記에寫ᄒᆞ얏스되某年月日에某處柁工兄弟의父를爲ᄒᆞ야金二千弗을美洲에送ᄒᆞ얏다。ᄒᆞᆫ지라。그제야父子三人이。몬데스큐。가送金ᄒᆞᆫ줄을。알앗ᄂᆞ이다

第二十八課　我等의世界

我等의住居ᄒᆞᆫ世界ᄂᆞᆫ即地球라

非　加　酷　央

其表面은陸과水니陸에ᄂᆞᆫ亞細亞洲와亞非利加洲와歐羅巴洲와濠大利亞洲와北亞米利加洲와南亞米利加洲의六大洲가有ᄒᆞ며此中에亞細亞와亞非利加와歐羅巴와濠大利에在ᄒᆞᆫ部分은東半球라稱ᄒᆞ고南北亞米利加에在ᄒᆞᆫ部分은西半球라名ᄒᆞᄂᆞ이다

地球上에ᄂᆞᆫ極寒ᄒᆞ며極暑ᄒᆞᆫ處가。잇스니其南端과北端에ᄂᆞᆫ寒氣가酷烈ᄒᆞ야居民이氷으로造成ᄒᆞᆫ家에住ᄒᆞ니。이런地方은寒帶地方이라稱ᄒᆞ고其中央에在ᄒᆞᆫ地方은四時의別이無ᄒᆞ고恒常我國夏節의日中보다熱ᄒᆞ며住民은大概職業을營치。아니ᄒᆞ고野生果物을食ᄒᆞ고生活ᄒᆞ니。이런地方은熱帶地方이라稱ᄒᆞᄂᆞ이다

我國은適히其中間에在ᄒᆞ야寒暑가調和ᄒᆞ니。이런地方은溫帶地方이라稱ᄒᆞᄂᆞ이다

第二十九課　東西洋諸國一

東洋의諸國은我國과日本과支那와印度等國이오其他ᄂᆞᆫ西洋各國이라稱ᄒᆞᄂᆞ이다

日本과支那ᄂᆞᆫ我國과。갓치亞細亞洲中에在

營　調　印度

邦　逸斯墺　倫

ᄒᆞ니古來브터我國과隣近ᄒᆞᆫ邦이오又。印度도。우리亞細亞洲南邊에在ᄒᆞ니文化가早開ᄒᆞᆫ國이오佛教의始祖釋迦가生ᄒᆞᆫ處라今에ᄂᆞᆫ英國管轄이。되얏ᄂᆞ이다

西洋諸國中에其强ᄒᆞᆫ。나라를擧ᄒᆞ면英吉利와法蘭西와獨逸과俄羅斯와以太利와墺太利와北米合衆國等이오이다

第三十課　東西洋諸國二

英吉利ᄂᆞᆫ歐羅巴西邊에在ᄒᆞᆫ島國이니京城을倫敦이라稱ᄒᆞ며世界中에最大ᄒᆞᆫ都會오

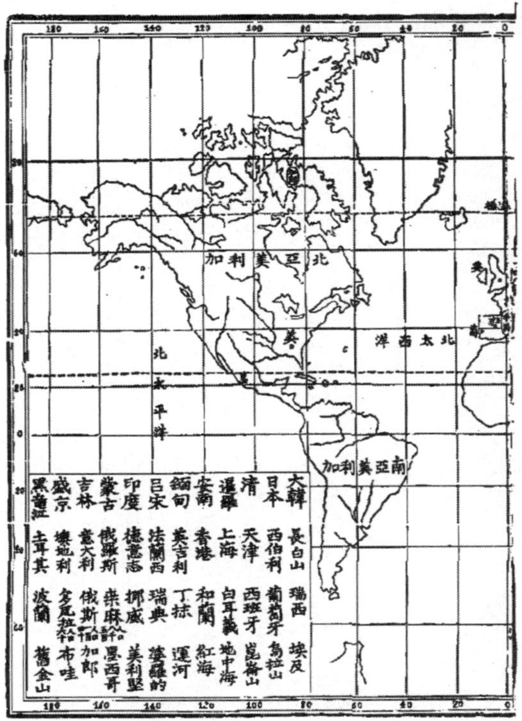
北亞美利加
北太西洋
北太平洋
南亞美利加
大韓 長白山 瑞西 埃及
日本 西伯利 葡萄牙 烏拉山
清 天津 西班牙 崑崙山
暹羅 上海 白耳義 地中海
安南 香港 和蘭 紅海
緬甸 英吉利 丁抹 運河
呂宋 法蘭西 瑞典
印度 德意志 挪威 美利堅
蒙古 俄羅斯 墨西哥
吉林 意大利
盛京 墺地利 布哇
黑龍江 土耳其 波蘭 舊金山

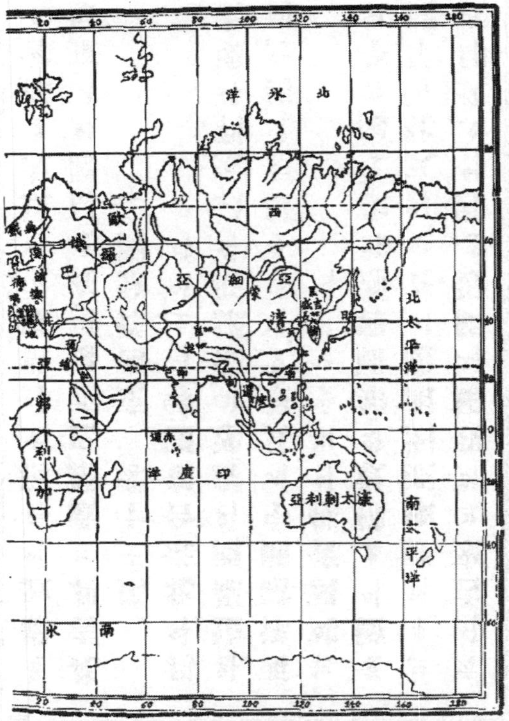
北氷洋
歐羅巴
亞細亞
北太平洋
印度洋
濠太剌利亞
南太平洋
南氷洋

伯 堡 也

其他。法蘭西와獨逸과俄羅斯와以太利와墺太利ᄂᆞᆫ。다歐羅巴大陸中에在ᄒᆞ니此等을共稱ᄒᆞ야歐洲의六大國이라。이르ᄂᆞ니法蘭西의巴里와獨逸의伯林과俄羅斯의聖彼得堡와以太利의羅馬와墺太利의維也納等은各各。其國의京城이니。다有名ᄒᆞᆫ都會오

北美合衆國은北亞米利加洲中部의大國이오京城은華盛頓이라名ᄒᆞ니亦是世界의一大都會오이다

第三十一課 蜘蛛의經綸

蜘蛛 網巢 嚙 牽

蜘蛛가綿紬의絲와。갓흔細絲를紡出ᄒᆞ야。그긋을木葉或樹枝에。붓쳐網을設ᄒᆞ야巢를作ᄒᆞᄂᆞ니。그貌樣이車輪과。갓소이다

蜘蛛가網의中央에居ᄒᆞ야四方으로注目ᄒᆞ다가蟲類가。걸니면。쎌니。나아가嚙ᄒᆞ야齒의毒을注ᄒᆞ야殺ᄒᆞᆫ後에巢內에牽入ᄒᆞ야食ᄒᆞ고。

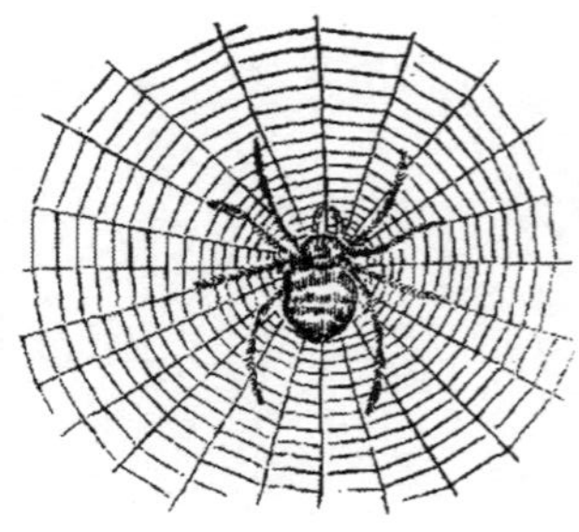

蜂捉 左右 纏縛 妨碍

或蜂이網에。걸니면蜘蛛가卽時捉入지。아니ᄒᆞᄂᆞ니此ᄂᆞᆫ蜂의게被刺ᄒᆞᆯ가恐ᄒᆞᆷ이오蜂이左往右來ᄒᆞ고搖動ᄒᆞ다가力이。다ᄒᆞᆫ後에야。비로소出ᄒᆞ야絲로。써蜂을纏縛ᄒᆞ야動치。못ᄒᆞ게。ᄒᆞ고嚙殺ᄒᆞᄂᆞ이다

또蜘蛛가鳥屬을避ᄒᆞ야晝에ᄂᆞᆫ暗處에居ᄒᆞ다가夜間에出ᄒᆞ며。또網을張ᄒᆞᆷ이淸潔에妨碍ᄒᆞ나有害ᄒᆞᆫ虫을捕食ᄒᆞᄂᆞᆫ故로利益이。잇ᄂᆞ이다

第三十二課 水의變化一 氷、水、水蒸氣、雲、霧、雨

水가嚴冬에는凝結ᄒᆞ야
氷이。되ᄂᆞ니此는人의習
見ᄒᆞᄂᆞᆫ바오此外에。또水
의變化가。만으니
이제一器의水를日光에
曝置ᄒᆞ면其水가漸漸減
ᄒᆞ야涸ᄒᆞᄂᆞ니卽水의蒸
發이오蒸發ᄒᆞᆫ水는變ᄒᆞ
야水蒸氣가。되ᄂᆞ니凡江、
湖。河。海와一切濕地의水가。다時時로蒸發ᄒᆞ

야水蒸氣를成ᄒᆞ며
水蒸氣가甚히輕ᄒᆞᆫ故로空中으로上升ᄒᆞ다
가冷을遇ᄒᆞ면凝結ᄒᆞ야細微ᄒᆞᆫ水滴이。되야
空際에浮ᄒᆞᄂᆞ니。이는雲이오
冬日에人의口中에셔呼出ᄒᆞᄂᆞᆫ白氣는口中
의水蒸氣가凝結ᄒᆞᆫ氣니。곳雲을成ᄒᆞᄂᆞᆫ理와
同ᄒᆞ고春日의霞와秋日의霧도。또ᄒᆞᆫ雲이오
雲中의細點이。다시合ᄒᆞ야最大ᄒᆞᆫ水球가。되
다가重ᄒᆞᆫ고로下墜ᄒᆞᄂᆞ니。이는雨라雨의功
用이甚大ᄒᆞ나萬一過ᄒᆞ면川이溢ᄒᆞ고山이

崩 塊 霰 雹 暴 借

崩ᄒᆞᄂᆞ니故로害도。또ᄒᆞᆫ甚大ᄒᆞᄂᆞ이다

第三十三課 水의變化二 雹、霰、雪、露、霜

雨點이下ᄒᆞ다가驟寒ᄒᆞᆫ空氣를遇ᄒᆞ면凍ᄒᆞ야氷塊가。되ᄂᆞ니小者ᄂᆞᆫ霰이오大者ᄂᆞᆫ雹이라霰과雹이來時에ᄂᆞᆫ多히暴風과借來ᄒᆞ고空中의氣가極烈ᄒᆞᆫ寒을遇ᄒᆞ

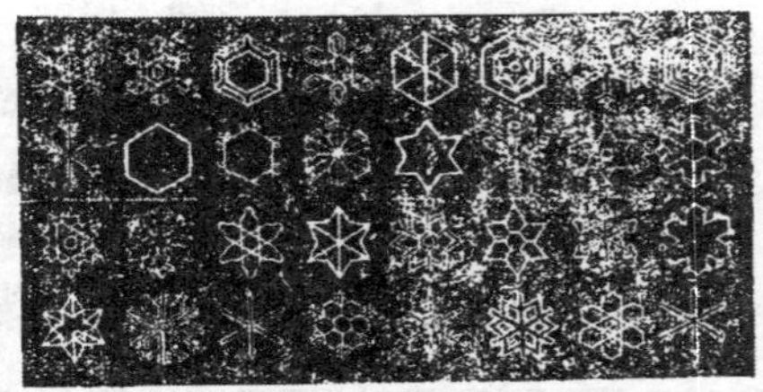

珠 令 晴

면雨點을成치。못ᄒᆞ고凝結ᄒᆞ야下ᄒᆞᄂᆞ니。이ᄂᆞᆫ雪이오雪의花ᄂᆞᆫ形狀이奇異ᄒᆞ며

秋日淸晨에見ᄒᆞ면草木의葉上에淸水가滴。ᄒᆞ기珠와如ᄒᆞᄂᆞ니。이ᄂᆞᆫ露라其原因은葉傍空氣中의水蒸氣가夜涼을因ᄒᆞ야凝ᄒᆞᆫ것이오萬一天氣가嚴寒ᄒᆞ면水蒸氣가水滴을成키前에凝結ᄒᆞ야霜이。되ᄂᆞ니。이ᄂᆞᆫ冬令에多ᄒᆞ고晝에天氣가暖ᄒᆞ면露와霜이。다시蒸發ᄒᆞ야水蒸氣가。되야空氣中에發散ᄒᆞ고晴夜。에天이寒ᄒᆞ면霜、露가。가쟝濃ᄒᆞ니以上雨、露

滲 匯井 泉 曬 循

霜。雪은。다水의變形이라
大抵地面의水가蒸發ᄒᆞ야空中에升ᄒᆞ다가
雨。露。霜。雪이。되야地面에降ᄒᆞ면其一分은土
中에滲入ᄒᆞ고一分은地面에流集ᄒᆞ얏다가
江河에匯入ᄒᆞᄂᆞ니其土中에滲入ᄒᆞᆫ것은井
과泉이。되고。또江河와合流ᄒᆞ야海에入ᄒᆞ며
河海의水ᄂᆞᆫ日의蒸曬를受ᄒᆞ고蒸發ᄒᆞ야水
蒸氣가。되ᄂᆞ니天地間의水가。비록變化가有
ᄒᆞ나其實은循環ᄒᆞ야往復ᄒᆞᆯ섇이오이다

第三十四課 馬를獻ᄒᆞ고瓜를得홈

瓜 勸 獻 耕 吝嗇

一農夫가性品이正直ᄒᆞ고勤勉ᄒᆞ더니一日
은其田에서大瓜를得ᄒᆞ고思ᄒᆞ되我의員님
은百姓을爲ᄒᆞ야勸農ᄒᆞ시거ᄂᆞᆯ我가瓜를見
ᄒᆞ고。엇지獻치。아니리오。ᄒᆞ고獻ᄒᆞ얏더니員
이。그農夫의耕作이。부지런ᄒᆞᆫ것을稱讚ᄒᆞ고
銀十圜을賞給ᄒᆞᄂᆞᆫ지라
이ᄯᅢ。동리에。한富者가。잇스니極히吝嗇ᄒᆞᆫ。사
롬이라。이말을。듯고生覺ᄒᆞ되我의員님이一
瓜에도賞金이如此ᄒᆞ니萬一내가馬를獻ᄒᆞ
면必然큰賞金을得ᄒᆞ리라。ᄒᆞ고急히馬를獻

請 測

ᄒᆞ얏더니員이馬를見ᄒᆞ고疑訝ᄒᆞ야曰。此人은吝嗇ᄒᆞᆫ。사ᄅᆞᆷ이라必然賞金을要求ᄒᆞᆷ이라。ᄒᆞ고馬를退ᄒᆞ얏더니

其人이果然强請ᄒᆞ기。마지。안ᄂᆞᆫ지라員이不得已。受納ᄒᆞ니其人이大喜ᄒᆞ거ᄂᆞᆯ員이其所爲가不測ᄒᆞᆷ을。미워ᄒᆞ야農夫가來獻ᄒᆞ든瓜를賜ᄒᆞ야曰。汝가價高ᄒᆞᆫ物件을獻ᄒᆞ얏기로我도亦是價高ᄒᆞᆫ것으로回謝ᄒᆞᆫ다。ᄒᆞ얏ᄂᆞ이다

第三十五課 人蔘

蔘 崔 府稅售課

우리나라物産中에外國에輸出ᄒᆞ기ᄂᆞᆫ礦物에ᄂᆞᆫ金과銀이오植物에ᄂᆞᆫ白米와黃豆오此外에。또人蔘이。잇스니

人蔘은百餘年前에忠淸道사ᄅᆞᆷ崔文이蔘種子를。심엇다가淸國商賈의게發賣ᄒᆞ니大利가。잇ᄂᆞᆫ지라。그後에開城싸에。만히。심으고政府에셔稅錢을。밧으며每年淸國에出售ᄒᆞ고近日에ᄂᆞᆫ度支部로셔開城에蔘政課를置ᄒᆞ얏ᄂᆞ이다

이蔘은。시루에。ᄶᅧ셔色이。붉은고로紅蔘이라

ᄒᆞ고。또紅蔘은白蔘보다無毒ᄒᆞ며淸國사ᄅᆞᆷ이甚히。질기ᄂᆞ이다

또山蔘이라。ᄒᆞᄂᆞᆫ것은。깁흔山中에셔。심으지。아니ᄒᆞ고自然히。나ᄂᆞᆫ것이니此ᄂᆞᆫ世上에셔謂ᄒᆞ되不老草라。ᄒᆞᄂᆞ이다

第三十六課　姜邯贊

姜邯贊은徐熙와同時人이오。벼살이上將軍이라八百八十九年前에契丹의大將蕭遜寧이。또甲士十萬을。거ᄂᆞ리고入寇ᄒᆞ거ᄂᆞᆯ邯贊이義州。興化鎭山谷가온ᄃᆡ伏兵ᄒᆞ고牛

皮에大繩을。ᄭᅦ여大川을。막엇다가敵兵이。이

ᄅᆞ거ᄂᆞᆯ。그막엇든것을決ᄒᆞ고伏兵이。이러ᄂᆞ니遜寧이大敗ᄒᆞ야。다시間道로京師를犯ᄒᆞ거ᄂᆞᆯ邯贊이。또京師를來援ᄒᆞ얏ᄂᆞ이다

이욱고邯贊이。또

迎殭屍 凱彩遮 醜矮 廷屹柱

遜寧의歸軍을迎戰ᄒᆞ야。크게破ᄒᆞ니殭屍가
野에。가득ᄒᆞ고人口와馬疋과甲冑와兵器를。
엇은것이山과。갓ᄒᆞ며遜寧의餘軍이。겨우數
千人ᄲᅮᆫ이러라
邯贊이凱歌를。부르고。도라오니王이彩色遮
日을。치고城外에。나아와。마지며親히八枝金
花로。써邯贊의頭上에。ᄭᅩᆺ고慰勞ᄒᆞ기를。마지
아니。ᄒᆞ얏ᄂᆞ이다
邯贊이産業을。일삼지。아니ᄒᆞ고形貌가醜矮
ᄒᆞ나朝廷에。셔셔屹然히柱石之臣이。되야。나

碧 縮 膚 恰

라의安危가。그一身에。미기를數十年이오이
다

第三十七課 世界의人種

地球上에各色人種이。잇스니英。佛。獨。露各國
等의歐羅巴人은體形이長大ᄒᆞ고鼻가高ᄒᆞ
고色이白ᄒᆞ며髮은赤ᄒᆞ고眼이碧ᄒᆞ고 亞
非利加人은色이黑ᄒᆞ고鼻가平ᄒᆞ며毛髮이
細縮ᄒᆞ고 印度人은身의長과鼻의準이歐
羅巴人과近似ᄒᆞ나皮膚와毛髮의黑色은亞
非利加人과恰似ᄒᆞ고

我國과日本과淸國等의亞細亞人은色이黃ᄒᆞ고髮이黑ᄒᆞ며歐羅巴人에比ᄒᆞ면身長이稍히矮ᄒᆞ며鼻準이。또ᄒᆞᆫ低ᄒᆞ고亞細亞의南部에。잇ᄂᆞᆫ半島와。및羣島에住居ᄒᆞᄂᆞᆫ馬來人은亞細亞人과酷肖ᄒᆞ나皮膚가稍黑ᄒᆞ야我國의漁父가夏日에曝黑

ᄒᆞᆷ과如ᄒᆞ고　亞米利加人은歐羅巴에셔移住ᄒᆞᆫ人種인즉歐羅巴人과無異ᄒᆞ며自古로該地에原居ᄒᆞ든土人은馬來人과相似ᄒᆞ고」今日에開化ᄒᆞᆫ者ᄂᆞᆫ歐羅巴人과亞細亞人이라亞細亞人은韓。日。淸三國이其大部分을占ᄒᆞ얏고歐羅巴人은文字를。쓰ᄂᆞᆫ디左에셔右로向ᄒᆞ야橫書ᄒᆞ고我等亞細亞人은右로。브터始初ᄒᆞ되上으로。브터下向ᄒᆞ야縱書ᄒᆞᄂᆞ니韓。日。淸三國은漢文을通用ᄒᆞ되漢字의。사이에國文이나假名을交用ᄒᆞᆷ은我韓과日本

斜照

이同ᄒᆞ오이다

第三十八課 五帶의寒暖과生物一

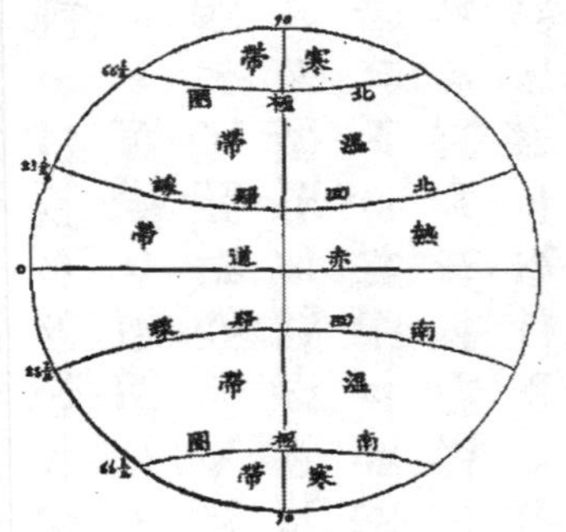

世界上에氣候가各各。不同ᄒᆞ니地球中心의週ᄂᆞᆫ赤道라日光이直射ᄒᆞᄂᆞᆫ故로氣候가極히熱ᄒᆞᆫ지라稱ᄒᆞ야曰。熱帶오

熱帶의北은曰。北溫帶오其南은曰。南溫帶니日光이斜히照ᄒᆞ야氣

炎

候가溫和ᄒᆞ고

北溫帶의北은曰。北寒帶오南溫帶의南은曰。南寒帶니日光이。더욱斜照ᄒᆞ야氣候가極히冷ᄒᆞ니。이ᄂᆞᆫ五帶의相異ᄒᆞᆫ。곳이오이다

熱帶의地ᄂᆞᆫ終年토록炎熱이特甚ᄒᆞ고寒帶의地ᄂᆞᆫ終年토록冬과如ᄒᆞ야氷雪이消치。아니ᄒᆞ며我國은北溫帶에處ᄒᆞ야甚寒ᄒᆞᆷ과甚熱ᄒᆞᆷ이。업ᄂᆞ이다

ᄯᅩ世界에生物이氣候를。ᄯᅡ라異ᄒᆞ니氣候가熱ᄒᆞ면生物이。더욱多ᄒᆞ고冷ᄒᆞ면生物이。더

賴 卉

욱少ᄒᆞ니。이ᄂᆞᆫ生物의發生과成長이。다熱을賴홈이오이다

第三十九課

五帶의寒暖과生物 二

熱帶의植物은奇卉와大樹가多ᄒᆞ고其葉이

棕櫚 芭蕉 咖啡 茂 偉 蛇 杉 樺 蘚 狗 熊

冬。夏에常히青ᄒᆞ고棕櫚와芭蕉와咖啡의類가。더욱茂盛ᄒᆞ고其動物은體格이偉大ᄒᆞ고羽毛가美麗ᄒᆞ고虎와豹와獅와象과毒蛇와大鳥가產ᄒᆞ고

溫帶의植物은穀食과果物이富ᄒᆞ고樹木에ᄂᆞᆫ松杉이가장盛ᄒᆞ고動物은牛와馬와羊과豕와鳴禽의類가多ᄒᆞ고

寒帶ᄂᆞᆫ天氣가漸冷ᄒᆞᆯ사록生物이漸少ᄒᆞ야僅히樺와楊과苔蘚과海狗와白熊의屬이오南極과北極下에ᄂᆞᆫ生物의影跡이。업ᄂᆞ이다

陰 翠 宜 酸瓦 澄

第四十課 樹木의利益

簷際에樹數株가高出ᄒᆞ면夏日에ᄂᆞᆫ濃陰이地에滿ᄒᆞᆯ지니人이其中에居處ᄒᆞ면精神이灑落ᄒᆞ고樹를道傍에種ᄒᆞ면冬에ᄂᆞᆫ寒風을막고夏에ᄂᆞᆫ烈日을。가리며。그蒼翠ᄒᆞᆫ빗이。더욱人의게適宜ᄒᆞ고

人의口。鼻에셔出ᄒᆞᄂᆞᆫ氣ᄂᆞᆫ炭酸瓦斯라空氣를渾濁케。ᄒᆞᄂᆞ니此를吸ᄒᆞ면人의身을傷ᄒᆞ나。오쟉植物은炭酸瓦斯를吸ᄒᆞ야生長ᄒᆞᄂᆞᆫ고로林木이茂盛ᄒᆞᆫ地ᄂᆞᆫ空氣가澄淸ᄒᆞ고

蟠 盤 旱 薪充

深山中에ᄂᆞᆫ林木의枝葉은上에셔蟠欝ᄒᆞ고樹根이下에盤結ᄒᆞ야急ᄒᆞᆫ雨水의勢를停留ᄒᆞᄂᆞᆫ故로水가徐히山谷을緣ᄒᆞ야平地로下ᄒᆞᄂᆞ니此를因ᄒᆞ야水患이滅ᄒᆞ며

樹木이多ᄒᆞᆫ곳에ᄂᆞᆫ氣候가稍冷ᄒᆞᆫ고로水蒸氣가凝ᄒᆞ야雨를成ᄒᆞ기易ᄒᆞ니。이ᄂᆞᆫ林木이。ᄯᅩ旱을止케。홈이오

木材의用이宮室과橋梁과器械를製ᄒᆞ며。ᄯᅩ薪과炭에充ᄒᆞ며其果實은食品이。되ᄂᆞ니然ᄒᆞᆫ즉樹木을善히培養ᄒᆞ면利가莫大ᄒᆞ오이

다

新纂初等小學卷五漢字

句[二課]并據朴赫朱蒙猜忌衆渾沸征祚滅領襲帶飼[二]捷被眼
瞳齒尖銳舌刺骨附舐掌橋爪鉤尋攫取突伸構搏豹凶
猛蝦[三]棲由屈胄頭觸胸翅迫跳蟹螯浦[四]留源甑沃溝務詛
黑[五]輝煌燦稜繁[六]產豊稠密豆綠比殘凉適丈[七]聳挺概柏脈
莖鬚筍芽層穉禦護持脫落稀宇饌供佳普笠析編[八]丘尼
魯省厭倦治著沒纂孟[九]亞軻輿鄒儒叔[十]路狂醉吸禁酒驅[十一]
困憊霧遍咫辨懼影悲怪散濱[十二]消炭茶交換勸勉[十三]獎勵賚
渡設畵像奠幸講聽俊唐[十四]佛符經摩陀寺仰釋迦銅幡蓋
典殺亮創后院圖[十五]剎橡岾醒悅仙堅歎乙[十六]隋楊攻疆擾兵
旋絡繹皷涓疲弊將逃麟川陣班卒拔抄乘潰奔僅爽[十七]快

呼活族濁穢集臭證灑掃注 十八 奢戈慈叛既 十九 解弛弓奇邑封
傲拾甄萱哀珍奪吊擁斂逐 二十 屬採爐鍛鍊貴幣叙環鉛鑰
灰曝鑄鍋刀鍬 二十一 遼脊濠喊掩 二十二 闕栽鳥郊衰爵蒼娛復朶挑
糞屎 二十三 燃燒烈飯炊森薰饒殿埋掘點湧 二十四 徐保契蕭遜詰 二十五 賓
反慰宴懇 二十六 律柁舉軒昂訝奸驅巨債奴隸儻雇傭泫涕惻
隱 二十七 深叩執泣叢鬼夢痳臏播饑寫弗 二十八 非加酷央營調 二十九 印度
邦逸斯堧 三十 倫伯堡也 三十一 蜘蛛網巢嗤率蜂捉左右蠅縛妨碍
三十二 凝滅淵湖升滴際浮霞墜溢崩 三十三 塊霰雹暴偕晨珠令晴滲
匪井泉曬循 三十四 瓜勸獻耕吝嗇請測 三十五 薆崔府稅售課 三十六 姜邯贊
繩迎殭屍凱彩遮醜矮廷屹杜 三十七 碧縮膚恰稍低宵該繼 三十八 斜
照炎頹 三十九 卉棕櫚芭咖啡茂偉蛇杉樺蘇狗熊 四十 陰翠宜酸瓦
澄蟠盤．旱薪充

學部檢定

著作及版權所有

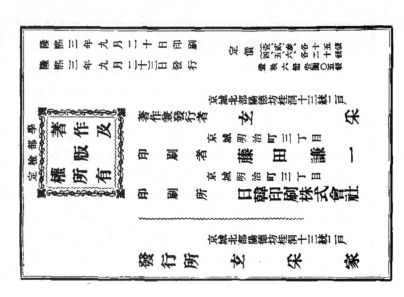

隆熙三年九月二十日印刷
隆熙三年九月二十三日發行

定價 (壹、貳、參、各十五錢 / 四、五、六、各二十錢) 壹秩六冊壹圓〇五錢

京城北部陽德坊桂洞十三統二戶
著作兼發行者　玄采

京城明治町三丁目
印刷者　藤田謙一

京城明治町三丁目
印刷所　日韓印刷株式會社

京城北部陽德坊桂洞十三統二戶
發行所　玄采家

新纂初等小學 六

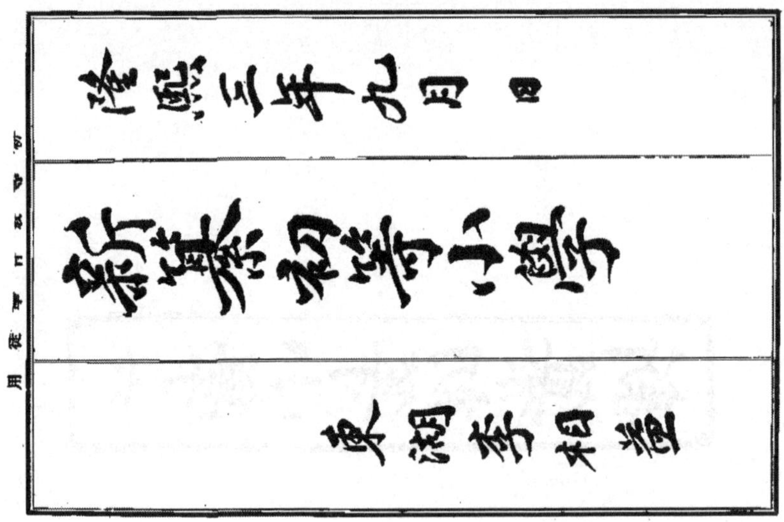
隆熙三年九月 日
新纂初等小學
東湖李相益

新纂初等小學卷六目錄

鴻鴈 輩揚 帛 筐繫

新纂初等小學卷六

第一課 氣球

一日은兄弟두사룸이庭前에셔散步ᄒᆞ다가
鴻鴈이。날아가는것을見ᄒᆞ고
弟曰吾輩가鳥와。갓치空中에飛揚ᄒᆞ면眼界
가。넓겟소이다。ᄒᆞᆫ딕兄曰。人이氣球를乘ᄒᆞ면
鳥와。갓치空中으로。날아다니ᄂᆞ니라
弟曰氣球는。엇던것이온잇가兄曰。帛으로。써
球를。민드러其中에瓦斯를充滿케。ᄒᆞ고球의
下에筐을繫ᄒᆞ야人이其中에居ᄒᆞ면氣球가

挈　沈　貯　觀

人을挈ᄒᆞ야上升ᄒᆞᄂᆞ니라
弟曰。氣球가。엇지上升ᄒᆞᄂᆞ잇가兄曰。物이重ᄒᆞ면沈ᄒᆞ고輕ᄒᆞ면浮ᄒᆞᄂᆞ니大地를空氣가包裹ᄒᆞᆫ故로空氣보다重ᄒᆞᆫ物은。다地上에附

着ᄒᆞ거니와瓦斯ᄂᆞᆫ空氣보다輕ᄒᆞᆫ지라。그런고로球中에貯ᄒᆞ면上升ᄒᆞᄂᆞ니汝가水를觀ᄒᆞ라鐵은沈ᄒᆞ

史輯　詩　撰　辟　振　繪率

고木은浮ᄒᆞᄂᆞ니球의上升ᄒᆞᆷ이木이水上에浮ᄒᆞᆷ과如ᄒᆞ니라

第二課　文學의進步及衰退

文學은高句麗에셔ᄂᆞᆫ國史一百五卷을纂輯ᄒᆞ고詩文은乙支文德브터始ᄒᆞ얏고
百濟에셔ᄂᆞᆫ百濟記와百濟新撰과百濟本記等冊을著述ᄒᆞ얏스며
新羅ᄂᆞᆫ薛聰이方言으로九經을解釋ᄒᆞ고崔致遠은文名이天下에振動ᄒᆞ얏고書法에ᄂᆞᆫ僧。金生이오繪畵에ᄂᆞᆫ僧。率居오이다

私　閣　毅　鄭　亂

高麗에ᄂᆞᆫ太祖와成宗이學校를設ᄒᆞ고文宗時에崔冲은海東孔子라學堂을私設ᄒᆞ고睿宗은宋에留學生을遣ᄒᆞ고王이親히寶文閣에셔經義를講ᄒᆞ니自此로學術이漸漸進步ᄒᆞ고仁宗時에ᄂᆞᆫ學校를諸州에設ᄒᆞ야人民의子弟ᄭᆞ지入學게。ᄒᆞ더니

文學이進步ᄒᆞᄂᆞᆫᄃᆡ로。또弊가生ᄒᆞ야毅宗時에ᄂᆞᆫ文人林宗植等이武官을賤待ᄒᆞ다가鄭仲夫의亂을起ᄒᆞ야一時에死ᄒᆞᆫ者ㅣ數百이오此後로武官이專橫ᄒᆞ다가忠烈王時에文

頤程　齊穡　皮筋　顱腦髓軀幹

學이再興ᄒᆞ고忠宣王은元國의燕京에往ᄒᆞ야萬卷堂을建ᄒᆞ고文人。學士와交遊ᄒᆞ며忠肅王時에ᄂᆞᆫ白頤正이元으로셔歸ᄒᆞ야程子와朱子의學을廣布ᄒᆞ니自此로儒學이。다시大振ᄒᆞ야其中에李齊賢과鄭夢周와李穡은高麗國의最大ᄒᆞᆫ賢人이。되얏ᄂᆞ이다

第三課　身體의結構及骨肉

人身의外部ᄂᆞᆫ皮膚오其內ᄂᆞᆫ筋肉이오。또其內ᄂᆞᆫ骨이니骨은人身의運動을便케。ᄒᆞ며頭顱內에ᄂᆞᆫ腦髓가。잇고軀幹內에ᄂᆞᆫ循環器와

排泄 架 腕 臂

呼吸器와消化器와排泄器가。잇ᄂᆞ이다
骨은人身의架오筋肉이其上에附着ᄒᆞ야肢體를運動케。ᄒᆞ고。또各種機關을保護ᄒᆞ며筋肉은中央이肥ᄒᆞ고兩端은細ᄒᆞ야伸縮ᄒᆞ기自如ᄒᆞᆫ故로能히各部를運動ᄒᆞᄂᆞ이다

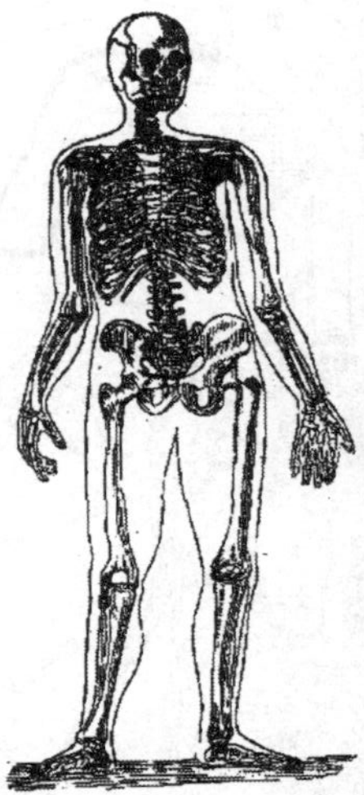

大抵手腕이屈。伸ᄒᆞᆯ時에ᄂᆞᆫ上臂前後

互 因 折 偏 臟腑 礙

의筋肉이互히伸。縮ᄒᆞ며其兩端에堅強ᄒᆞᆫ筋이有ᄒᆞ니此ᄂᆞᆫ骨을因ᄒᆞ야上下케。ᄒᆞᄂᆞᆫ者오이다
老人은骨이折斷키易ᄒᆞ며少年時에坐立이不正ᄒᆞ면畢生토록軀體가偏曲ᄒᆞ고。또臟腑에有礙ᄒᆞ야疾病이叢生ᄒᆞ며老人은用力이過大ᄒᆞ면折骨ᄒᆞ기易ᄒᆞ고筋肉은細絲로成ᄒᆞᆫ것이오이다

第四課 平壤

平壤은平安道의首府오。우리나라에。몬져。난

都邑이라。그前에大同江이。잇고江上에鍊光
亭이。잇스니。그景致ᄂᆞᆫ天下의第一이오。또高

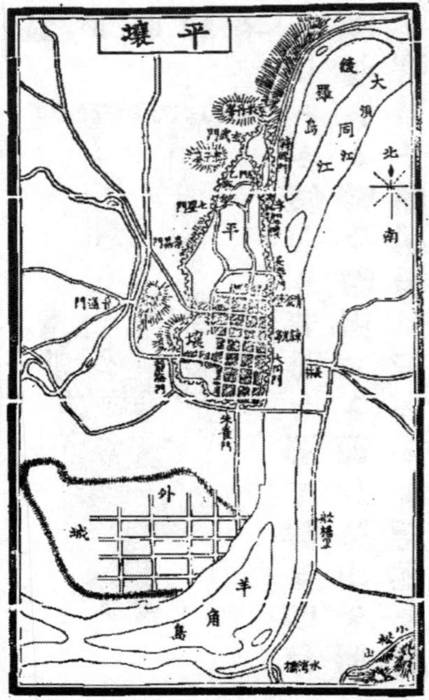

山과大野가長林밧그로。보이고此外에清流
壁과。浮碧樓와永明寺와牡丹峯이。아름답고
奇異ᄒᆞ오이다
此地ᄂᆞᆫ檀君과箕子를經ᄒᆞ고隆熙元年前。一
千四百八十一年에高句麗長壽王이來都ᄒᆞᆫ
後로國勢가強盛ᄒᆞ야嬰陽王이支那의遼西
를伐ᄒᆞ니此時에遼東은高句麗의地오。또隋
나라와唐나라의大兵을破ᄒᆞ얏더니
高句麗가亡ᄒᆞ고高麗셔에ᄂᆞᆫ西都라。ᄒᆞ고其
地의人物이。아름답고強ᄒᆞ기國內에有名ᄒᆞ

賃　摘謹　嘉　與

오이다

第五課　果園에雇傭ᄒᆞᄂᆞᆫ童子

果園의傍에居ᄒᆞᄂᆞᆫ韓姓兒가家貧ᄒᆞ야年이八歲에其果園에雇傭ᄒᆞᆯ서每日에賃銀이十錢이라桃가熟ᄒᆞᆯ時에主人이韓兒로。ᄒᆞ야곰桃를摘ᄒᆞ라。ᄒᆞ니韓兒가甚히謹實ᄒᆞ야其職業을盡ᄒᆞ고一桃도私取치。아니ᄒᆞᄂᆞᆫ지라主人이嘉愛ᄒᆞ야每日數個式。予ᄒᆞ더니

一日은家에歸ᄒᆞᆯ서其隣兒가呼ᄒᆞ야曰。汝가果實을多得ᄒᆞ얏슬지라我의게與ᄒᆞ라。ᄒᆞ거

嗜懷　存　謊垂　賊　竊

ᄂᆞᆯ韓兒ㅣ曰。汝가此를嗜ᄒᆞᄂᆞ냐。ᄒᆞ고懷中에一桃를出ᄒᆞ야與ᄒᆞ니其兒가食畢에。또請ᄒᆞ거ᄂᆞᆯ韓兒ㅣ曰。主人이今日에二個를與ᄒᆞ거ᄂᆞᆯ我가其一은食ᄒᆞ고其一은汝의게與ᄒᆞ야餘存이無ᄒᆞ다。ᄒᆞᆫ되

隣兒ㅣ曰이ᄂᆞᆫ謊說이라園中에垂垂ᄒᆞᆫ것이。다桃라。엇지主人이與ᄒᆞᆫ것만食ᄒᆞ리오。ᄒᆞᄂᆞᆫ지라韓兒ㅣ曰。此ᄂᆞᆫ大不可ᄒᆞ니人의雇傭이。되얏다가私私로히取ᄒᆞ면。곳盜賊이라我ㅣ。비록貧困ᄒᆞ나。엇지行竊ᄒᆞ리오。ᄒᆞ니隣兒가

慚　恤　壓制 掠　汗　伐　脅 糧 徵　增

大慚ᄒᆞ얏ᄂᆞ이다

第六課　高麗의末年

高麗ᄂᆞᆫ中葉以後의君王이國政을不恤ᄒᆞ고。또元의壓制와日本水賊의侵掠을被ᄒᆞ야國勢가衰敗ᄒᆞ니

元은其帝成吉思汗이支那를統一ᄒᆞ고西으로歐羅巴를進伐ᄒᆞ며忽必烈時에ᄂᆞᆫ高麗를脅ᄒᆞ야共히日本을伐ᄒᆞ고。또軍糧을徵ᄒᆞ며歲幣를增ᄒᆞ야國內가空虛ᄒᆞ고

日本水賊은其國邊民이니海島를割據ᄒᆞ고

沿郡　討　弘　俘虜　价　搶攘　愍辛 旽　委 祐　芳 社 稷

年々히我의沿海各郡을侵掠ᄒᆞᄂᆞᆫ지라羅興儒와鄭夢周를日本에連遣ᄒᆞ야海寇를禁ᄒᆞᆷ을請ᄒᆞ니日本이。이에將軍을命ᄒᆞ야征討ᄒᆞ고並히僧。信弘과朴居士等은兵士를率ᄒᆞ고我國에來ᄒᆞ야賊을追捕ᄒᆞ고我의俘虜를還ᄒᆞ며。또兩國使价의往來가。비록絡繹ᄒᆞ나其水賊의搶攘은依然ᄒᆞᆫ지라

如此히外患이極ᄒᆞᆫ中에恭愍王은。또僧。辛旽을師事ᄒᆞ야國政을委ᄒᆞ고。또鄭世雲。安祐。李芳實。金得培等은紅賊二十萬을破ᄒᆞ야社稷

鏞讒 誅懦 邁寬 輔弼 的

이再安ᄒᆞ얏스나王이金鏞의讒을信ᄒᆞ야。다
誅殺ᄒᆞ고恭讓王은懦弱ᄒᆞᆫ지라
時에我 太祖高皇帝ᄭᅴ셔咸鏡道、永興에셔
龍興ᄒᆞ시니天姿가英邁ᄒᆞ고度量이寬弘ᄒᆞ
사外寇를破ᄒᆞ고內政을輔弼ᄒᆞ시니官이門
下侍中에至ᄒᆞ고天下의人心이歸服ᄒᆞ다가
畢竟。諸臣의推戴를因ᄒᆞ야大位에即ᄒᆞ사本
朝創業의君이。되셧ᄂᆞ이다

第七課 平方과立方

物의長短은尺과寸으로準的을。삼ᄂᆞ니其四

干

方을並ᄒᆞ야計ᄒᆞ면此ᄂᆞᆫ平方의尺寸이라。ᄒᆞ
고。또其上下를並ᄒᆞ야計ᄒᆞ면此ᄂᆞᆫ立方의尺
寸이라。ᄒᆞᄂᆞ이다
長短의尺과寸을謂ᄒᆞ되線이라。ᄒᆞ야此ᄂᆞᆫ遠
近을計ᄒᆞᄂᆞᆫ者가用ᄒᆞᄂᆞ니。곳所謂。距離가若
干尺이/라。홈이此오平方의尺과寸을謂ᄒᆞ되
面積이라。ᄒᆞ야廣狹을計ᄒᆞᄂᆞᆫ者가用ᄒᆞᄂᆞ니
所謂。某處가若干方尺이라。홈이此오立方의
尺과寸을謂ᄒᆞ되體積이라。ᄒᆞ야大小를計ᄒᆞ
ᄂᆞᆫ者가用ᄒᆞᄂᆞ니所謂。某物이若干立方尺이

新纂初等小學卷六

라。홈이此오이다
計線ᄒᆞᄂᆞᆫ法은難치。아니ᄒᆞ니
萬一。計코자ᄒᆞ면縱橫線으로。
써乘ᄒᆞ야縱線이三尺이오橫
線이三尺이면此ᄂᆞᆫ其面積이
九方尺이오
體積을計코쟈。ᄒᆞ면縱橫線의
相乘ᄒᆞᆫ數에다가。다시。高로。써
乘ᄒᆞ야縱이二尺에高가二尺이면其體積이
八立方尺됨을知ᄒᆞᄂᆞ이다

平方

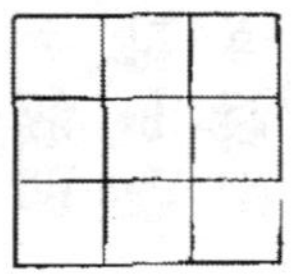

立方

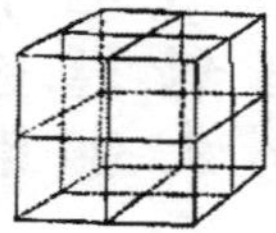

十六

旅館 溽 堪 店 任毁 婼

新纂初等小學卷六

第八課 旅館

今에通都大邑間에其旅館에入ᄒᆞ면汚溽ᄒᆞ
고繁雜ᄒᆞ야一日을堪耐치。못ᄒᆞᆯ지라其原因
을追想ᄒᆞ면店主의不察이라然ᄒᆞ나其實은。
또ᄒᆞᆫ旅客이公德을不守ᄒᆞᄂᆞᆫ故오이다
人이家居時에ᄂᆞᆫ一器와一物이라도。다愛護
ᄒᆞ다가旅館에至ᄒᆞ야ᄂᆞᆫ任意로毁損ᄒᆞ야後
來者를爲ᄒᆞ야計ᄒᆞᄂᆞᆫ者ㅣ。업스니此ᄂᆞᆫ其心
에謂ᄒᆞ되久居ᄒᆞᆯ處가。아니。라。홈이오이다
古昔支那春秋時에叔孫婼이라。ᄒᆞᄂᆞᆫ人이旅

十七

葺　逆宿　喧嘩　唾罵　按

館에在ᄒᆞᆯ셔。비록一日을留ᄒᆞᆯ지라도其墻屋을葺治ᄒᆞ야去ᄒᆞᄂᆞᆫ日이始至ᄒᆞᆫ日과同ᄒᆞ고漢의郭有道ᄂᆞᆫ逆旅에宿ᄒᆞᆯ셰房屋을灑掃ᄒᆞ니故로去ᄒᆞᆫ後에人이至ᄒᆞ야見ᄒᆞ고曰。此ᄂᆞᆫ郭有道가昨日에宿ᄒᆞ든處라。ᄒᆞ니古人이公德을重視ᄒᆞᆷ이如此ᄒᆞ오이다

第九課　行旅와圖書館

汽車와汽船을乘ᄒᆞᄂᆞᆫ人이喧嘩擾亂ᄒᆞ다가外人의唾罵를受ᄒᆞᄂᆞ니。이ᄂᆞᆫ大羞辱이라歐。美의各國은行客이票를按ᄒᆞ야價를納ᄒᆞ

列　揮茵煩　稚　窄　几案

고價를依ᄒᆞ야席에列坐ᄒᆞᄂᆞᆫ고로管理人의指揮를煩치。아니ᄒᆞ고茵褥과器具가整齊ᄒᆞ야玩弄과汚損ᄒᆞᄂᆞᆫ者ㅣ無ᄒᆞ며升降時에ᄂᆞᆫ老稚와婦女가居先ᄒᆞ고壯者가居後ᄒᆞ고或座席이狹窄ᄒᆞ면壯者ᄂᆞᆫ先至ᄒᆞ얏슬지라도老稚와婦女의게讓ᄒᆞ며

또圖書館은法京巴里가第一이라藏書ᄒᆞ기三千餘萬冊이오此外에英。德。美。俄等이。또ᄒᆞᆫ千萬冊이라館中에几案을備置ᄒᆞ얏스니列坐ᄒᆞ야觀ᄒᆞᄂᆞᆫ者ㅣ恒常數百人이라此ᄂᆞᆫ其

就 譬隅

國에서官立ᄒᆞᆫ바오至於公立。私立의圖書館은處處에皆有ᄒᆞᆫ故로羣書를博覽코자。ᄒᆞᄂᆞᆫ者ㅣ다就觀ᄒᆞᄂᆞ이다

圖書館에서觀書ᄒᆞᄂᆞᆫ者ᄂᆞᆫ規則을嚴守ᄒᆞ야喧嘩와汚損이無ᄒᆞ니此ᄂᆞᆫ公共ᄒᆞᄂᆞᆫ物을人人마다保護ᄒᆞᄂᆞᆫ責任이有ᄒᆞᆫ故오이다

第十課 繪와圖의異同

繪와圖ᄂᆞᆫ異同이。잇ᄉᆞ니

繪ᄂᆞᆫ某物이든지一目에見ᄒᆞᄂᆞᆫ바를。다畵ᄒᆞᆷ이니譬컨ᄃᆡ書册을繪ᄒᆞ면。그册의衣와隅와

薄 床椅 側 盒

其他。各色貌樣들도。다畵ᄒᆞᆷ이오

圖ᄂᆞᆫ物件을一面만。그리ᄂᆞ니書册表面의圖ᄂᆞᆫ册衣만。그리며。그册의厚薄은。그리지。아니ᄒᆞ고。그册隅의圖ᄂᆞᆫ。그册隅의厚薄만。그리고。그册의表面은。그리지。아니ᄒᆞᄂᆞ이다

今에册床과交椅와。밋書册의繪와圖가。잇ᄉᆞ니繪에ᄂᆞᆫ。우리들이册床의上面과側面과脚과舌盒等이며交椅의上部와脚等이며書册의衣紙와册의隅等이。다보이나圖에ᄂᆞᆫ。다만册床과交椅와。밋書册의上面을。보이게。ᄒᆞᆯ섇

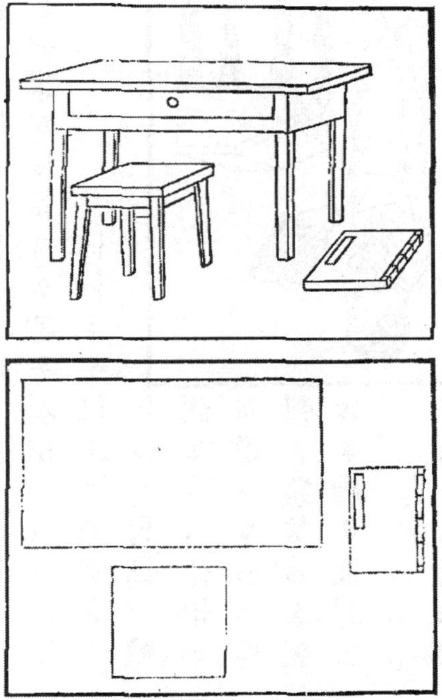

速楚

誤

이오이다

그러면圖는繪보다所用이少홀듯ᄒᆞ나。우리는。그册床과交椅와書册의形狀이며大小와。밋。그三個物件이相距ᄒᆞ야。잇는間格을知ᄒᆞ기易ᄒᆞ오이다

第十一課 書册을讀ᄒᆞ는法

書册을速히讀지。말것이오聲音을淸楚케。ᄒᆞ야徐徐히讀홈이。올소이다

書册을速히讀ᄒᆞ는것이能홈줄로知ᄒᆞ는者ㅣ。잇스나此는大不可ᄒᆞ니萬若。過速ᄒᆞ면誤

錯 聽

錯이多홀것이오
이다
또書册을讀호되
書字의音節만操
心호야人이聽키
에快樂케호고書
義를料量치아니
호면此亦大不可호오이다
文字란것은事物을記호는것이오書册이란
것은文字의뜻을知코자홈이니故로書册을

廳 瑞

讀호는法은그辭義를自已도十分알녀니와
그傍에듯는者도그뜻을知호도록읽는것을
善讀者라稱호옵ᄂ이다

第十二課 黃喜와許稠

我國에相業으로著名호人은黃喜와許稠니
黃喜는 世宗을事호야典章과法度를製成
호니至今五百年에其遺法이尙存호고비록
婦人孺子라도黃喜의名을不知호는者ㅣ無
호며政廳에서工曹判書金宗瑞가私饌을獻
호거늘喜ㅣ宗瑞를불너其前에세우고責罰

僚 股栗 浚

ᄒᆞ니羣僚가股栗ᄒᆞ며

許稠ᄂᆞᆫ法을守ᄒᆞ야物情을鎭壓ᄒᆞ며私情이無ᄒᆞ야人이非義로。干치。못ᄒᆞ얏ᄂᆞ이다

第十三課 李浚慶과李元翼

李浚慶은 明宗이崩ᄒᆞ신後에人情이

洶 魏 儲嗣 棄刎 兼 宰 謁

洶懼ᄒᆞ거ᄂᆞᆯ浚慶이聲色을不動ᄒᆞ고 宣祖를迎立ᄒᆞ니

時에明의使臣許國과魏亮이我境에至ᄒᆞ얏다가儲嗣가未定ᄒᆞᆷ을聞ᄒᆞ고大驚曰。君命을草野에棄ᄒᆞᆯ진던死ᄒᆞᆷ이可타。ᄒᆞ고自刎코쟈。ᄒᆞ다가浚慶의道德과文章이兼ᄒᆞᆷ을聞ᄒᆞ고大喜ᄒᆞ야國書를納ᄒᆞᆫ後에浚慶의게再拜曰。公은眞宰相이라。ᄒᆞ얏ᄂᆞ이다

李元翼은 仁祖ᄭᅴ셔反正ᄒᆞ신後에進謁치。아니ᄒᆞ고光海君에게往ᄒᆞ니上과。밋反正功

監 廢 轎

臣等이大懼ᄒᆞ고百姓은人君의位가誰의게
在ᄒᆞᆯ지不知ᄒᆞ더
니
元翼이光海君을
見ᄒᆞ고泣曰上監。
의廢ᄒᆞᆫ은老臣의
罪라然ᄒᆞ나上監
이人心을失ᄒᆞ얏
ᄉᆞ니天命을順受
ᄒᆞ소셔。ᄒᆞ고平轎

李元翼往定新君圖

子를。돌니여 仁祖
ᄭᅴ來謁曰陛下ᄭᅴ서
前君을効則ᄒᆞ시면。
또陛下를効則ᄒᆞᆯ人
이。잇ᄂᆞ이다。ᄒᆞ얏소

第十四課

親屬

父의父는祖父오
父의母는祖母오
祖父의父는曾祖父

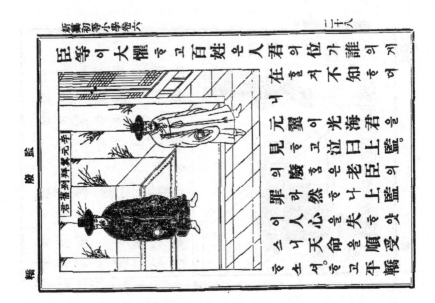

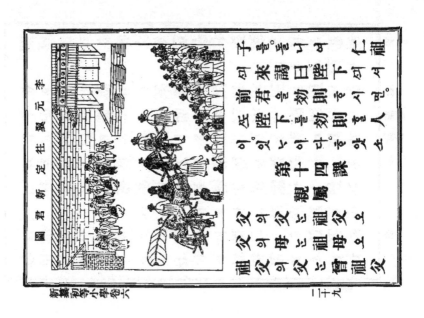

姪 甥

오 曾祖父의父는高祖父오
子의子는孫이오 孫의子는曾孫이오 曾
孫의子는玄孫이오이다
男子는。몬저生흔이가兄이오 後에生흔이
가弟오 女子는。몬저生흔이가姊오 後에
生흔이가妹오
父의兄은伯父오 父의弟는叔父오 父의
姊妹는姑母오 兄弟의子는姪이오 姊妹
의子는甥姪이오이다
母의父는外祖父오 母의母는外祖母오

舅 姨 妻

母의兄弟는內舅오 母의姊妹는姨母오이
다
伯叔父의子는從兄弟오 姑母의子는內從
兄弟오 內舅의子는表從兄弟오 姨母의
子는姨從兄弟오이다
男子의妻父는外舅(丈人)오 妻의母는外姑(丈母)
오 妻의男兄弟는妻男이오 妻의女兄弟
는妻兄과妻弟오이다
女子가夫의父는舅(시부)오 夫의母는姑(시모)오
夫의兄弟는伯叔(큰시아지버니。자근시아지버니)이오 夫의

姑　娌　嫂　卑

姊妹ᄂᆞᆫ小姑시누님오 兄弟의妻ᄂᆞᆫ相謂曰姒
娌동세라。ᄒᆞᄂᆞ니이다
子의妻ᄂᆞᆫ子婦오 女의夫ᄂᆞᆫ女婿오 兄의
妻ᄂᆞᆫ兄嫂오 弟의妻ᄂᆞᆫ弟嫂라。ᄒᆞᄂᆞ니이다

第十五課 地勢와境界와山海及沿海岸

我國에ᄂᆞᆫ白頭山。山脉이北으로。브터南走ᄒᆞ
야全國의諸山이。되얏스니
地勢가東北部ᄂᆞᆫ隆高狹少ᄒᆞ야水流가短急
ᄒᆞ며西南部ᄂᆞᆫ低卑ᄒᆞ고稍히廣大ᄒᆞ야農作
ᄒᆞᆯ平野가多ᄒᆞ며

隔　遙　劃　烏蘇　智　挐　妙

境界ᄂᆞᆫ東은東海를臨ᄒᆞ고其南端의海角은
朝鮮海峽을隔ᄒᆞ야日本。對馬島와相對ᄒᆞ고
西南은黃海에枕ᄒᆞ야支那。山東省을遙對ᄒᆞ
고北은鴨綠江과白頭山으로。써支那와劃界
ᄒᆞ고東北一隅ᄂᆞᆫ豆滿江을隔ᄒᆞ야露領。烏蘇
里를接ᄒᆞ며
山은三角山。京畿 俗離山。忠淸道 智異山。全羅道 漢
挐山。濟州 太白山。慶尙道 金剛山。江原道 九月山。黃海
道 白頭山。咸鏡道 妙香山。平安道 等이有名ᄒᆞ오
江은鴨綠江。平安道 豆滿江。咸鏡道 大同江。平安道 漢

洛　錦　灣　碇泊　岬　串

江。(京畿) 洛東江。(慶尙道) 의根源이最長ᄒᆞ고其外。淸川江。(平安道) 臨津。(京畿) 錦江。(忠淸道) 榮山江。(全羅道) 蟾津江。(慶尙道) 五大流를合ᄒᆞ야十大江이라。ᄒᆞ고

海岸은海가陸地에直入ᄒᆞᆫ것은曰。灣이오灣이深ᄒᆞ야船隻의碇泊이適宜ᄒᆞᆫ곳은曰。港口라西南海岸에ᄂᆞᆫ島嶼와灣이多ᄒᆞ고前에已述ᄒᆞᆫ바九港口ᄂᆞᆫ吾等이已知ᄒᆞᆫ바오

또陸地가海에突出ᄒᆞᆫ것은岬이라稱ᄒᆞ며。또串이라。ᄒᆞᄂᆞ니西南海岸에ᄂᆞᆫ岬이多ᄒᆞ고東海岸에ᄂᆞᆫ少ᄒᆞ오이다

延　哩　浪　條

第十六課　交通의機關

釜山브터新義州ᄭᆞ지鐵道가橫貫ᄒᆞ얏ᄉᆞ니延長이五百八十三哩오京城은。그中央이라京城과釜山間은京。釜鐵道라。ᄒᆞ고京城과新義州間은京。義鐵道라。ᄒᆞ고此外에三浪津브터馬山浦와京城브터仁川과黃州브터兼二浦ᄭᆞ지三條의支線이。잇ᄉᆞ니此鐵道沿邊의地方은交通이便利ᄒᆞ고京城과釜山間은千里라前日은旅行ᄒᆞ기에十餘日을虛費ᄒᆞ더니至今은十時間에到達ᄒᆞᄂᆞ이다

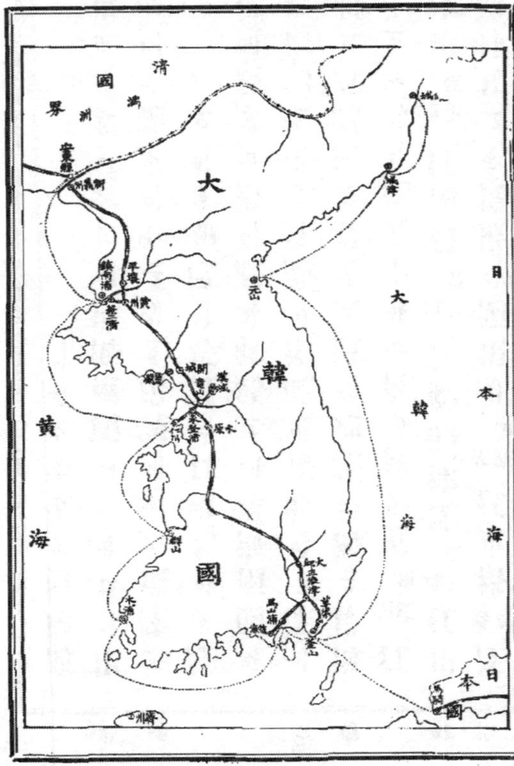

寄 縣 登 蔽

또日本의汽船은釜山에寄航ᄒᆞ얏다가其西方으로航行ᄒᆞᄂᆞᆫ者ᄂᆞᆫ馬山浦。木浦。羣山。仁川。鎭南浦。安東縣等地에往來ᄒᆞ고東方으로航行ᄒᆞᄂᆞᆫ者ᄂᆞᆫ元山。城津。鏡城等地에往來ᄒᆞ며此外에木浦。濟州間과仁川。龍山間과。밋江河를上下ᄒᆞᄂᆞᆫ小汽船이。잇ᄂᆞ이다

第十七課 熊을遇홈

二人이山中에遊홀서忽然히大熊이至ᄒᆞᄂᆞᆫ지라其一人이急히樹上에登ᄒᆞ야葉으로。써其身을蔽ᄒᆞ거ᄂᆞᆯ

攀 及 偃

其一人은樹를攀ᄒ다가不及ᄒ고手를伸ᄒ야救

援을請ᄒ되其人이不顧ᄒ고熊은來ᄒ기。며
움近ᄒ거ᄂᆞᆯ。이에草際에偃臥ᄒ얏더니熊이

嗅閉 尸 笑 付託 愼擇

其人의全身을嗅ᄒᄂᆞᆫ지라其人이氣를閉ᄒ야死尸와如케。ᄒ니大抵。熊은死人을忌ᄒᄂᆞᆫ고로。곳捨去ᄒ거ᄂᆞᆯ登樹者가熊의去홈을見ᄒ고。그제야從容히下ᄒ야笑語曰。熊이君과。갓지耳語ᄒ니何事를商議ᄒ얏ᄂᆞ뇨。ᄒᄂᆞᆫ지라其人이答曰。熊이我의게付託ᄒ되朋友를愼擇ᄒᆯ지라安樂에相親ᄒ고患難에相棄ᄒᄂᆞᆫ者ᄂᆞᆫ爲友치。말라ᄒ얏다。ᄒ얏소

第十八課 堅定

一少年이兵營의鼓手라一日은操鍊을畢ᄒ

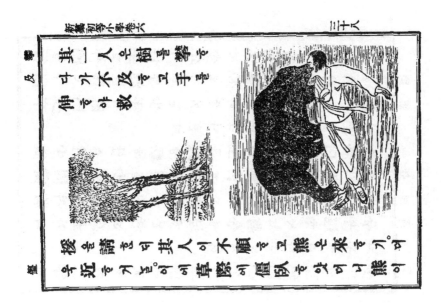

酒 盃 舒 副 違 伍

고將卒이會宴ᄒᆞᆯ셰少年이侍坐ᄒᆞ야酒를行
ᄒᆞ더니大將이慰勞코자。ᄒᆞ야酒를與ᄒᆞ야曰。
汝도一盃를飮ᄒᆞ라。ᄒᆞ거ᄂᆞᆯ少年이辭曰。少卒
이酒를不飮ᄒᆞᄂᆞ이다。ᄒᆞᆫ디
大將曰。汝가終日토록皷를擊ᄒᆞ얏스니少飮
ᄒᆞ야舒暢ᄒᆞᆷ이無害ᄒᆞ다。ᄒᆞ거ᄂᆞᆯ少年이固辭
ᄒᆞᆫ디大將은不悅ᄒᆞ고副將은曰。汝가엇지將
令을違ᄒᆞᄂᆞ뇨將令을違ᄒᆞᄂᆞᆫ者ᄂᆞᆫ兵士가。되
지。못ᄒᆞ리라。ᄒᆞᄂᆞᆫ지라
少年이正色曰。小卒이軍伍에入ᄒᆞᆫ지三年에

敢 厲 斬 悚

一次도將令을違치。아니ᄒᆞ얏스나酒를飮ᄒᆞᆷ
은兵士의職分이。아니오。또身에害되ᄂᆞᆫ故로
敢히聽치。못ᄒᆞᆫ다。ᄒᆞᆫ디
副將이恠異히。넉여厲聲曰。汝가一盃를飮ᄒᆞᆯ
지라此ᄂᆞᆫ軍令이니令을違ᄒᆞ면汝를斬ᄒᆞ리
라。ᄒᆞ거ᄂᆞᆯ
少年이。다시改容ᄒᆞ야曰。軍令이라。ᄒᆞ시니惶
悚ᄒᆞ오나小卒이不飮ᄒᆞᄂᆞᆫ緣由가有ᄒᆞ오니
昔日에小卒의父가酒로。써疾을得ᄒᆞ야死ᄒᆞᆫ
지라小卒이營門에入ᄒᆞᆯ時에小卒의母가警

淚俱 擢 署租 庫

戒曰。汝가終身토록飮酒치。말라ᄒᆞ얏스니。비
록大將의命이라도慈母의訓戒를破치。못ᄒᆞᆫ
다。ᄒᆞ고聲淚가俱下ᄒᆞ니
坐中의將卒이。다感動ᄒᆞ야泣下ᄒᆞ고自後로
少年이。더욱大將의信任을受ᄒᆞ야擢用이。되
얏ᄂᆞ이다

第十九課　租稅

一學生이敎師ᄭᅴ問曰。人民이財務署에租稅
를納ᄒᆞ니此ᄂᆞᆫ何處에用ᄒᆞᄂᆞ잇가
敎師曰。租稅ᄂᆞᆫ國庫에納ᄒᆞ야警察。勸業。敎育。

技摸範陳 資補助殖

土木等。諸經費에用ᄒᆞᄂᆞ니라
學生이曰。警察。勸業。敎育。土木等。諸費에用ᄒᆞᆫ
다。ᄒᆞ시니其用途와將來의利益될것을說明
ᄒᆞ야。쥬쇼서
敎師ㅣ曰。警察이라。ᄒᆞᄂᆞᆫ것은行政의一大機
關이니人民의生命과財産을保護ᄒᆞ야一般
人民의幸福을增進케。ᄒᆞ며
勸業이라。ᄒᆞᄂᆞᆫ것은技藝摸範場이나商品陳
列所를建設ᄒᆞ야人民의智識을發達ᄒᆞ며人
民의資力을補助ᄒᆞ야殖産。興業을勸奬ᄒᆞ야

爾 導 啓 施

人民의富力을增進케。ᄒᆞ며
教育이란것은爾等이日々로受業ᄒᆞᄂᆞᆫ普通學校와其他各學校에셔靑年男女를教導ᄒᆞ야智識을啓發케。ᄒᆞ며道德性을培養ᄒᆞ야人才를養成ᄒᆞ며
土木이란것은治水와治道工事를施行ᄒᆞ야水陸의交通을便利케。ᄒᆞᆷ으로物貨의往來가適宜ᄒᆞ야國內各處의有無를相資ᄒᆞ고。또衛生工事를施ᄒᆞ야人民의便益을與ᄒᆞᄂᆞᆫ것이니

斂

此等事業은一個人의資力으로。ᄒᆞᆯ것이。아니오一般人民이負擔ᄒᆞ야其義務를盡ᄒᆞᄂᆞᆫ것이니故로國庫에稅金이不富ᄒᆞ면自然히事業을經營ᄒᆞᆯ暇가無ᄒᆞ고百工이不興ᄒᆞ야民力이衰退ᄒᆞᄂᆞᆫ지라現今。諸外國에ᄂᆞᆫ各稅目을收斂ᄒᆞ야諸般事業을營爲ᄒᆞᄂᆞ니라

第二十課 社會

人이世上에生ᄒᆞ면相聚ᄒᆞ야社會를成ᄒᆞ야生活ᄒᆞᄂᆞ니社會의最小ᄒᆞᆫ者ᄂᆞᆫ家族이라家族으로。브터邑이。되고郡이。되며道가。되며國

謀

이。되ᄂᆞ니一家의富ᄒᆞᆷ은一人에在ᄒᆞ고一國
의富ᄒᆞᆷ은一家에在ᄒᆞᆷ으로。吾人生活ᄒᆞᄂᆞᆫ社
會의富榮을圖코져ᄒᆞᆯ진뎐。사ᄅᆞᆷ마다勤勉ᄒᆞ
야自己의富榮을圖ᄒᆞᆷ에不外ᄒᆞ오이다
社會가衆人의集合ᄒᆞᆫ바인즉社會中에在ᄒᆞᆫ
者ᄂᆞᆫ公衆의利益을先ᄒᆞᆯ지라萬一。自己의私
만謀ᄒᆞ고他人을不顧ᄒᆞ면社會가其害를受
ᄒᆞᆯ뿐。아니라自己도自全치。못ᄒᆞᆯ지니
譬컨뎐一家中에全家가有利ᄒᆞ면個人도其
利를蒙ᄒᆞ고全家가有害ᄒᆞ면個人도獨免치。

騰 系

못ᄒᆞᄂᆞ이다

第二十一課 日本

日本은我國東南에在ᄒᆞᆫ島國이라我와共히
亞細亞洲에居ᄒᆞ야人種이同ᄒᆞ고漢文을用
ᄒᆞᆷ도亦同ᄒᆞ며其皇室이一系로相傳ᄒᆞ기至
今。二千五百餘年이라然이나中世로。부터封
建을布ᄒᆞ야將軍이政을執ᄒᆞᆷ으로皇室이不
振ᄒᆞ더니
近世에及ᄒᆞ야歐。美諸國이開國을迫ᄒᆞ니國
論이一時에喧騰ᄒᆞᆫ지라將軍이時勢의變ᄒᆞᆷ

憲　俄

을察ᄒᆞ고政權을朝廷에奉還ᄒᆞ니。이에 天
皇이親政ᄒᆞ읍심에至ᄒᆞᆫ지라
明治維新의初에先히國是를定ᄒᆞ고新政을
力行ᄒᆞ며學校를興ᄒᆞ야人才를養成ᄒᆞ고實
業을奬勵ᄒᆞ야民力을養ᄒᆞ고憲法을立ᄒᆞ야
家國를安輯ᄒᆞ야百度가。다擧ᄒᆞᆫ故로四十年
을未及ᄒᆞ야國勢가强盛ᄒᆞᆫ지라。이에淸國을
戰勝ᄒᆞ고。또俄羅斯를破ᄒᆞ고今日과如히我
國과親密ᄒᆞᆫ關係를結ᄒᆞᆷ에至ᄒᆞ니此ᄂᆞᆫ日本
이新法으로變ᄒᆞᆫ効驗이오이다

耶穌　猶　佈　靈蹟　督　嫉妬　釘　曆

第二十二課　耶穌

耶穌ᄂᆞᆫ亞細亞의猶太國人이라恒常。天을敬
ᄒᆞ고人을愛ᄒᆞᄂᆞᆫ說로敎를宣佈ᄒᆞ고。또人의
疾病을治ᄒᆞ미靈蹟이多ᄒᆞ니弟子가日로進
ᄒᆞ야其徒가數萬이오其敎ᄂᆞᆫ曰。基督。敎라
이에嫉妬ᄒᆞᄂᆞᆫ者ㅣ耶穌를十字架에釘殺ᄒᆞ
얏스나其徒가傳敎ᄒᆞ기益力ᄒᆞ야其敎가歐
洲와美洲에遍滿ᄒᆞ고。그降生ᄒᆞᆫ歲로。써紀年
의號를作ᄒᆞ니即今西曆에一千九百餘年이
라。ᄒᆞᆷ이即此오이다

希臘 革 瑪竇

基督教를東方의俄國과希臘이崇奉ᄒᆞ는者는希臘敎오西方에行ᄒᆞ는者는法國과意太利等國이니此는天主教라既而오距今。四百年前에路得이라。ᄒᆞ는人이舊敎를改革ᄒᆞ고新敎를立ᄒᆞ야英國。美國。德國等에盛行ᄒᆞ니即新敎오이다其敎士利瑪竇와

僮 募 薦 履 擦

湯若望等이三百年前에支那에入ᄒᆞ야天文과曆法과算術을傳ᄒᆞ고我國에는百數十年前브터傳入ᄒᆞ얏ᄂᆞ이다

第二十三課 使僮을擇홈

一。富人이厚資로使僮을募ᄒᆞ니薦者가五十餘人이라主人이다謝遣ᄒᆞ고別로히他兒를置ᄒᆞ는지라其友ㅣ問曰此童은薦者가無ᄒᆞ거ᄂᆞᆯ君이何故로信任코쟈ᄒᆞᄂᆞ뇨。ᄒᆞᆫ디主人曰。此童薦書가甚多ᄒᆞ니我言을聽ᄒᆞ라此童이門에入ᄒᆞᆯ時에。몬져履를擦ᄒᆞ고。또門

扃修 叟 敏 嫺 片蹴 踏 序 謙

을扃ᄒᆞ니此ᄂᆞᆫ修潔과愼密로薦ᄒᆞᆷ이오
此童이老叟를見ᄒᆞ고肅然히起立ᄒᆞ야坐를
讓ᄒᆞ니此ᄂᆞᆫ恭敬ᄒᆞ야禮로薦ᄒᆞᆷ이오
此童이答語가敏捷ᄒᆞ고辭令에善ᄒᆞ니此ᄂᆞᆫ
應對가嫺ᄒᆞᆷ으로薦ᄒᆞᆷ이오
我가故히紙片을地上에遺ᄒᆞᆫ즉他人은。다蹴
踏ᄒᆞ거ᄂᆞᆯ此童은獨히案上에拾置ᄒᆞ니此ᄂᆞᆫ
小心。惜物ᄒᆞᆷ으로薦ᄒᆞᆷ이오
此童이入坐時에次序가有ᄒᆞ야人보다先치。
아니ᄒᆞ니此ᄂᆞᆫ謙讓自持ᄒᆞᆷ으로薦ᄒᆞᆷ이오

衿瑩 乳秉 垢 莫過 乂 總

此童의衿과履가甚히整潔ᄒᆞ고齒牙가瑩白
ᄒᆞ기乳와如ᄒᆞ며筆을秉ᄒᆞ야名을書ᄒᆞᄆᆡ指
甲에陳垢가無ᄒᆞ니果然良僮이라
我의言ᄒᆞᆫ바諸條ᄂᆞᆫ。다我의目格이니薦書의
多ᄒᆞᆷ이此에莫過ᄒᆞ다。ᄒᆞ얏ᄂᆞ이다

第二十四課 淸國

淸國은明國의亂을平定ᄒᆞ고燕京에定都ᄒᆞ
니其疆域이支那歷代以來에最大ᄒᆞ고自後
二百年間은乂安ᄒᆞ더니
隆熙元年前。六十九年에總督林則徐가英人

鴉 焚　賠　聯　局

의鴉片을焚ᄒᆞ니英人이擧兵ᄒᆞ야皇城近畿ᄭᅡ지逼ᄒᆞ거ᄂᆞᆯ。이에香港을割與ᄒᆞ고兵費를賠償ᄒᆞ얏더니後에。또法國教士를殺ᄒᆞ야英。法聯合兵이都城을逼ᄒᆞᄂᆞᆫ지라文宗이熱河로避走ᄒᆞ고九龍을英人에게與ᄒᆞ야講和ᄒᆞ니

此時에俄人은和局을調停ᄒᆞ얏다。ᄒᆞ야外興安嶺을取ᄒᆞ고西伯里에鐵道를建築ᄒᆞ니此ᄂᆞᆫ滿洲를蠶食코쟈。홈이라

隆熙元年前。十五年甲午에我國에內亂이起

挾　仍　膠 藉

ᄒᆞ니清國이屬邦을保護ᄒᆞᆫ다稱ᄒᆞ고大兵을我國에送ᄒᆞᄂᆞᆫ지라日本이此로。써自國의利益을害ᄒᆞᆫ다ᄒᆞ야。또ᄒᆞᆫ大兵을送ᄒᆞ야清國을戰勝ᄒᆞ고臺灣을割讓케。ᄒᆞ니此時에日本이遼東을占領ᄒᆞᆫ지라俄國이其勢를滿洲에張코자ᄒᆞ야法。德兩國을挾ᄒᆞ고日本을勸ᄒᆞ야遼東을清國에還附케。ᄒᆞ고俄國이仍히此를租借ᄒᆞ더니

未幾에。또清人이德國教師를殺ᄒᆞ거ᄂᆞᆯ德人이膠州灣을奪據ᄒᆞ니各國이此를藉口ᄒᆞ고

蹙 團 奧 撤 釀

各處의要害를占據ᄒᆞ야國勢가益蹙ᄒᆞ다가。ᄯᅩ義和團의亂이起ᄒᆞ야日。德。法。俄。英。美。奧。意。八國의聯合兵이京師를攻陷ᄒᆞᄂᆞᆫ지라。이에皇帝及太后ᄭᅴ오셔太原으로出奔ᄒᆞ야國이幾亾ᄒᆞ얏고

此時에俄人은滿洲에出兵ᄒᆞ얏다가亂이平ᄒᆞᆫ後에도撤兵치。아니ᄒᆞ고。더욱南으로向ᄒᆞᄂᆞᆫ形勢가有ᄒᆞᆷ으로。드듸여日俄戰爭을釀成ᄒᆞ야日本이俄軍을破ᄒᆞ고俄國을代ᄒᆞ야遼東을租借ᄒᆞ니

億 畓 櫃

如此히鴉片戰爭以來로六十餘年間에割地ᄒᆞᆷ이八度오賠償이七億萬兩이오。ᄯᅩ至今은淸帝及太后가崩ᄒᆞ시고宣統帝가新立ᄒᆞ셧ᄂᆞ이다

第二十五課　德으로써怨을報ᄒᆞᆷ

一老人이其田畓을三子의게。分與ᄒᆞ고。다시勸戒ᄒᆞ야曰。我의餘存은寶貨櫃뿐이라汝等이自今으로三個月內에最善ᄒᆞᆫ事를行ᄒᆞᄂᆞᆫ者ㅣ。잇스면此櫃를賜ᄒᆞ리라。ᄒᆞ얏더니一日은。그長子가告ᄒᆞ야曰。近時에一人이來

証 酬

호야子의게金을任置호나此는初面의사룸이오。또領受証도受去치。아니호얏스니然則其金을子가還給지。아니호야도無妨홀지라然호나其人이來호거든其金을還給호고子는其任置호얏든報酬도。밧지아니코자。호오니此事가善行이라。호오릿가。호딕老人이笑曰。此는。사룸마다應當。行홀일이니。무삼善行이。되리오。호얏소

既而오。또第二子가告曰。日前에子가河水가에往호얏더니何許人의子인지七八歲된兒

昨遥 懸崖 怨讐 擠

孩가其水中에。싸지거놀子가即時救出호야其家으로護送호얏스니此는子가生命을。도라보지。아니호고他人을救홈이라足히善行이라。호오릿가。호딕其人曰。他人의危急을救호는것도應行홀事라。아직善行이라。홀슈는。업느니라。호얏소

其後에。第三子가告호되子가昨夜에山遥으로下호더니某人이大醉호야懸崖上에서熟睡호는데此는子의平生怨讐라。곳其下에推擠코자호다가。다시思호되人의危殆홈을乘

恪

호야報怨홈이不可호다。호고其人을扶起호
야他安全호處에移置호고來호얏ᄂ이다。호
딕
老人이。그말을。듯고喜色이滿面호야曰。此는
眞正호善行이라호고。그櫃를。주엇ᄂ이다

第二十六課 時間을恪守홀일

사ᄅᆞᆷ이時間을恪守홀지니。사ᄅᆞᆷ이世上에立
身치。못홈은時間을不守호故오。ᄯᅩ時間을不
守호ᄂᆞᆫ者ᄂᆞᆫ他人의時間ᄭᆞ지妨害호ᄂ이다」
世上의萬般事가。다時間을恪守호ᄂᆞᆫ데在호

約束 遲緩 緊

니故로時間이。곳金錢이라如此히貴重호時
間을妨害호면此ᄂᆞᆫ。곳人의財產을奪홈과。갓
소이다
米國의大統領華盛頓은。그度支大臣하밀돈
이約束호時間보다五分을過호고來호야其
時計의遲緩홈을告호거ᄂᆞᆯ華盛頓이警戒호
야曰。君이。다시精良호時計를求호라不然호
면大臣을新히任命호겟다。호얏ᄂ이다
華盛頓이上午十二點에ᄂᆞᆫ議事堂에往호고
下午四点에ᄂᆞᆫ晩餐홀셰或請호賓客이라도

滯　怠　釣

其時間에來치。아니ᄒᆞ면華盛頓이獨히。곳食堂으로。드러가고暫時도待치。아니ᄒᆞ며其客이。그遲滯된緣由를發明ᄒᆞ면答曰。我ᄂᆞᆫ時間을。직힐ᄲᅮᆫ이라。ᄒᆞ얏ᄂᆞ이다

第二十七課　老農의夕話

一老農이子孫을警戒ᄒᆞ야曰。吾가幼時에ᄂᆞᆫ怠惰ᄒᆞ야務業ᄒᆞᆯ心이。업고或就業ᄒᆞᆯ셰도他人을爲ᄒᆞ야。ᄒᆞᄂᆞᆫ듯ᄒᆞ더니今에大農家가。된것은專혀魚와鳥의賜ᄒᆞᆫ바ㅣ니라

我가一日은魚를釣코쟈。ᄒᆞ야川邊에往ᄒᆞ얏

撼　榛莽　含　拓　耘　享

더니水中의一魚ᄂᆞᆫ安全ᄒᆞᆫ處에卵을散附코자。ᄒᆞ야身과口로。ᄡᅥ小石을搖撼ᄒᆞ며。ᄯᅩ其時岸上에서ᄂᆞᆫ一鳥가榛莽中으로飛去ᄒᆞ야口에苔蘚의類를含ᄒᆞ고。그巢를作고자。ᄒᆞ거ᄂᆞᆯ吾가因ᄒᆞ야熟思ᄒᆞ니鳥와魚ᄂᆞᆫ手가無ᄒᆞ나。그勤勞ᄂᆞᆫ我보다甚ᄒᆞᆫ지라然則。我와如ᄒᆞᆫ者ᄂᆞᆫ。곳鳥와魚에比ᄒᆞ야도羞耻가多ᄒᆞ다。ᄒᆞ고自後로。크게奮發ᄒᆞ야荒蕪ᄒᆞᆫ田園을開拓ᄒᆞ고耕耘에用力ᄒᆞ야。맛참ᄂᆡ今日에如此ᄒᆞᆫ幸福을享ᄒᆞ노니

螻蟻 蓄 蜜 況 模型 殊 徧

汝等이動物을看ᄒᆞ라螻蟻ᄂᆞᆫ飮食을貯蓄ᄒᆞ고蜂은蜜을釀ᄒᆞᄂᆞ니微小ᄒᆞᆫ動物도如此ᄒᆞ거든況人이。엇지怠惰ᄒᆞ리오。ᄒᆞ얏ᄂᆞ이다

第二十八課 博物舘

今에實質의物을知코자。ᄒᆞᆯ진ᄃᆡ書籍이圖畵를及지。못ᄒᆞ고圖畵가。또模型을及지。못ᄒᆞ며模型이。또眞像의的確ᄒᆞᆫ이만。못ᄒᆞᆯ지라

然ᄒᆞ나此ᄂᆞᆫ一人과一家의力으로羅致치。못ᄒᆞᆯ것이오。또其初의産地와其生ᄒᆞᄂᆞᆫ時가殊異ᄒᆞ니此를徧觀코자。ᄒᆞᆯ진ᄃᆡ博物舘과如ᄒᆞᆫ

搜 考

者ㅣ未有ᄒᆞ오이다

博物舘에ᄂᆞᆫ動物。植物。礦物과。또人造物이有ᄒᆞ야奇形異狀을一室에集合ᄒᆞ고各各。其名을票ᄒᆞ얏ᄉᆞ니。다만今時와今世의物뿐。아니라其上古의遺留ᄒᆞᆫ物이라도。다廣搜。博求ᄒᆞ야其舘에存置ᄒᆞᄂᆞ니此ᄂᆞᆫ知識을廣ᄒᆞ고考據를資ᄒᆞᆷ이오이다

歐美各都會에ᄂᆞᆫ。다博物舘이有ᄒᆞ고其啓閉ᄒᆞᆷ이時가有ᄒᆞ야衆의遊觀을供ᄒᆞ며衆人이이。또新奇ᄒᆞᆫ物을得ᄒᆞ면舘中에送致ᄒᆞᄂᆞᆫ故

로儲藏이日富ᄒᆞᄂᆞ이다

第二十九課　家政의責任이婦人의게在ᄒᆞᆷ

婦人의平生大節은貞烈이라此ᄂᆞᆫ論ᄒᆞᆯ바도。아니어니와至於人家의興亾。盛衰와悲歡。榮辱ᄭᆞ지。다婦人의게係ᄒᆞ얏ᄂᆞ니

大抵。衣服을製ᄒᆞᆷ과饔飱을治ᄒᆞᆷ과兒女를育ᄒᆞᆷ이。다婦人의應行ᄒᆞᆯ事오。또家政의整理와室家의綏和가。다婦人의責任이오이다

家에婦人이有ᄒᆞᆷ이。곳國에宰相이有ᄒᆞᆷ과如ᄒᆞ니宰相은百官을統率ᄒᆞ고國政을任ᄒᆞ야

民力을養ᄒᆞ고富强을圖ᄒᆞ야國光을揚ᄒᆞ거ᄂᆞ니와婦人은能히一家의財政을制裁ᄒᆞ고婢僕을統率ᄒᆞ고外으로ᄂᆞᆫ鄕黨과朋友의交를厚케。ᄒᆞ며內으로ᄂᆞᆫ子弟와宗族의和를謀ᄒᆞᄂᆞ니故로曰。婦人은一家의宰相이니卽。內相이라。ᄒᆞᆷ이此意오이다

以上과如히婦人이其責任을盡ᄒᆞ면一家의幸福이。되려니와萬一。不然ᄒᆞ면一家가悲境에陷ᄒᆞᄂᆞ이다

第三十課　影을爭ᄒᆞᆷ

驢 蔭 鬪 遁

行人이驢를賃ᄒᆞ야遠方에往ᄒᆞᆯ서天이大熱ᄒᆞᆫ故로蔭을覓ᄒᆞ야도不得ᄒᆞᆯ지라。이에驢腹의下에伏ᄒᆞ야日光을避ᄒᆞ니驢腹이僅히一人을蔽ᄒᆞᄂᆞᆫ지라

驢夫가行人을責曰。吾가君의게驢를賃ᄒᆞᆯ샌이오影은賃치아니ᄒᆞ얏노라。ᄒᆞ니行人曰。吾가錢으로。써驢를賃ᄒᆞ얏슨즉影도。또ᄒᆞᆫ吾의應有ᄒᆞᆯ바ㅣ라ᄒᆞ고。서로退讓치。아니ᄒᆞ고驢의腹下에서鬪ᄒᆞ니驢가驚ᄒᆞ야遁去ᄒᆞᄂᆞᆫ지라行人이驢夫로。더브러共히追覓ᄒᆞ다가不

喪 偃

獲ᄒᆞ고歸ᄒᆞ얏ᄂᆞ이다

古語에曰虛를爭ᄒᆞ면實을喪ᄒᆞᆫ다。ᄒᆞ오

第三十一課

山鼠가德을報ᄒᆞᆷ

獅子가叢林中에偃臥ᄒᆞ얏ᄂᆞᆫ데山鼠가逸過ᄒᆞ다가誤히

孱 縆 吼

其額을觸ᄒᆞ니獅子가怒ᄒᆞ야鼠를殺코쟈。ᄒᆞᄂᆞᆫ지라

鼠가哀乞ᄒᆞ야曰。吾를捨ᄒᆞ면吾가德을報ᄒᆞ리라。ᄒᆞᆫᄃᆡ獅子가其孱微홈을見ᄒᆞ고笑釋ᄒᆞ얏더니既而오獵夫가獅子를得ᄒᆞ고巨縆(索子 音긍)으로繫ᄒᆞ니獅子가狂吼ᄒᆞᄂᆞᆫ지라

噬

鼠가其聲을聞ᄒᆞ고縆을噬斷ᄒᆞ니獅子가大喜ᄒᆞ야逸去ᄒᆞ거ᄂᆞᆯ鼠가追呼ᄒᆞ야曰。吾가向者에公의大德을戴ᄒᆞᆫ지라今에吾가公을救ᄒᆞ얏스니。鼠도ᄯᅩᄒᆞᆫ報恩홀日이。잇ᄂᆞᆫ지라請컨ᄃᆡ公은自今으로微物이라도輕視치。말라。ᄒᆞ얏ᄂᆞ이다

第三十二課 職業

人이生活홈에。반ᄃᆞ시各其職業에從事ᄒᆞᄂᆞ니職業에能ᄒᆞ。힘쓰면一身에幸福을得홈은勿論이오公衆에利益을與ᄒᆞ며國家를富盛

礎 招 吏醫 辯 役 惟

케。ᄒᆞᄂᆞᆫ基礎가。되고此와反ᄒᆞ야職業에懶惰ᄒᆞᄂᆞᆫ者ᄂᆞᆫ一身에不幸을招ᄒᆞᆯᄲᅮᆫ아니라多ᄒᆞᆯ時ᄂᆞᆫ國家를衰敗ᄒᆞᄂᆞ니。사ᄅᆞᆷ된者ᄂᆞᆫ貧富를勿論ᄒᆞ고各其職業에勉勵ᄒᆞᆷ이可ᄒᆞ오이다

職業은各種이有ᄒᆞ니農業。漁業。工業。商業等과其他官吏。公吏。學者。教師。醫師。會社員。辯護士等이。다必要ᄒᆞᆫ職業이。되ᄂᆞ이다

農。工。商等의職業에從事ᄒᆞ야勞役에服務ᄒᆞᄂᆞᆫ者를賤役으로思惟ᄒᆞᄂᆞᆫ者도不無ᄒᆞ나此

謬 情 更

ᄂᆞᆫ。크게誤謬된者이라蓋。如何ᄒᆞᆫ業務던지此에勉勵ᄒᆞ야自己一身만爲ᄒᆞᆯᄲᅮᆫ아니라國富의基礎를開ᄒᆞᆷ인즉農。工。商等도重大ᄒᆞᆫ事業이오決코輕易히。녁임이不可ᄒᆞ오이다

學徒等도長成ᄒᆞᆫ後에ᄂᆞᆫ一定ᄒᆞᆫ職業에從事ᄒᆞᆯ지니其職業을定ᄒᆞᆷ에當ᄒᆞ야自己의能力과各種事情에應ᄒᆞ야熟慮深思ᄒᆞ야一次。定ᄒᆞᆫ以上은輕易히此를變更치。말고熱心으로勉勵ᄒᆞ야規律을正ᄒᆞ고時刻을守ᄒᆞ야進步發達을圖ᄒᆞᆯ것이오이다

第三十三課　鴉片烟

一人이鴉片烟을吸ᄒᆞᆫ後로家勢가漸漸。零替ᄒᆞ더니一日은友人다려謂ᄒᆞ야曰吾가先世브터家計가富饒ᄒᆞ더니鴉片을吸ᄒᆞᆫ後로萬事가無心ᄒᆞ야。아모緊急ᄒᆞᆫ事라도耳外로聽ᄒᆞ얏더니吾母와吾妻가我의身世를憂念ᄒᆞ야鬱々病死ᄒᆞ고吾ᄂᆞᆫ肌體가憔悴ᄒᆞ고精神이困頓ᄒᆞ야晝에寐ᄒᆞ고夜에興ᄒᆞ야産業을蕩盡ᄒᆞ고

또吾가子를生ᄒᆞ얏다가不久에死ᄒᆞ니此ᄂᆞᆫ吸烟人의精血이不實ᄒᆞ야生子ᄒᆞ야도羸弱ᄒᆞᆫ故오

또某日에ᄂᆞᆫ房中에失火ᄒᆞ얏스나我가精神이昏迷ᄒᆞ야火가衾褥에及ᄒᆞ야도不知ᄒᆞ다가吾의頂額을。다焦爛ᄒᆞ얏스니吾의餘生도。또何境에至ᄒᆞᆯ지不知ᄒᆞᆫ다。ᄒᆞ얏ᄂᆞ이다

第三十四課　李秉纘이下人의産業一
을起케홈

李秉纘은德望이全國에著名ᄒᆞᆫ人이오。또治産ᄒᆞᄂᆞᆫ規模가井井ᄒᆞ며下人을待遇홈이優厚ᄒᆞᆯ뿐。아니라其産業을助成ᄒᆞᄂᆞ이다

鞋 捆 頗 抗 遽

龍監役은李秉纘의下人이라十一歲에其家에雇入ᄒᆞ얏더니秉纘이命ᄒᆞ야每日。夜間에草鞋一隻式。捆ᄒᆞ라。ᄒᆞ거ᄂᆞᆯ龍監役이其苦를不勝ᄒᆞ야頗히怨望ᄒᆞ얏ᄂᆞ이다

然ᄒᆞ나主人의命令이嚴ᄒᆞᆫ지라敢히違抗치。못ᄒᆞ고草鞋가成ᄒᆞᆫ後에ᄂᆞᆫ龍監役으로。ᄒᆞ야곰場에往賣ᄒᆞ고賣ᄒᆞᆫ後에ᄂᆞᆫ。또利殖으로放債ᄒᆞᄂᆞᆫ데此ᄂᆞᆫ。다龍監役이使喚ᄒᆞ얏ᄂᆞ이다」

龍監役이李秉纘家에在ᄒᆞᆫ지遽然히數十年이러니一日은秉纘이命ᄒᆞ야曰。汝가吾家에在ᄒᆞᆫ지久ᄒᆞ니人生이。엇지永久히人의奴僕이。되리오今日브터往ᄒᆞ야自由生活ᄒᆞ라。ᄒᆞ니此時ᄂᆞᆫ丙子凶年이라餓莩가道路에滿ᄒᆞ얏ᄂᆞ이다

丙 餓莩 跪 罪 乞 箱

龍監役이大驚ᄒᆞ야跪問曰。小人이進賜宅에得罪ᄒᆞᆫ事가無ᄒᆞ옵고。또如此ᄒᆞᆫ凶年을當ᄒᆞ야何處로往ᄒᆞ오릿가。ᄒᆞ고哀乞ᄒᆞ얏ᄂᆞ이다

第三十五課 李秉纘이下人의産業을起케ᄒᆞᆷ 二

李秉纘이此言을聞ᄒᆞ고其家後의瓦屋을指ᄒᆞ야曰。此ᄂᆞᆫ汝의家라往居ᄒᆞ라ᄒᆞ고。또箱中

券 庄

에셔田畓文券一塊를出給ᄒᆞ야曰。此ᄂᆞᆫ汝의
田畓이라。ᄒᆞᄂᆞᆫ지라
龍監役이意外에此言을聞ᄒᆞ고所措를罔知
ᄒᆞ다가。다시其緣由를問ᄒᆞᆫᄃᆡ秉纘이笑曰。此
ᄂᆞᆫ。다汝의勤勞。所致라汝가數十年에捆ᄒᆞᆫ바
草鞋가五千雙이니其價額이幾百兩이오。ᄯᅩ
此로殖利ᄒᆞᆫ것이幾千兩이라吾가此로。써汝
의家屋을建ᄒᆞ고此로。써汝의田畓을買ᄒᆞ며。
ᄯᅩ其田畓의所出로年年히庄土를增加ᄒᆞ야
汝의設產ᄒᆞᆯ時를待ᄒᆞ얏다。ᄒᆞᄂᆞᆫ지라

什 儉 啣

龍監役이敬히其命을承ᄒᆞ고其家에往ᄒᆞ니
家產什物이室中에充滿ᄒᆞ야居然히富者氣
像이오田畓을調查ᄒᆞᆫ즉每年秋收가三百餘
石이라龍監役이其後에。더욱節儉ᄒᆞ야三千
石을秋收ᄒᆞ얏ᄂᆞ이다
李秉纘의平生事業이專혀公衆을爲ᄒᆞᄂᆞᆫ故
로其近邑數三郡人이秉纘의恩德을被치。아
니ᄒᆞᆫ者ㅣ無ᄒᆞᆫ지라世上이呼ᄒᆞ야曰。楊根李
都事라。ᄒᆞ니都事ᄂᆞᆫ其官啣이오楊根은其居
ᄒᆞᄂᆞᆫ郡名이오其死ᄒᆞᆫ지至今二十餘年이오

彭　棋 枚 袖　掬

이다

第三十六課　金壽彭

金壽彭은　英祖時人이니戶曹書吏라一日은戶曹判書가國庫에在ᄒᆞᆫ金額을調査ᄒᆞᆯ서棋金一枚를袖中에納ᄒᆞ니棋金이라ᄒᆞᆷ은金을棋와如케鑄成ᄒᆞᆫ것이오이다壽彭이此를見ᄒᆞ고其故를問ᄒᆞᆫᄃᆡ戶判曰。吾가歸ᄒᆞ야孫女의게給ᄒᆞᆫ다。ᄒᆞ거ᄂᆞᆯ壽彭이不答ᄒᆞ고遽히棋金數十枚를掬取ᄒᆞ니戶判이大驚ᄒᆞᄂᆞᆫ지라壽彭曰。今에大監이一枚를取

棍

ᄒᆞ시면小人은數十枚를取ᄒᆞᆯ것이오小人下位에在ᄒᆞᆫ者가四五十名이라。또各其五六十枚式。取ᄒᆞ야次第로竊去ᄒᆞ면不過。幾日에金이盡ᄒᆞᆯ것이오。또此事ᄲᅮᆫ。아니라大監의一枚金이先導가。되야幷히戶曹의庫在物이蕩盡ᄒᆞ리이다。ᄒᆞᆫᄃᆡ

戶判이大驚ᄒᆞ야棋金을還出ᄒᆞ고自後로每事를問議ᄒᆞ며敬禮가極盡ᄒᆞ얏ᄂᆞ이다

第三十七課　金壽彭의母親

壽彭이幼時에其母親이飯을炊ᄒᆞᆯ서火棍으

竈錚 鼎 寡子 粱綺紈 覆 翌

로竈前을擊ᄒᆞ니錚々ᄒᆞᆫ聲이有ᄒᆞᆫ지라掘ᄒᆞ야視ᄒᆞ니鼎蓋가有ᄒᆞ거ᄂᆞᆯ。또啓視ᄒᆞ니下에大甕이오白光이燦燦ᄒᆞ니。다白銀이라心中에大驚大喜ᄒᆞ야。곳拾出ᄒᆞ다가

다시思ᄒᆞ되吾ᄂᆞᆫ寡婦라子々一身이。오쟉子息을敎訓ᄒᆞᆯ이可ᄒᆞ거ᄂᆞᆯ今에遽然히橫財를得ᄒᆞ면子弟가膏粱과綺紈에溺ᄒᆞ야門戶를保全치。못ᄒᆞ리라ᄒᆞ고。다시鼎蓋를掩ᄒᆞ야土를覆ᄒᆞ고

翌日에壽彭의叔父를請ᄒᆞ야急히家屋을賣

縫 談話

ᄒᆞ고他處로移去ᄒᆞ야僅히裁縫으로生活ᄒᆞ더니。밋壽彭이長成ᄒᆞ매學問이日進ᄒᆞ고家勢가饒足ᄒᆞ야數十年을安過ᄒᆞ다가回甲日이至ᄒᆞᆫ지라

此日에家族이畢集ᄒᆞ야壽를獻ᄒᆞᆫ後에一生苦樂을談話ᄒᆞᆯ서壽彭의叔父가前에進ᄒᆞ야跪問曰。小叔이三十年來로疑訝ᄒᆞᆫ事가有ᄒᆞ나敢히問치。못ᄒᆞ얏더니今日은他日과異ᄒᆞ오니昔日에猝然히家屋을賣ᄒᆞ심은何故잇고。ᄒᆞ거ᄂᆞᆯ

喟 遐齡

壽彭의母親이此言을聞ᄒᆞ고喟然曰。此ᄂᆞᆫ吾의平生心事라他人의게發치。못ᄒᆞ얏다。ᄒᆞ고其埋銀ᄒᆞ든事를一場說明ᄒᆞ니衆人이。다시再拜ᄒᆞ고遐齡을祝ᄒᆞ얏ᄂᆞ이다

第三十八課 朋友書信

張李二生이一學堂에서工夫ᄒᆞᆯ새相愛ᄒᆞ기兄弟와如ᄒᆞ다가李生이京師에往ᄒᆞ더니其後李生의書信이來ᄒᆞ얏ᄂᆞᆫ데其書에曰

張振仁兄足下여別後에懸念홈은彼此相同ᄒᆞ오리다弟ᄂᆞᆫ登舟ᄒᆞᆫ지二日에。비로소

靜暈 寓 肄

龍山浦에來泊ᄒᆞ얏ᄂᆞᆫ데海上에風浪이平靜ᄒᆞ와船暈의苦가。업ᄉᆞᆸ고次日에汽車를乘ᄒᆞ고一點間에皇城에入ᄒᆞ얏ᄉᆞ며現今에漢城寄宿舘에留寓ᄒᆞ얏ᄉᆞᆸ고京內學校의課程이妥合ᄒᆞᆸ기明年一月브터彼處에入ᄒᆞ야肄業코자。ᄒᆞᆸᄂᆞ이다學中。諸師友前에幷히請安ᄒᆞᄂᆞ이다弟李鴻頓首

年 月 日

張生答書

李鴻仁兄足下여某月某日의 手書를接

欣 羨慕

讀ᄒᆞ와都門에安抵ᄒᆞ심을知ᄒᆞ오니甚히
欣慰ᄒᆞᆸᄂᆞ이다
足下가此行에大海를渡ᄒᆞ야京城에入ᄒᆞ
시니見聞이廣ᄒᆞ심을羨慕ᄒᆞ기不已ᄒᆞᄂᆞ
이다都中의天氣가此處보다冷ᄒᆞ오니善
히珍衛ᄒᆞ오서
旅安ᄒᆞ심을祝ᄒᆞᄂᆞ이다 弟張振頓首
年月日

新纂初等小學卷六漢字

(一)鴻鴈蜚揚帛篋繫挈沈貯觀(二)史輯詩撰辭振繪牽私閣穀
鄭亂頭程齊稽(三)皮筋顱腦髓軀幹排泄架腕臂互因折偏
臟腑礙(四)亭牡嬰(五)賃摘謹嘉與嗜懷存號啞賊竊慚(六)恤壓惻
掠汗伐畜糧徵增沿郡討弘俘虜价搶攫懲辛吨委祐芳
社稷鑄讓誅懦遇寬輔弱(七)的干(八)旅館溽堪店任毀媸葺逆
宿(九)喧嚀唾罵按列揮煩菌稚牟几案就(十)醫陋薄床椅側金
(十一)速楚誤錯聰(十二)聽瑞僚股栗(十三)浚洶魏儲嗣棄冽兼宰謁監廢
輪(十四)曾姪甥舅姨妻妯娌嫂(十五)卑隔遙劃鳥蘇智挈妙洛錦灣
碇泊岬串(十六)延哩浬條寄縣(十七)登薇攀及偃嗅閉尸笑付託慎
擇(十八)酒盃舒副違伍敢屬斬悚淚俱攙(十九)暑租庫技摸範陳賚

補助殖爾導啓施斂謀（二十一）系騰憊俄耶（二十二）穌猶佈壓蹟督嫉姤
釘曆希臘革瑪竇僮（二十三）募薦履擦扃修叟敏嫻片蹴踏序謙
衿鑾乳乘垢莫過乂（二十四）總鴉焚賠聯局挾仍膠黐璧圖奧熾
醵億沓（二十五）櫃証酬昨運懸崖戀攣擠恪（二十六）約束遲綏饕滯怠（二十七）鈞
撼榛荓含拓耘享蠼蠕蓄韲況模（二十八）型殊徧搜考係（二十九）嬰殮紋
栽僕黨黷（三十）藻閥遁喪偃（三十一）孱縆吼噬礎（三十二）招吏醫辯役惟謬情
更替（三十三）憂肌憔悴蕩羸昏灸頂焦纘（三十四）優鞋捆頗抗遽丙餓孝
蹠鼻乞箱（三十五）券庄什儉唧彭（三十六）棋枚袖擲棍（三十七）竄錚鼎寡孑粱綺
紈襁埜綫談話喟遐齡靜（三十八）暈寓肄欣羨慕

學部檢定

著作及版權所有

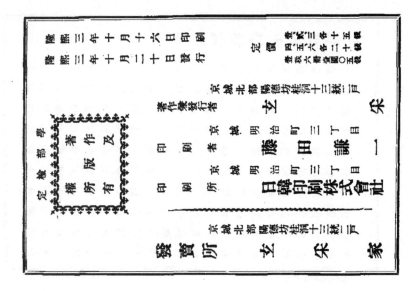

隆熙三年十月十六日印刷
隆熙三年十月二十日發行

定價 壹、貳、三各十五錢 四、五、六各二十錢 壹秩六冊壹圓〇五錢

京城北部陽德坊桂洞十三統二戶
著作兼發行者 玄采

京城明治町三丁目
印刷者 藤田謙一

京城明治町三丁目
印刷所 日韓印刷株式會社

京城北部陽德坊桂洞十三統二戶
發賣所 玄采家

몽학필독

(蒙學必讀)

蒙學必讀

蒙學必讀卷一

崔在學編述

母音十一字

ㅏ阿 ㅑ也 ㅓ於 ㅕ汝 ㅗ吾 ㅛ要

ㅜ牛 ㅠ由 ㅡ依 ㅣ伊 ㆍ于

子音十四字

ㄱ加 ㄴ那 ㄷ多 ㄹ羅 ㅁ馬 ㅂ(所)

ㅅ 沙 ㅇ 牙 ㅈ 子 ㅊ 此 ㅋ ㅌ 他

ㅍ 波 ㅎ 何

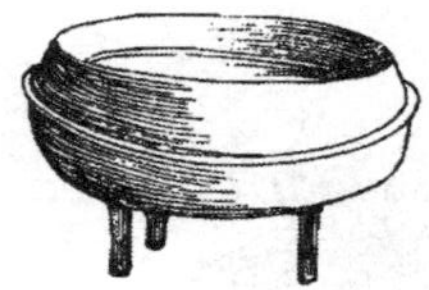

가 마

가 갸 거 겨 고 교

구 규 그 기 ᄀᆞ

나비

나무

너구리

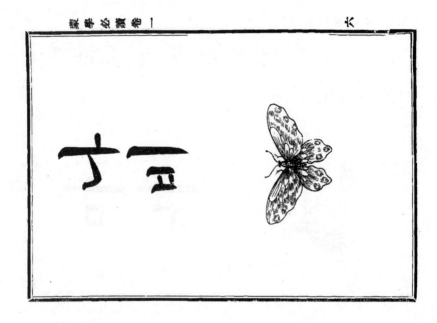

나 냐 너 녀 노 뇨

누 뉴 느 니 ᄂᆞ

다리

두루미

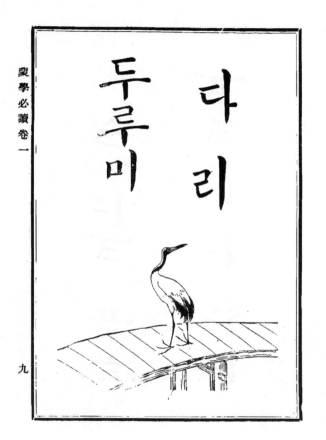

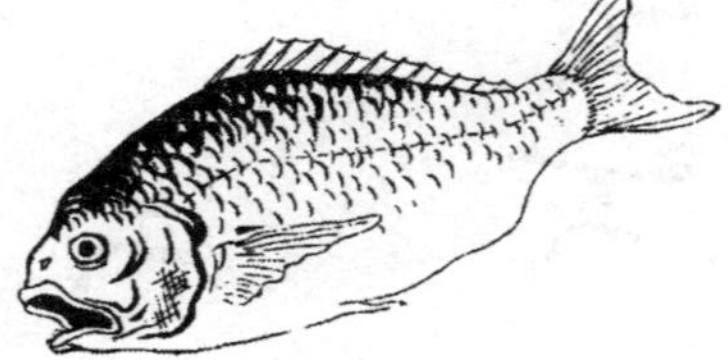

도미

다 댜 더 뎌 도 됴

두 듀 드 디 ᄃᆞ

로

리어

라랴 러려 로료

루류 르리 ᄅᆞ

마차

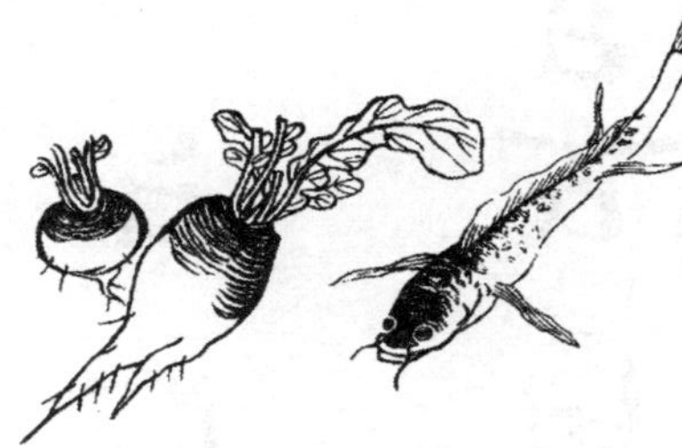

머여기
무우

모시

마 먀 머 며 모 묘

무 뮤 므 미 ᄆᆞ

바지

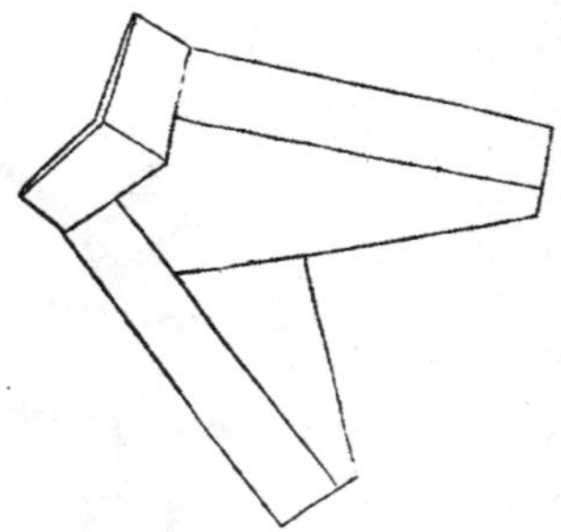

바리

버러지

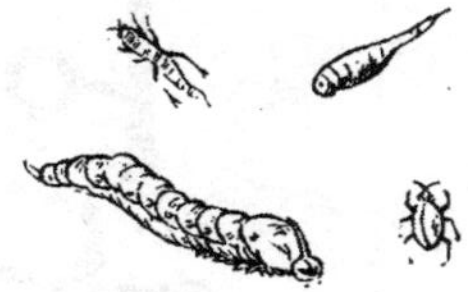

벼루

벼

보리

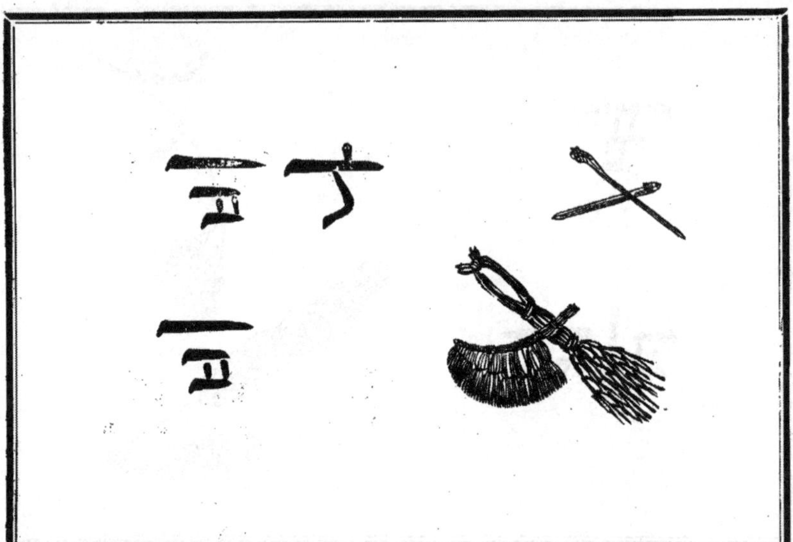

바뱌버벼보뵤

부뷰브비ᄇᆞ

사모

사다리

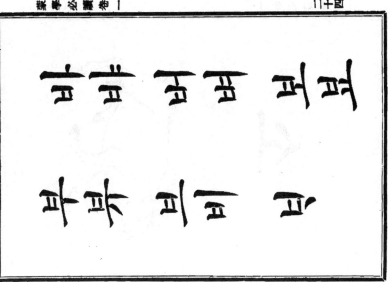

소

수리

소라
수수

사샤서셔소쇼
수슈스시ᄉᆞ

아기

아바지

어마니

아우

여호

오리

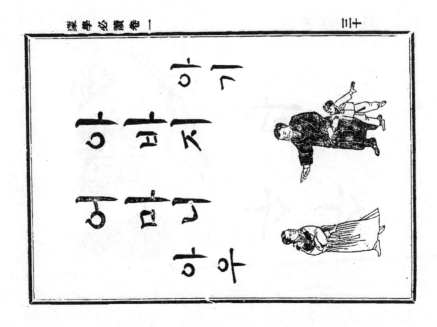

유ᄌᆞ

아야 어여 오요

우유 으이 ᄋᆞ

자라

조

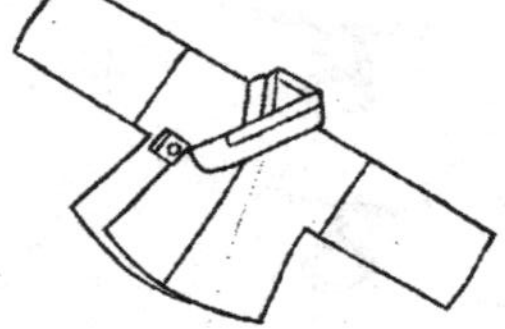

저고리

조리

자 쟈 저 져 조 죠

주 쥬 즈 지 ᄌᆞ

차

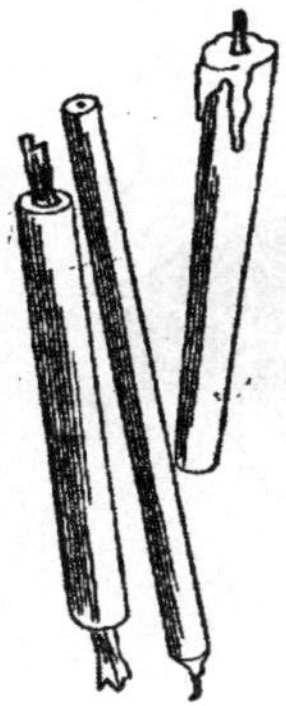

초

추ᄌᆞ

치ᄌᆞ

치마

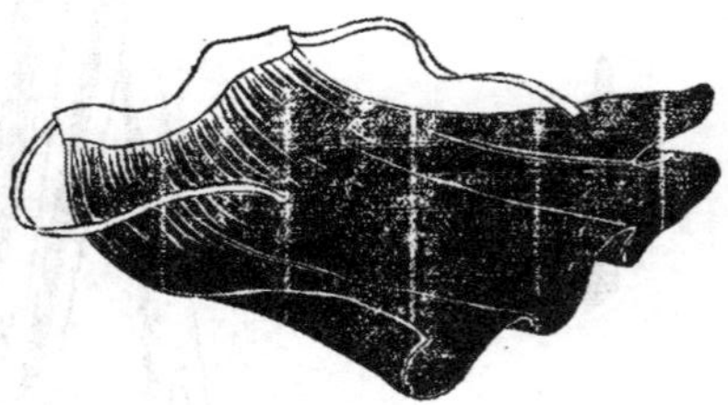

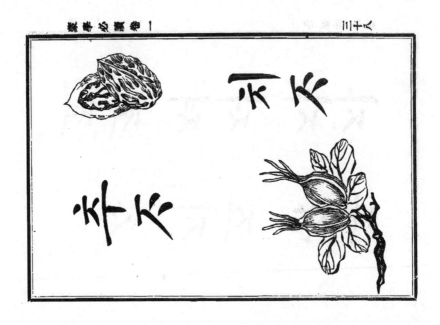

차 챠 처 쳐 초 쵸

추 츄 츠 치 ᄎᆞ

코기리

키

카갸거겨고교

쿠큐크키ᄏᆞ

타구

투구

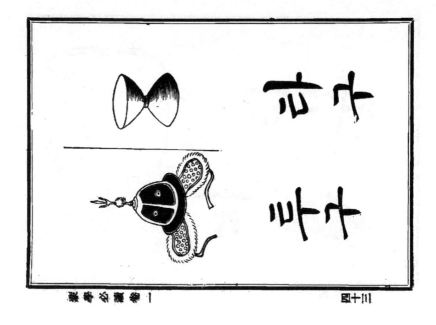

토수

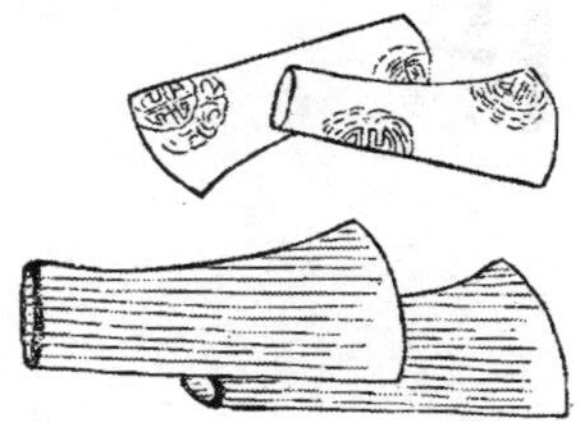

타탸터텨토툐

투튜트티ᄐᆞ

파리

파

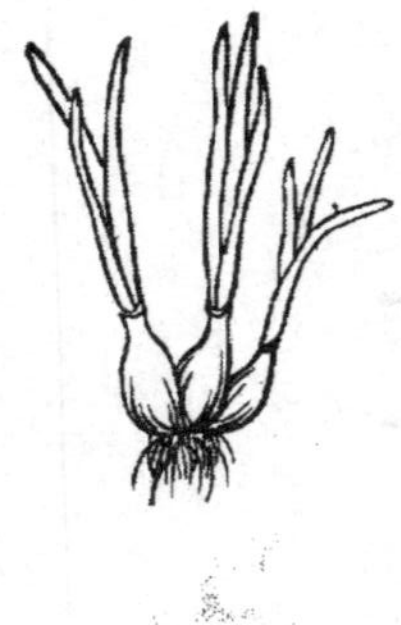

포도

피리

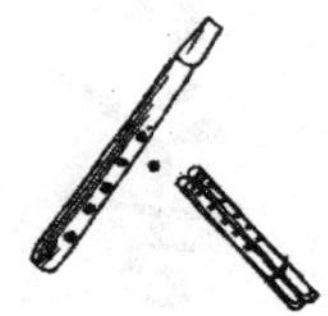

표ᄌᆞ

파퍄퍼펴포표

푸퓨프피ᄑᆞ

하로ᄉᆞ리

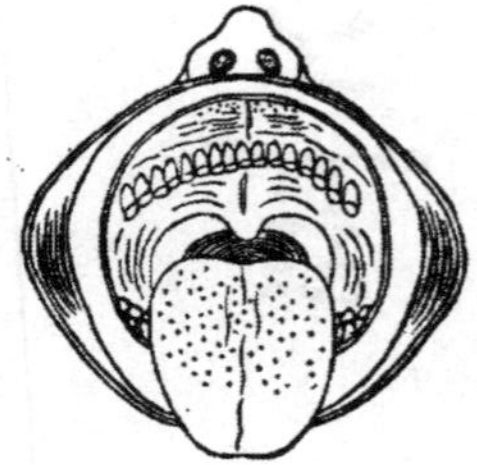

혀

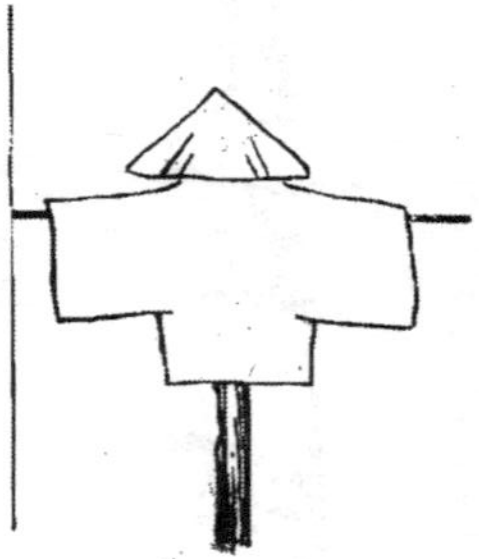

허수아비

호도

하햐허혀호효

후휴흐히ᄒᆞ

과ᄌᆞ

화로

聲

과 궈 놔 눠 돠 둬 롸 뤄

뫄 뭐 봐 붜 솨 숴 와 워

좌 줘 촤 춰 콰 쿼 톼 퉈

퐈 풔 화 훠

初終聲通用九字

ㄱ 其亦　ㄴ 尼隱　ㄷ 池(末)　ㄹ 梨乙

ㅁ 眉音　ㅂ 非邑　ㅅ 時(衣)　ㅇ 異凝

ㅣ 伊外

감

合字

가 ㄱ 각 가 ㄴ 간 가
ㄷ 갇 가 ㄹ 갈 가 ㅁ
감 가 ㅂ 갑 가 ㅅ 갓
가 ㅇ 강 가 ㅣ 개

날

나 ㄱ 낙 나 ㄴ 난 나

ㄷ 낟 나 ㄹ 날 나 ㅁ

남 나 ㅂ 납 나 ㅅ 낫

나 ㅇ 낭 나 ㅣ 내

달

다 ㄱ 닥 다 ㄴ 단 다
ㄷ 닫 다 ㄹ 달 다 ㅁ
담 다 ㅂ 답 다 ㅅ 닷
다 ㅇ 당 다 ㅣ 대

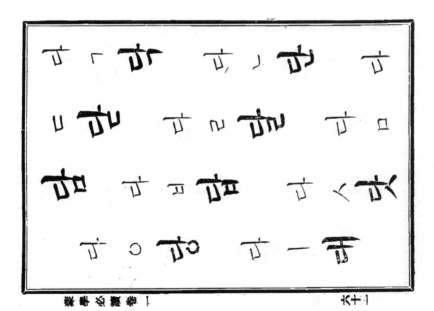

라구

라 ㄱ 락 라 ㄴ 란 라

ㄷ 랃 라 ㄹ 랄 라 ㅁ

람 라 ㅂ 랍 라 ㅅ 랏

라 ㅇ 랑 라 ㅣ 래

말

마 ㄱ 막 마 ㄴ 만 마

ㄷ 맏 마 ㄹ 말 마 ㅁ

맘 마 ㅂ 맙 마 ㅅ 맛

마 ㅇ 망 마 ㅣ 매

배

바 ㄱ 박 바 ㄴ 반 바
ㄷ 받 바 ㄹ 발 바 ㅁ
밤 바 ㅂ 밥 바 ㅅ 밧
바 ㅇ 방 바 ㅣ 배

산

사 ㄱ 삭 사 ㄴ 산 사

ㄷ 삳 사 ㄹ 살 사 ㅁ

삼 사 ㅂ 삽 사 ㅅ 삿

사 ㅇ 상 사 ㅣ 새

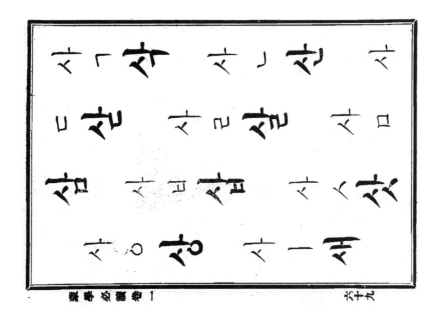

알

아 ㄱ 악 아 ㄴ 안 아

ㄷ 앋 아 ㄹ 알 아 ㅁ

암 아 ㅂ 압 아 ㅅ 앗

아 ㅇ 앙 아 ㅣ 애

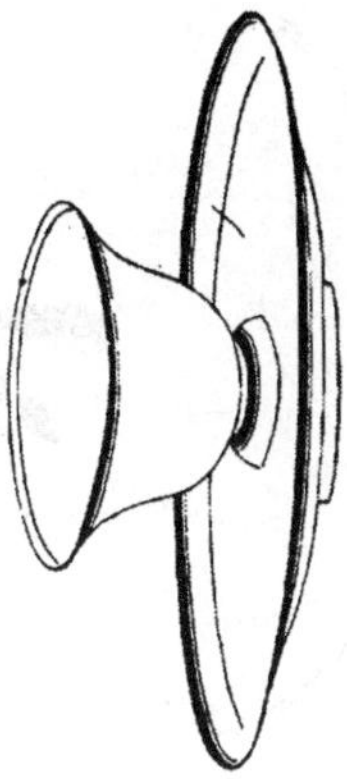

잔

자 ㄱ 작 자 ㄴ 잔 자 ㄷ 잗 자 ㄹ 잘 자 ㅁ 잠 자 ㅂ 잡 자 ㅅ 잣 자 ㅇ 장 자 ㅣ 재

창

ㅊ ㄱ 착　ㅊ ㄴ 찬　ㅊ

ㄷ 찯　ㅊ ㄹ 찰　ㅊ ㅁ

참　ㅊ ㅂ 찹　ㅊ ㅅ 찻

ㅊ ㅇ 창　ㅊ ㅡ 츠

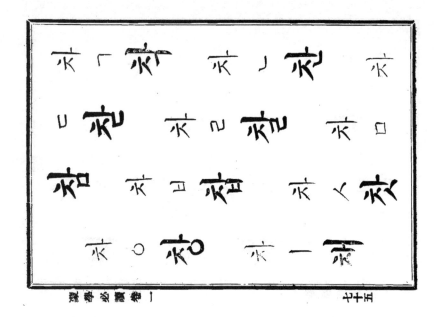

칼

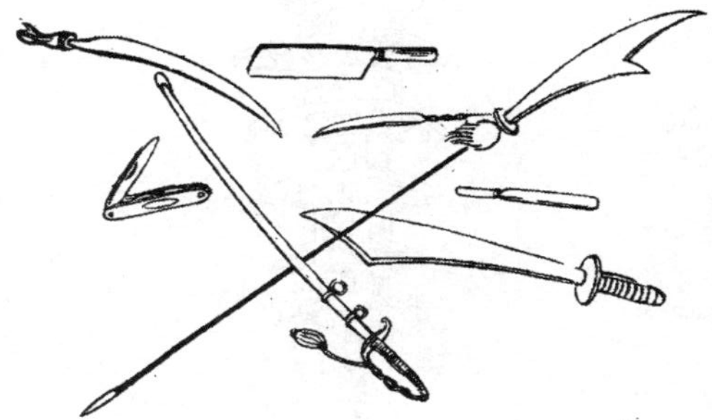

카 ㄱ 칵 카 ㄴ 칸 카

ㄷ 칻 카 ㄹ 칼 카 ㅁ

캄 카 ㅂ 캅 카 ㅅ 캇

카 ㅇ 캉 카 ㅣ 캐

탑

타 ㄱ 탁 타 ㄴ 탄 타

ㄷ 탄 타 ㄹ 탈 타 ㅁ

탐 타 ㅂ 탈 타 ㅅ 탓

타 ㅇ 탕 타 ㅣ 태

팟

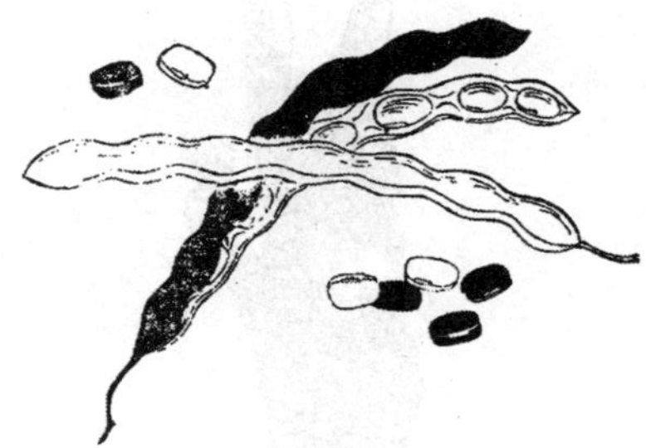

파ㄱ팍 파ㄴ판 파

ㄷ팓 파ㄹ팔 파ㅁ

팜 파ㅂ팝 파ㅅ팟

파ㅇ팡 파ㅣ패

학도

하 ㄱ 학 하 ㄴ 한 하

ㄷ 핟 하 ㄹ 할 하 ㅁ

함 하 ㅂ 합 하 ㅅ 핫

하 ㅇ 항 하 ㅣ 해

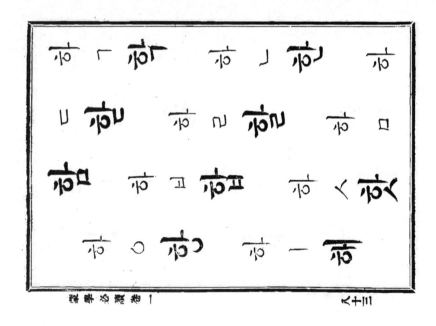

즁앙총부는 이층양옥으로 지엇슴니다

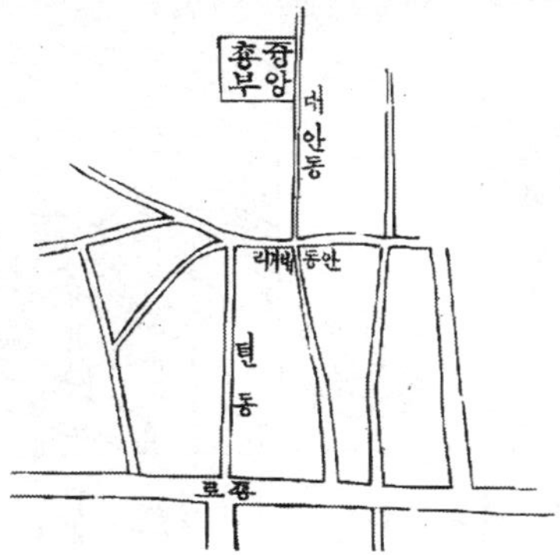

종로에셔 뎐동으로 올나가면 안동네거리가 잇고 네거리에셔 대안동으로 올나가면 즁앙총부가 잇슴니다

아바지 가지셔개
가 죠롱죠롱 열
녓스니 보기에
도 참죳습니다
그러ᄒᆞ냐 이것
이다 하날님의
쥬신것인줄 알것이니라

형님 쟝에 잇는
새는 엇지ᄒᆞ야
져와갓치 파리
ᄒᆞ엿습닛가
아지못ᄒᆞᄂᆞ냐 하
ᄂᆞᆯ님이 쥬신 나
래를 펴지못ᄒᆞᄂᆞᆫ
연고이니라

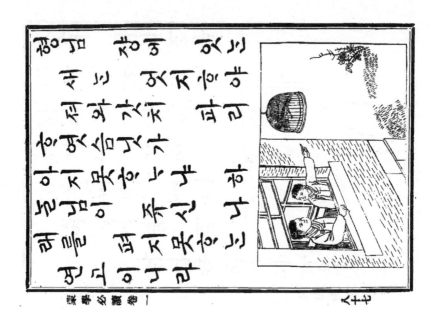

벼와 보리와
무우는 다
우리의 먹
는 물건으로
된것이니
참귀ᄒᆞ고 죵
ᄒᆞᆫ것이올시다

오날은 시일날이오 여
러교인들이 죵앙춍부교
당에 모여셔 션ᄉᆞ와
대도쥬모시고 텬뎨숑부
르는 소리 반갑습니다

학교학
도들이
모ᄌ
벗고
셩ᄉ에게 경례ᄒ는 모
양 참 엄숙ᄒ옵니다

치마는 비단
과 명쥬로
ᄒ는것보다
죠션무명으로
ᄒ는것이 매
우 좃슴니다

대신ᄉᆞ의 셩은 최오 일
홈은 졔우
오 ᄌᆞ는
셩묵이오
수운은 별
호시니 경쥬가뎡리에셔
나셧ᄉᆞᆸ니다

三合字

삭 산 삳

살 삼 삽

삿 상 새

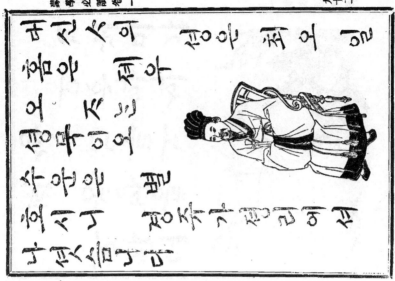

가마귀는 ᄭᅡᆨᄭᅡᆨᄒᆞ고 노루는 샹퉁쌍퉁 뛰여가오

봄은 ᄯᅡᄯᅳᆺᄒᆞ고 가을은 셔늘ᄒᆞ며 여름은 덥고 겨울은 춥습니다

셩미ᄯᅳ는 세에 참 졍셩의 마음으로 긔도ᄒᆞ면 복 만히 받습니다

책샹 우에 잇는 책은 다 우리뎐도교 교셔이올시다

셩ᄉᆞ의 하ᄂᆞᆯ갓ᄒᆞ신 은혜
로 우리를 가라쳐주시니
매우 감츅ᄒᆞ오이다
그러면 우리는 아모조록
셩ᄉᆞ의 은혜 갑기를
생각ᄒᆞ옵시다

배꽃은 희고
복숑아꽃은
붉으니 빗
도 보기 좃
커니와 열매
도 만히
열니겟슴니다

도미와 리어
는 다 맜는
생션이올시다
하ᄂᆞᆯ님이
우리의 먹는
물건으로 내신것이오

어미닭은 색
기들을 보호
ᄒᆞ려고 두나
래를 펴고
꼭꼭 색기를
부르오

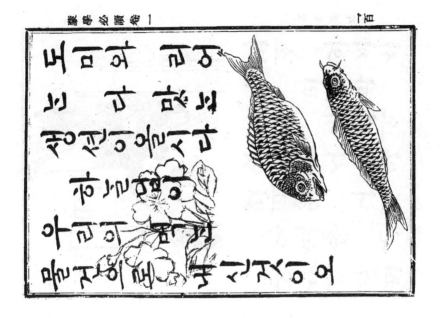

시계의 소리
한소리 두
소리에 하오
아홉시 되엿
스니 맑고맑
은 물ᄯᅥ다
청슈모시오

션생 너의들은 이
렴쥬를 혜여 보
아라
학도 한아 둘 셋
넷 다셧 여셧
일곱 여닯 아홉
열이올시다

우리교인 열심 태양보다 ᄯᅳ어우니 포덕텬하 갑가왓습니다

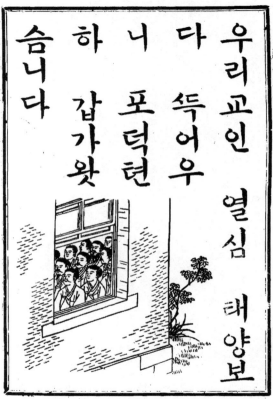

초등작문법

(初等作文法)

受動은 他의所動을被홈으로被爲等字를用ᄒᆞᄂᆞ니其例ᄂᆞᆫ將帥被擒 議員被薦 塔被雷擊 山被雲遮 爲犬所噬 爲蜂所刺

能動은 自然能動力이有홈으로能字를用ᄒᆞᄂᆞ니其例ᄂᆞᆫ目能視 耳能聽 魚能游於水 蚓能入於土

拒動은 動홈으로不喜ᄒᆞ야拒홈으로否不等字를用ᄒᆞᄂᆞ니其例ᄂᆞᆫ 爾去看戲否 曰不去 有酒要飮否 曰不要飮 爾到東萊去耶 曰否 牽牛將去耕田耶 曰否

推量은 凡事의未定ᄒᆞᆫ時想像이先有홈으로當應諒等字를用ᄒᆞᄂᆞ니其例ᄂᆞᆫ今日當有信來 近來當有喜事 雷已鳴應下雨 潮已漲應開船 輪船諒可早到 洋貨諒必減價

斷定은 未來事를理想ᄒᆞ야斷定홈으로必可等字를用ᄒᆞᄂᆞ니其例ᄂᆞᆫ天氣悶必下大雨 月有暈必起狂風 牀可眠 椅可坐 李君今日可來 趙生明朝可去

命令은 分付의神氣가有홈으로須當等字를用ᄒᆞᄂᆞ니其例ᄂᆞᆫ坐須正 立須直 讀書須講解 作事勤愼 當拜則拜 當揖則揖 早當開門 夜當點燈

初等作本法凡例

一 此編은孩蒙이漢文을讀홀時에文字의組織ᄒᆞᄂᆞᆫ法則을曉解키爲ᄒᆞ야作홈

一 文法은蒙學을易曉케홈이必要홈으로粗淺ᄒᆞᆫ句語를用홈

一 文詞의實字ᄂᆞᆫ多ᄒᆞ고解得키易ᄒᆞ나虛字ᄂᆞᆫ少ᄒᆞ고通曉키難홈으로虛字를詳說홈

一 用詞의名義를國漢文으로解釋호ᄃᆡ句語ᄂᆞᆫ漢文을練習키爲ᄒᆞ야不釋홈

一 教者가每一節의一條式을說明ᄒᆞᆫ後에原句中用

一 詞의字眼을書示ᄒᆞᄃᆡ字句上下에空圈을作ᄒᆞ야文字를思索塡充케ᄒᆞᆷ

一 或數實字를擧ᄒᆞ야字類를分別케ᄒᆞ며或數虛字를擧ᄒᆞ야句式을造成케ᄒᆞᆷ

一 或漢文原句를書示ᄒᆞ야國漢文或純國文으로翻譯케ᄒᆞᆷ

一 以上敎法外에許多ᄒᆞᆫ妙用은敎者의手段如何에在ᄒᆞᆷ

隆熙二年桂秋下澣編述者識

初等作文法目次

初等作文法目次終

初等作文法

漳隱元泳義編述

第一編

第一章　總論

(文法) 文法은文字를製作ᄒᆞᄂᆞᆫ道理라大凡人이聲音으로心中에思想을發達ᄒᆞᆷ이言語오口中에言語를記述ᄒᆞᆷ이文字라文字中에字眼이個個히法則이有ᄒᆞ니法則을不通ᄒᆞ면文字의道理를曉解키不能ᄒᆞ니라

(道理) 道理ᄂᆞᆫ語法에當然ᄒᆞᆷ이라文을作ᄒᆞᆯ時에平常

語로粗淺ᄒᆞᆫ文句를先做ᄒᆞ고再思ᄒᆞ야文字의道理
를尋得ᄒᆞᆯ지니其例를擧ᄒᆞ건ᄃᆡ火最熱氷最冷은說
得有理어니와火最冷氷最熱이나火不熱氷不冷은
皆道理에錯誤ᄒᆞ니라
(通氣) 通氣ᄂᆞᆫ語氣를通達케ᄒᆞᆷ이니其例를擧ᄒᆞ건ᄃᆡ
讀書一本　寫字一葉或은書讀一本　字寫一葉或
은讀一本書　寫一葉字가皆不可ᄒᆞᆷ이無ᄒᆞ되若
一本讀書　一葉寫字ᄂᆞᆫ通氣를不得ᄒᆞ니라
(聯屬) 聯屬은上下句語가一氣聯屬ᄒᆞᆷ이니其例를擧
ᄒᆞ건ᄃᆡ爾旣要讀書　如何是懶惰ᄂᆞᆫ是兩句話가一

氣聯屬이어니와若爾旣要讀書　如何是勤勉은上
下氣貫이隔斷不屬ᄒᆞ니라
(文法의次序) 文法의先後次序ᄂᆞᆫ四類가有ᄒᆞ니先解
字　次分類　三辨用　四造句니라
(文法의用詞) 文法의用詞ᄂᆞᆫ九類가有ᄒᆞ니曰名詞
代名詞　動詞　形容詞　副詞　接續詞　歎詞
止詞니라

第一節　解字

解字ᄂᆞᆫ　字義를解得ᄒᆞᆷ이니其例를擧ᄒᆞ건ᄃᆡ山脊曰
岡이오山足曰麓이니山을摸寫ᄒᆞᆯ時에岡을麓으로

認ᄒᆞ면失解오氷을描寫ᄒᆞᆯ時에江을川의大ᄒᆞᆫ者로
認ᄒᆞ면得解니라

第二節 分類

分類ᄂᆞᆫ 字類를分別ᄒᆞᆷ이니其例를擧ᄒᆞ건ᄃᆡ天高地厚라ᄒᆞ면天地ᄂᆞᆫ名目에屬ᄒᆞ고高厚ᄂᆞᆫ形狀에屬ᄒᆞ니라

第三節 辨用

辨用은 字用을分辨ᄒᆞᆷ이니形容을描寫ᄒᆞᆯ時ᄂᆞᆫ曰黑白 曰大小오動作을表明ᄒᆞᆯ時ᄂᆞᆫ曰飛走 曰坐臥라ᄒᆞᄂᆞ니라

第四節 造句

造句ᄂᆞᆫ字를幷合ᄒᆞ야句語를成ᄒᆞᆷ이라單句와疊句와短句와長句의類가有ᄒᆞ니其例를擧ᄒᆞ건ᄃᆡ曰環野皆山也ᄂᆞᆫ單句오山野之間 有花木 有泉石 有草亭은疊句오樂哉ᄂᆞᆫ短句오是即山人野夫之所以樂而忘返은長句니라

第二章 名詞

名詞ᄂᆞᆫ 一切事物의名目을稱ᄒᆞᆷ이니其種이專稱通稱의兩類가有ᄒᆞ고兩類中에單名 兩名 複名 無形名의區別이又有ᄒᆞ니라

第一節 尊稱

尊稱은 單稱의名詞니曰檀君 曰孔子는一個人을單稱홈이오曰漢陽 曰平壤은一地方을單稱홈이오曰人蔘 曰石油는一種物을單稱홈이니라

第二節 通稱

通稱은 普通의名詞니其例를擧호건딕大韓 日本은通稱曰國이오白頭 金剛은通稱曰山이니라

第三節 單名

單名은 一字가一名됨이니曰茶 曰紙 曰硯 曰布 曰帛 曰飯 曰餅

第四節 兩名

兩名은 兩名字의幷列홈이니曰風雲 曰江河 曰父母 曰草木 曰牛羊 曰禽獸

第五節 複名

複名은 重複字의一名됨이니曰朋友 曰道路 曰洋人 曰南山 曰甲子年 曰乙支文德

第六節 無形名

無形名은 無形호字의名됨이니曰志願 曰性情 曰精神 曰名譽 曰氣味 曰聲音

第二章 代名詞

代名詞ᄂᆞᆫ 實名을替代ᄒᆞᆷ이니人代名 疑問代名
指示代名의三類가有ᄒᆞ니라

第一節 人代名

人代名은 人의名을替代ᄒᆞᆷ이니自稱 對稱 他稱
의三類ᄅᆞᆯ左에列擧ᄒᆞ노라

自稱은 自己一個人을稱ᄒᆞᆷ이니曰我 曰吾 曰余
ᄂᆞᆫ尋常自稱이오曰僕 曰弟 曰生은謙稱이오曰
家親 曰舍兒 曰我弟ᄂᆞᆫ親稱이니라

對稱은 我와相對ᄒᆞᆫ人을稱ᄒᆞᆷ이니曰爾 曰汝ᄂᆞᆫ尋
常對稱이오 曰公 曰兄 曰君 曰先生은敬稱
이니라

他稱은 爾我兩人以外에他人을稱ᄒᆞᆷ이라彼此其伊
渠或之의等字ᄅᆞᆯ用ᄒᆞᄂᆞ니其例ᄂᆞᆫ彼人較此人尤靈
或有問津者 吾不識其人 伊人宛在水中央 之
子于歸 渠何獨不然

第二節 疑問代名

疑問代名은 不定의名稱이라誰孰疇那奚何의等字
ᄅᆞᆯ用ᄒᆞᄂᆞ니其例ᄂᆞᆫ彼何人斯 學員孰智孰愚 家
在阿那邊 疇能若是 君今奚自

第三節 指示代名

指示代名ᄂᆞᆫ　他名을籍代ᄒᆞ야指示ᄒᆞᆷ이라彼此其厥他或某諸之者所是의等字를用ᄒᆞᄂᆞ니其例를左에示ᄒᆞ노라

(彼此)　彼地較此地尤隣　彼山較此山尤高

(其)　國中有花其色鮮 此其字ᄂᆞᆫ花를代ᄒᆞᆷ　室中有燈其光明 此其字ᄂᆞᆫ燈을代ᄒᆞᆷ

(厥)　厥居甚低　所讀厥書　貽厥孫謀

(他)　他山之石　他處未見　任他所爲

(或)　桃花或紅或白 此或字ᄂᆞᆫ桃花를代ᄒᆞᆷ　江水或淸或濁 此或字ᄂᆞᆫ江水를代ᄒᆞᆷ

(某)　某教師學問淵深　某學校工課極嚴

(諸)　亞洲諸國　諸樹皆茂　諸山之小 此諸字ᄂᆞᆫ所有一切가甚多ᄒᆞᆷ

(之)　壺中有酒我飮之 此之字ᄂᆞᆫ酒를代ᄒᆞᆷ　此墨松烟爲之 此之字ᄂᆞᆫ墨을代ᄒᆞᆷ

(者)　衣有舊者新者 此者字ᄂᆞᆫ衣를代ᄒᆞᆷ　學堂有習字者作文者 此者字ᄂᆞᆫ學生을代ᄒᆞᆷ

(所)　人有所養 此所字ᄂᆞᆫ飮食으로指ᄒᆞᆷ　所食之米 此所字ᄂᆞᆫ食米人으로指ᄒᆞᆷ　所見之物 此所字ᄂᆞᆫ目으로指ᄒᆞᆷ

(是)　是盤可用 此是字ᄂᆞᆫ茶飯을盛ᄒᆞᄂᆞᆫ時에茶盤을指ᄒᆞᆷ　吾居是邦久矣 此是字ᄂᆞᆫ日淸에居ᄒᆞᄂᆞᆫ時에日淸을指ᄒᆞᆷ

(凡)　凡鳥皆飛 此凡字ᄂᆞᆫ一切鳥名을代ᄒᆞᆷ　凡膳子皆不合看 此凡字ᄂᆞᆫ一切膳子를代ᄒᆞᆷ

第四章　動詞

動詞ᄂᆞᆫ　一切事物의動作을表明ᄒᆞᆷ이니自動　他動　同動　助動의四類가有ᄒᆞ고雙平　重疊　對待의三類가又有ᄒᆞ니라

第一節　自動

自動은 自己가能動ᄒᆞᆷ이니其用이名字下面에在ᄒᆞᆫ지라其例를擧ᄒᆞᆫ건ᄃᆡ天晴 地震 花開 鳥鳴 月出 潮漲 人行 物生

第二節 他動

他動은 別樣事物이有ᄒᆞ야他로ᄒᆞ여곰動作케ᄒᆞᆷ이니其用이名字上面에在ᄒᆞᆫ지라其例는讀書 耕田 或은 其用이兩名字中間에在ᄒᆞ니 風拔木 雲遮山

第三節 同動

同動은 兩名字間에在ᄒᆞ야非動이나如動ᄒᆞᆷ이니其例를擧ᄒᆞᆫ건ᄃᆡ獸在山 魚在水 象有牙 虎有爪

第四節 助動

助動은 非動이나不完全ᄒᆞᆫ動을助ᄒᆞᆷ이니使動受動 能動 拒動 推量 斷定 命令 禁止 急促 徐緩 重複 過去 現在 未來等十四類를左에列擧ᄒᆞ노라

使動은 使令等字를用ᄒᆞ야或은此가彼로ᄒᆞ여곰動케ᄒᆞ며或은彼가此로ᄒᆞ여곰動케ᄒᆞᄂᆞ니其例는煉鐵使熱 伐木使直 使學生作文 造鐵路令運行便捷 設電線令 信息靈通

受動은 他의所動을被ᄒᆞᆷ으로被爲等字를用ᄒᆞᄂᆞ니其例ᄂᆞᆫ將帥被擒 議員被薦 塔被雷擊 山被雲遮 爲犬所噬 爲蜂所刺

能動은 自然能動力이有ᄒᆞᆷ으로能字를用ᄒᆞᄂᆞ니其例ᄂᆞᆫ目能視 耳能聽 魚能游於水 蚓能入於土

拒動은 動ᄒᆞᆷ으로不喜ᄒᆞ야拒ᄒᆞᆷ으로否不等字를用ᄒᆞᄂᆞ니其例ᄂᆞᆫ 爾去看戲否 曰不去。 有酒要飮否 曰不要飮 爾到東萊去耶 曰否 牽牛將去耕田耶 曰否

推量은 凡事의未定ᄒᆞᆫ時想像이先有ᄒᆞᆷ으로當應諒等字를用ᄒᆞᄂᆞ니其例ᄂᆞᆫ今日當有信來 近來當有喜事 雷已鳴應下雨 潮已漲應開船 輪船諒可早到 洋貨諒必減價

斷定은 未來事를理想ᄒᆞ야斷定ᄒᆞᆷ으로必可等字를用ᄒᆞᄂᆞ니其例ᄂᆞᆫ天氣悶必下大雨 月有暈必起狂風 牀可眠 椅可坐 李君今日可來 趙生明朝可去

命令은 分付의神氣가有ᄒᆞᆷ으로須當等字를用ᄒᆞᄂᆞ니其例ᄂᆞᆫ坐須正 立須直 讀書須講解 作事勤愼 當拜則拜 當揖則揖 早當開門 夜當點燈

(禁止)는 他의動作을不許홈으로勿莫毋等字를用ᄒᆞᄂᆞ니其例는 勿吸烟 勿貪財 惡事無做 險路勿走 銅錢莫濫用 窮人莫輕看 莫占便宜 莫圖快活 盡上課無遊戲 習算學毋浮躁

(急促)은 一刻도停留홈이毫無홈으로即便須斯等字를用ᄒᆞᄂᆞ니其例는 橋即到 門即開 讀畢即講解 課畢即遊戲 見紙便寫 見書便讀 欲算便算 欲畵便畵 東文學畢須學西文 歷史講過須講地理 以水澆火火斯滅 以鐵擊石石斯碎

(舒緩)은 急促과相反홈으로姑且乃漸等字를用ᄒᆞᄂᆞ니其例는 客未到姑且姑候之 酒未醉姑飲之 日雖暮且行路 天未凉且穿紗 坐久乃去 屢問乃言 晴至一月乃有雨 時運漸來 風氣漸開 文理漸通 客商漸聚

(重複)은 兩樣의事物를一氣에幷攏홈으로又復且等字를用ᄒᆞᄂᆞ니其例는 地上種桑又種麥 兒童學文又學武 今日復下雨 此人復做官 跪且拜 笑且語 吃魚且吃肉 買屋且買田

(過去)는 凡事의現在以前에光景이니全過去半過去의兩種이有ᄒᆞ니라

(全過去)는 已往의事를追溯ᄒᆞᆷ으로已既嘗曾等字를用ᄒᆞᄂᆞ니其例는 月已出 霜已降 花既開 飯既熟 爾嘗習算 彼嘗做官 我曾讀東史 天曾落微雨

(半過去)는 往事의近者를回想ᄒᆞᆷ으로方纔偶適忽乍等字를用ᄒᆞᄂᆞ니其例는 酒方醉 客方至 燈纔點起 貨纔買來 偶聞重雷 偶見大蛇 天適降雪 我適回家 雨忽來 樹忽斷 乍到美洲舊金山 乍過上海黃浦灘

(現在)는 近時를指定ᄒᆞᆷ으로今正在等字를用ᄒᆞᄂᆞ니

其例는 蜂今採花 雲今釀雨 我正研究國文 爾正玩味書籍 吾家在漢陽城 我國在亞洲東

(未來)는 將來의事를豫料ᄒᆞᆷ으로將欲未等字를用ᄒᆞᄂᆞ니其例는 火車將到 輪船將開 飢欲食 倦欲眠 大門未開 功課未了

(雙平)은 兩動字의並列ᄒᆞᆷ이니其例는 號泣 議論 纏繞 驅馳

(重疊)은 兩動字의疊用ᄒᆞᆷ이니其例는 行行 止止 戀戀 云云

(對待)는 兩動字의反對로相配ᄒᆞᆷ이니其例는 俯仰

存亡 往來 出處

第五章 形容詞

(形容詞)는 事物의形狀과性質을形容홈이니種類가甚多ᄒᆞᆫ지라數種으로槪擧ᄒᆞ건ᄃᆡ 曰雙平形容 曰雙疊形容 曰名詞上形容 曰名詞下形容 曰比較形容

第一節 雙平、雙疊

(雙平形容)은 狀字의雙列홈이니其例는 精明 糊塗 淸凉 奇特 杳渺 堅固

(雙疊形容)은 狀字의疊用홈이니其例는 空空 淡淡 常常 深深 明明 黯黯

第二節 名詞上形容

(名詞上形容)은 名詞上句에用홈이니其例는 靑山 綠水 明月 淸風 貧家 富室 大哉孔子 賢哉回也

第三節 名詞下形容

(名詞下形容)은 名詞下句에用홈이니其例는 霜濃 雪厚 河潤 海深 車馬稀 賓客到 父子親 兄弟和

第四節 比較形容

(比較形容)은 此의形容으로써彼의形容을比較홈으로似如然爾乎等字를用ᄒᆞᄂᆞ니其例는 露似珠 雲似墨 月如弓 天如水 油然作雲 沛然下雨 莞爾而笑 率爾而對 洋洋乎 蕩蕩乎 赧赧然 欣欣然

第六章 副詞

(副詞)는 輔佐의義니上下에幾個動狀字이爲主義될時에此를用ᄒᆞ야輔佐홈이라 其大綱은八種이有ᄒᆞ니 一分量 二推原 三究竟 四斷定 五疑問 六經過 七分別 八層複

第一節 分量

(分量)은 句法에輕重의分量을分出홈이라 其等을五에分ᄒᆞ니 一加等 二高等 三平第 四次等 五低等

(加等)은 好不好의事軆를論說홈애愈更尤益等字를用ᄒᆞ야一倍를加ᄒᆞᄂᆞ니其例는 山愈高路愈遠 輪船快火車更快 江河大海洋更大 西風冷北風尤冷 洋燈亮電燈尤亮 身軆益健 生意益旺

(高等)은 說事物의已經ᄒᆞᆫ好否를論說홈이極甚至最彌等字를用ᄒᆞ야極頂地步에得到ᄒᆞᄂᆞ니其例는

心極靈　書極好　某甚有名望　爾甚有膽量　水至淸無魚　山至深無人　五六月最熱　俄羅使最大　風彌順　月彌明

(平等)은　有兩件事體를說來홈이並皆與均俱相等字를用ᄒᆞ야相等홈을表ᄒᆞᄂᆞ니其例ᄂᆞᆫ　金銀並貴　山水並秀　霜雪皆寒　雨露皆濕　子與孫　銅與鐵　魚肉均美　薑桂均辣　桃花俱開　燕子俱來　中外相通　水火相濟

(次等)은　高에比ᄒᆞ면稍下ᄒᆞ고低에比ᄒᆞ면畧高홈으로　頗稍尙還猶等字를用ᄒᆞᄂᆞ니其例ᄂᆞᆫ　心頗(畧也)明白　話頗信實　稍有識見　稍能講解　意氣尙和平　資質尙聰敏　年紀還少　顏色還新　年老猶能行遠　刀鈍猶可割肉

(低等)은　平常事體를論호대聊祇但僅等字를用ᄒᆞ야一等을更低홈이不滿意ᄒᆞᆫ口氣가有홈이니其例ᄂᆞᆫ　飮酒聊以解愁　看書聊復養心　飯祇充飢　茶祇解渴　入塾但作策論　在家但貪安樂　園中僅有幾株老梅樹　港內僅有兩隻小輪船

第二節　推原

(推原)은　凡事物을推原ᄒᆞ야分別홈으로原固却本因

爲等字를用ᄒᆞᄂᆞ니其例ᄂᆞᆫ 綢原是織絲 鍋原可煮飯 銀錢固不可妄用 言語固不當輕出 他却有才能 爾却是忠孝 礦本是石 樹本有根 因看報故能識時務 因有客所以備酒席 讀書爲名經商爲利

第三節 究竟

(究竟)은 凡事體가當時에ᄂᆞᆫ未明ᄒᆞ다가事後에見得ᄒᆞᆷ으로究竟果實終等字를用ᄒᆞᄂᆞ니其例ᄂᆞᆫ 紅綠究好看 珠寶究値錢 貨色竟高 價目竟漲 日本果强 英國果富 蘭花實香 黃連實苦 天終不雨 境終無人

第四節 斷定

(斷定)은 未來事를理想ᄒᆞ야斷定ᄒᆞᆷ으로斷定必決自等字를用ᄒᆞᄂᆞ니其例ᄂᆞᆫ 私利斷不可貪 損友斷無所益 做生意定可發財 走旱路定要坐車 蜜必甘 醋必酸 此條小路決不可走 彼輩陰計決不能好 體操自能强 勤學自有功

第五節 疑問

(疑問)은 心에所疑가有ᄒᆞᆷ으로何胡盍等字를用ᄒᆞ야他의게問ᄒᆞᆷ이니其例ᄂᆞᆫ 山何高 水何深 胡然

而天 胡爲乎來 既倦盍遊戲 要快盍騎馬

第六節 經過

(經過)은 經是經歷이오過是過去니常屢仍尙等字를用ᄒᆞ야前事를眼前에說到ᄒᆞᆷ이라其例ᄂᆞᆫ 無事常靜坐 在家常早起 年屢豊 言屢中 夜月曉仍在 春草夏仍長 盜賊尙多 病症尙深

第七節 分別

(分別)은 眼前에多小物件을把ᄒᆞ야好歹를分別ᄒᆞᆷ으로惟獨最等字를用ᄒᆞᄂᆞ니其例ᄂᆞᆫ 惟天爲大 惟地最厚 井泉獨淸 春景獨好 最靜是山 最動是水

第八節 層複

(層複)은 一事一物이兩樣의用處가有ᄒᆞᆷ으로其第二句에且亦又等字를用ᄒᆞᄂᆞ니其例ᄂᆞᆫ 書宜多讀且宜多看 識字可看書且可作文 馬可騎亦可駕車 肉甚肥味亦甚美 既畏寒又畏熱 園可種樹又可種菜

第七章 接讀詞

(接讀詞)ᄂᆞᆫ 上下의實字가虛字를全靠ᄒᆞ야攏來ᄒᆞᆷ이連綿不絕의樣ᄒᆞᆷ이라 其種類ᄂᆞᆫ 於 之 諸

平 以 爲 而 與 則 蓋 自 從 由 至
及 夫 乃等字가有ᄒᆞ니其例를左에列擧ᄒᆞ노라
(於)는 其用의數種이有ᄒᆞ니 寄語於室 鳥集於木
은在字의意思오 霜冷於露 日大於月은比較
의意思오 信於朋友 和於兄弟는乎字의意思니
라
(之)는 的字의義니曰 池中之水 山上之石 是爾
之兄 是我之弟
(諸)는 之字보다稍虛ᄒᆞ고在字의意義가有ᄒᆞ니曰
有諸內 形諸外 君子求諸己 小人求諸人

(乎)는 於字의義니曰 順乎親 信乎友 人本乎祖
物本乎天
(以)는 其用의一樣이有ᄒᆞ니 雨以潤物 風以動樹
以舟渡水 以車行陸은用字의義오 西洋以英國
爲最富 亞洲以支那爲最大는推許의意思니라
(爲)는 替代의意義가有ᄒᆞ니曰 趙生爲其弟作書
李兒爲其父解衣
(而)는 其用의一樣이有ᄒᆞ니 幼而讀書 長而做官
坐車而去 扶杖而歸는順接의語氣오 水清而美
山大而高 布狹而長 鐵細而尖은一個日字의義

니라

(與)는 同字의義니曰 某生與某弟偕來 其兒與其師相商

(則)은 口氣가極急ᄒᆞ야 既如此면卽便如此의語氣가有ᄒᆞ니曰 冷則穿衣 飢則吃飯 上則有父下則有子

(蓋)는 上文의緣故를用ᄒᆞᆷ이니曰 水大蓋是潮漲 天暗蓋是雲遮

(自)는 從字由字와一樣으로其來原을推究ᄒᆞᄂᆞᆫ意思가有ᄒᆞ니曰 鳥自林出 僧自山至 自春徂夏

自下達上

(從)은 此人從去年用起 此物從外國購來

(由)는 爲官由小而大 用功由我而深

(至)는 到字의義라其用은上文에自從等字가必有ᄒᆞᆷ이니曰 自去年至今年已五個月 從南山至北山爲千餘步

(及)은 其用의二樣이有ᄒᆞ니 自東及西 自此及彼는到字의義오 小兒不能走及能走則年紀長矣 小鳥不能飛及能飛則毛羽豊矣는上文에自從等字를不用ᄒᆞ야도可히使得ᄒᆞᄂᆞ니라

(夫)는 這個兩字의義라其用의二樣이有ᄒᆞ니 衣夫錦 食夫稻는指定의語氣오 人居夫屋 魚游夫水는乎字의義니라

(乃)는 是字의義라指定의語氣가有ᄒᆞ니 米乃人之寶 水乃魚之命 雷乃電之聲 雲乃水之氣

第八章 轉詞

(轉詞)는 文句의轉字가有홈이一種機器가輪軸을全憑旋轉ᄒᆞ야活動을得홈과如ᄒᆞ니其種은轉折 設想 反一筆 進層이有ᄒᆞ니라

第一節 轉折

(轉折)은 好不好間에圓轉히說得홈이니其種類는曰然 曰然而 曰然則 曰而 曰雖 曰雖然 曰但 曰第 曰抑 曰奈 曰乃

(然)은 翻駁上文을翻駁홈이니曰 飯吃矣然未飽也 酒雖飲矣然未醉也

(然而)는 上文을實케ᄒᆞ기爲ᄒᆞ야下文을轉出홈이니曰 打轉得大 注意在然字 樹甚小然而開花頗大 鼠行甚快然而貓能搏之

(然則)은 承接홈을緊히호ᄃᆡ注意가則字에在ᄒᆞ니曰 飯可養人然則穀米宜惜矣 爾不信佛然則爲誦經

耶

(而)는 上文을接來ᄒᆞ는口氣가甚히舒遲홈이니曰
夏已到而天氣猶寒 我望爾好而爾意不好

(雖)는 縱字의義라 口中에一句下意가先有홈으로
此를姑用ᄒᆞ야一引홈이니 雪糖雖甘不如蜜 此
人雖老然精神倘存 雖彼縱未讀書我甚愛之 爾
雖有錢亦不宜妄用

(雖然)은 上文으로從ᄒᆞ야下意를連轉出來홈이니
此花無香雖然其色尙可觀 此書太貴雖然版子甚
好

(但)은 上句口氣에雖字를含有ᄒᆞ고另히一層意思를
轉出홈이니曰 看書甚多但不能記 資質甚好但
欠用心

(第)는 不過如此이不過라云ᄒᆞ는意이曰 我最喜飮
酒第不多耳 魚可養也第無水不能養

(抑)은 還是兩字의義니曰 爲工乎아抑爲商乎 爾
在學堂讀英文耶抑讀東文耶

(奈)는 可爲홀法이無ᄒᆞᆫ意니曰 路雖近奈不走何
河雖狹奈無船終不能渡

(乃)는 却字의義니大凡事가本該如此ᄒᆞ되却不如此

ᄒᆞᆯ時ᄂᆞᆫ此를用ᄒᆞ야一轉ᄒᆞᄂᆞ니曰 天有雲應下雨
乃竟不雨 人無不要錢彼乃不要

第二節 設想

(設想)은 懸空의思想이有ᄒᆞᆷ이니其種類ᄂᆞᆫ曰倘 曰設 曰苟 曰若 曰使 曰或

(倘)은 必定키不敢ᄒᆞᆫ語氣니曰 潮倘漲便要開船 我倘到平壤必遊練光亭

(設)은 假設의意니曰 設有客來當備午飯 到彼必須過渡設無船我不去

(苟)ᄂᆞᆫ 倘設二字의義니曰 天苟不下雨則旱 天降雨苟不戴傘衣服皆濕

(若)은 如字와同히想像의意가有ᄒᆞ니曰 若無轎便坐車 家中若有錢即可無須借 話若太多定要說錯 書中若有錯字須改正

(使)ᄂᆞᆫ 駁翻의意가有ᄒᆞ니曰 使人不識字則有目如無目 夜間使不點燈則目不能見

(或)은 未定의意가有ᄒᆞ니曰 此事或可成功 此人或不說誑 明日或去或不去未可必 將來或勝或敗尚未可知

第三節 反一筆

(反一筆)은 語意中에不是的神氣를含有ᄒᆞ니 曰豈
曰豈敢 曰詎 曰顧 曰曾

(豈)ᄂᆞᆫ 不然의意라其神氣가句末에全在ᄒᆞ니曰 爾
豈非讀書人乎 豈有讀書而不明理乎 人謂祠有
神豈眞可信耶

(豈敢)의豈字ᄂᆞᆫ怎字의義니曰 人稱我是善人我豈
敢當 父親要我去我豈敢不去

(詎)ᄂᆞᆫ 豈字보다稍히婉轉ᄒᆞᆷ이니曰 爾讀書人詎不
知禮乎 其國終弱而不强詎不惜哉

(顧)ᄂᆞᆫ 上文으로從ᄒᆞ야反接ᄒᆞᆷ이니曰 人顧可以不
學乎 爲善而無子天道顧若是歟

(曾)은 不然ᄒᆞᆫ바의口氣가有ᄒᆞ니 曾謂諸葛亮不如
周瑜乎 穿外國服講外國語曾是以通洋務乎

第四節 進層

(進層)은 深一層으로淺一層에比ᄒᆞᆷ이一層加進ᄒᆞᆷ을
見得ᄒᆞᆷ이니 曰況 曰矧

(況)은 別件事物이前보다更進ᄒᆞᆷ이니曰 金銀尙此
難得況珠寶乎 父母尙此不孝況他長乎

(矧)은 布衣尙此不得矧綢衣乎 日光尙此甚熱矧火
光乎

第九章 歎詞

(歎詞)는 感情으로因ᄒᆞ야發ᄒᆞᆷ이니曰嗚乎 曰噫
曰吁

(嗚乎)는 感傷의意니曰 嗚乎山河之勝何如
樹欲靜而風不止 子欲養而親不待、嗚乎哀哉

(噫)는 痛傷의意니曰噫斗筲之人何足算也 擠人溺
井又從以下石 噫噫甚矣哉

(吁)는 疑恠의意니曰吁嚚訟可乎 本校擧行運動會
吁何可壯也

第十章 止詞

第一節 頓讀

(頓讀)은 句讀의停頓處니譬컨ᄃᆡ人이遠路에走ᄒᆞᆷ이
一氣로赶到키不能ᄒᆞ야中途에一刻을停留ᄒᆞᆷ과如
ᄒᆞ니曰焉 曰耳 曰爾 曰也 曰矣

(焉)은 文句가此에到ᄒᆞ야一収ᄒᆞ되着力ᄒᆞᆷ을不要ᄒᆞᆷ
이니曰 井之中有水焉 山之上有木焉 有猿焉
緣木而升 有貓焉攫鼠而去

(耳)는 如此ᄒᆞᆷ에不過ᄒᆞᆫ意니曰 所食者菜蔬耳 囊
中所盛者數十銅錢耳 鼠與兎皆獸之小者耳

(爾)는 所以然을見得ᄒᆞᆫ意니曰 船何以能行有艕爾

窓何以甚明有玻璃爾

(也)ᄂᆞᆫ 本是斷定字나句語ᄅᆞᆯ不然ᄒᆞᄂᆞᆫ口氣니曰 木工之於木也或斫或削 是筆也寫英文之鐵筆也

(矣)ᄂᆞᆫ 本是了字의義로되下文을引起ᄒᆞᄂᆞᆫ口氣가有ᄒᆞ니曰 甚矣吾之衰老 此屋亦可謂大矣然猶以爲小也

第二節 斷定

事가一定不易의道理가有ᄒᆞᆯ時ᄂᆞᆫ虛字ᄅᆞᆯ必用ᄒᆞ야煞脚斷定ᄒᆞᄂᆞ니其所用의字ᄅᆞᆯ左에列擧ᄒᆞ노라

(也)ᄂᆞᆫ 凡事에所疑가無ᄒᆞ야直言으로收ᄒᆞᆷ이니曰

孔子之教雖萬世不易也 飮茶所以解渴也 火車是車之至快者也

(矣)ᄂᆞᆫ 也字보다更加着實ᄒᆞ니曰 崑崙山可謂高矣 我在小學校已卒業矣 天明矣 日出矣 客已來矣

第三節 疑問

疑問은 疑惑이有ᄒᆞ야他의게問ᄒᆞᆷ이라 句中에此等虛字ᄅᆞᆯ用ᄒᆞ야煞脚ᄒᆞᄂᆞ니其所用의字ᄅᆞᆯ左에列擧ᄒᆞ노라

(耶)ᄂᆞᆫ 咏歎을畧帶ᄒᆞᆫ神氣 書未讀耶 火輪車何其

速耶 東南有山水爾何不往遊耶
(乎)ᄂᆞᆫ 口氣가活動ᄒᆞ야降殺치아니ᄒᆞ니曰 稻猶未
熟乎 他不孝不悌可謂讀書人乎 爾欲廣眼界盍
出洋乎
(歟)ᄂᆞᆫ 耶乎二字의義니曰 俄羅斯何其大歟 天已
暗燈猶未點歟 美國若是其遠歟 坐船甚險可不
愼歟
(諸)ᄂᆞᆫ 耶乎二字의義니曰 算學甚有用爾盍習諸
此地風俗不好盍去諸

第四節 贊歎

贊歎은 贊是稱贊이오歎是歎息이니稱贊은可愛一
邊說에屬ᄒᆞ고歎息은可惜一邊說에屬ᄒᆞ니라
(哉)ᄂᆞᆫ 其語氣가極히活動ᄒᆞ며極히輕颺ᄒᆞ니曰 美
哉此味也 某生學問甚好可愛哉 以上是贊 我國不能
自强惜哉 嗟乎登高山險矣哉 以上是歎
(乎)ᄂᆞᆫ 哉字의義니曰桃花之色其艶矣乎 地球表面
一億萬方英里不亦大乎 以上是贊 噫子吃黃連不亦寃
乎 銅錢不愛惜安得不窮乎 以上是歎
(夫)ᄂᆞᆫ 洋燈之光其明矣夫 此魚之味其鮮也夫 以上是贊
爾不做官命矣夫 苗而不秀者有以夫 以上是歎

(歟) 蘭花之氣其香也歟 火車快而且穩此其所以勝
於輪船歟 以上是贊 我看窮人其可哀也歟 遇賊不屈
乃其所以被殺歟 以上是歎

第五節 呼應

(呼應)은 虛字의上呼下應이니 斷定 疑問 贊歎
의三種이有ᄒᆞ니라

(斷定)은 呼曰 此 是 固 亦 非 是亦 此則
是以 所以 非不 莫非 莫不 應曰也
呼曰 則 亦 必 斯 可以 可謂 則有 必
有 應曰矣

(疑問)은 呼曰 焉有 無乃 可得 無能 可不
或者 若是 亦有 奚爲 斯謂 況於 而況
而謂 孰謂 應曰乎
呼曰 何以 何爲 何故 應曰耶
呼曰 非 若是其 猶不足 應曰歟
呼曰 盍 應曰 諸

(贊歎)은 呼曰 亦 豈不 孰不 安得 豈得不
何以 奚可 焉能 何爲 豈但 豈敢應曰哉
呼曰 孰不 豈可 安有 安得 何以 不亦
焉能 應曰乎

呼曰　有是　孰非　進云　應曰耶

呼曰　是何　惡知其　若是其　乃其所以　可不

　應曰歟

　第十一章　造句

　　第一節　字同句異에意義變化

聾者不能聽啞者不能言　(是ᄂ他의不能聽不能言)을

　表明

能聽者不聾能言者不啞　(是ᄂ他의非聾啞)를辯明

不能聽者聾不能言者啞　(是ᄂ他의不能聽不能言ᄒᆞᆫ

　緣故)를說明

　　第二節　字同句異에意義不變化

以雨潤物　雨以潤物　潤物以雨　物以雨潤　梅子

　之酸尙不如醋　梅子尙不如醋之酸

天不下雨因無雲故　因無雲故天不下雨

必有志向纔能多讀書　必能多讀書纔有志向

　　第三節　一句에一字를換ᄒᆞ야意義가不同

飯吃乎(此ᄂ問詞)飯吃矣(此ᄂ答詞)彼未讀書(此

ᄂ怨詞)彼不讀書(此ᄂ斥詞)

此地有山但不甚高(此ᄂ已了語)此地有山雖不甚

高(此ᄂ未了語)我不愛惜他(此ᄂ決絕)我非愛惜

他（此는表明語）

第四節　字句畧異에意義不變化

蜂刺吾手　吾手爲蜂所刺　吾手蜂刺之
樓上有貓捕鼠　有貓捕鼠於樓上　樓上有鼠貓捕之
古來大聖人惟孔子　古來惟孔子爲大聖人　惟孔子
爲古來之大聖人　以玻璃爲窓（窓以玻璃爲之

第五節　文句의長短變化

或問此山較彼山高乎抑低乎　曰或高或低當量之而
後知 長　或問此兩山孰高曰試量之 短
積字而成句積句而成書故讀書不可不識字 長　書以
字成故讀書宜識字 短
李生有事外出其物爲賊所竊 長　李生公出賊竊其物
短　書可以益人之智也爾何不讀乎 長　爾盍讀書以益
智乎 短

第六節　文句의整散變化

天之所覆地之所載 整　天地之所覆載 散　飮酒之人
以吃餅爲非吃餅之人以飮酒爲非 整　有兩人焉一飮
酒一吃餅互相是非 散　夏以前唐虞爲禪讓夏以後湯
武爲征誅 整　自夏以來唐虞之禪讓一變而爲湯武之
征誅 散　人之所取我之所舍人之所舍我之所取 整

人之所取舍非即我之所取舍也 散

第七節 文句의神氣變化

爾果讀書之人乎 譏誚語 (此語隱)

爾殆非讀書之人焉 仝上 此語顯

爾質甚美何不學乎 勉勵語 此語和

爾質美而不學是自棄也 仝上 此語激

君子固不可受非義之財也 責備語 此語婉

豈君子而可受非義之財乎 仝上 此語切

爾毋驕驕則爲人所慢矣 儆惕語 此語直

爾豈以驕爲能使人敬耶 仝上 此語曲

予豈好辯哉予不得已也 辯明語 此語重

予非好辯焉予不得已耳 仝上 此語輕

然則讀書之人獨可以懶惰歟 詰問語 此語怒

然則讀書之人殆不妨懶惰耶 仝上 此語戲

田苗盍及時而灌溉乎否則難免於槁耳 籌畫語 此語緩

田苗不及今而灌溉則其槁可立而待也 仝上 此語急

初等作文法終

隆熙二年九月　日印刷

隆熙二年十月　日發行

定價金二十錢

編述者　元泳義

　　　　李鍾楨

發行人　林源相

不許複製

元賣所　京城中部典洞　光東書局

分賣所　京鄕各書舖

개정 초등국어어전

(改訂 初等國語語典)

卷1·2·3

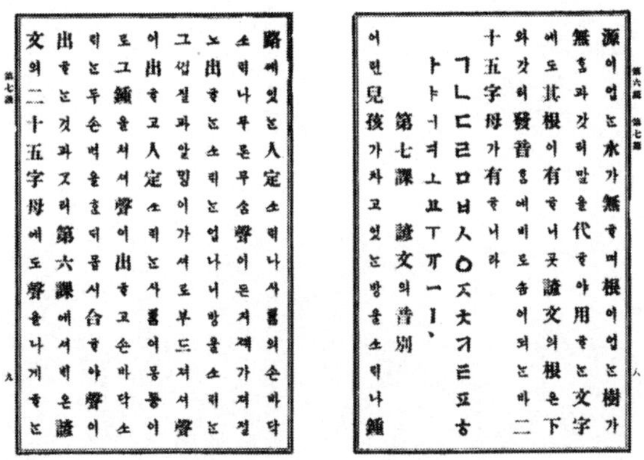

第六課 第七課

源이업ᄂᆞᆫ水가無ᄒᆞ며根이업ᄂᆞᆫ樹가
無ᄒᆞᆷ과갓치말을代ᄒᆞ야用ᄒᆞᄂᆞᆫ文字
에도其根이有ᄒᆞ니곳諺文의根은下
와갓치發音ᄒᆞᆷ에비로솜어되ᄂᆞᆫ바二
十五字母가有ᄒᆞ니라

ㄱㄴㄷㄹㅁㅂㅅㅇㅈㅊㅋㅌㅍㅎ
ㅏㅑㅓㅕㅗㅛㅜㅠㅡㅣㆍ

第七課　諺文의音別

어린兒孩가차고잇ᄂᆞᆫ방울소ᄅᆡ나鍾

七

第七課

路에잇ᄂᆞᆫ人定소ᄅᆡ나사ᄅᆞᆷ의손바닥
소ᄅᆡ나무론무ᄉᆞᆷ聲이ᄃᆞᆫ지재가져절
노出ᄒᆞᄂᆞᆫ소ᄅᆡᄂᆞᆫ업나니방울소ᄅᆡᄂᆞᆫ
그섭질과알밍이가서로부ᄃᆞ져서聲
이出ᄒᆞ고人定소ᄅᆡᄂᆞᆫ사ᄅᆞᆷ이몽둥이
로그鍾을셔서聲이出ᄒᆞ고손바닥소
ᄅᆡᄂᆞᆫ두손벽을ᄒᆞᆫ데모서合ᄒᆞ야聲이
出ᄒᆞᄂᆞᆫ것과ᄀᆞᆺ치第六課에서ᄇᆡ온諺
文의二十五字母에도聲을나게ᄒᆞᄂᆞᆫ

八

隆熙三年十月二十五日

學部檢定

私立學校國語科
初等教育學生用

改訂

初等國語語典 一

金熙祥 著

京城唯一書館 發行

丁커
372.4
김98초
c.2

訂改 初等國語語典第一卷目錄

訂改 初等國語語典第一卷目錄 終

改訂 初等國語語典第一卷

第一課 言語

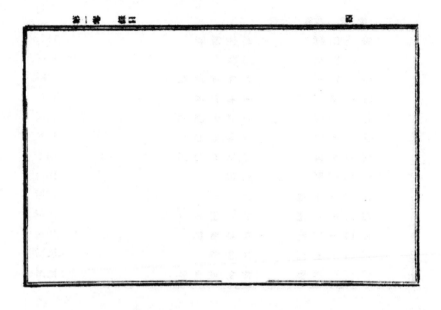

우리가水를飮ᄒᆞᆯ生覺이有ᄒᆞ면물을달나ᄒᆞ고밥을먹을生覺이有ᄒᆞ면밥을달나ᄒᆞ나니이와갓치무ᄉᆞᆷ生覺이든지有ᄒᆞ면반닷이말을ᄒᆞ야그生覺을베푸ᄂᆞᆫ지라故로言語라ᄒᆞᄂᆞᆫ것은우리가무엇이든지生覺ᄒᆞᄂᆞᆫ것을베푸ᄂᆞᆫ것이니라

第二課 文字

이學校마당에잇ᄂᆞᆫ花가너生覺에조든지흉ᄒᆞ든지너生覺으로만조코흉ᄒᆞᆫ것을알고말을아니ᄒᆞ면何人이든지너生覺을알슈업스나만약너가그花가조타든지흉ᄒᆞ다든지너生覺ᄒᆞᆫ것을粉筆노漆板에써서노으면여러사ᄅᆞᆷ이곳너가그花에對ᄒᆞ야조하ᄂᆞᆫ지흉라ᄂᆞᆫ지알슈잇나니이여러사ᄅᆞᆷ

이너가그花에對ᄒᆞ야엇더케生覺ᄒᆞᄂᆞᆫ것을知ᄒᆞᄂᆞᆫ것은너가비록말은아니ᄒᆞ얏스나그디신으로漆板에써서노은文字를見ᄒᆞ고너生覺을知ᄒᆞᄂᆞᆫ지라故로文字라ᄒᆞᄂᆞᆫ것은言語를代ᄒᆞᄂᆞᆫ票이니라

第三課 國語

第一課에言語라ᄒᆞᄂᆞᆫ것은生覺을베푸ᄂᆞᆫ것인줄知ᄒᆞ얏거니와무슨生覺

이有ᄒᆞ야너가生覺ᄒᆞᆫ것을外國人에게말ᄒᆞ면알아듯지못ᄒᆞᆯ것이오또外國人이무엇을ᄒᆞ고십흔生覺이有ᄒᆞ야너에게말ᄒᆞ면또ᄒᆞᆫ알아듯지못ᄒᆞᆯ지라우리나라사ᄅᆞᆷ은우리나라말이라야알아듯고外國人은제나라말이라야알아듯나니이와갓치各各제나라사ᄅᆞᆷ기리제나라말을ᄒᆞ야알아듯는것을國語라ᄒᆞᄂᆞ니라故로우리나라말은우리나라國語이오外國말은外國의國語이니라

第四課 國文

外國人에게우리나라글을보라ᄒᆞ면못볼것이오또우리나라사ᄅᆞᆷ에게外國글을보라ᄒᆞ면못볼터이라우리가外國글을비오든지外國人이우리나라글을비오기前에는서로보아서알지못ᄒᆞᆯ터이라이와갓치各各제나라

말을代ᄒᆞᄂᆞᆫ文字를國文이라ᄒᆞᄂᆞ니故로우리나라文字ᄂᆞᆫ我國의國文이오外國文字ᄂᆞᆫ外國의國文이니라

第五課 諺文

사ᄅᆞᆷ이二十名이有ᄒᆞ든지二百名이有ᄒᆞ든지사ᄅᆞᆷ마다다各各自己의姓名이有ᄒᆞᆷ과ᄀᆞᆺ티世界에나라가二十이有ᄒᆞ든지二百이有ᄒᆞ든지各各其國의言語를代ᄒᆞᄂᆞᆫ國文이다잇ᄂᆞ니

人의姓名으로말ᄒᆞ면다ᄀᆞᆺ든것이아니라다달느고또國文으로말ᄒᆞ면其名이다ᄀᆞᆺ든國文이아니라其名이달ᄂᆞᆫ지라故로이兒孩의名은壽童이오져兒孩의名은文吉이라ᄒᆞᆷ과ᄀᆞᆺ티我國國文의名은諺文이니라

第六課 諺文의字母

山谷에셔흘느ᄂᆞᆫ水ᄂᆞᆫ其源이有ᄒᆞ고田園에셔生ᄒᆞᄂᆞᆫ樹ᄂᆞᆫ其根이有ᄒᆞᆷ이

源이업는水가無ᄒᆞ며根이업는樹가
無ᄒᆞᆷ과갓티말을代ᄒᆞ야用ᄒᆞ는文字
에도其根이有ᄒᆞ니곳諺文의根은下
와갓티發音ᄒᆞᆷ에비로ᄉᆞᆷ이되는바二
十五字母가有ᄒᆞ니라

ㄱㄴㄷㄹㅁㅂㅅㅇㅈㅊㅋㅌㅍㅎ

ㅏㅑㅓㅕㅗㅛㅜㅠㅡㅣㆍ

第七課 諺文의音別

어린兒孩가차고잇는방울소리나鍾

路에잇는人定소리나사ᄅᆞᆷ의손바닥
소리나무론무ᄉᆞᆷ聲이든지졔가져절
노出ᄒᆞ는소리는업나니방울소리는
그섭질과알밍이가서로부드져서聲
이出ᄒᆞ고人定소리는사ᄅᆞᆷ이몽동이
로그鍾을쳐서聲이出ᄒᆞ고손바닥소
리는두손벽을ᄒᆞᆫ데몹시合ᄒᆞ야聲이
出ᄒᆞ는것과ᄀᆞᆺ티第六課에서ᄇᆡ온諺
文의二十五字母에도聲을나게ᄒᆞ는

分別이有ᄒᆞ니그分別은父音과母音
이라ᄒᆞᄂᆞᆫ것이有ᄒᆞ야방울의업질과
알밍이갓티둘이合ᄒᆞ야音을成ᄒᆞ나
니라

第八課 複習

言語ᄂᆞᆫ무엇이냐
우리가무엇이든지生覺ᄒᆞᄂᆞᆫ
것을베푸ᄂᆞᆫ것이올시다

文字ᄂᆞᆫ무엇이냐
言語를代ᄒᆞ야書ᄒᆞᄂᆞᆫ票이올
시다

國語ᄂᆞᆫ무엇이냐
졔나라사ᄅᆞᆷ기리알아듯ᄂᆞᆫ各
各졔나라말이올시다

國文은무엇이냐
何國이든지各各졔나라말을
代ᄒᆞᄂᆞᆫ各졔나라文字이올시
다

諺文은무엇이냐

우리나라말을代호야書호는

우리나라國文의名이올시다

水의源이나樹의根갓티諺文의根은

무엇이냐

二十五字母이올시다

그러면그二十五字母를言호여라

ㄱ ㄴ ㄷ ㄹ ㅁ ㅂ ㅅ ㅇ ㅈ ㅊ ㅋ ㅌ

ㅍ ㅎ ㅏ ㅑ ㅓ ㅕ ㅗ ㅛ ㅜ ㅠ ㅡ ㅣ

諺文二十五字母中에몃가지音別이

有호냐

두가지音別이有호옵니다

그러면그音別들이무엇과무엇이냐

父音과母音이올시다

第九課 父音

第七課에學호바音別에父音과母音

두가지가有호줄은知호얏거니와수

에其二十五字母中父音이되ᄂᆞᆫ字母
들은下와ᄀᆞᆺ티十四字母가有ᄒᆞ니라
ㄱ ㄴ ㄷ ㄹ ㅁ ㅂ ㅅ ㅇ ㅈ ㅊ ㅋ ㅌ ㅍ ㅎ
(註)訓民正音에ᄂᆞᆫ初聲이라ᄒᆞ셧ᄂᆞ
니라

第十課 母音

諺文二十五字母中에母音이되ᄂᆞᆫ字
母들은下와ᄀᆞᆺ티十一字母가有ᄒᆞ니
라

ㅏ ㅑ ㅓ ㅕ ㅗ ㅛ ㅜ ㅠ ㅡ ㅣ ㆍ
(註)訓民正音에ᄂᆞᆫ中聲이라ᄒᆞ셧ᄂᆞ
니라

第十一課 諺文正字(一)

第七課에學ᄒᆞᆫ바방울이ᄭᅥᆸ질과알ᄆᆡᆼ
이가서로부드져서소리를成ᄒᆞ며손
벽은두손벽이合ᄒᆞ야聲을出ᄒᆞᄂᆞᆫ것
과갓티第九課의父音과第十課의母
音이合ᄒᆞ야正字를成ᄒᆞ나니그두가

第十一課

저가合ᄒ야正字가되ᄂ것은下와如ᄒ니라

ㅏ 母音, ㄱ 父音 → 가

ㅑ 母音, ㄱ 父音 → 갸

ㅓ 母音, ㄱ 父音 → 거

一六

第八課 第九課

ㅕ 母音, ㄱ 父音 → 겨

ㄱ 父音, ㅗ 母音 → 고

ㄱ 父音, ㅛ 母音 → 교

ㄱ 父音, ㅜ 母音 → 구

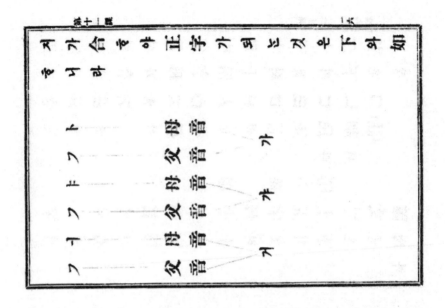

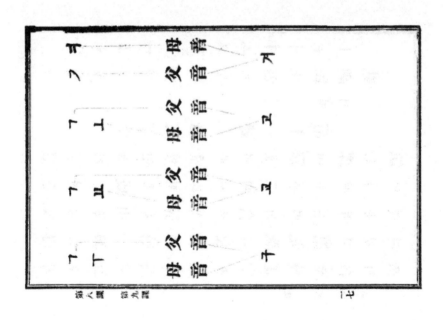

一七

ᄀ ㅠ → 父音 母音 → 규

ᄀ ㅡ → 父音 母音 → 그

ᄀ ㅣ → 父音 母音 → 기

ᄀ ㆍ → 父音 母音 → ᄀᆞ

第十二課 諺文正字(二)

第十一課에父音과母音이合ᄒᆞ야正字가되ᄂᆞᆫ것은임의知ᄒᆞ얏것니와今에父音十四字母와母音十一字母가合ᄒᆞ야正字가된數가下와ᄀᆞᆺ티一百五十四字가有ᄒᆞ니라

가 갸 거 겨 고 교 구 규 그 기 ᄀᆞ

나 냐 너 녀 노 뇨 누 뉴 느 니 ᄂᆞ

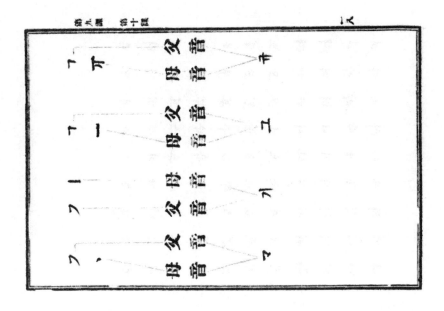

다 댜 더 뎌 도 됴 두 듀 드 디 ᄃᆞ

라 랴 러 려 로 료 루 류 르 리 ᄅᆞ
마 먀 머 며 모 묘 무 뮤 므 미 ᄆᆞ
바 뱌 버 벼 보 뵤 부 뷰 브 비 ᄇᆞ
사 샤 서 셔 소 쇼 수 슈 스 시 ᄉᆞ
아 야 어 여 오 요 우 유 으 이 ᄋᆞ
자 쟈 저 져 조 죠 주 쥬 즈 지 ᄌᆞ
차 챠 처 쳐 초 쵸 추 츄 츠 치 ᄎᆞ
카 캬 커 켜 코 쿄 쿠 큐 크 키 ᄏᆞ
타 탸 터 텨 토 툐 투 튜 트 티 ᄐᆞ

파 퍄 퍼 펴 포 표 푸 퓨 프 피 ᄑᆞ
하 햐 허 혀 호 효 후 휴 흐 히 ᄒᆞ

第十三課 正字練習

아바지, 어머니, 아오, 나라,
바지, 토슈, 구루마, 가시, 비
파리, 셔슈, 머리, 이마, 혀,
다리, 비누, 모시, 여호, 가지
가루, 표지, 허리, 보리, 우유
져고리, 소, 도야지, 모ᄌᆞ, 나

무、베루、보시기、콰마쟈、보
쟈、고기、포도、호도、자도、
사쟈、사토리、도토리、고리、
가마、

第十四課　複習

父音은數가몃이냐
十四이올시다
父音되는字母들을言ᄒᆞ여라
ㄱ ㄴ ㄷ ㄹ ㅁ ㅂ ㅅ ㅇ ㅈ ㅊ ㅋ ㅌ

ㅍ ㅎ이올시다
母音은數가몃이냐
十一이올시다
母音되는字母들을言ᄒᆞ여라
ㅏ ㅑ ㅓ ㅕ ㅗ ㅛ ㅜ ㅠ ㅡ ㅣ ㆍ이올시다
諺文의正字는무엇이냐
父音과母音이合ᄒᆞ야된것이올시다

그러면ᄀ와ㅏ가合ᄒᆞ면무엇이냐
가올시다
ㄷ와ㅏ가合ᄒᆞ면무엇이냐
다올시다
ㄴ와ㅏ가合ᄒᆞ면무엇이냐
나올시다
正字의數는몃이냐
一百五十四字이올시다
그러면그正字들을誦ᄒᆞ여라

第十五課 ㅘㅝ重母音

ㅘㅝ重母音은母音ㅗㅏ
와ㅜㅓ가合ᄒᆞ야下와ᄀᆞᆺ치된것이라

ㅏ ㅗ → ㅘ
ㅓ ㅜ → ㅝ

此ㅘ와ㅝ에父音ㄱㄴㄷㄹ等十四字
母을上에加ᄒᆞ야下와ᄀᆞᆺ치成ᄒᆞᄂᆞ니

ㄱ → 과 궈
ㄴ → 놔 눠

ㅘ — 돠　　ㄷ ㅝ — 둬

ㅘ — 롸　　ㄹ ㅝ — 뤄

이와갓치合ᄒᆞ야된字ㅣ二十八이니라

과 궈　놔 눠　돠 둬　롸 뤄　뫄 뭐

봐 붜　솨 숴　와 워　좌 줘　촤 춰

콰 쿼　톼 퉈　퐈 풔　화 훠

第十六課 ㅣ重母音

ㅣ重母音이라ᄒᆞᄂᆞᆫ것은母音ㅏㅑㅓㅕㅗㅛㅜㅠㅡㅣㆍ와밋ㅘㅝ重母音에母音ㅣ를더ᄒᆞ야下와갓치된것이니

ㅐ ㅒ ㅔ ㅖ ㅚ ㆉ ㅟ ㆌ ㅢ ㅣ ㆎ ㅙ ㅞ

此ㅐㅒㅔㅖ等에父音을加ᄒᆞ면下와갓치發音이되ᄂᆞ니라

(ㄱ) 개 걔 게 계 괴 ᄀᆈ 귀 ᄀᆔ 긔 기 ᄀᆡ 괘 궤

(ㄴ) 내 냬 네 녜 뇌 ᄂᆈ 뉘 ᄂᆔ 늬 니 ᄂᆡ 놰 눼

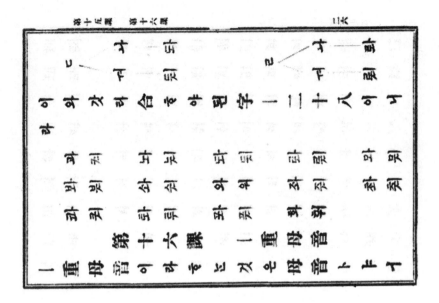

(ㄷ) 대 댸 데 뎨 되 ᄃᆈ 뒤 ᄃᆔ 듸 디 ᄃᆡ 돼 뒈

(ㄹ) 래 럐 레 례 뢰 ᄅᆈ 뤼 ᄅᆔ 릐 ᄅᆡ 리 뢔 뤠
(ㅁ) 매 먜 메 몌 뫼 ᄆᆈ 뮈 ᄆᆔ 믜 ᄆᆡ 미 뫠 뭬
(ㅂ) 배 뱨 베 볘 뵈 ᄇᆈ 뷔 ᄇᆔ 븨 ᄇᆡ 비 봬 붸
(ㅅ) 새 섀 세 셰 쇠 ᄉᆈ 쉬 ᄉᆔ 싀 ᄉᆡ 시 쇄 쉐
(ㅇ) 애 얘 에 예 외 ᄋᆈ 위 ᄋᆔ 의 ᄋᆡ 이 왜 웨
(ㅈ) 재 쟤 제 졔 죄 ᄌᆈ 쥐 ᄌᆔ 즤 ᄌᆡ 지 좨 줴
(ㅊ) 채 챼 체 쳬 최 ᄎᆈ 취 ᄎᆔ 츼 ᄎᆡ 치 쵀 췌
(ㅋ) 캐 컈 케 켸 쾨 ᄏᆈ 퀴 ᄏᆔ 킈 ᄏᆡ 키 쾌 퀘
(ㅌ) 태 턔 테 톄 퇴 ᄐᆈ 튀 ᄐᆔ 틔 ᄐᆡ 티 퇘 퉤

(ㅍ) 패 퍠 페 폐 푀 ᄑᆈ 퓌 ᄑᆔ 픠 ᄑᆡ 피 퐤 풰
(ㅎ) 해 햬 헤 혜 회 ᄒᆈ 휘 ᄒᆔ 희 ᄒᆡ 히 홰 훼

第十七課 重母音練習

과자、사과、모과、좌쳐、기와
도화、화로、화져、과기、와사
화쥬、배、되、귀、쇠、뒤、

第十八課 父音쓰는法

第十二課에서學훈바正字에父音이
업는字는無훈지라父音이母音과合

ᄒᆞ야 正字를 成ᄒᆞᆯ적에 쓰ᄂᆞᆫ 法이 母音

ㅏㅑㅓㅕㅣ와 合ᄒᆞᆯ적에ᄂᆞᆫ 母音 左偏

에 쓰고 母音 ㅗㅛㅜㅠㅡㆍ와 合ᄒᆞᆯ적

에ᄂᆞᆫ 母音의 上에 쓰나니 即下와 갓ᄐᆞ

니라

나……父音　노……父音

냐……父音　뇨……父音

너……父音　누……父音

녀……父音　뉴……父音

니……父音　ᄂᆞ……父音

　　　　　　ᄂᆞ……父音

第十九課 母音쓰ᄂᆞᆫ法

母音도 父音갓티 正字에 업ᄂᆞᆫ 字가 無

ᄒᆞ지라 父音과 合ᄒᆞ야 字를 成ᄒᆞᆯ적에

ㅏㅑㅓㅕㅣᄂᆞᆫ 父音右偏에 쓰고 ㅗㅛ

ㅜㅠㅡㆍᄂᆞᆫ 父音의 下에 쓰나니 即下

와 如ᄒᆞ니라

나……母音　노……母音

ㅑ……母音 ㅛ……母音

ㅕ……母音 ㅜ……母音

ㅖ……母音 ㅠ……母音

ㅢ……母音 ㅡ……母音

ㆍ……母音

第二十課 複習

ㅘ重母音이무엇이냐

母音ㅗ와ㅏ가合ᄒᆞ야된것이올시다

ㅝ重母音이무엇이냐

母音ㅜ와ㅓ가合ᄒᆞ야된것이올시다

그러면과궈놔눠들은엇더케된것이냐

母音이合ᄒᆞ야된ㅘ와ㅝ에父音ㄱㄴㄷㄹ等을써서된것이올시다

ㅘㅝ重母音이모다멋字이냐

모다 二十八字이올시다

그러면 그 二十八字를 誦ᄒᆞ여라

ㅣ重母音이 무엇이냐

母音ㅏㅑㅓㅕㅗㅛㅜㅠㅡㅣ

、와밋ㅘㅝ重母音에母音ㅣ

를더ᄒᆞ야된것이올시다

그러면걔개게계들은웃더케된것이

냐

ㅐㅒㅔㅖ等에父音ㄱㄴㄷㄹ

等을加ᄒᆞ야된것이올시다

正字에父音이無ᄒᆞᆫ字ㅣ有ᄒᆞ냐無ᄒᆞᆫ

냐

업습니다

父音이母音ㅏㅑㅓㅕㅣ와合ᄒᆞᆯ젹에

는母音의어ᄂᆡ偏에父音을쓰나냐

左偏에쓰나이다

또母音ㅗㅛㅜㅠㅡ、와合ᄒᆞᆯ젹에는

母音의어ᄂᆡ偏에쓰나냐

上에쓰나이다

正字에母音이無ᄒᆞᆫ字ㅣ有ᄒᆞ나無ᄒᆞᆫ냐

업슴니다

母音ㅏㅑㅓㅕㆍㅣ가父音과合ᄒᆯ적에는父音의어ᄂᆡ偏에母音을쓰나냐

右偏에쓰나이다

母音ㅗㅛㅜㅠㅡ 는父音의어ᄂᆡ偏에쓰나냐

下에쓰나이다

第二十一課 바침

바침이라ᄒᆞ는것은正字와重母音字에在ᄒᆞᆫ母音의音에各各다른音을나게ᄒᆞ는것이니下와갓티바침八字母가有ᄒᆞ니라

ㄱㄴㄷㄹㅁㅂㅅㅇ

第二十二課 바침練習(一)

第二十一課에學ᄒᆞᆫ바바침이母音에

各各다른音을나게ᄒᆞᄂᆞᆫ理由ᄂᆞᆫ下와갓트니라

	ᅡ	ᅣ	ᅥ	ᅧ	ᅩ	ᅭ	ᅮ	ᅲ	ᅳ	ᅵ	ᆞ
(ㄱ)	ᅟᅡᆨ	ᅟᅣᆨ	ᅟᅥᆨ	ᅟᅧᆨ	ᅟᅩᆨ	ᅟᅭᆨ	ᅟᅮᆨ	ᅟᅲᆨ	ᅟᅳᆨ	ᅟᅵᆨ	ᅟᆞᆨ
(ㄴ)	ᅟᅡᆫ	ᅟᅣᆫ	ᅟᅥᆫ	ᅟᅧᆫ	ᅟᅩᆫ	ᅟᅭᆫ	ᅟᅮᆫ	ᅟᅲᆫ	ᅟᅳᆫ	ᅟᅵᆫ	ᅟᆞᆫ
(ㄷ)	ᅟᅡᆮ	ᅟᅣᆮ	ᅟᅥᆮ	ᅟᅧᆮ	ᅟᅩᆮ	ᅟᅭᆮ	ᅟᅮᆮ	ᅟᅲᆮ	ᅟᅳᆮ	ᅟᅵᆮ	ᅟᆞᆮ
(ㄹ)	ᅟᅡᆯ	ᅟᅣᆯ	ᅟᅥᆯ	ᅟᅧᆯ	ᅟᅩᆯ	ᅟᅭᆯ	ᅟᅮᆯ	ᅟᅲᆯ	ᅟᅳᆯ	ᅟᅵᆯ	ᅟᆞᆯ
(ㅁ)	ᅟᅡᆷ	ᅟᅣᆷ	ᅟᅥᆷ	ᅟᅧᆷ	ᅟᅩᆷ	ᅟᅭᆷ	ᅟᅮᆷ	ᅟᅲᆷ	ᅟᅳᆷ	ᅟᅵᆷ	ᅟᆞᆷ
(ㅂ)	ᅟᅡᆸ	ᅟᅣᆸ	ᅟᅥᆸ	ᅟᅧᆸ	ᅟᅩᆸ	ᅟᅭᆸ	ᅟᅮᆸ	ᅟᅲᆸ	ᅟᅳᆸ	ᅟᅵᆸ	ᅟᆞᆸ
(ㅅ)	ᅟᅡᆺ	ᅟᅣᆺ	ᅟᅥᆺ	ᅟᅧᆺ	ᅟᅩᆺ	ᅟᅭᆺ	ᅟᅮᆺ	ᅟᅲᆺ	ᅟᅳᆺ	ᅟᅵᆺ	ᅟᆞᆺ
(ᅌ)	ᅟᅡᇰ	ᅟᅣᇰ	ᅟᅥᇰ	ᅟᅧᇰ	ᅟᅩᇰ	ᅟᅭᇰ	ᅟᅮᇰ	ᅟᅲᇰ	ᅟᅳᇰ	ᅟᅵᇰ	ᅟᆞᇰ

(講師注意)重母音字에바침ᄒᆞᄂᆞᆫ法도此와如ᄒᆞ니卽삭젹、션견、벽뵉、벋벋이라此理ᄅᆞᆯ詳細히說明ᄒᆞ야熟習게ᄒᆞᆷ이可ᄒᆞᆷ

第二十三課 바침練習(二)

第二十二課의바침ᄒᆞᆫ母音이父音과合ᄒᆞ야下와갓티音을成ᄒᆞ나니라

ㄱ바침

복、목、국、학、독、복
벽、삭、

ㄴ바침

산、돈、눈、손、신、판

ㄷ바침

ㅅ바침과갓트니라

ㄹ바침

불、활、칼、돌、실、물、
과실、

ㅁ바침

감、밤、담、함、림금、
거림、우숨、

ㅂ바침

밥、랍、삽、톱、무릅、

ㅅ바침

갓、밧、붓、빗、팟、못
젓、숫、

ㅇ바침

강、 방、 향、 병、 종、 총
콩、 동、

第二十四課 된바침

된바침이라ᄒᆞᄂᆞᆫ것은正字에든지重母音字에든지其字左偏에書ᄒᆞ야그字의父音의音을强ᄒᆞ게ᄒᆞᄂᆞᆫ것이라그强ᄒᆞ게ᄒᆞᄂᆞᆫ된바침票ᄂᆞᆫㅅ이니此ㅅ이正字나重母音字에合ᄒᆞᆫ父音마다다强ᄒᆞ게ᄒᆞᄂᆞᆫ것이아니라下와갓티다만五個父音의音만强ᄒᆞ게ᄒᆞ나니라

ㅺ ㅼ ㅽ ㅆ ㅾ

(註)된바침의原理及作字方法은字의左偏에原有父音을疊書ᄒᆞᄂᆞ니라

第二十五課 된바침練習

第二十四課의된바침이下와ᄌ리音을成ᄒᆞ나니라

(ᄭ) ᄭᅡ ᄭᅣ ᄭᅥ ᄭᅧ ᄭᅩ ᄭᅭ ᄭᅮ ᄭᅲ ᄭᅳ ᄭᅵ ᄭᆞ ᄭᅪ ᄭᅬ

(ᄯ) ᄯᅡ ᄯᅣ ᄯᅥ ᄯᅧ ᄯᅩ ᄯᅭ ᄯᅮ ᄯᅲ ᄯᅳ ᄯᅵ ᄯᆞ ᄯᅪ ᄯᅬ

(ᄲ) ᄲᅡ ᄲᅣ ᄲᅥ ᄲᅧ ᄲᅩ ᄲᅭ ᄲᅮ ᄲᅲ ᄲᅳ ᄲᅵ ᄲᆞ ᄲᅪ ᄲᅬ

(ᄊ) 싸 쌰 써 쎠 쏘 쑈 쑤 쓔 쓰 씨 ᄊᆞ 쏴 쐬

(ᄶ) ᄶᅡ ᄶᅣ ᄶᅥ ᄶᅧ ᄶᅩ ᄶᅭ ᄶᅮ ᄶᅲ ᄶᅳ ᄶᅵ ᄶᆞ ᄶᅪ ᄶᅬ

第二十六課 여러가지바침

여러가지바침이라ᄒᆞᄂᆞᆫ것은正字나

重母音字에바침여러個를加ᄒᆞᄂᆞᆫ것

이니即下와ᄀᆞᆺ트니라

ᄃᆞ ᄯᆞᆯ ᄃᆞᆰ

더 ᄯᅥ ᄯᅥᆨ

보 ᄲᅩᆸ ᄲᅩᆼ

차 찰 찱

고 ᄭᅭ ᄭᅩᆨ

바 ᄲᅡ ᄲᅡᆸ

대 ᄯᅢ ᄯᅢᆼ

긔 ᄭᅴ ᄭᅴᆼ

패 ᄲᅢ ᄲᅢᆼ

第二十七課 複習

바침이무엇이냐

母音에各各다른音을나게ᄒᆞ는것이올시다

바침의數가몃이냐

八字母이올시다

그러면그바침들을誦ᄒᆞ여라

ㄱ바침으로物名三個를言ᄒᆞ라

국、묵、학、

ㄴ바침으로物名三個를言ᄒᆞ라

산、눈、분、

ㄷ바침은무슨바침과同ᄒᆞ냐

ㅅ바침과갓트옵니다

ㄹ바침으로物名三個를言ᄒᆞ여라

활、불、실、

ㅁ바침으로物名三個를言ᄒᆞ여라

밤、함、곰、

ㅂ바침으로物名三個를言ᄒᆞ여라

탑、톱、밥、

ㅅ바침으로物名三個를言ᄒᆞ여라

붓、젓、빗、

ㅇ바침으로物名三個를言ᄒᆞ여라

공、향、종、

된바침이무엇이냐

父音을强ᄒᆞ게ᄒᆞ는것이올시
다

된바침으로用ᄒᆞ는票는무엇이냐

ㅅ이올시다

된바침을加ᄒᆞ야其音이强ᄒᆞ게되는
父音이몃이냐

ㄱㄷㅂㅅㅈ의五個父音이올
시다

된바침으로物名三箇를言ᄒᆞ라

ᄯᅥᆨ、ᄲᅢ、ᄲᅮ리、

여러가지바침은무엇이냐

바침여러箇를ᄒᆞ는것이올시

다

두가지바침으로物名二箇를言ᄒᆞ라

ᄃᆞᆰ 畜

第二十八課 正字摘記

下에잇ᄂᆞᆫ말중에바창업ᄂᆞᆫ正字만ᄲᅢ셔記ᄒᆞ여라

산속에,못처잇ᄂᆞᆫ,옥을,사람이,캐여너셔,잘,다듬어셔,조흔,그릇을,만드지,아니ᄒᆞ면,암만,조흔,옥이라도,예사,畜이나,다를것이,업나니,이와,갓티,사ᄅᆞᆷ이,도야,조흔,학문과,조촐ᄒᆞᆫᄒᆡᆼ실이,업서셔,조흔,일을,ᄒᆞ지,못ᄒᆞ면,져,산속에,무처잇ᄂᆞᆫ,옥과,갓트니라,

第二十九課 重母音字摘記

下에잇ᄂᆞᆫ여러말中바침이잇든지업든지重母音字만ᄲᅢ셔記ᄒᆞ여라

(1) 물이,콸콸,흘ᄂᆞᆫ다。

(2) 황서는、빗이、희오。

(3) 과실은、가을에、만소。

(4) 꿩과、닭은、그모양이、거의、갓트오

(5) 과자와、설당을、가져、오나라。

(6) 네좌처는、어듸이냐

(7) 도화와、향화는、빗이、아름답다。

(8) 원숭이는、저조가、만소。

(9) 뺑가리를、팽팽、친다。

(11) 밍공이가、왕왕、운다。

第三十課 바침字摘記

下에잇는말中바침字만싸서記ᄒᆞ라

옛적에、ᄒᆞᆫ、여호가、미오、비가、곱하셔먹을、것을、차지라、사방으로、다니다가、ᄒᆞᆫ、나무、아ᄅᆡ에、암ᄃᆞᆰ、ᄒᆞᆫ、마리가、잇거ᄂᆞᆯ、여호가、그것을、보고、밧비、쪼친죽、그、암닭이、날나、다라나다가、그나무우에、걸녀、잇는、북을、채나리로、치고、다라나니、그、북소리가、미오、크게

나는지라、여호가、그암ᄃᆞᆰ을、쫏다가 그북소리를、듯고、ᄉᆡᆼ각ᄒᆞ되、북이、ᄃᆞᆰ 보다、소리도、크고、살도、쎠스니、먹을 분수도、ᄃᆞᆰ보다、나흐리라、ᄒᆞ고、ᄃᆞᆰ은 쏫지、아니、ᄒᆞ고、나무에、올나가、북을 무러、쎠지라고、ᄒᆞᆫ즉、소리가、둥둥、나 는지라、여호가、더욱、먹을、ᄉᆡᆼ각이、간 절ᄒᆞ야、죽을、힘을、다드려셔、무러、쎠 진즉、속에、아모것도、업스미、그쪄는

여호가、암ᄃᆞᆰ을、노친것을、한ᄒᆞ니라

改訂 初等國語語典第一卷 終

隆熙三年二月二十日印刷
隆熙三年二月二十日發行
隆熙三年十一月三十日內部出版許可
隆熙四年二月三日改訂再版印刷
隆熙四年二月八日改訂再版發行

改訂初等國語語典全三冊
卷一定價金十七錢

版權所有

著作兼發行者 京城北部順化坊西門後第一統六戶 金熙祥
印刷者 京城鍾路鉢里洞九統十戶 朴熙寬
印刷所 京城鍾路鉢里洞九統十戶 大同廣智社
發行所 京城中部寺洞 唯一書館
發賣所 唯一書館

隆熙三年一月二十九日

學部檢定

私立學校國語科

（初等教育學徒用）

初等國語語典

金熙祥 著

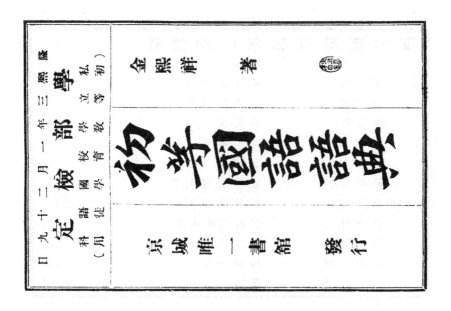

京城唯一書館 發行

初等國語語典第二卷目錄

初等國語語典第二卷目錄

初等國語語典第二卷目錄終

初等國語語典第二卷

第一課 名詞

조희 붓 묵 벼루 사람 호
랑이 나무 산서 말 긔
닭 불 물

이우에써서노은여러가지는物件과
사룸과밋禽獸의일홈이이와갓티
사룸이나物件이나禽獸나勿論무엇
이든지일홈잇는것을名詞라ᄒᆞ나니

라

너이들아ᄂᆞᆫ듸로名詞몃式을言ᄒᆞ라

第二課 名詞의練習

下에有ᄒᆞᆫ여러가지말中에右便에票
ᄒᆞᆫ것은다名詞이니라

(1) 사ᄅᆞᆷ이글을비오지아니ᄒᆞ면禽
獸와갓ᄐᆞ오

(2) 외글이업스면禽獸와ᄀᆞᆺᄐᆞ오

(3) 쇠나말과ᄀᆞᆺ티먹기만ᄒᆞ고아모
것도몰ᄂᆞ면쇠나말보다무엇이
달ᄂᆞ오

(4) 漆板을사셔오나라

(5) 져兒孩가册을ᄭᅵ고學校에간다

(6) 그말은소곰을실고져소ᄂᆞᆫ쌀을
실렷소

(7) 山속에ᄂᆞᆫ토기와여호가잇고물
속에ᄂᆞᆫ民魚와秀魚가잇소

第三課 名詞摘記

下에여러가지말中에名詞를摘記ᄒᆞ
라

(1) 달은밝고바람은서늘ᄒᆞ오

(2) 山은적어도나무는만소

(3) 孝道는一百行實의根源이오

(4) 여름에는日氣가대단히덥소

(5) ᄉᆡ는나ᄅᆡ가업스면단일수업소

(6) 사ᄅᆞᆷ은學問이업스면살수가업
소

(7) 쌀과콩과보리와팟과조는다農
事를ᄒᆞ야되는것이오

第四課 名詞채오기

下에여러말中빈곳에말이되도록名
詞를채오라

(1) 이것은……………이올시다

(2) 오날은ᄒᆞᆫ날에……………이ᄃᆡ단히
한소

(3) 귀가……………를물고다라나오

(4) 져아히가……으로글시쓴다
(5) ……을먹엇더니퍽취ᄒᆞᆫ다
(6) 져學校에는……가二百名이
오
(7) 老人은ᄒᆞᆫ이……을쓰오
(8) ……을치니어서밧비講堂으
로드러가자

第五課 말만들기

下에잇는여러가지名詞로말을만드
러라

하날	冊床
바다	時計
山	石筆
果實	兒孩
交椅	國旗

곳이와갓티
하날은퍽놉소

第六課 代名詞

나 너 져이 이것 그것 져
것 여긔 져긔
이우에써셔노은여러가지는다名詞

를代ᄒᆞᄂᆞᆫ것이니곳

鎭漢 나

福成 너

져敎師 져이

이册 이것

그붓 그것

져조희 져것

이講堂 여긔

져講堂 져긔

이와갓티무엇이든지일홈잇ᄂᆞᆫ名詞를代ᄒᆞᄂᆞᆫ것을代名詞라ᄒᆞᄂᆞ니라

너이들아ᄂᆞᆫ되로代名詞몃式言ᄒᆞ라

第七課 代名詞의練習

下에有ᄒᆞᆫ여러가지말中에右便에票ᄒᆞᆫ것은다代名詞이니라

(1) 네가어젹에여긔왓다갓소

(2) 이것은참큰册이올시다

(3) 여긔ᄂᆞᆫ사ᄅᆞᆷ이업셔도져긔ᄂᆞᆫ사

람이만소
(4) 이것은푸른셔요
(5) 져붓보다이것이좃소
(6) 져것은너것이오이것은네것이
다
(7) 고기를장속에두엇더니쥐가그
것을다먹엇네
(8) 쥬머니속에돈이드럿스니이것
을잘조심ᄒᆞ여라

第八課 代名詞摘記

下에잇는말中에代名詞를摘記ᄒᆞ라
(1) 이것은너가져라
(2) 이交椅는적으니져것을집어오
나라
(3) 져册은이것보다두텁소
(4) 그이는우리學校教師요
(5) 여긔는男學生이잇고져긔는女
學生이잇소

(6) 저귀는이것으로써리면곳죽짓
다

(7) 國文은우리나라國文이다른나
라것보다第一조소

第九課 代名詞치오기

下에잇는여러말中에빈곳에말이되
도록代名詞를치오라

(1) 이꼿은믜오조흔……이오

(2) 나는말을타고……는自行車를
타라

(3) ……는二年學講堂이오

(4) 事務所는……이올시다

(5) 그것이……보다조소

(6) 너……을왜가져갓니

(7) ……들은輔仁小學校學徒들
이오

(8) ……과……과어늬것이조
호냐

第十課 代名詞로밧고기

下에잇ᄂᆞᆫ여러말中에名詞가거듭된
것을말이되도록代名詞로밧고어라

(1) 韓圭明은韓圭明이오
(2) 너冊은너冊이오
(3) 事務所ᄂᆞᆫ事務所요
(4) 이白墨은白墨이요
(5) 부치ᄂᆞᆫ여름에쓰ᄂᆞᆫ부치요
(6) 져教師ᄂᆞᆫ教師요

(7) 交椅ᄂᆞᆫ사ᄅᆞᆷ이안ᄂᆞᆫ交椅요
(8) 솜옷은겨울에입ᄂᆞᆫ솜옷이요
(9) 져호랑이ᄂᆞᆫ호랑이요

第十一課 말만들기

下에잇ᄂᆞᆫ여러가지代名詞로말을만
드러라

나 너 우리 그이 거긔 져
긔 어듸 무엇 누구 져것
이것

곳이와갓티
나ᄂᆞᆫ學校에다니오

第十二課 動詞

간다 갓다 온다 잔다 먹ᄂᆞᆫ
다 다닌다 부른다 쓴다 본
다 웃ᄂᆞᆫ다 ᄯᅡ린다 너머진다
ᄒᆞᆫ다 마신다
이우에써셔노은여러가지말과ᄀᆞᆺ티
무엇이든지움자기ᄂᆞᆫᄯᅳᆺ이잇ᄂᆞᆫ말을

動詞라ᄒᆞᄂᆞ니라
너이들이아ᄂᆞᆫ듸로動詞둘式을言ᄒᆞ
라

第十三課 動詞의練習

下에잇ᄂᆞᆫ여러말中에右便에票ᄒᆞᆫ말
들은다動詞이니라
(1) 져兒孩ᄂᆞᆫ글을미오잘비온다
(2) 여름에ᄂᆞᆫ비가온다
(3) 밤에ᄂᆞᆫ글을읽고낫에ᄂᆞᆫ밧을간

다

(4) 나는이것을몰느니가라쳐주옵시요

(5) 박쥐는밤에만나와다닌다

(6) 나는來日滊車를타고仁川에가깃쇼

(7) 鍾을치거든마당으로나아가거라

(8) 붓을만이사다가學徒들에게나누어주어라

(9) 히는東에셔써셔西으로써러진다

第十四課 動詞摘記

下에잇는여러말中動詞를摘記ᄒᆞ라

(1) 世界에第一큰山은히말나야라ᄒᆞ는山이잇고第一큰바다는地中海라ᄒᆞ는바다가잇소

(2) 우리들은아모조록工夫를잘ᄒᆞ

야卒業을ᄒᆞᆫ후에世上에有益ᄒᆞᆫ
일을만이ᄒᆞ야보옵시다
(3) 술을마시며담비를먹으면몸에
듸단히히로온일이오
(4) 山에올나가셔求景을ᄒᆞ고나려
오옵시다
(5) 運動은다름질ᄒᆞ고쒸뛰고줄넘
고공차는것이올시다
(6) 試驗紙를하다가여러學徒에게

나누어주어라

第十五課 動詞 치오기

下에잇는여러말中빗곳에動詞를말
이되도록치오라
(1) 달이……셔미오밝오
(2) 비가……니農事가잘되깃소
(3) 그硯滴물을벼루에좀……라
(4) 나는말을……터이니너는거
러가자

(5) 下人을…………………서차롤가져오나
라

(6) 오날비가…………………니雨傘을가지
고가자

(7) 겨울에는江물이…………………서어름
지치기가미우조소

(8) 져사롬은필이롤…………………고이사
롬은북을…………………다

(9) 꽃속에는꽃술이…………………소

(10) 蓮꽃은속에열미가…………………소

第十六課 말만들기

下에잇는여러動詞로말을만드러라

진다 켠다 알아습니다 왓습
니다 가겟소 오나라 드리시
오 쳐라 무더라 싼다 닥그
오 부르오 쓴다 쏘오 비온
다 ᄒᆞ시오
곳이와갓리

짐을진다

第十七課 名詞의複習

사람 호랑이 붓 황새 기러기

는무슨詞이냐

名詞이올시다

그러면名詞가무엇이냐

사ᄅᆞᆷ이나物件이나禽獸나무

엇이든지일홈이잇는것이名

詞이올시다

사람에게當ᄒᆞᆫ名詞셋을言하라

아바지 형님 누의

物件에게當ᄒᆞᆫ名詞셋을言ᄒᆞ라

돌 나무 漆板

禽獸에게當ᄒᆞᆫ名詞다섯을言ᄒᆞ라

참새 제비 꾀고리 사슴

토기

第十八課 代名詞複習

나 너 우리 이것 여긔 거

괴는무슨詞이냐

代名詞이올시다

그러면代名詞는무엇이냐

名詞를代ᄒᆞᄂᆞᆫ것이代名詞이올시다

사ᄅᆞᆷ에게當ᄒᆞᆫ代名詞셋을言ᄒᆞ라

나 우리 그이

物件에나禽獸에게當ᄒᆞᆫ代名詞셋을言ᄒᆞ라

이것 그것 저것

處所에當ᄒᆞᆫ代名詞셋을言ᄒᆞ라

여긔 져긔 거긔

第十九課 動詞復習

왓는다 비온다 쓴다 다라난다

웃다 싸린다 붓든다 너머진다

는무슨詞이냐

動詞이올시다

그러면動詞가무엇이냐

무엇이든지 움자기는 뜻이 잇ᄂᆞᆫ 것이 動詞이올시다

손으로 ᄒᆞᄂᆞᆫ 動詞 셋을 言ᄒᆞ라

만진다 쥐다 편다

입으로 ᄒᆞᄂᆞᆫ 動詞 셋을 言ᄒᆞ라

먹는다 버린다 다문다

몸으로 ᄒᆞᄂᆞᆫ 動詞 다셧을 言ᄒᆞ라

슨다 안진다 눈다 구부린다 흔든다

第二十課 摘記復習

下에 잇ᄂᆞᆫ 이야기를 仔細히 보고 名詞와 代名詞와 動詞를 各各 摘記ᄒᆞ라

슈동이라 ᄒᆞᄂᆞᆫ 아ᄒᆡ가 졔아오 복동이와 더부러 글을 읽을ᄉᆡ 졔아오 복동이ᄂᆞᆫ 글을 잘 읽으되 슈동이ᄂᆞᆫ 항상 슬혀ᄒᆞ고 밥을 먹을 젹에ᄂᆞᆫ ᄒᆞᆫ번도 실타고 아니ᄒᆞ고 무엇이든지 졔아오

복동이보다만이먹더라
이럿케글은잘아니읽어도먹
기는ᄒᆞᆫ번도마다고아니ᄒᆞ는
사ᄅᆞᆷ은참슈동이와ᄀᆞᆺ트니라

第二十一課　形容詞

조타　흉ᄒᆞ다　어엿부다　미옵
다　길다　잡다　붉은　눌은
히인　좁은　넓은　놉흔　나즌
깁흔　얏흔　ᄒᆞᆫ　둘　다셧　여

ᄃᆞᆲ
이우에잇는여러가지말은무엇이든
지모다形容ᄒᆞ는것이니이와갓티形
容ᄒᆞ는ᄯᅳᆺ이잇는것을形容詞라ᄒᆞ나
니라
너이들아는데로形容詞셋式言ᄒᆞ라

第二十二課　形容詞練習

下에여러가지말中에右便에票ᄒᆞᆫ것
은다形容詞이니라

(1) 놉ᄒᆞᆫ산에는올나가기가어렵소

(2) 흰物件은더럽기가쉽소

(3) 더운ᄣᅨ라도찬물을마시면ᄒᆡ롭소

(4) 져나무에는누른ᄭᅩᆺ이픠엿소

(5) 天下에第一긴나무는美國캘늬포늬아州에잇소

(6) 나무에잇는ᄉᆡ두마리가손에잇는ᄉᆡᄒᆞᆫ마리만못ᄒᆞ다

(7) 비가올적에ᄒᆞᆫ방울두방울세방울次次여러萬방울이나려오오

(8) 져兒孩는붉은두루마기에검은帽子를썻소

(9) 우물이깁허셔물맛이차고도달으오

(9) 그册張數를세여셔보옵시다

ᄒᆞᆫ장 두장 세장 네장 다셧장 여셧장 일곱장 여듧

장

아홉장

第二十三課 形容詞摘記

下에잇ᄂᆞᆫ여러말中에形容詞ᄅᆞᆯ摘記
ᄒᆞ라

(1) 푸른물이ᄒᆞᆫ날에다앗스니하날
인지물인지알수업소

(2) 잉크에ᄂᆞᆫ푸른잉크도잇고붉은
잉크도잇소

(3) 이世界에사ᄅᆞᆷ의빗이다섯가지

分別이잇스니누른사ᄅᆞᆷ과흰사
ᄅᆞᆷ과부잇ᄒᆞᆫ사ᄅᆞᆷ과붉은사ᄅᆞᆷ과
검은사ᄅᆞᆷ이오

(4) 꼿은붉고입서ᄂᆞᆫ푸르오

(5) 져흰帽子ᄅᆞᆯ쓰고검은신을신은
兒孩ᄂᆞᆫ輔仁學校學徒다

(6) 이큰숑곳은져젹은숑곳보다더
ᄲᅢ족ᄒᆞ오

第二十四課 形容詞ᄎᆡ오기

下·에잇ᄂᆞᆫ말中빈곳에말이되도록形
容詞를채오라

히빗은……고달빗은……오
日氣가……도바람이부르오
우리나라에第一……山은白
頭山이오
오날은달이……셔밤出入ᄒᆞ
기가죠소
돈은모양이모다……오

여름에ᄂᆞᆫ……옷을입어야……
……ᄒᆞ오
西洋사ᄅᆞᆷ은코가……고눈이
……소
日本사ᄅᆞᆷ은東洋사ᄅᆞᆷ中에키가
第一……오
셔울에第一……길은黃土峴
이오

·第二十五課 말만들기

下에잇ᄂᆞᆫ여러形容詞로말을만드러
라
ᄒᆞᆫ 두 일곱 긴 기르오 븕
으오 놉흔 동구르오 먼 샛
쪽ᄒᆞᆫ 샛샛ᄒᆞᆫ 갓가온 아프오
싼 매우오
곳이와갓티
ᄒᆞᆫ사름이왓소

第二十六課 副詞

샐니가시오 급히오나라 븕게漆
ᄒᆞ시오 깁게파라 몹시싸리지마
라 일즉오나라 얼는가거라 어
셔오나라 종을셍셍친다 발을쿵
쿵구른다
이우에잇ᄂᆞᆫ샐니 급히 븕게 깁
게 몹시 일즉 얼는 어셔 셍
셍 쿵쿵들은다動詞가엇더케ᄒᆞ
ᄂᆞᆫ것을말ᄒᆞ야돕ᄂᆞᆫ것이니

이와갓티動詞에뜻을돕는것을副詞
라ᄒᆞᄂᆞ니라

第二十七課 副詞 續

퍽븕은것이오 ᄃᆡ단히급ᄒᆞ오
ᄆᆡ오큰것이오 썩조소 시ᄭᆞᆷ앗
소 시검엇소 ᄯᆞᆨᄒᆞᆫ사ᄅᆞᆷ이올시
다 아즉머럿소 심히조흔일이
다
이우에잇는퍽 ᄃᆡ단히 ᄆᆡ오 썩

셔 시 ᄯᆞᆨ 아즉 심히 들은形
容詞가웃더케된것을말ᄒᆞ야돕는것
이니
이와갓티形容詞의뜻을돕는것도副
詞라ᄒᆞᄂᆞ니라

第二十八課 副詞 續

퍽ᄲᆞ르게간다 ᄆᆡ오조케된다
ᄃᆡ단히어렵게말ᄒᆞᆫ다 썩결느게
ᄒᆞᆫ다 어셔밧비가자 몹시ᄆᆡ옵

게 먹는다 얼는 밧비 오나라
이 우에 잇는 퍽 ᄲᅡ르게 ᄆᆡ오 조케
ᄃᆡ단히 어렵게 썩 결느게 어셔 밧
비 몹시 ᄆᆡ옵게 얼는 밧비 들과
ᄀᆞᆺ티 副詞를 둘式 폭식 셔 말ᄒᆞᆫ 것이니
이러케 副詞가 둘式이 될 적에ᄂᆞᆫ 먼져
말ᄒᆞᆫ 副詞가 내종 말ᄒᆞᆫ 副詞의 ᄯᅳᆺ을 말
ᄒᆞ야 돕ᄂᆞᆫ 것이니라

第二十九課 副詞 續

第二十六課로 붓터 第二十八課ᄭᆞ지
副詞의 ᄯᅳᆺ을 비온 것과 갓티 副詞ᄂᆞᆫ 動
詞의 ᄯᅳᆺ을 도으며 形容詞의 ᄯᅳᆺ을 도으
며 또 副詞가 副詞의 ᄯᅳᆺ을 돕나니 即
밧비(動詞)가자 ᄆᆡ오 조흔(形容詞)사ᄅᆞᆷ이오
퍽 ᄲᅡ르게(副詞) 온다
故로 副詞ᄂᆞᆫ 動詞와 形容詞와 밋 다른
副詞를 돕ᄂᆞᆫ 것이니라

第三十課 副詞의 練習

下에잇ᄂᆞᆫ여러말中에右便에票ᄒᆞᆫ것은다副詞이니라

(1) 말을어셔모러라

(2) 이물은퍽셰긋ᄒᆞ오

(3) 져산은썩놉소

(4) 말은쉽게ᄒᆞ여도ᄒᆞ지ᄂᆞᆫ아니ᄒᆞᆫ다

(5) 너ᄂᆞᆫ날마다ᄆᆡ오늣게오ᄂᆞᆫ구나

(6) 어셔밧비工夫ᄒᆞ여보옵시다

(7) 오날은발셔ᄃᆡ단히점으럿소

(8) 져兒孩ᄂᆞᆫᄆᆡ오부지런이工夫ᄒᆞᆫ다

(9) 나ᄂᆞᆫ죽어도거짓말은못ᄒᆞ겟소

第三十一課 副詞摘記

下에잇ᄂᆞᆫ여러말中에副詞ᄅᆞᆯ摘記ᄒᆞ라

(1) 그사ᄅᆞᆷ은演說을잘ᄒᆞᆫ다

(2) 돌노門을둥굴게싸다

(3) 봄에는꽃이여긔져긔퓌옵니다

(4) 瀛車에烟筒소리는뎌단히요란ᄒᆞ오

(5) 나키는쌉쑥쌉쑥것고소는느럭느럭거르오

(6) 져사름은썩썩자옵니다

(7) 나는이리바로가고너는져리도라가거라

第三十二課 副詞치오기

下에잇는여러말中빈곳에말이되도록副詞를치오라

(1) 學校에鍾을……………친다

(2) 어린아히가셔러지깃스니………
……붓잡어라

(3) 신발소리니지말고……………잇거라

(4) 방이……………더우니불을쪄지마라

(5) 어룬압헤말을…………ᄒᆞ여라

(6) 져兒孩ᄂᆞᆫ父母의말을……드르
나……착ᄒᆞᆫ사람이요

(7) 東大門안電氣會社에烟氣ᄂᆞᆫ……
……ᄒᆞ고……나온다

(8) 호랑이……ᄒᆞ고소리를지르
니귀가……아모소리도……ᄒᆞ
ᄂᆞᆫ구나

(9) 나ᄂᆞᆫ다리가앏ᄒᆞ셔……가깃소

第三十三課　말만들기

下에잇ᄂᆞᆫ여러副詞로말을만드러라

느럭느럭　얼는얼는　길게　넓게　쌔르게　붉게　희게　낫게　뎡ᄒᆞ게　차게　깜작　번적　아즉　벌셔　잇다가　가마니

곳이와ᄀᆞᆺ티
져아히ᄂᆞᆫ글을느럭느럭읽ᄂᆞᆫ다

第三十四課 感歎詞

아 허이 홍 하 에구 웅

음 홍홍 자

이우에써셔논여러가지는다우리가깃부고셩닉고슬푸고무셥고사랑ᄒᆞ고미옵고慾心이잇슬적에ᄒᆞ는말이니이러케ᄒᆞ는말을感歎詞라ᄒᆞ나니라

너이들이아는디로感歎詞둘式言ᄒᆞ

라

第三十五課 感歎詞의練習

下에잇는여러말中에右便에票ᄒᆞᆫ것은다感歎詞이니라

(1) 아달이야밝다

(2) 어그아희글잘읽는다

(3) 홍닉가언제그리ᄒᆞ엿나

(4) 자어셔ᄒᆞ고가옵시다

(5) 음닉가공연이갓다왓군

(6) 이이것보아라너머질나

(7) 홍홍닉가그리ᄒᆞ엿지

(8) 에구너머질나조심ᄒᆞ여라

第三十六課 感歎詞摘記

下에여러가지말中感歎詞를摘記ᄒᆞ라

(1) 참달이야밝기도ᄒᆞ다

(2) 음나는아니가깃다

(3) 하너오나냐아웬일이냐

(4) 홍별일도만소

(5) 야느젓다어서가자

(6) 웅닉가잘못ᄒᆞ엿다

(7) 자져괴를보오별이반짝반짝ᄒᆞ오

(8) 후퍽더웁다아이러케더운날이또잇나

(9) 어이츄어뎌단이춥다

第三十七課 感歎詞치오기

下에여러말中빈곳에말이되도록感歎詞를치오라

(1) ……………… 이것보시오
(2) ……………… 너왜인제왓나냐
(3) ……………… 언제왓쇼참반갑쇼
(4) ……………… 져것보아라그것별것이
다
(5) ……………… 다칠나이리오나라
(6) ……………… 그럿케ᄒᆞ면못쓴다

第三十八課 말만들기

下에잇는여러가지感歎詞로말을만드러라

이 자 에 홍 하 아 이런
허 져련 그련
곳 이와갓티
이 이것좃타이것이웬것이
냐

第三十九課 吐

내가너를學校에冊도붓
은 가셔 가고 읽으면 보자
사람에게
이우에잇는 가 를 에 도 은
셔 고 면 자 에게 들은 여
러가지말의뜻이되도록ᄒᆞ는것이니
이와ᄀᆞᆺ티말의뜻이되도록ᄒᆞ는것을
吐라ᄒᆞᄂᆞ니라
너이들이아는더로吐둘式만言ᄒᆞ라

第四十課 吐의練習

下에有ᄒᆞᆫ여러말中右便에票ᄒᆞᆫ것은
다吐이니라

(1) 져사ᄅᆞᆷ은누구요
(2) 이것을집어셔방안에두어라
(3) 너는아니가도나는가깃다
(4) 글을읽어야무엇이든지할줄안
다
(5) 父母의恩惠는泰山보다놉다

(6) 남쥬기는앗갑고나먹기는슬혀

(7) 急히먹는밥이목이모인다

(8) 半島라ᄒᆞᄂᆞᆫ것은水中으로드러간陸地이외다

(9) 世界에第一큰섬은오스츄리아이올시다

第四十一課 吐摘記

下에有ᄒᆞᆫ여러말中吐를摘記ᄒᆞ라

(1) 이세계에八大王星이잇습니다

(2) 나라에兵丁이잇는것은집에담잇는것과갓습나이다

(3) 學問를工夫ᄒᆞᄂᆞᆫ것이언덕우에수레가올나가는것과갓타야조곰이라도마음을노면고만뒤로다라는다

(4) 어린兒孩가어룬의말아니듯는것이소귀에글을읽는심이라

第四十二課 吐치오기

下에잇는여러말中빈곳에말이되도
록吐룰치오라

(1) 봄……곳……꾀……가을……
……열미……연

(2) 너……아니가……나……가……

(3) 山……놉……물……조……

(4) 눈……비……훈거번……오……
……것……진눈갑이……훈……

(5) 六大洲中……亞細亞……第一

크……

(6) 우리나라國文……世宗大王……
……만드……

(6) 世界……잇……人口數……十
六億……된……훈……

第四十三課　말만들기

下에有훈여러가지吐로말을만드러
라

에　으로　로　의　은　도　는

라도 가 에는 에게

곳이와 ᄀᆞᆺ터

물속에고기가잇다

第四十四課 形容詞複習

누른 흰 다셧 야든은

조타

무슨詞의냐

形容詞이올시다

그러면 形容詞가무엇이냐

무엇이든지形容ᄒᆞᄂᆞᆫ뜻이잇는

것이올시다

빗을形容ᄒᆞᄂᆞᆫ形容詞셋을言ᄒᆞ라

누른 붉은 푸른

日氣를形容ᄒᆞᄂᆞᆫ形容詞넷을言ᄒᆞ라

더운 치운 서늘ᄒᆞᆫ ᄯᅳᆺᄯᅳᆺᄒᆞᆫ

자로지이는形容詞다셧을言ᄒᆞ라

긴 짧은 넓은 좁은 깁흔

第四十五課 副詞複習

샐니 急히 깁게 넓게 믜우ᄂᆞᆫ
무슨詞이냐
副詞이올시다
그러면 副詞가무엇이냐
副詞ᄂᆞᆫ動詞와形容詞와또다
른副詞의뜻을돕ᄂᆞᆫ것이올시
다
形容詞뜻을돕ᄂᆞᆫ副詞ᄂᆞᆫ엇던것이냐

퍽조흔이라ᄒᆞᄂᆞᆫ퍽과믜우더
운이라ᄒᆞᄂᆞᆫ믜우이올시다
動詞뜻을돕ᄂᆞᆫ副詞ᄂᆞᆫ엇던것이냐
샐니간다ᄒᆞᄂᆞᆫ샐니와잘ᄒᆞᆫ다
ᄒᆞᄂᆞᆫ잘이올시다
다른副詞뜻을돕ᄂᆞᆫ副詞ᄂᆞᆫ엇던것이
냐
썩샐니라ᄒᆞᄂᆞᆫ썩과ᄃᆡ단히늣
게라ᄒᆞᄂᆞᆫᄃᆡ단히이올시다

第四十六課 感歎詞複習

허 홍 아 이 자 음 어 이 는

무슨詞이냐

感歎詞이올시다

그러면感歎詞가무엇이냐

感歎詞ᄂᆞᆫ우리가무엇이든지

感動ᄒᆞ면歎息ᄒᆞᄂᆞᆫᄯᅢ에ᄒᆞᄂᆞᆫ

말이올시다

그感歎이어듸셔나오ᄂᆞ나

깃부(喜)고셩닉(怒)고슬푸(哀)고무셥(懼)고

사랑(愛)ᄒᆞ고미옵(惡)고慾心잇ᄂᆞᆫ듸

셔나옵니다

그여러가지를簡短히말ᄒᆞ라면무엇

이라ᄒᆞᄂᆞ냐

七情이라ᄒᆞ옵니다

第四十七課 吐複習

가 을 은 도 에게 으로 ᄂᆞᆫ 무

엇이냐

吐이올시다

그러면吐가무엇이냐

吐는말의뜻이되도록ᄒᆞ는것

이올시다

그려면吐는뜻이다ᄀᆞ트냐

다달늡니다

그러면그달는것을조곰說明ᄒᆞ여라

가 을 에 의 로말ᄒᆞ드

리도뜻이다달느옵니다

第四十八課 摘記複習

下에잇는여러가지말을仔細히보고
形容詞와副詞와感歎詞와吐를摘記
ᄒᆞ라

(1) 사ᄅᆞᆷ은부려보아야心情을알고
馬는타셔보아야힘을안다

(2) 한방울式오는비도終日오면큰
물이된다

(3) 하남이ᄒᆞᄂᆞᆫ일을네가못ᄒᆞ면참
못난이다

(4) 저空中에우리가사ᄂᆞᆫ地球보다
더큰별이잇소

(5) 亞細亞와歐羅巴사이에잇ᄂᆞᆫ山
은코카시안山이니라

(6) 世界에名馬ᄂᆞᆫ아라비아에만이
잇소

第四十九課　言語部分

(1) 名詞ᄂᆞᆫ무엇이든지일홈잇ᄂᆞᆫ말
이오

(2) 代名詞ᄂᆞᆫ名詞을代ᄒᆞᄂᆞᆫ것이오

(3) 動詞ᄂᆞᆫ무엇이든지움자기ᄂᆞᆫ뜻
이잇ᄂᆞᆫ말이오

(4) 形容詞ᄂᆞᆫ무엇이든지形容ᄒᆞᄂᆞᆫ
말이오

(5) 副詞ᄂᆞᆫ動詞나形容詞나ᄯᅩ다른
副詞를돕ᄂᆞᆫ것이오

(6) 感歎詞ᄂᆞᆫ 感歎ᄒᆞᄂᆞᆫ 말이오

(7) 吐ᄂᆞᆫ 말이 되도록 ᄒᆞᄂᆞᆫ 것이니 이 일곱가지를 言語의 七部分이라 ᄒᆞ나니라

初等國語語典第二卷終

隆熙三年二月二十日 印刷
隆熙三年三月二十日 發行

初等國語語典全三冊
卷二定價金二十錢

版權所有

著作兼發行者 京城北部順化坊西門後谿 統六戶 金熙祥

印刷所 京城[illegible]洞九統十戶 大同廣智社

發行所 京城中部寺洞 唯一書舘

發賣所 唯一書舘

隆熙三年十二月十五日

學部檢定

(私立學校國語科
初等教育學徒用)

改訂

初等國語語典 三

金熙祥 著

京城 唯一書館 發行

隆熙三年十月二十五日

學部檢定

(私立學校國語科
初等敎育學徒用)

改訂

初等國語語典

金熙祥 著

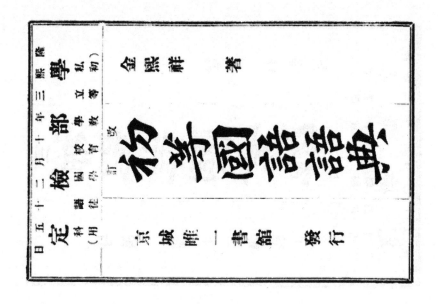

京城唯一書館 發行

改訂

初等國語語典第三卷目錄

訂改初等國語語典第三卷目錄 終

訂改 初等國語語典第三卷

第一課 字母

字母라ᄒᆞᄂᆞᆫ것은말소리의始初이니卽우리가知ᄒᆞᄂᆞᆫ바

ㄱ ㄴ ㄷ ㄹ ㅁ ㅂ ㅅ ㅇ ㅈ ㅊ ㅋ ㅌ
ㅍ ㅎ

ㅏ ㅑ ㅓ ㅕ ㅗ ㅛ ㅜ ㅠ ㅡ ㅣ ㆍ

들이다말소리의始初가되ᄂᆞᆫ바字母들이니라

第二課 字

字라ᄒᆞ는것은말소리의始初가되는
바字母들이모여서되는것이니(即

(字母) (字)

ㅏ ㅅ — 사

ㄹ ㆍ ㅁ — ᄅᆞᆷ

ㅗ ㄱ — 고

ㅣ ㅂ — 비

이와갓리字母가모여서字가되나니
라

第三課 詞와吐

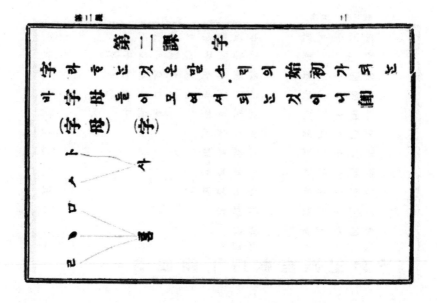

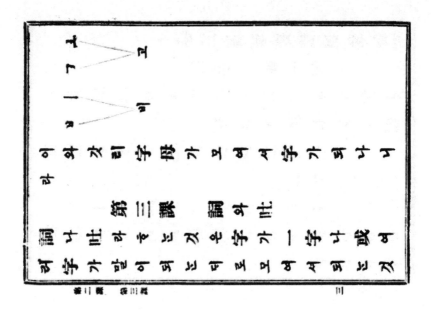

詞나吐라ᄒᆞ는것은字가一字나或여
러字가말이되는데로모여서되는것

이니卽

(字) (詞와吐)

사 룸 — 사룸

에 눈 — 에눈

반 다 지 — 반다지

조 흔 — 조흔

이와갓티字가모여서詞나吐가되나니詞와吐롤單語라도ᄒᆞ나니라

第四課 句語

句語라ᄒᆞ는것은詞와吐가말이되도록모여서되는것이니卽

(詞와吐) (句語)

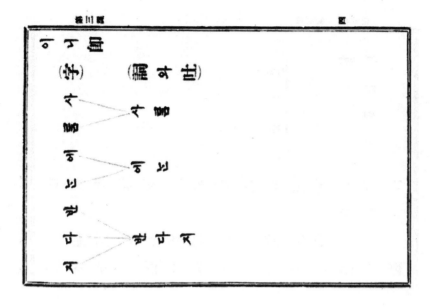

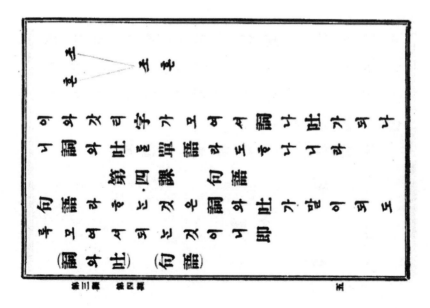

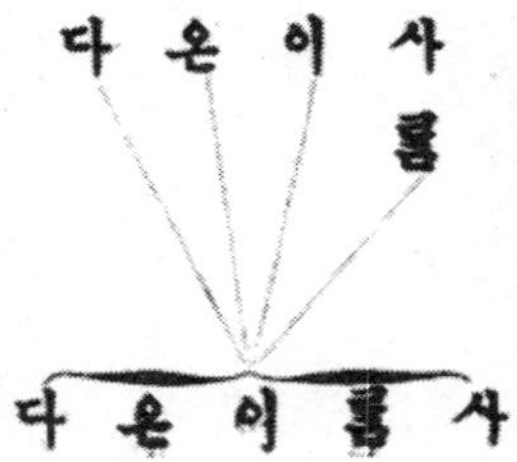

이와갓치詞와吐가모여서句語가되나니라

第五課 言語次序의圖解

第一課의字母가모여서第二課의字

가되고第二課의字가모여서第三課의詞와吐가되고第三課의詞와吐가모여서第四課의句語가되나니其次序를圖解ᄒᆞᆯ진ᄃᆡ

(字母)(字) (詞와吐) (句語)

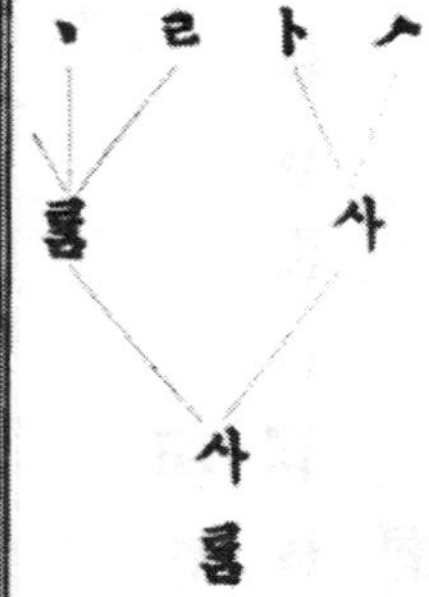

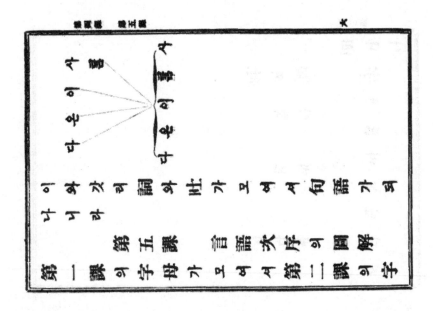

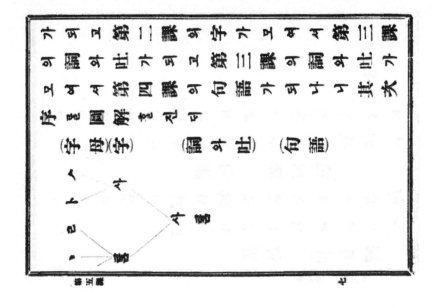

第一課로부터第四課ᄭᆞ지其次序가

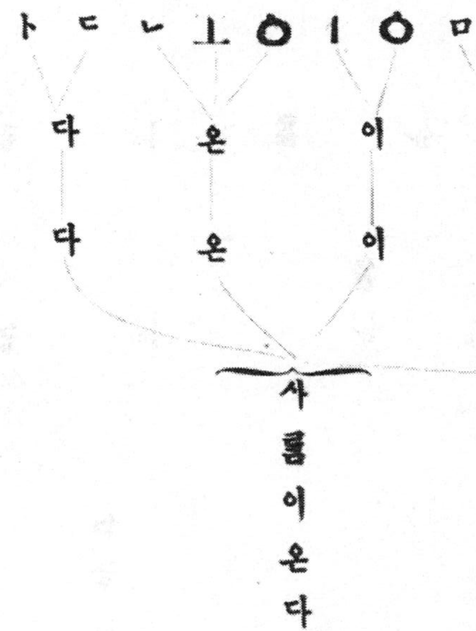

이와ᄀᆞ치되엿나니라

第六課 言語次序의圖解(續)

第五課에圖解를보면卽句語는詞와吐가모여서되고詞와吐는字가모여서되고字는字母가모여서된것이니此를一次다시圖解ᄒᆞᆯ진ᄃᆡ

(句語)

(詞와吐)

(字)

(字母)

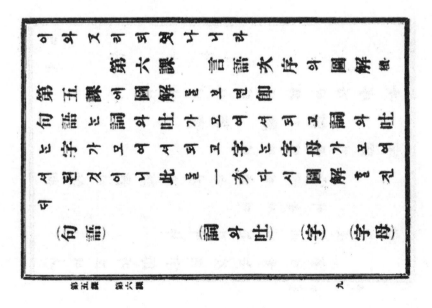

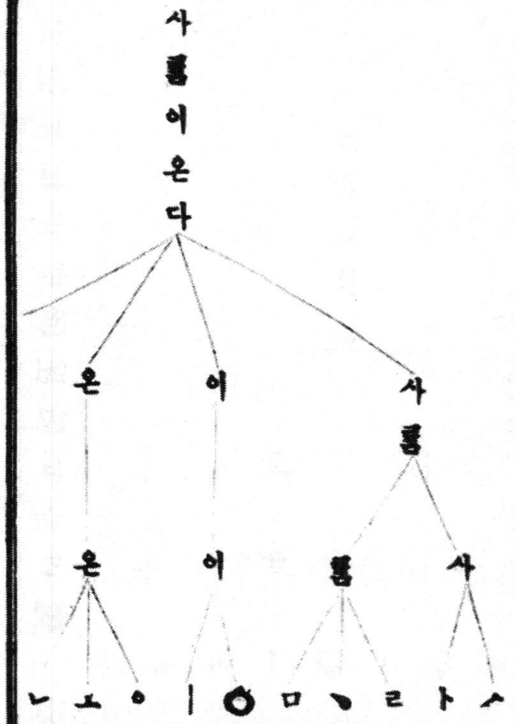

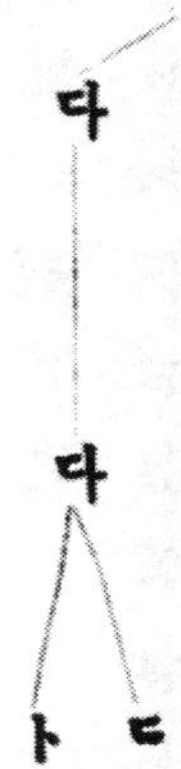

次序가이와ᄀᆞ치되나니라

第七課 複習

字母가무엇이냐

字母라ᄒᆞ는것은語音의始初이올시다

字는엇더케되는것이냐

字라ᄒᆞ는것은字母가모여서

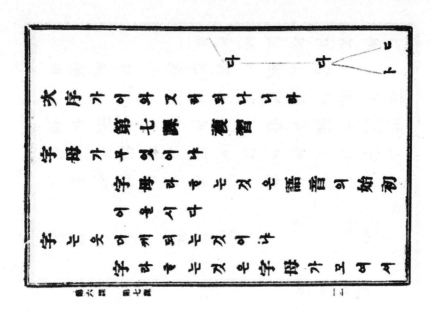

되는것이올시다

詞나吐는웃더케되는것이냐

詞나吐는字가모여서되는것이올시다

句語는웃더케되는것이냐

句語라ᄒᆞᄂᆞᆫ것은詞와吐가말이되도록모여서되는것이올시다

字母로부터句語ᄭᆞ지其次序를一言에說明ᄒᆞ여라

字母가모여서字가되고字가모여서詞나吐가되고詞와吐가모여서句語가되나이다

또句語로부터字母ᄭᆞ지其次序를一言에說明ᄒᆞ여라

句語는詞와吐가모여서되고詞나吐는字가모여서되고字는字母가모여서되나이다

下에잇는말을句語로부터字母까지
圖解ᄒᆞ여라
끗이된다
(講師注意)言語次序를仔細히說明
ᄒᆞ야學生으로ᄒᆞ야금其義를曉知
케ᄒᆞ되本題와如ᄒᆞᆫ簡單句語를累
次宿題로解習케ᄒᆞᆷ이可ᄒᆞᆷ

第八課 主語

누구든지말을ᄒᆞᆯ적에반다시詞와吐
를말이되도록모아서ᄒᆞᆫ句語를만드
러야말이되나니
萬若너가이여러學生에게말ᄒᆞ기를
간다、 조타、 놉다、
라ᄒᆞ면무엇이간다는지무엇이조타
는지무엇이놉다는지知치못ᄒᆞᆯ지나
사ᄅᆞᆷ이간다、 조희가조타、 册
床이놉다、
라말ᄒᆞ면잘알아드를지니사ᄅᆞᆷ은간

다의主語요조회는조라의主語요册床은놉다의主語이라故로사ᄅᆞᆷ과조회와册床갓튼것을主語라稱ᄒᆞ나니라

第九課 主語의義

ᄒᆞᆫ句語의主語라ᄒᆞ는것은그句語의主者이니下에잇는여러말中右偏에票ᄒᆞᆫ것은다主語이니라

(1) 달이,밝다。
(2) 비가,온다。

(3) 북사가,크오。
(4) 鉄筆이,엿소。
(5) 山이,놉다。
(6) 學生이,만소。
(7) 닭이,운다。
(8) 바람이,분다。
(9) 눈이,날닌다。
(10) ᄒᆡ가,젓다。

第十課 主語摘記

下에諸語中主語를摘記ᄒᆞ라

(1) 새가,날는다。
(2) 우물이,깁다。
(3) 물이,더옵다。
(4) 册이,크오。
(5) 신이,적소。
(6) 두루마기가,

기르오。

(7) 길이、넓소。 (8) 차가、새르오。

(9) 粉筆이、부러젓다。 (10) 오날이、몃칠이냐。

第十一課 主語 처오기

下에諸語中빈곳에主語를처오라

(1)……이잇습니다 (2)……도잇다

(3)……가너머진다 (4)……이잇느냐

(5)……가운다 (6)……가두렵소

(7)……이업다 (8)……이누엇다

第十二課 말만들기

下에잇는여러單語로主語가되게句語를作ᄒᆞ여라

사슴、鶴、나무、이것、저긔

붓、그이、册床、방울、

卽此와갓티

사슴이、뛴다

第十三課 說明語

第八課와밋第九課에셔句語에主語가반다시잇ᄂᆞᆫ줄을임의學知ᄒᆞ얏거니와또句語에說明語라ᄒᆞᄂᆞᆫ것이잇ᄉᆞ니

假令너가너이學生들에게對ᄒᆞ야말ᄒᆞ기를

册이、 물이、 조희가、

라말ᄒᆞ면册이엇더라ᄒᆞᄂᆞᆫ지물이엇더케ᄒᆞᆫ다ᄂᆞᆫ지조희가엇더라ᄒᆞᄂᆞᆫ지너말의뜻을覺지못ᄒᆞ깃ᄉᆞ나

册이크다、 물이흘ᄂᆞᆫ다、 조희가두텁다、

라말ᄒᆞ면알아드를지니크다ᄂᆞᆫ册의說明語이오흘ᄂᆞᆫ다ᄂᆞᆫ물의說明語이오두텁다ᄂᆞᆫ조희의說明語이라故로크다와흘ᄂᆞᆫ다와두텁다와ᄀᆞ튼것을說明語라稱ᄒᆞᄂᆞ니라

第十四課 說明語의義

ᄒᆞᆫ句語의說明語라ᄒᆞᄂᆞᆫ것은主語의說明者이니下에有ᄒᆞᆫ여러말中右偏에票ᄒᆞᆫ것은다說明語이니라

(1) 방이、밝으오。
(2) 나븨가、날는다。
(3) 비가、익엇다。
(4) 둙이、운다。
(5) 이것이漆板이오。
(6) 간난이가、잔다。
(7) 소가、다라난다。
(8) 져긔가、事務所요。
(9) 꼿이、븕다。

(1) 얼골이、어엿부다。

第十五課 說明語摘記

下에諸語中說明語를摘記ᄒᆞ라

(1) 물이、맑다。 (2) 山이、險ᄒᆞ다。
(3) 오날이、初一日이요。
(4) 져것이、馬車이요。

(5) 꾸지귀、가셧다。 (6) 안귀·가、셰엿다

(7) 소리가、난다。 (8) 우물이、깁다。

(9) 차가、잘는다。 (10) 샐너가、발낫다

第十六課 說明語치오기

下에諸語中빈곳에說明語를치오라

(1) 學生이……다 (2) 壽童이가……다

(3) 여긔가……이올시다

(4) 이册이……소。 (5) 말이……다

(6) 게가……오 (7) 길이……소

(8) 집이……소 (9) 쏫이……다

(10) 눈이……다

第十七課 말만들기

下에잇는여러單語로說明語가되게
句語를作ᄒᆞ여라

사숨、이것、여긔、時計、간
왓、놉、김흐、그이、저것、
果實、참외、썩、空册、鉛筆

곳此와如ᄒᆞ게

이、것이、사슴、이오。

第十八課　句語만드는法

이우에學ᄒᆞᆫ바와갓티句語에主語와說明語가必有ᄒᆞ여야語義가完全ᄒᆞᆷ을知ᄒᆞ얏거니와또句語ᄅᆞᆯ만들적에主語와說明語의次序ᄅᆞᆯ웃더케ᄒᆞ여야말이되ᄂᆞᆫ法ᄅᆞᆯ不可不알것이니句語ᄅᆞᆯ만들적에其次序ᄅᆞᆯ下圖와ᄀᆞᆺ티ᄒᆞ여야되나니라

(1)

第一	第二	第三	第四
主語	吐	說明語	吐
사ᄅᆞᆷ	이	온	다

(2)

第一	第二	第三	第四
主語	吐	說明語	吐
물	이	맑	다

(3)

第一	第二	第三	第四
主語	吐	說明語	吐
이것	이	쏫	이오

第十九課 複習

句語의主語가무엇이냐

主語라ᄒᆞᄂᆞᆫ것은句語의主者이올시다

물이맑다라言ᄒᆞ면主語가어ᄂᆡ것이냐

물이올시다

句語의說明語가무엇이냐

說明語라ᄒᆞᄂᆞᆫ것은主語의說明者이올시다

사ᄅᆞᆷ이온다라言ᄒᆞ면說明語가어ᄂᆡ것이냐

온이올시다

그러면句語에무ᄉᆞᆫ語들이必有ᄒᆞ여야말이되나냐

임의배온바主語와說明語이
올시다
句語를만들적에主語나說明語가無
ᄒᆞ야도말이되겟나냐
二語中에一語라도無ᄒᆞ면말
이아니되나이다
主語와說明語로句語를만들적에其
次序를엇더케ᄒᆞ느냐
第一主語와第二吐와第三說

明語와第四吐이올시다

第二十課 摘記複習

下에有ᄒᆞᆫ諸語中主語와說明語를摘
記ᄒᆞ라

(1) 우리、나라는、亞細亞에、잇소。
(2) 이것은、皇城新聞、이다。
(3) 져기는、景福宮、이올시다。
(4) 바ᄅᆞᆷ이、셔늘、ᄒᆞ다。
(5) 말이、다라ᄂᆞᆫ다。

(6) 아바지、게옵셔、드러、오신다。
(7) 미암이가、운다。
(8) 香氣가、난다。
(9) 山이、놉다。
(10) 兵丁이、다라、온다。

第二十一課　主語가되는詞

下에有ᄒᆞᆫ諸語中에主語가된詞들이各各무ᄉᆞᆫ詞인지言ᄒᆞ여라

(1) 히가、쓴다。

(2) 달이、올나、온다。
(3) 이슬이、나린다。
(4) 이것이、交椅、이올시다。
(5) 맛이、다르오。
(6) 져긔가、三角山、이다。
(7) 그이가、官人、이오。
(8) 져이가、會長이다。

上에잇는諸語中主語가된詞가名詞와代名詞들뿐이요他詞는업나니

此와갓티

句語의主者가되는主語는名詞와代

名詞이니라

第二十二課　說明語가되는詞

下에잇는諸語中에說明語가된詞들

이各各무슨詞인지言ᄒᆞ여라

(1) 비가、커엿다。

(2) 이것이、速寫板、이다。

(3) 敎師가、져이오。

(4) 흙빗이、누르오。

(5) 눈이、녹앗다。

(6) 學校가、져긔、올시다

(7) 칼이、뾰족、ᄒᆞ오。

(8) 져것이、별이오。

上에잇는諸語中에、說明語·가된詞가

名詞와代名詞와動詞와形容詞들뿐가

이오他詞는업나니此와갓티主語의

說明者가되는說明語는名詞와代名

詞와動詞와形容詞이니라

第二十三課 自動詞

너가간다、 너가안지짓다、 네가가거라、

이우에有ᄒᆞᆫ諸語中에說明語가되ᄂᆞᆫ動詞간과、안지와、가거、의動ᄒᆞᄂᆞᆫ것이다、自己에게잇고他에게相關이無ᄒᆞᆫ지라此와ᄀᆞ티勿論무슨動詞든지그動ᄒᆞᄂᆞᆫ것이自己에게잇고他에게相關이無ᄒᆞᆫ것을自動詞라ᄒᆞᄂᆞ니라

第二十四課 自動詞練習

下에記ᄒᆞᆫ諸語中에動詞ᄂᆞᆫ다自動詞이니라

(1) 쏫이、핀다。 (2) 열미가、연다。

(3) 불이、이러나오。 (4) ᄀᆡ가、짓ᄂᆞᆫ다。

(5) 져、사ᄅᆞᆷ이、자오。 (6) 소가、누엇다。

(7) 비가、온다。 (8) 날이、쉰다。

故로 그 動ᄒᆞᄂᆞᆫ 것이 自己에게만 잇ᄂᆞᆫ 것을 自動詞라 ᄒᆞᄂᆞ니라

第二十五課 他動詞

내가 ᄭᅩᆺ을 ᄯᅡᆺ다, 네가 册을 가졋다, 내가 밥을 먹엇다,

上에 有ᄒᆞᆫ 諸語中 說明語가 되ᄂᆞᆫ 動詞 ᄯᅡᆺ과, 가졋과, 먹엇, 의 動ᄒᆞᄂᆞᆫ 것이 다 自己가 動ᄒᆞ야 他에게 相關이 잇스니 卽 ᄯᅡᆺ다 ᄒᆞ면 나의 動ᄒᆞᆫ 相關이 ᄭᅩᆺ에 잇고

가졋다 ᄒᆞ면 나의 動ᄒᆞᆫ 相關이 册에 잇고 먹엇다 ᄒᆞ면 나의 動ᄒᆞᆫ 相關이 밥에 잇ᄂᆞᆫ지라

此와 갓치 勿論 무ᄉᆞᆫ 動詞든지 그 動ᄒᆞᄂᆞᆫ 것이 他에게 相關이 잇ᄂᆞᆫ 것을 他動詞라 ᄒᆞᄂᆞ니라

(講師注意) 自動과 他動의 義를 詳細히 說明ᄒᆞᆷ이 可ᄒᆞᆷ

第二十六課　他動詞練習

下에記ᄒᆞᆫ諸語中動詞는다他動詞이
니라

(1) 벼가, 꽃을, 샀다。

(2) 닭이, 알을, 낫다。

(3) 져, 아희가, 새옷을, 입엇다。

(4) 하쳐가, 짐을, 지는다。

(5) 고양이가, 쥐를, 무럿다。

(6) 모긔가, 나를, 무럿다。

(7) 져, 사ᄅᆞᆷ이, 말을, 탓다。

(8) ᄆᆡ가, 새를, 쫏다。

(9) 내가, 新聞을, 보앗다。

(10) 셔가, 김의를, 쳥ᄒᆞ엿다。

(11) 그이가, 차를, 마셧다。

(12) 귀가, 쇄를, 먹는다。

故로自己의動ᄒᆞᄂᆞᆫ것이他에미치는
것을他動詞라ᄒᆞᄂᆞ니라

第二十七課　自動詞練習

下에記ᄒᆞᆫ說明語中自動詞만摘記ᄒᆞ라

(1) 갓을、쓰고、나오너라。

(2) 어린、아히를、업엇다。

(3) 나무순이、나온다。

(4) 져사ᄅᆞᆷ이、나물을、킨다。

(5) 구름이、퍼엿다。

(6) 氷球가、핑핑、돈다。

(7) 새가、다라、난다。

(8) 내가、時計를、트럿소。

(9) 바람이、부럿다。

(10) 져、어룬을、모시고、가거라。

(11) 내가、그、사ᄅᆞᆷ을、보깃소。

第二十八課 他動詞摘記

下에記ᄒᆞᆫ說明語中他動詞만摘記ᄒᆞ라

(1) 말이、다、갓소。

(2) 져、아히가、필이를、분다。

(3) 兵丁이、銃을、놋는다。

(4) 져이가、片紙를、쓴다。

(5) 내가、기러기를、잡앗다。

(6) 눈이、날닌다。

(7) 나는、求景를、ᄒᆞ얏소。

(8) 벌이、쏫속에、드러、갓다。

(9) 山골、에셔、물이、흘는다。

(10) 져、下人이、물을、흘녓다。

第二十九課　客語

누구든지말ᄒᆞ기를

　내가、안졋다。　내가가짓다。

라ᄒᆞ면그말ᄒᆞᆫ바二句語에主語와說明語가有ᄒᆞ야알아드를터이로ᄃᆡ또만일말ᄒᆞ기를

　너가보앗다、　너가먹엇다、

라ᄒᆞ면처음에ᄒᆞᆫ말과갓ᄒᆡ主語와說明語는有ᄒᆞ나무슨물건을보앗다는지무슨飮食을먹엇다는지知치못ᄒᆞ

야말뜻이完全치아니ᄒᆞᆫ즉
너가거림을보앗다、
너가떡을먹엇다、
라ᄒᆞ여야무엇을보앗스며무엇을먹엇ᄂᆞᆫ지知ᄒᆞᆯ지라
거림은보앗다와相關이有ᄒᆞᆫ客語이오떡은먹엇다와相關이有ᄒᆞᆫ客語이라
故로說明語가된動詞와相關이有ᄒᆞᆫ거림과떡갓튼것을客語라ᄒᆞᄂᆞ니라

第三十課 客語의義

客語라ᄒᆞᄂᆞᆫ것은句語의說明語가되ᄂᆞᆫ動詞가他動詞가되야그動詞의옴자기ᄂᆞᆫ것을受ᄒᆞᄂᆞᆫ것이라
故로說明語가되ᄂᆞᆫ動詞가自動詞이면客語가無ᄒᆞ되說明語가되ᄂᆞᆫ動詞가他動詞이면客語가必有ᄒᆞ야그말뜻을完全케ᄒᆞ나니

下에有ᄒᆞᆫ諸語中右偏에票ᄒᆞᆫ것은다客語이오또그客語와相關된動詞ᄂᆞᆫ다他動詞이니라

(1) ᄂᆡ가、ᄉᆡ를、잡앗다。
(2) 네가、나를、붓드럿다。
(3) 져이가、조희를、가졋다。
(4) ᄃᆞᆰ이、알을、낫다。
(5) 漁夫가、그물을、싼다。
(6) 泥匠이、담을、싼다。

(7) ᄂᆡ가、고양이를、본다。
(8) 말이、죽을、먹는다。
(9) 쥐가、고기를、무럿다。
(10) 木手가、집을、짓는다。
(11) 砲手가、범을、죽엿다。
(12) 져、계집아희가、아기를、업엇다。

第三十一課　客語摘記

下에有ᄒᆞᆫ諸句語의客語를摘記ᄒᆞ라

(1) ᄂᆡ가、칼을、가졋구나。

(2) 너가、冊을、샀다。
(3) 져이가、나ᄅᆞᆯ、본다。
(4) 져、學徒는、初等小學을、비온다。
(5) 져、下人이、그릇을、닥는다。
(6) 벌이、꿀을、吐ᄒᆞᆫ다。
(7) 져、사ᄅᆞᆷ이、風琴을、탄다。
(8) 그이는、吐手ᄅᆞᆯ、벗는다。
(9) 그、계집아히가、가락지ᄅᆞᆯ、쎄엿다
(10) 져、兒孩가、신을、신엇다。

第三十二課 客語채오기

下에有ᄒᆞᆫ諸語中빈곳에客語ᄅᆞᆯ채오라

(1) 너가그사ᄅᆞᆷ에게……………을아니쥬엇다。
(2) 그學徒는……………을잘ᄒᆞᆫ다
(3) 져兒孩가……………을잘거련다
(4) 너가……………을사서왓소
(5) 老兄이……………ᄅᆞᆯ가졋소

(6) 져이가……을먹는다
(7) 너가……를썻다
(8) 砲手가……을銃으로노앗다
(9) 農夫는……을ᄒᆞ지오
(10) 져武官은……을잘논다

第三十三課 말만들기

下에잇ᄂᆞᆫ諸單語로客語가되게句語를作ᄒᆞ라

두룸이、 쐥、 아가위、 册床、

茶鍾、 粉板、 革囊、 筆筒、 硯
滴、 燭臺、 火爐、 鏡臺、 쥬머
니、 行巾、

即此와갓티

너가、두룸이를、잡앗다。

第三十四課 客語되ᄂᆞᆫ詞

下에잇ᄂᆞᆫ諸語中에客語가된詞들이
各各무슨詞인지言ᄒᆞ여라

(1) 나는、칼을、아니가졋다。

(2) 그、개가、져이를、본다。
(3) 네、가、그、사름을、보앗나냐。
(4) 져、사름이、그것을、가져왓다。

上에잇ᄂᆞᆫ諸語中客語가될詞가主語와갓티名詞와代名詞들이오他詞ᄂᆞᆫ업나니此와ᄀᆞᆺ티.

句語의客語ᄂᆞᆫ名詞와代名詞이니라

第三十五課 句語만드ᄂᆞᆫ法

第十八課에셔句語만드ᄂᆞᆫ法이主語와說明語의次序를下圖와갓티

第一	第二	第三	第四
主語	吐	說明語	吐
쏫	이	되엿	다

홈을學ᄒᆞ야知ᄒᆞ엿거이와主語의說明者가되ᄂᆞᆫ說明語가他動詞가되야其動詞의動ᄒᆞᄂᆞᆫ것을受ᄒᆞᄂᆞᆫ客語가有ᄒᆞᆯ적에ᄂᆞᆫ句語를만드ᄂᆞᆫ法이下圖

와ᄌᆞ리그次序가되나니라

(1)

第一	第二	第三	第四	第五	第六
主語	吐	客語	吐	說明語	吐
내	가	옷	을	닙	다

(2)

第一	第二	第三	第四	第五	第六
主語	吐	客語	吐	說明語	吐
老人	이	나귀	를	탓	다

(3)

第一	第二	第三	第四	第五	第六
主語	吐	客語	吐	說明語	吐
學徒	가	冊	을	엇	다

第三十六課 複習(一)

主語가되는詞들은무슨詞들이냐

名詞와代名詞이올시다

說明語가되는詞들은무슨詞들이냐

名詞와代名詞와動詞와形容

詞이올시다

自動詞는무슨動詞이냐
무슨動詞든지그動ᄒᆞ는것이自己에게만잇는動詞이올시다

他動詞는무슨動詞이냐
무슨動詞든지그動ᄒᆞ는것이他에게밋치는動詞이올시다

客語는무엇이냐
句語의說明語가되는動詞가他動詞가되야그動詞의動ᄒᆞ는것을밧는語이올시다

說明語가되는動詞가自動詞가될적에客語가有ᄒᆞ냐無ᄒᆞ냐
無ᄒᆞ외다

說明語가되는動詞가他動詞가될적에客語가有ᄒᆞ냐無ᄒᆞ냐
有ᄒᆞ외다

第三十七課 複習(二)

客語가되는詞들은무슨詞들이냐

名詞와代名詞이올시다

무슨語가客語와ᄀᆞᆺ치名詞와代名詞
로되나냐

主語이올시다

主語와說明語로句語만드는法의次
序를엇더케ᄒᆞ나냐

第一主語와第二吐와第三說
明語와第四吐이올시다

客語가有ᄒᆞᆯ적에그次序는엇더케ᄒᆞ
나냐

第一主語와第二吐와第三客
語와第四吐와第五說明語와
第六吐이올시다

第三十八課 摘記複習

下에有ᄒᆞᆫ諸動詞中自動詞와他動詞
를摘記ᄒᆞ라

드럿다、 쏘앗다、 쏜다、 녹
앗다、 먹는다、 너머졋다、
쌔린다、 문다、 된다、 흠쳣
다、 난다、 쏜다、

下에有ᄒᆞᆫ諸語中客語만摘記ᄒᆞ라

(1) 달이、쏜다。
(2) 너가、활을、쏘앗다。
(3) 벌이、나를、쏜다。
(4) 쉬가、녹앗다。

(5) 쉬가、버레를、먹는다。
(6) 큰、나무가、너머졋다。
(7) 漆板을、닥거라。
(8) 밤이、쌔러진다。
(9) 져、ᄉᆞᄅᆞᆷ이、물을、먹는다。
(10) 구름이、되엿다。
(11) 물을、쇼려라。
(12) 모긔가、나를、문다。

第三十九課 名詞를漢文으

로쓰기

名詞를諺文으로쓰지아니ᄒᆞ고漢文으로쓰면下와如ᄒᆞ니라

(1) 사ᄅᆞᆷ이、사슴을、잡앗다。
人이、鹿을、잡앗다。

(2) 져、아히가、칙과、조희를、가졋다。
져、兒孩가、册과、紙를、가졋다。

(3) 하인이、그릇으로、물을、쓴다。
下人이、器로、水、쓴다。

(4) 밥과、술을、가져、오나라。
飯과、酒를、가져、오나라。

(5) 져、사ᄅᆞᆷ이、막더로、범을、친다。
져、人이、杖으로、虎를친다。

下에有ᄒᆞᆫ名詞를漢文으로써라

사ᄅᆞᆷ、 하날、 ᄯᅡ、 별、 구름、
나무、 쇠、 흙、 물、 꼿、 입셔
등、 ᄇᆡ、 손、 ᄌᆡ、 고양이、 붓
벼로、

第四十課 代名詞를漢文으로쓰기

代名詞를漢文으로쓰면下와如ᄒᆞ니라

(1) 개가、이것을、보오。

개가、此를、보오。

(2) 져것을、가져、오나라。

彼物을、가져、오나라。

(3) 나는、그것을、아니、가졋소。

我는、其物을、아니、가졋소。

(4) 네가、져긔로、가거라。

汝가、彼處로、가거라。

(5) 그이가、이리로、오옵니다。

其人이、此處로、오옵니다。

(6) 거긔로、가서、그이를、보아라。

其處로、가서、其人을、보아라。

下에有ᄒᆞᆫ代名詞를을漢文으로써라

나、 너、 그여、 져여、 이여、

여긔、저긔、거긔、이것、
저것、그것、

第四十一課 動詞를漢文으로쓰기

動詞를漢文으로쓰ᄂᆞᆫ法은下와ᄀᆞᆺ티漢文으로쓴後에其下에ᄒᆞ고、ᄒᆞ니、ᄒᆞᆫ야、等을加ᄒᆞᄂᆞ니라

(1) 학도가、칙을、ᄭᅵ고、학교에、간다。
학도가、칙을、挾ᄒᆞ고、학교에、往ᄒᆞᆫ다。

(2) 나ᄂᆞᆫ、말을、타고、왓ᄉᆞᆸᄂᆞ다。
나ᄂᆞᆫ、말을、乘ᄒᆞ고、來ᄒᆞ얏ᄉᆞᆸᄂᆞ다。

(3) 아바지、게셔、조희를、사셔、쥬셧다。
아바지、게셔、조희를、買ᄒᆞ야、賜ᄒᆞ셧다。

(4) 어린、아희가、울다가、그쳣다。
어린、아희가、泣ᄒᆞ다가、止ᄒᆞ엿다。

(5) 밥을、먹고、차를、마시고、옷을、입고

칙을、가지고、나아、갓다。
밥을、喫ᄒᆞ고、차를、飮ᄒᆞ고、衣를、着
ᄒᆞ고、칙을、持ᄒᆞ고、出去ᄒᆞ엿다。

下에有ᄒᆞᆫ諸動詞를漢文으로써라

간다、 온다、 섯다、 본다、 만
젼다、 붓든다、 이러난다、 비
온다、 왹는다、 가르친다、 죤
다、 밧는다、 쎄앗는다、

第四十二課 形容詞를漢文으로쓰기

形容詞를漢文으로쓰면下와如ᄒᆞ니
라

(1) 져이는、착ᄒᆞᆫ、사ᄅᆞᆷ、이오。
彼이는、善ᄒᆞᆫ、사ᄅᆞᆷ、이오。

(2) 달은、밝고、바람은、맑오。
달은、明ᄒᆞ고、바람은、淸ᄒᆞ오。

(3) 이、아히는、붉은、옷과、검은、모자를
가젓다。

此、아해는、紅옷과、黑모자를、가졋다。

(4) 그、대는、길고도、푸르오。

其、대는、長ᄒᆞ고도、靑ᄒᆞ오。

(5) 깁흔、우물에는、물이、차오。

深ᄒᆞᆫ、우물에는、물이、寒ᄒᆞ오。

(6) 여름에는、일긔가、더웁고、겨울에는、차오。

여름에는、일긔가、熱ᄒᆞ고、겨울에는、寒ᄒᆞ오。

下에有ᄒᆞᆫ모든形容詞를漢文으로써라

놉흔、나진、귀ᄒᆞᆫ、쳔ᄒᆞᆫ、아름다온、두터온、새론、붉오

잛소、머르오、더러오。

第四十三課 副詞를漢文으로쓰기

副詞를漢文으로쓰는法은漢文으로

쓴 後其下에ᄒᆞ게를加ᄒᆞ나니라

(1) 너는、공부를、부지런이、ᄒᆞᆫ다。

너는、공부를、勤ᄒᆞ게、ᄒᆞᆫ다。

(2) 허락을、쉽게、ᄒᆞ는、사ᄅᆞᆷ은、밋기어
렵다。

하락을、易ᄒᆞ게、ᄒᆞ는、사ᄅᆞᆷ은、밋기
難ᄒᆞ다。

(3) 우물을、깁게、파야、물이、만이、나온
다。

우물을、深ᄒᆞ게、파야、물이、多ᄒᆞ게
나온다。

(4) 쉽게、ᄒᆞ고、어렵게、ᄒᆞ고、부지런이
ᄒᆞ고、게르게、ᄒᆞ는것은、사ᄅᆞᆷ、에게
잇나니라。

易ᄒᆞ게、ᄒᆞ고、難ᄒᆞ게、ᄒᆞ고、勤ᄒᆞ게
ᄒᆞ고、慢ᄒᆞ게、ᄒᆞ는、것은、사ᄅᆞᆷ、에게
잇나니라。

(5) 져、나무가져는、곳게도、뻣치고、굽

게도, ᄡᅥᆺ첫다。
져, 나무가지는, 直ᄒᆞ게도, ᄡᅥᆺ치고
曲ᄒᆞ게, 도ᄡᅥᆺ첫다。
下에有ᄒᆞᆫ諸副詞를漢文으로써라
놉게, 길게, 어리게, 졈잔케
샐니, 천천이, 얼는, 미오,
빗듯ᄒᆞ게, 서늘ᄒᆞ게, 희게,
푸르게, 바로,

第四十四課 漢譯次序(一)

漢譯이라ᄒᆞᆷ은諺文으로쓴말을漢文으로繙譯ᄒᆞᄂᆞᆫ것이라下와ᄀᆞ티單語一個式을次第로繙譯ᄒᆞ야今日에行用ᄒᆞᄂᆞᆫ國漢文의語體와밋文體를得ᄒᆞ나니라

(1) 사ᄅᆞᆷ이, 만이, 왓다。
○人이, 만이, 왓다。
○人이, 多ᄒᆞ게, 왓다。
○人이, 多ᄒᆞ게, 來ᄒᆞ얏다。

○人이、多來、ᄒᆞ엿다。

(2)저、아히가、이것을、미오、잘、알고、갓다。

○彼、아히가、이것을、미오、잘、알고、갓다。

○彼兒가、이것을、미오、잘、알고、갓다。

○彼兒가、此를、미오、잘、알고、갓다。

○彼兒가、此를、甚히、잘、알고、갓다。

○彼兒가、此를、甚히、熟ᄒᆞ게、알고、갓

다。

○彼兒가、此를、甚히、熟ᄒᆞ게、知ᄒᆞ고갓다、

○彼兒가、此를、甚히、熟ᄒᆞ게、知ᄒᆞ고往ᄒᆞ얏다。

○彼兒가、此를、甚히、熟知ᄒᆞ고、往ᄒᆞ얏다。

第四十五課　漢譯次序(二)

前課에ᄂᆞᆫ單語一個式로次第로飜譯

ᄒᆞ얏스나此課에ᄂᆞᆫ第一名詞와第二
代名詞와第三動詞와第四形容詞와
第五副詞로次次繙譯ᄒᆞ나니라

(1) 어너、사ᄅᆞᆷ、이든지、그、부모、에게、효
도ᄅᆞᆯ、극진히、다ᄒᆞ지、아니、ᄒᆞ면、하
등、사ᄅᆞᆷ、이니라。

어너、人이든지、가、父母、에게、孝ᄅᆞᆯ
극진히、다ᄒᆞ지、아니、ᄒᆞ면、하등、人
이니라。

○ 어너、人이든지、그、父母、에게、孝ᄅᆞᆯ
극진히、盡치、아니、ᄒᆞ면、하등、人、이
니라。

○ 何人、이든지、其、父母、에게、孝ᄅᆞᆯ、극
진히、盡치、아니、ᄒᆞ면、下等、人、이니
라。

○ 何人、이든지、其、父母、에게、孝ᄅᆞᆯ、極
ᄒᆞ게、不盡ᄒᆞ면、下等、人、이니라。

○ 何人、이든지、其、父母、에게、孝ᄅᆞᆯ、極

盡치、아니、ᄒᆞ면、下等、人、이니라。

(2) 오날은、찬、눈이、미、오、만이、와셔、며
츄옵니다。

○今日은、찬、雪이、미、오、만이、와셔、며
츄옵니다。

○今日은、찬、雪이、미、오、만이、降ᄒᆞ야
며、츄옵니다。

○今日은、寒雪이、미、오、만이、降ᄒᆞ야
며、寒ᄒᆞ옵니다。

○今日은、寒雪이、甚히、多ᄒᆞ게、降ᄒᆞ
야、益히、寒ᄒᆞ옵니다。

○今日은、寒雪이、甚히、多降ᄒᆞ야、益
寒ᄒᆞ옵니다。

(註)形容詞와副詞ᄂᆞᆫ他詞와連接ᄒᆞᆯ
ᄉᆞ록語體가愈好ᄒᆞ니라

第四十六課 吐쓰ᄂᆞᆫ法

吐를쓰ᄂᆞᆫ法이正字下에쓰ᄂᆞᆫ것과重
母音字下에쓰ᄂᆞᆫ것이다르니

가、 를、 는、 은 正字下와 重母
音字下에 쓰고
이、 을、 은、 은 바침字下에 쓰
나니 即
正字下
나무가 더초를 고비는
重母音字下
체가 되를 베는
바침字下

감이 랍을 쌀은

第四十七課 吐쓰는練習

下에 有ᄒᆞᆫ 여러 單語下에 第四十六課
의 法되로
가、 를、 는、 이나、 이、 을、 은、 을
三個式 加ᄒᆞ여라
감、 북、 보리、 분、 붓、 쌀、
돈、 개、 비、 가지、 조희、 册
床、

第四十八課　記錄法

書冊에무엇을記錄ᄒᆞᆯ적에첫줄을다
른줄보다一字나或二字를올니거나
나려서始作ᄒᆞᄂᆞ니即
地球가兩球에分ᄒᆞ니東을東半球
라稱ᄒᆞ고西를西半球라稱ᄒᆞᄂᆞ
니라
우리大韓國은亞細亞洲의東方
에잇스니東은日本海이오西南은

黃海이오北은淸國이니라
片紙나書牒又튼것을쓸적에他人에
게當ᄒᆞᆫ名詞나밋動詞는一字를씌여
쓰고又最尊ᄒᆞᆫ人에게當ᄒᆞᆫ名詞는쓰
든줄을씌우고서줄노올녀쓰ᄂᆞ니即
(1)弊校에서本月二十日下午一時
에第一回卒業式을擧行ᄒᆞ옵기
玆에仰佈ᄒᆞ오니　照亮ᄒᆞ오셔
光臨ᄒᆞ심을敬要

(2) 우리同胞ᄂᆞᆫ心을盡ᄒᆞ고力을竭ᄒᆞ야우리
大皇帝陛下ᄅᆞᆯ事ᄒᆞ옵시다

第四十九課 複習(一)

下에有ᄒᆞᆫ名詞들을漢文으로譯ᄒᆞ여라

돍、서、노루、ᄡᆞᆯ、콩、

下에有ᄒᆞᆫ代名詞들을漢文으로譯ᄒᆞ여라

나、너、그이、여긔、거긔

下에有ᄒᆞᆫ動詞들을漢文으로譯ᄒᆞ여라

웃는다、부른다、본다、쓴다、외온다、만든다、

下에有ᄒᆞᆫ形容詞들을漢文으로譯ᄒᆞ여라

놉ᄒᆞᆫ、깁ᄒᆞᆫ、늙온、졂온、
좃소、깃부오、희다、누르

다、
下에有ᄒᆞᆫ副詞들을漢文으로譯ᄒᆞ여
라
길게、 넓게、 얼는、 급히、
며옵게、 착ᄒᆞ게、 여엇부게
下에記ᄒᆞᆫ句語를詞一個式次次漢文
으로繙譯ᄒᆞ여라
져이는、지조가、잇는、사ᄅᆞᆷ、이오。
下記ᄒᆞᆫ句語를繙譯ᄒᆞ되第次는第一

名詞와第二代名詞와第三動詞와第
四形容詞와第五副詞로ᄒᆞ여라
이것은、ᄭᅩᆺ이、만이、퓌는、나무여
니、그、일홈은、김달녀、이올시다

第五十課 複習(二)

가 를 는의三吐는무순字下에쓰
나냐
正字와重母音字下에쓰나이
다

이 을 은 의 三吐는 무슨 字下에 쓰
나냐
바침 字下에 쓰나이다
書冊에 무엇을 記錄ᄒᆞᆯ 적에 첫 줄을 다
른 줄보다 웃더케 始作ᄒᆞ나냐
一字나 或二字를 올니거나 나
려서 始作ᄒᆞ옵니다
片紙나 書牒갓튼 것을 쓸 적에 他人에
게 當ᄒᆞᆫ 名詞나 動詞를 웃더케 ᄒᆞ나냐

一字를 띄여 쓰나이다
最尊ᄒᆞᆫ 人에게 當ᄒᆞᆫ 名詞는 웃더케 쓰
나냐
쓰든 줄을 띄우고 서 줄노 올녀
쓰나이다

訂改 初等國語語典第三卷 終

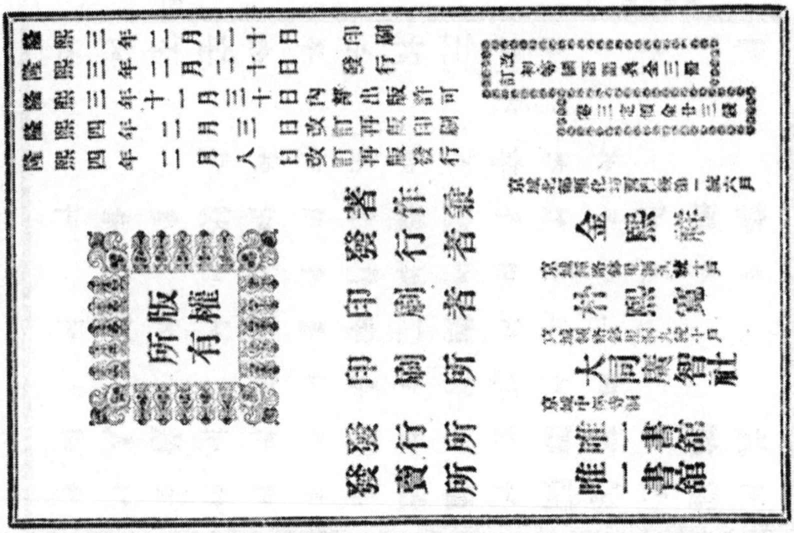

隆熙三年二月二十日 印刷
隆熙三年二月二十日 發行
隆熙三年十一月三十日 內部出版許可
隆熙四年二月三日 改訂再版印刷
隆熙四年二月八日 改訂再版發行

版權所有

改訂 初等國語語典 全三冊
卷三 定價金廿三錢

著作兼發行者 京城北部順化坊西門後第一統六戶 金熙祥
印刷者 京城鍾路鍾里第九統十戶 朴熙寬
印刷所 …九統十戶 大同廣智社
發行所 京城中署寺洞 唯一書舘
發賣所 唯一書舘

대한문전

(大韓文典)

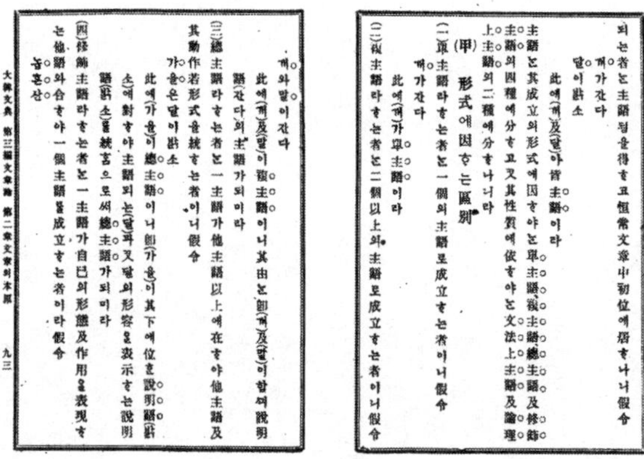

되ᄂᆞᆫ者ᄂᆞᆫ主語됨을得ᄒᆞ고恒常文章中初位에居ᄒᆞᄂᆞ니假令

개가잔다

달이밝소

此에(개)及(달)이皆主語이라

主語ᄂᆞᆫ其成立의形式에因ᄒᆞ야ᄂᆞᆫ單主語、複主語、總主語及修飾主語의四種에分ᄒᆞ고又其性質에依ᄒᆞ야ᄂᆞᆫ文法上主語及論理上主語의二種에分ᄒᆞᄂᆞ니라

(甲) 形式에因ᄒᆞᄂᆞᆫ區別

(一)單主語라ᄒᆞᄂᆞᆫ者ᄂᆞᆫ一個의主語로成立ᄒᆞᄂᆞᆫ者이니假令

개가잔다

此에(개)가單主語이라

(二)複主語라ᄒᆞᄂᆞᆫ者ᄂᆞᆫ二個以上의主語로成立ᄒᆞᄂᆞᆫ者이니假令

개와말이잔다

此에(개)及(말)이複主語이니其由ᄂᆞᆫ即(개)及(말)이합ᄒᆡ說明語(잔다)의主語가되미라

(三)總主語라ᄒᆞᄂᆞᆫ者ᄂᆞᆫ一主語가他主語以上에在ᄒᆞ야他主語及其動作若形式을統ᄒᆞᄂᆞᆫ者이니假令

가을은달이밝소

此에(가을)이總主語이니即(가을)이其下에位ᄒᆞᆫ說明語(밝소)에對ᄒᆞ야主語되ᄂᆞᆫ(달)과又달의形容을表示ᄒᆞᄂᆞᆫ說明語(밝소)를統ᄒᆞᆷ으로써總主語가되미라

(四)修飾主語라ᄒᆞᄂᆞᆫ者ᄂᆞᆫ一主語가自己의形態及作用을表現ᄒᆞᄂᆞᆫ他語와合ᄒᆞ야一個主語를成立ᄒᆞᄂᆞᆫ者이라假令

놉흔산

大韓文典 全

天民居士兪吉濬著 金相勉

大韓文典

同文館印刷

緖言

本著者가國語文典의研究로三十星霜을經ᄒᆞ야稿를易ᄒᆞᆷ이凡八次에此書가始成ᄒᆞᆯᄒᆞ니敢히完美ᄒᆞᆫ域에入ᄒᆞ다謂ᄒᆞ지못ᄒᆞᆯ진則大方의一顧에資ᄒᆞᄂᆞᆫᄯᅡ람이오며此를因ᄒᆞ야海內의注意를喚ᄒᆞᄂᆞᆫ者ᄂᆞᆫ中間第四次稿本이世間에誤落ᄒᆞ야愛書家의印佈ᄒᆞᆷ이再版에至ᄒᆞ나然ᄒᆞ나該稿本은舛謬ᄒᆞᆫ點이多ᄒᆞ야讀者의惑을反滋ᄒᆞᆯ虞가有ᄒᆞᆷ이라是를懼ᄒᆞ야一言을贅ᄒᆞ노라

隆熙三年孟春嘉松舘

天民居士 識

大韓文典自序

읽을지어다、우리大韓文典을읽을지어다、우리大韓同胞여、우리民族이檀君의靈秀ᄒᆞᆫ後裔로、固有ᄒᆞᆫ言語가有ᄒᆞ며、特有ᄒᆞᆫ文字가有ᄒᆞ야、其思想과意志를聲音으로發表ᄒᆞ고、記錄으로傳示ᄒᆞ매、言文一致의精神이、四千餘의星霜을貫ᄒᆞ야、歷史의眞面을保ᄒᆞ고、習慣의實情을證ᄒᆞ도다。

然ᄒᆞ나、言語ᄂᆞᆫ學지아니ᄒᆞ야도能ᄒᆞ며、文字ᄂᆞᆫ形象이單純ᄒᆞ고、用法이簡易ᄒᆞ야、學ᄒᆞ기에時日을虛費치아니ᄒᆞᆫ즉、因仍相傳ᄒᆞ야研究ᄒᆞᄂᆞᆫ工夫를加ᄒᆞ지아니ᄒᆞ며、口調의轉訛로音韻의差가生ᄒᆞ고、字形의推移로符號의謬가見ᄒᆞᆫ대、校正ᄒᆞᄂᆞᆫ法을行치아니ᄒᆞ야、今日에至ᄒᆞ야ᄂᆞᆫ其用이正鵠을失ᄒᆞᆫ者가多ᄒᆞᆯᄲᅮᆫ더러、文典의名義ᄂᆞᆫ夢想에도及지못ᄒᆞ얏도다。

然ᄒᆞᆫ中、幾百年漢文崇拜ᄒᆞᄂᆞᆫ風이、全國을靡ᄒᆞ야西隣의借來ᄒᆞᆫ客字가國民의正音을驅逐ᄒᆞ야、學士의案頭를去ᄒᆞ며詞匠의筆端을離ᄒᆞᆫ즉、鴉烟의毒에中ᄒᆞᆷ갓치、迷醉愈甚ᄒᆞ야、人姓、地名과、國號ᄭᆞ지도漢字로改書ᄒᆞ얏시니、此言을疑ᄒᆞ거든、古史를試看ᄒᆞᆯ지어다、乙支의姓은、何處에復見ᄒᆞᆯ고、葛坡知와加里介의名이今世에尙存ᄒᆞ거니와、卒本이니、徐羅伐이라ᄒᆞ든號ᄂᆞᆫ其意가何據ᄒᆞᆫ가、想像컨대、此皆其時人語의音을、彼漢字로翻寫ᄒᆞᆷ이오녀。蓋彼字ᄂᆞᆫ象符라、我의音符字와其性質이異ᄒᆞᆫ즉、到底同軆의用을成ᄒᆞ기能치못ᄒᆞᆫ故로、文이言을寫치못ᄒᆞ고、言이文에配치못、ᄒᆞ야判然二致의結果를生ᄒᆞ매、青春으로브터、白首에至토록、螢雪의苦를積ᄒᆞ야도、其皮相의識解를得ᄒᆞᄂᆞᆫ者가、百中一二에過치아니ᄒᆞ니是를由ᄒᆞ야、國中의普通文學되지못ᄒᆞᆷ으로、目中一丁字를不知ᄒᆞᄂᆞᆫ人이、在在皆是뿐더러、文典의學은彼에在ᄒᆞ야도、本無ᄒᆞᆫ緣由로、雖鴻儒의名이有ᄒᆞᆫ者라도、其意義에想到치못ᄒᆞᆷ인저。

歲月을經ᄒᆞᆷ이久ᄒᆞ매、其行用이愈慣ᄒᆞᆷ으로國人의耳目에稍熟ᄒᆞ야語言間援入ᄒᆞᄂᆞᆫ例가生ᄒᆞᆫ즉自然同化ᄒᆞᄂᆞᆫ法이我國語의一部를成ᄒᆞ니、是其古代希臘及羅馬의死語가現時英吉利、佛蘭西諸國의活用字로、轉化ᄒᆞᆫ理와一轍이로다。

今夫純然ᄒᆞᆫ漢字로編綴ᄒᆞᆫ文章을、表面오로觀ᄒᆞᄂᆞᆫ時ᄂᆞᆫ、我의國文아니라도、其意味의解釋은我의國語를必資ᄒᆞᄂᆞᆫ지라、故로、我國에ᄂᆞᆫ、漢字의用은有ᄒᆞ되、漢文은其用이無ᄒᆞ야、我의一補助物이며附屬品되기에止ᄒᆞᄂᆞᆫ者인즉、其讀法은、音讀을由ᄒᆞ든지、訓讀을主ᄒᆞ든지、我의文典에依ᄒᆞ야成立ᄒᆞᄂᆞᆫ外에ᄂᆞᆫ、他道가無ᄒᆞ

고니。

然則我의文을我가用ᄒᆞ며我의語를我가用ᄒᆞ니、此乃自然ᄒᆞᆫ天機의發ᄒᆞ는者이라、何必文典의有를待ᄒᆞ야、其法을始解ᄒᆞ리오ᄒᆞ나、此ᄂᆞᆫ決코然치아니ᄒᆞ니、車가輪업시能히轉ᄒᆞ며、舟가柁아니고能히行ᄒᆞ는가、是故로、吾人이屢年의研究를經ᄒᆞ야、是書의作이有ᄒᆞᆷ이로니、敢히갈오대、妙理를透悟ᄒᆞ며、奧旨를闡發ᄒᆞ야、餘蘊이無ᄒᆞ다ᄒᆞᆷ이아니오、樣을依ᄒᆞ야葫蘆를畵ᄒᆞᆷ이、躄者의邯鄲步를學ᄒᆞ는醜態로대、傍走ᄒᆞ야도、京府에亦達ᄒᆞᆷ은庶幾ᄒᆞᆯ듯、其意義의穿鑿과、式套의外誤가、具眼者의譏笑를免치못ᄒᆞᆯ지나、大方君子의修正ᄒᆞ는功을賚ᄒᆞ야、善美ᄒᆞᆫ域에入ᄒᆞᆷ은、其日의必至ᄒᆞᆷ을可期ᄒᆞᆯ지니、是로써、自足ᄒᆞ야、其洽滿치못ᄒᆞᆷ을自慰ᄒᆞ노라。

읽을지어다、우리同胞여、天下萬國에、其特有ᄒᆞᆫ言語文字가有ᄒᆞ고、文典업는國民은업시니、읽을지어다、이文典을。

大韓文典目次

大韓文典

天民居士 兪吉濬 著

第一編　總論

第一章　文典의意義

文典이라ᄒᆞᄂᆞᆫ者ᄂᆞᆫ人의思想을正確히發表ᄒᆞᄂᆞᆫ法을記載ᄒᆞᆫ學問이라

人은其官能의感觸ᄒᆞᄂᆞᆫ바가其主腦에傳達되야此로서感起ᄒᆞᄂᆞᆫ思想이有ᄒᆞ나니此思想은自已의內部에潛藏치아니ᄒᆞ고常해外部에對ᄒᆞ야表示ᄒᆞ나니라

人이思想을表示ᄒᆞᆷ에二種의方法이有ᄒᆞ니一은口中에서出ᄒᆞᄂᆞᆫ天然聲音으로以ᄒᆞ고一은手端으로書ᄒᆞᄂᆞᆫ人爲文字로以ᄒᆞ나니라

右갓치二種方法이有ᄒᆞ야一은其形이無ᄒᆞ고一은其形이有ᄒᆞ대若其用法과作法에至ᄒᆞ야ᄂᆞᆫ彼此間에其異가無ᄒᆞ고同一의軌範과法則이有ᄒᆞ야聲音으로發ᄒᆞᄂᆞᆫ者ᄅᆞᆯ曰語。라ᄒᆞ고文字로表ᄒᆞᄂᆞᆫ者ᄅᆞᆯ曰文。이라ᄒᆞᄂᆞ니故로語와文이其形은雖殊ᄒᆞ나其用은相同ᄒᆞ야其地ᄅᆞᆯ易ᄒᆞᆫ則同然ᄒᆞᄂᆞ니라

然ᄒᆞᆫ則苟此思想의發表ᄅᆞᆯ明快케ᄒᆞ고저ᄒᆞᆯ진대固有一定ᄒᆞᆫ軌範을遵ᄒᆞ며法則을循ᄒᆞ미可ᄒᆞ니若其規範과法則에昧ᄒᆞᆯ진대口에出ᄒᆞᄂᆞᆫ聲은有ᄒᆞ나語ᄂᆞᆫ成치못ᄒᆞ며手로書ᄒᆞᄂᆞᆫ字ᄂᆞᆫ有ᄒᆞ나文을成치못ᄒᆞ매聞者와見者가朦然解得지못ᄒᆞᆯ지니라

吾人의思想을發表ᄒᆞᄂᆞᆫ語와文이其類의多ᄒᆞᆷ과其數의衆ᄒᆞᆷ이實로勝言키不可ᄒᆞ되大別ᄒᆞ면八種에不過ᄒᆞᄂᆞ니卽語。種。이라其名稱은左와如ᄒᆞ니라

一、名詞
二、代名詞
三、動詞
四、助動詞
五、形容詞
六、接續詞
七、添附詞
八、感動詞

以上八種言語로써吾人의萬般思想을發表ᄒᆞᄂᆞ니其聲音과符號의形式上差別에因ᄒᆞ야言語論과文章論와名稱이生ᄒᆞᄂᆞᆫ지라是故로本書에言語와文章을別論ᄒᆞ야써各其固有와規範과法則을說示ᄒᆞ노라

文典의意義가大略으로右갓흔즉吾同一ᄒᆞᆫ民族의同一ᄒᆞᆫ言語와同一ᄒᆞᆫ文章을使用ᄒᆞᄂᆞᆫ者ᄂᆞᆫ반다시研鑽ᄒᆞᆷ이可ᄒᆞ니何者오吾人은一時라도他에對ᄒᆞ야思想을發表치아님을得지못ᄒᆞ고思想을發表ᄒᆞᆷ에其循路를由치아님이可치아님일새니라

第二章 音韻

音韻이라ᄒᆞᄂᆞᆫ者ᄂᆞᆫ人의肺臟으로브터呼出ᄒᆞᄂᆞᆫ空氣가聲帶又口腔內의諸機關에觸發ᄒᆞᄂᆞᆫ聲을謂ᄒᆞᆷ이라假令

「아、가、나、다、사、자、하」

갓흔者이라

音은其肺臟으로브터呼出ᄒᆞᄂᆞᆫ空氣가聲帶에만接觸ᄒᆞᆷ과又其他機關에接觸ᄒᆞᄂᆞᆫ區別에因ᄒᆞ야三種으로分ᄒᆞᆷ을得ᄒᆞ니(一)母音(二)父音(三)子音이니라

(一)母音 「母音이라ᄒᆞᄂᆞᆫ者ᄂᆞᆫ口를開ᄒᆞ매單純히出ᄒᆞᄂᆞᆫ聲音이라」假令

「ㅏ、ㅓ、ㅗ、ㅜ、ㅡ、ㅣ」

갓흔者이라

(二)父音 「父音이라ᄒᆞᄂᆞᆫ者ᄂᆞᆫ肺臟으로브터呼出ᄒᆞᄂᆞᆫ空氣가喉、舌、齒、唇等口腔內의諸機關에觸發ᄒᆞᄂᆞᆫ聲音이라」假令

「ㄱ、ㄹ、ㅁ、ㅅ、ㅈ、ㅎ」

갓흔者이라

(三)子音 「子音이라ᄒᆞᄂᆞᆫ者ᄂᆞᆫ父音과母音이合ᄒᆞ야生ᄒᆞᄂᆞᆫ聲音을謂ᄒᆞᆷ이니」假令

「가、더、로、수、크、히」

갓흔者이니是卽(가)ᄂᆞᆫ父音(ㄱ)과母音(ㅏ)가合ᄒᆞ야(가)의

音을生ᄒᆞᄂᆞᆫ故로曰子音이라

第三章　文字

文字ᄂᆞᆫ吾人의思想을形狀으로發表ᄒᆞᄂᆞᆫ者이라文字에ᄂᆞᆫ音符字와象符字가有ᄒᆞ니音符字ᄂᆞᆫ卽文字로一聲音을發表ᄒᆞᄂᆞᆫ者이오其意義에ᄂᆞᆫ關係가無ᄒᆞᆫ者이며象符字ᄂᆞᆫ一文字에一意義를含包ᄒᆞ고其聲音에ᄂᆞᆫ關係가無ᄒᆞᆫ者이니音符字ᄂᆞᆫ我國의文字가是오象符字ᄂᆞᆫ漢土의文字가是니라

我國의文字ᄂᆞᆫ音符로成ᄒᆞ니惟我
世宗大王께오서始造ᄒᆞ신文字이라卽今日吾人의使用ᄒᆞᄂᆞᆫ國文의字이니其成立ᄒᆞᆫ制規와形狀이下와如ᄒᆞ니라

一、母音十一字이니

ㅏ아 ㅑ야 ㅓ어 ㅕ여 ㅗ오 ㅛ요 ㅜ우 ㅠ유 ㅡ으 ㅣ이 ㆍᄋᆞ

一、父音十七字이니

ㄱ그 ㄴ는 ㄷ듣 ㄹ를 ㅁ음 ㅂ븝 ㅅ슷 ㅇ응 ㅈ즈 ㅊ츠 ㅋ크 ㅌ트 ㅍ프 ㅎ흐 ㆆ ㅿ ㆁ

(注意)最下三字ᄂᆞᆫ近時에使用치아니ᄒᆞᄂᆞᆫ者이라

右의父音과母音을合ᄒᆞ야子音을生케ᄒᆞ야써一文字의音을完全히發表케ᄒᆞ니卽其順序와形狀을表示ᄒᆞ건대凡十四行十一段이니라

	ㅏ段	ㅑ段	ㅓ段	ㅕ段	ㅗ段	ㅛ段	ㅜ段	ㅠ段	ㅡ段	ㅣ段	ㆍ段
ㄱ行	가	갸	거	겨	고	교	구	규	그	기	ᄀᆞ
ㄴ行	나	냐	너	녀	노	뇨	누	뉴	느	니	ᄂᆞ
ㄷ行	다	댜	더	뎌	도	됴	두	듀	드	디	ᄃᆞ
ㄹ行	라	랴	러	려	로	료	루	류	르	리	ᄅᆞ

ㅁ行	마	먀	머	며	모	묘	무	뮤	므	미	ᄆᆞ
ㅂ行	바	뱌	버	벼	보	뵤	부	뷰	브	비	ᄇᆞ
ㅅ行	사	샤	서	셔	소	쇼	수	슈	스	시	ᄉᆞ
ㅇ行	아	야	어	여	오	요	우	유	으	이	ᄋᆞ
ㅈ行	자	쟈	저	져	조	죠	주	쥬	즈	지	ᄌᆞ
ㅊ行	차	챠	처	쳐	초	쵸	추	츄	츠	치	ᄎᆞ
ㅋ行	카	캬	커	켜	코	쿄	쿠	큐	크	키	ᄏᆞ
ㅌ行	타	탸	터	텨	토	툐	투	튜	트	티	ᄐᆞ
ㅍ行	파	퍄	퍼	펴	포	표	푸	퓨	프	피	ᄑᆞ
ㅎ行	하	햐	허	혀	호	효	후	휴	흐	히	ᄒᆞ

右갓치十四行十一段을成ᄒᆞ얏시나此外에又諸般變化의法을生ᄒᆞ야써其活用의妙를極ᄒᆞ나니라

一 激音

激音이라ᄒᆞᄂᆞᆫ者ᄂᆞᆫ二個의同一ᄒᆞᆫ父音의初發音이合ᄒᆞ야一個父音을成ᄒᆞᄂᆞᆫ時ᄂᆞᆫ其音이激促ᄒᆞᆫ故로激音이라稱ᄒᆞ나니라假令

ㄲ、ㄸ、ㅃ、ㅆ、ㅉ

가是니我國文에唯上陳ᄒᆞᆫ五個父音에限ᄒᆞ고諸他音에無ᄒᆞ미라

(注意)現行ᄒᆞᄂᆞᆫ俗慣에但(ㅅ)을(ㄱ)(ㄷ)(ㅂ)(ㅈ)의代에用ᄒᆞ고(ㅅ)의激音에(ㅂ)를用ᄒᆞ나니此下갓치

ᄭ、ᄯ、ᄲ、ᄶ

ᄡ

二 支音

支音이라ᄒᆞᄂᆞᆫ者ᄂᆞᆫ父音의終止音이子音의下에밧치어生ᄒᆞᄂᆞᆫ者이니即俗語의밧침이是라假令

「각、난」

의類이니即父音ㄱ의初發音(그)와母音(ㅏ)가子音(가)를成ᄒᆞ니即木音이오此에父音ㄱ의終止音(윽)을밧치어(각)을成ᄒᆞ니即支音이라

支音에二種이有ᄒᆞ니一은單支音이오一은複支音이라

單支音은一個父音의終止音으로成ᄒᆞᄂᆞᆫ者이니假令

「각、난」

의類라

複支音은二個父音의終止音이並合ᄒᆞ야子音의下에밧치어成ᄒᆞᄂᆞᆫ者이니假令

「닭、넓」

의類라

支音은近時에다만「ㄱ、ㄴ、ㄹ、ㅁ、ㅂ、ㅅ、ㅇ」의七音에止ᄒᆞ고他七音은用치아니ᄒᆞ나其實은十四字가皆支音의用이有ᄒᆞ니

「(ㅋ)는(ㄱ)과同歸ᄒᆞᆷ」

「(ㄷ)、(ㅌ)、(ㅈ)、(ㅊ)는(ㅅ)과同歸ᄒᆞᆷ」

「(ㅍ)는(ㅂ)과同歸ᄒᆞᆷ」

「(ㅎ)는其用이未詳ᄒᆞᆷ」

三 重母音

重母音이라ᄒᆞᄂᆞᆫ者ᄂᆞᆫ二個以上의母音이連合ᄒᆞ야一個母音의音을成ᄒᆞᄂᆞᆫ者이라此에二種이有ᄒᆞ니一은單重母音이오一은複重母音이라

單重母音은二個의母音이連合ᄒᆞ야成ᄒᆞᄂᆞᆫ者이니假令

「ㅘ、ㅝ」

의類이라(ㅘ)ᄂᆞᆫ(ㅗ)(ㅏ)를連合縮呼ᄒᆞ야(ㅘ)를成ᄒᆞ미오(ㅝ)ᄂᆞᆫ(ㅜ)(ㅓ)를連合縮呼ᄒᆞ야成ᄒᆞ미니此에父音을合ᄒᆞᄂᆞᆫ法은單純母音의例와同ᄒᆞ니라

複重母音은三個의母音이連合ᄒᆞ야成ᄒᆞᄂᆞᆫ者이니假令

「ㅙ、ㅞ」

의類이니卽單重母音(ㅘ)及(ㅝ)에母音(ㅣ)를傍附ᄒᆞ야成ᄒᆞ라

第四章　語音의蒙受及縮約

凡言語ᄂᆞᆫ個個히分離ᄒᆞ야使用ᄒᆞᄂᆞᆫ者가아니오每常多數가綴合ᄒᆞ야一個完全ᄒᆞᆫ思想을表示ᄒᆞᄂᆞ니是에由ᄒᆞ야多數의單語가相合ᄒᆞᄂᆞᆫ時에語音에蒙受及縮約이起ᄒᆞᄂᆞ니라

上音下蒙法이니象ᄂᆞᆫ音이連接ᄒᆞᄂᆞᆫ時에下居ᄒᆞᄂᆞᆫ者가(아)行의音이면上居ᄒᆞᄂᆞᆫ者의支音을蒙受ᄒᆞᄂᆞᆫ者를謂ᄒᆞ미라例를示ᄒᆞ건대

「옷이퓌엇다」

此에(옷이)의(이)字의音이(옷)字支音(ㅅ)의音을蒙ᄒᆞ야(시)音을響ᄒᆞ니其同類를擧ᄒᆞ건대

「말이뛰단」에(이)音이(리)音을響ᄒᆞ고

「언덕이놉흐다」에(이)의音이(기)를響ᄒᆞᄂᆞ니

其他ᄂᆞᆫ類推ᄒᆞ면皆然ᄒᆞ미라

語音의縮約은卽縮音法이니此ᄂᆞᆫ音調의關係와言語의簡便을爲ᄒᆞ야生ᄒᆞᄂᆞᆫ者이라此도ᄯᅩ한下字가(아)行으로成ᄒᆞᆫ境遇에生

ᄒᆞ나니其一二의例를示ᄒᆞ건대

물을건느어○○

此에(건느어)를縮ᄒᆞ야(건너)가되나니卽(느어)를縮呼ᄒᆞ야너를作ᄒᆞᆫ者이라其同類를例示ᄒᆞ건대

밥을먹으어　는　먹어

ᄭᅩᆺ은붉으어　는　붉어

諸凡動詞及形容詞가助動詞와合ᄒᆞ는時에常해右例와如ᄒᆞᆫ縮約을起ᄒᆞ미라

更히他例를示ᄒᆞ건대

말이가지안는도다

此에(가지안)을縮約ᄒᆞ야(가잔)을作ᄒᆞᆷ이是니此亦類推ᄒᆞ면可知ᄒᆞᆯ듯

第二編　言語論

第一章　名詞

第一節　名詞의意義

「名詞라ᄒᆞ는者는有形、無形ᄒᆞᆫ一切事物의名을稱ᄒᆞ는語이라」

「죠션、을지문덕、나라、사람、하나、둘、더위、매움
깃브기」

「右等語는皆事物의名이라故로名○詞○라ᄒᆞ나니라」

第二節　名詞의種類

名詞는其性質에依ᄒᆞ야三種으로分ᄒᆞ나니「(一)特○立○名○詞○(二)普○通○名○詞○(三)變○化○名○詞○라」

(甲)　特立名詞

「特立名詞라ᄒᆞ는者는一事一物에限ᄒᆞ야其名을立ᄒᆞ고同種類

에通用ᄒᆞ기를得지못ᄒᆞᄂᆞᆫ者이라

죠션

을지문덕

(죠션)은唯我四千年以來神聖ᄒᆞᆫ國名이라天下萬國에通用ᄒᆞᆷ을得지못ᄒᆞ며

(을지문덕)은唯我舊代의文武忠勇ᄒᆞᆫ大將으로隋煬帝의百萬兵을一擧大破ᄒᆞ든人名이라古今諸人에通用ᄒᆞᆷ을得지못ᄒᆞ미라

右等語ᄂᆞᆫ一有二無ᄒᆞᆫ特稱이라故로特。立。名。詞。라ᄒᆞᄂᆞ니라

(乙) 普通名詞

普通名詞라ᄒᆞᄂᆞᆫ者ᄂᆞᆫ其名이同種類에通用ᄒᆞ기를得ᄒᆞᄂᆞᆫ者이라

나라

사람

(나라)ᄂᆞᆫ天下萬國에通用ᄒᆞᆷ을得ᄒᆞ야그렛브리든、프랜쓰、터키等國을皆나。라。라云ᄒᆞ며

(사람)은古今彼此各人에通用ᄒᆞᆷ을得ᄒᆞ야孔子、耶穌갓ᄒᆞᆫ聖人이나盜跖王莽갓ᄒᆞᆫ惡人과又支那人이나印度人이든지皆사。람。이라云ᄒᆞ미라

右等語ᄂᆞᆫ同類互用ᄒᆞᄂᆞᆫ通稱이라故로普。通。名。詞。라ᄒᆞᄂᆞ니라

普通名詞中에數。名。詞。와無。形。名。詞。의二門을別立ᄒᆞᄂᆞᆫ者가或有ᄒᆞ니曰(하나)曰(둘)갓치事物의個量을槪算ᄒᆞ기에用ᄒᆞᄂᆞᆫ詞를數。名。詞。라謂ᄒᆞ고曰(더위)曰(매옴)갓치事物이其名은有ᄒᆞᄃᆡ其形은無ᄒᆞ야見ᄒᆞ기能치못ᄒᆞ고感ᄒᆞ거나味ᄒᆞ야知ᄒᆞᄂᆞᆫ者의詞를無。

形○名○詞○라謂ᄒᆞ나此ᄂᆞᆫ其性質이普通에屬ᄒᆞᆷ이可ᄒᆞᆫ故로區別ᄒᆞᆯ理由가無ᄒᆞ야略ᄒᆞ고擧치아니ᄒᆞ노라

(丙) 變化名詞

變化名詞라ᄒᆞᄂᆞᆫ者ᄂᆞᆫ動詞或形容詞로서變ᄒᆞ야名詞의體로化ᄒᆞᄂᆞᆫ語이라

動詞로서變化ᄒᆞᄂᆞᆫ者ᄂᆞᆫ

原動詞	(ㅁ)으로變化된者	(기)로變化된者
깃브어	깃븜	깃브기
슬프어	슬픔	슬프기

形容詞로서變化ᄒᆞᄂᆞᆫ者ᄂᆞᆫ

原形容詞	(ㅁ)으로變化된者	(기)로變化된者
프른	프름	프르기
놉흔	놉흠	놉기

以上갓치二變化가(ㅁ)의밧침及(기)의붓침으로成ᄒᆞ니此外에又(지)(치)(피)等의붓침變化가間有ᄒᆞ대皆(기)의餘波라

第三節 名詞의數量

名詞의數量이라ᄒᆞᄂᆞᆫ者ᄂᆞᆫ事物의個數를指示ᄒᆞᄂᆞᆫ語이니此에複○數○及單○數○의區別이有ᄒᆞ니라

單數ᄂᆞᆫ事物의單一을指ᄒᆞᄂᆞᆫ者이오複數ᄂᆞᆫ事物의二個以上을示ᄒᆞᄂᆞᆫ者이니此를例示ᄒᆞ건대

單數	複數
개	개들
병정	군대

單數名詞가複數되ᄂᆞᆫ時ᄂᆞᆫ原語의下에(들)을添附ᄒᆞ나니假令

(개)는單數인데此에(들)을添附ᄒᆞ야(개들)이라ᄒᆞ면複數가되는類라

單數及複數의原語가判異ᄒᆞᆫ體相으로成立ᄒᆞᆫ者도有ᄒᆞ니假令(병정)은單數인데(군대)라ᄒᆞ면複數되는類니此樣複數名詞는集合名詞라又稱ᄒᆞ나니라

指名ᄒᆞ는事物의數量을數爻로說出ᄒᆞ는時는語音의俗慣에因ᄒᆞ야(들)을省略ᄒᆞ나니假令(다섯사람)이라云ᄒᆞ는際에(들)을添附치아니ᄒᆞ야도複數되는類니라

第四節 名詞의位格

名詞의位格이라ᄒᆞ는者는一事物이他語와關係ᄒᆞ는地位를指示ᄒᆞ는者이니此에主格及賓格의區別이有ᄒᆞ니라

主格名詞는一事物이語句中에主되는地位에處ᄒᆞᆫ者이니假令

나븨가나르어

此에(나븨가)主格이니卽(나르어)라云ᄒᆞ는語에對ᄒᆞ는關係로主되는地位에處ᄒᆞᆷ이라

賓格名詞는一事物이語句中에賓되는地位에處ᄒᆞᆫ者이니假令

사람이말을타어

此에(말)이賓格이니卽(말)이主格되는(사람)의(타어)라云ᄒᆞ는語에對ᄒᆞ는關係로賓되는地位에處ᄒᆞᆷ이라

賓格名詞는반다시主格名詞의動作에付隨ᄒᆞ는關係가有ᄒᆞᆫ者이로대或境遇에言語의便利로主格을省略ᄒᆞ야도賓格의地位는變치아니ᄒᆞᄂᆞ니假令

꼿을보어

此에다만(꼿을보어)라ᄒᆞ고其主格되는名詞는示치아니

ᄒᆞ야도語法上(보어)의主格이自然存在ᄒᆞᄂᆞ니라

第二章 代名詞

第一節 代名詞의意義

代名詞라ᄒᆞᄂᆞᆫ者ᄂᆞᆫ事物의名의代에用ᄒᆞᄂᆞᆫ語이라

「나、너、누구、이、그、뎌、므엇」

右等語ᄂᆞᆫ皆名詞를代ᄒᆞᄂᆞᆫ者이라故로代名詞라云ᄒᆞᄂᆞ니라

第二節 代名詞의種類

代名詞ᄂᆞᆫ其用處를隨ᄒᆞ야四種으로區別ᄒᆞᄂᆞ니(一)人代名詞(二)指示代名詞(三)問代名詞(四)關係代名詞이니라

(甲) 人代名詞

人代名詞라ᄒᆞᄂᆞᆫ者ᄂᆞᆫ人의名의代에用ᄒᆞᄂᆞᆫ語이라

人代名詞ᄂᆞᆫ四稱에分ᄒᆞᄂᆞ니라

一。自稱又第一人稱

「나」 此ᄂᆞᆫ言者自身의名의代에用ᄒᆞᄂᆞᆫ語이라

二。對稱又第二人稱

「너」 此ᄂᆞᆫ言者가其對手人의名의代에用ᄒᆞᄂᆞᆫ語이라

三。他稱又第三人稱

「이이、그이、뎌이」此ᄂᆞᆫ言者我汝間에言出ᄒᆞᄂᆞᆫ他人의名의代에用ᄒᆞᄂᆞᆫ語이라

四。不定稱

「누구、어느이」此ᄂᆞᆫ言者我汝間에言出ᄒᆞᄂᆞᆫ他人의姓名을知치못ᄒᆞ거나指目을定치못ᄒᆞᄂᆞᆫ際에用ᄒᆞᄂᆞᆫ語이라

(乙) 指示代名詞

指示代名詞라ᄒᆞᄂᆞᆫ者ᄂᆞᆫ事物、處所、方向을指示ᄒᆞ기에代用ᄒᆞᄂᆞᆫ

語이라

指示代名詞ᄂᆞᆫ其指示ᄒᆞᄂᆞᆫ位置의遠近에由ᄒᆞ야四稱으로分ᄒᆞ니라

一 近稱

事物에關ᄒᆞ야ᄂᆞᆫ曰
이거

處所에關ᄒᆞ야ᄂᆞᆫ曰
여긔

方向에關ᄒᆞ야ᄂᆞᆫ曰
이편

此等語ᄂᆞᆫ指言者自己에게近接ᄒᆞᆫ位置에在ᄒᆞᆫ者ᄅᆞᆯ指示ᄒᆞ미라

二 中稱

事物에關ᄒᆞ야ᄂᆞᆫ曰
그거

處所에關ᄒᆞ야ᄂᆞᆫ曰
거긔

方向에關ᄒᆞ야ᄂᆞᆫ曰
그편

此等語ᄂᆞᆫ指言者自己에게稍離ᄒᆞᆫ位置에在ᄒᆞᆫ者ᄅᆞᆯ指示ᄒᆞ미라

三 遠稱

事物에關ᄒᆞ야ᄂᆞᆫ曰
져거

「處所에關ᄒᆞ야ᄂᆞᆫ日

뎌긔」

「方向에關ᄒᆞ야ᄂᆞᆫ日

뎌편」

此等語ᄂᆞᆫ皆言者自已에게最遠ᄒᆞᆫ位置에在ᄒᆞᆫ者를指示ᄒᆞ미라

四 不定稱

事物에關ᄒᆞ야ᄂᆞᆫ日

어느거

處所에關ᄒᆞ야ᄂᆞᆫ日

어대

方向에關ᄒᆞ야ᄂᆞᆫ日

어느편

此等語ᄂᆞᆫ皆言者自已가指目을定치못ᄒᆞ거나情形을知치못ᄒᆞᄂᆞᆫ者를指示ᄒᆞ미라

(丙) 問代名詞

問代名詞라ᄒᆞᄂᆞᆫ者ᄂᆞᆫ「人、事物、處所、方向、時日에關ᄒᆞ야問ᄒᆞᄂᆞᆫ時에代用ᄒᆞᄂᆞᆫ語이라」

問代名詞ᄂᆞᆫ疑問의表示에因ᄒᆞ야五類로分ᄒᆞᄂᆞ니라

「人에關ᄒᆞ야ᄂᆞᆫ日

누구」

「事物에關ᄒᆞ야ᄂᆞᆫ日

므엇」

處所에關ᄒᆞ야ᄂᆞᆫ日

어대)

方向에關ᄒᆞ야ᄂᆞᆫ日

어ᄂᆞᆫ편)

(時日에關ᄒᆞ야ᄂᆞᆫ日

언제)

(注意)人代名詞及指示代名詞中不定稱의語와問代名詞에屬ᄒᆞᆫ語가互相通用ᄒᆞᆷ이有ᄒᆞᄂᆞ니라)

(丁) 關係代名詞

關係代名詞라ᄒᆞᄂᆞᆫ者ᄂᆞᆫ「代名詞가語句의前或後에在ᄒᆞ야其上或下의語句를聯關ᄒᆞᄂᆞᆫ同時에又其意義를表出ᄒᆞᄂᆞᆫ者이라」

關係代名詞ᄂᆞᆫ言語成立上二種의形式이有ᄒᆞ니純全關係代名詞와混成關係代名詞니라

純全關係代名詞ᄂᆞᆫ「自立ᄒᆞᆫ原語가有ᄒᆞᆫ者」이니此에屬ᄒᆞᆫ者ᄂᆞᆫ「바」「거」

今에此를例示ᄒᆞ건대

가무ᄂᆞᆫ때에바라ᄂᆞᆫ바ᄂᆞᆫ비라

가무ᄂᆞᆫ때에바라ᄂᆞᆫ거ᄂᆞᆫ비라

비ᄂᆞᆫ가무ᄂᆞᆫ때에바라ᄂᆞᆫ바라

비ᄂᆞᆫ가무ᄂᆞᆫ때에바라ᄂᆞᆫ거라

가무ᄂᆞᆫ때에바라ᄂᆞᆫ바비가온다

(注意)(바)와(거)의用處가相似ᄒᆞ나但第五例語의示ᄒᆞᆷ과如히(바)ᄂᆞᆫ其表出ᄒᆞᄂᆞᆫ名詞上에形容詞體로處ᄒᆞᆷ을得호대(거)ᄂᆞᆫ然치못ᄒᆞᄂᆞ니라

混成關係代名詞ᄂᆞᆫ自立ᄒᆞᆫ原語가無ᄒᆞ고代名詞의(이)(그)(뎌)를

普通名詞或純全關係代名詞(거)의上에附ᄒᆞ야써一種關係代名詞를成ᄒᆞ는者라

今에右를例示ᄒᆞ건대

느진봄、꼿피는이。때。는놀기됴흔시졀이라

리순신、싸홈잘ᄒᆞ든그。사。람。이야츙효겸젼ᄒᆞᆫ영웅이라

바라보는더。긔。버드나무밋에배대여라

너구ᄒᆞ든죠희、쪽그。거。는업서도、근사ᄒᆞᆫ거는잇다

第三節 代名詞의數量

代名詞도名詞와갓치其表示ᄒᆞ는個數의單複에因ᄒᆞ야數量이有ᄒᆞ니또ᄒᆞᆫ單數와複數의二種에區別ᄒᆞᄂᆞ니라

單數	複數
이거	이것들
그거	그것들
더이	더이들

代名詞의複數에原語가有ᄒᆞ나通常인즉單數의下에(들)을附ᄒᆞ야複數를成立ᄒᆞᄂᆞ니假令

	原語가有ᄒᆞᆫ者		들을附ᄒᆞ는者	
單數	나	너	자네	이거
複數	우리	너희	자네들	이것들

言語의口慣으로原語가有ᄒᆞᆫ複數에도또ᄒᆞᆫ(들)을附ᄒᆞᄂᆞ니假令複。數。(우리)에(들)을附ᄒᆞ야(우리들)이라ᄒᆞ는類가是라

(이거)는語音의口慣으로或(거)의下에(ㅅ)을밧치어(것)을作ᄒᆞ기도ᄒᆞ나(들)의上에在ᄒᆞ야는반다시(ㅅ)을밧치나

니라

第三章 動詞

第一節 動詞의意義

動詞라ᄒᆞᄂᆞᆫ者ᄂᆞᆫ名詞及代名詞의作用或形態ᄅᆞᆯ發現ᄒᆞᄂᆞᆫ語이라

물이흘ᄂᆞ어。

(흘ᄂᆞ어)ᄂᆞᆫ動詞니名詞(물)의作用을發現홈이라

네가곳세다。

(다)ᄂᆞᆫ動詞ㄱ니(其實은助動詞라 此下에更陳홈)代名詞(니)의形態(곳세)(形容詞)ᄅᆞᆯ發現ᄒᆞ미라

右의(흘ᄂᆞ어)及(다)ᄂᆞᆫ名詞及代名詞의作用或形態ᄅᆞᆯ發現ᄒᆞᄂᆞᆫ者인故로動詞라ᄒᆞ나니라

第二節 動詞의種類

動詞ᄂᆞᆫ其發現ᄒᆞᄂᆞᆫ性質에因ᄒᆞ야自動及他動의二種에分ᄒᆞ니라

(甲) 自動詞

自動詞라ᄒᆞᄂᆞᆫ者ᄂᆞᆫ其動이自已의作用或形態ᄅᆞᆯ發現ᄒᆞ기에止ᄒᆞ고他事物에及지아니ᄒᆞᄂᆞᆫ語이라

새가나르오。

산이놉프다。

(나르오)ᄂᆞᆫ(새)自已의作用을發現ᄒᆞ고他及ᄒᆞᄂᆞᆫ關係가無ᄒᆞ며(다)ᄂᆞᆫ오작(산)의形態(놉프)ᄅᆞᆯ發現ᄒᆞ고他及ᄒᆞᄂᆞᆫ關係가無홈으로自動詞가되미라

(乙) 他動詞

他動詞라ᄒᆞᄂᆞᆫ者ᄂᆞᆫ其動이他事物에及ᄒᆞᄂᆞᆫ語이라

말이물을마신다

(마신)은他動詞이니主格名詞(말)의動이賓格名詞(물)에及ᄒᆞ미라

凡動詞ᄂᆞᆫ名詞의作用을發現ᄒᆞᄂᆞᆫ者인故로其作用의主되ᄂᆞᆫ名詞를主語(主格名詞)라ᄒᆞ고主語의作用을發表ᄒᆞᄂᆞᆫ語를說明語라云ᄒᆞ며主語의作用을受ᄒᆞᄂᆞᆫ名詞를客語(賓格名詞)라云ᄒᆞᄂᆞ니라

然ᄒᆞᆫ지라自動詞ᄂᆞᆫ主語及說明語ᄯᅡᄅᆞᆷ으로成立ᄒᆞ고客語를要치아니ᄒᆞ거니와他動詞ᄂᆞᆫ主語、客語及說明語의三者를必須ᄒᆞᄂᆞ니라

玆에特히注意ᄒᆞᆯ者ᄂᆞᆫ語慣의方便으로時或他動詞가客語를省略ᄒᆞ고도主語의他及ᄒᆞᄂᆞᆫ關係를說明ᄒᆞᄂᆞ니假令前例에「말이물을마신다」에客語(물)을省略ᄒᆞ야「말이마신다」ᄒᆞ야도主語(말)의動마신이客語(물)에及ᄒᆞᆷ을自然發現ᄒᆞ미라

動詞ᄂᆞᆫ往或自動과他動에幷用ᄒᆞᄂᆞᆫ者가有ᄒᆞ니今에其例를示ᄒᆞ건대

ᄭᅩᆺ이퓌어

右語에(퓌이)ᄂᆞᆫ自動詞이니ᄭᅩᆺ의作用을發現ᄒᆞᆫᄯᅡᄅᆞᆷ이라

사람이소음을퓌어

右語에(퓌어)ᄂᆞᆫ他動詞이니(사람)의作用이(소음)에及ᄒᆞᆷ을發現ᄒᆞ미라

自動詞가又其語尾의變化에因ᄒᆞ야他動詞로成ᄒᆞᄂᆞᆫ事가有ᄒᆞ니今에其例를示ᄒᆞ건대

쎄쇼리가우르어

此境遇에(우르어)가自動이나

아해가쎄쇼리를울니어

라云ᄒᆞ면此境遇에(울니어)가他動이되나니其理를明ᄒᆞ
건대

自動詞(우르)를縮音의方便으로.울을成ᄒᆞ고其下에(니
어)二字를附ᄒᆞ야他動詞를作ᄒᆞ미라

他動詞ᄂᆞᆫ發現ᄒᆞᄂᆞᆫ形式에主動과被動의二種이有ᄒᆞ니라

(甲) 主動詞

主動詞라ᄒᆞᄂᆞᆫ者ᄂᆞᆫ主格名詞의作用이賓格名詞에及ᄒᆞᄂᆞᆫ關係
를發現ᄒᆞᄂᆞᆫ語이라

을지문덕이수양뎨를깨트리어

此에(깨트리어)ᄂᆞᆫ主動詞이니主格名詞(을지문덕)의作用
이賓格名詞(수양뎨)에及ᄒᆞᄂᆞᆫ關係를發現ᄒᆞ미라

(乙) 被動詞

被動詞라ᄒᆞᄂᆞᆫ者ᄂᆞᆫ主格名詞가賓格名詞의作用을被ᄒᆞᄂᆞᆫ關係
를發現ᄒᆞᄂᆞᆫ語이라

수양뎨가을지문덕에게깨트리어지어

此에(깨트리어지어)ᄂᆞᆫ被動詞이니主格名詞(수양뎨)가賓
格名詞(을지문덕)의作用을被홈을發現ᄒᆞ미라

(主動詞가被動詞되ᄂᆞᆫ時ᄂᆞᆫ恒常主動詞原語의尾에(지어)를附ᄒᆞ
나니라)

(被動詞ᄂᆞᆫ오작他動詞에屬ᄒᆞᆫ形式인故로自動詞에屬ᄒᆞᆫ語가被
動詞가되ᄂᆞᆫ時ᄂᆞᆫ必先自動詞를語尾의變化로他動詞를作ᄒᆞ야

主動詞를成ᄒᆞ고其尾에(지어)를附ᄒᆞᄂᆞ니今에其例를示ᄒᆞ건대

비가개어

此에(개어)ᄂᆞᆫ自動詞이라

서풍이비를개이어

此에(개이어)ᄂᆞᆫ主動詞이니即自動詞(개어)가他動詞(개이어)로變ᄒᆞ야主動詞를成ᄒᆞ미라

비가서풍에개이어지어

此에(개이어지어)ᄂᆞᆫ被動詞이니即主動詞(개이어)下에(지어)를附ᄒᆞ야被動詞를作ᄒᆞ미라

(被動詞의成立에關ᄒᆞ야注意ᄒᆞᆯ바ᄂᆞᆫ(지어)를附치아니ᄒᆞ고도被動詞를成ᄒᆞᄂᆞᆫ者가有ᄒᆞ니今에其例를示ᄒᆞ건대

개가아해에게마졋소)

此에(마졋소)가被動詞이나지어의附ᄒᆞᆷ이업고다만마졋의語로써主格名詞(개)가賓格名詞(아해)의動을被ᄒᆞᆷ을發現ᄒᆞ니是盖(마졋)과如ᄒᆞᆫ動詞ᄂᆞᆫ本來其語의意義가他의動作을受ᄒᆞᆷ을發現ᄒᆞᄂᆞᆫ故이라

第三節 動詞의時期

(動詞의時期라ᄒᆞᄂᆞᆫ者ᄂᆞᆫ動詞가其活用을因ᄒᆞ야其表示ᄒᆞᄂᆞᆫ時期를發現ᄒᆞᄂᆞᆫ語이라)

動詞의時期ᄂᆞᆫ六種으로分ᄒᆞ니(現在、未來、過去、過去의現在、過去의未來、過去의過去니라)

(甲) 現在動詞

(現在動詞ᄂᆞᆫ名詞의現在의作用或狀態를發現ᄒᆞ미니假令

가오)

原語(가)의下의助動詞(오)를附ᄒᆞ나니라

(乙) 未來動詞

(未來動詞ᄂᆞᆫ名詞의未來의作用或狀態를發現ᄒᆞ미니假令
갈야오)

原語(가)에(ㄹ)을밧치어(갈)을作ᄒᆞ고又其下에助動詞(야)를附ᄒᆞ야(갈야)를作ᄒᆞ며此에他助動詞(오)를更附ᄒᆞ나니라

(丙) 過去動詞

(過去動詞ᄂᆞᆫ名詞의過去作用或狀態를發現ᄒᆞ미니假令
갓섯소
갓소)

原語(가)에(ㅅ)을밧치어(갓)을作ᄒᆞ고又其下에助動詞(섯)을附ᄒᆞ야(갓섯)을作ᄒᆞ고此에他助動詞(소)를更附ᄒᆞ미라

(갓소)ᄂᆞᆫ前例의助動詞(섯)을拔去ᄒᆞᆫ者이니其用處와語義가相同ᄒᆞ대兩者를考視ᄒᆞ면(갓섯소)가(갓소)보다比較的稍益過去에屬ᄒᆞᄂᆞᆫ傾向이有ᄒᆞ미라

(丁) 過去의現在動詞

過去의現在動詞ᄂᆞᆫ名詞의過去作用或狀態를現在樣으로發現ᄒᆞ미라假令
가드니)

原語現在(가)의下에助動詞(드)를附ᄒᆞ야(가드)를作ᄒᆞ고此에他助動詞(니)를更附ᄒᆞ미라

(戊) 過去의未來動詞

過去의未來動詞ᄂᆞᆫ名詞의過去의作用或狀態를未來樣으로發現ᄒᆞ미니假令

갈아드니)

原語未來(갈아)의下에助動詞(드)를附ᄒᆞ야(갈아드)를作ᄒᆞ고此에他助動詞(니)를更附ᄒᆞ미라

(巳) 過去의過去動詞

過去의過去動詞는名詞의過去의作用或狀態를旣已過去樣으로發現ᄒᆞ미니假令

갓섯드니

갓드니)

原語過去(갓섯)의下에助動詞(드)를附ᄒᆞ야(갓섯드)를作ᄒᆞ고此에他助動詞(니)를更附ᄒᆞ니니라

(갓)의下에도亦(드)를附ᄒᆞ야(갓드)를作ᄒᆞ야用ᄒᆞ나니(갓섯드)와同ᄒᆞ미라

以上은其一例를示홈에不過ᄒᆞ니其他諸動詞도類推ᄒᆞ면皆然ᄒᆞ미라

第四節 動詞의變化

動詞는名詞의作用又狀態를說明ᄒᆞ는語이나其語尾의變化ᄒᆞ는關係에因ᄒᆞ야他部門의體裁를化成ᄒᆞ나니라

動詞의變化는二種이有ᄒᆞ니一은名詞의體를成홈이오一은形容詞의體를成홈이니라

動詞의名詞로化成ᄒᆞ는者는卽第一章에陳ᄒᆞᆫ變化名詞라故로玆에略ᄒᆞ노라

動詞가形容詞로化成ᄒᆞ는者는卽其用이形容詞에類ᄒᆞᆫ者이니此를文典上分詞라稱ᄒᆞᄂᆞ니라

分詞의成立은動詞의尾에(ㄴ)及(ㄹ)의밧침으로由ᄒᆞ야恒常名詞

의上에位ᄒᆞᄂᆞ니라

分詞ᄂᆞᆫ動詞의時期를因ᄒᆞ야六節이有ᄒᆞ니라

(一) 現在節分詞

가는

(가)ᄂᆞᆫ動詞니助動詞(느)의下에(ㄴ)을밧치어(는)을作ᄒᆞ야動詞(가)와合附ᄒᆞ야(가는)을成ᄒᆞ야形容詞體로化ᄒᆞ니假令(가는사람)(가는말)이라云ᄒᆞ는時에사람及말의動作ᄒᆞ는現在狀態를形容홈이라

(二) 未來節分詞

갈

動詞(가)의下에(ㄹ)을밧치어(갈)을成ᄒᆞ미니卽未來動詞와相同ᄒᆞ미라假令(갈사람)

(三) 過去節分詞

갓는

此ᄂᆞᆫ過去動詞(갓)의下에(는)을附ᄒᆞ야過去分詞(갓는)을成홈이니假令(갓는사람)

(注意)此에갓는뿐을例示ᄒᆞ나又(잔)(갓섯는)도過去分詞에屬홈을注意홀지니라

(四) 過去의現在節分詞

가든

此ᄂᆞᆫ過去의現在動詞(가드)에(ㄴ)을밧치어(가든)을成ᄒᆞ미니假令(가든사람)

(五) 過去의未來節分詞

此ᄂᆞᆫ過去의未來動詞(갈야드)에(ㄴ)을밧치어갈야든)을成

ᄒᆞ미니假令(갈야든사람)

(六) 過去의過去節分詞

갓든

此ᄂᆞᆫ過去의過去動詞(갓드)에(ㄴ)을밧치어(갓든)을成ᄒᆞᆷ이니假令(갓든사람)

此에(갓섯든사람)도ᄯᅩ한屬ᄒᆞ니라

第四章 助動詞

第一節 助動詞의意義

助動詞라ᄒᆞᄂᆞᆫ者ᄂᆞᆫ動詞의活用을助ᄒᆞ야其意義를完成ᄒᆞᄂᆞᆫ語이라獨立으로用ᄒᆞᆷ을不得ᄒᆞ나니此를例示ᄒᆞ건대

아　말이달니아

어　말이달니어

오　말이달니오

此에(아)(어)(오)ᄂᆞᆫ助動詞이니動詞(달니)가다만原語ᄂᆞᆫ成立ᄒᆞ얏시나活動ᄒᆞᆷ을得지못ᄒᆞ고助動詞(아)(어)(오)를得ᄒᆞ야비로소其意義를完成ᄒᆞ미라是故로助動詞도ᄯᅩ한動詞를得지못ᄒᆞ면其用이無ᄒᆞ니此를類推ᄒᆞ면其他를可知ᄒᆯ지니라

第二節 助動詞의種類

助動詞ᄂᆞᆫ其用法에因ᄒᆞ야期節을生ᄒᆞ며階段을成ᄒᆞ며意思를表ᄒᆞ나니라

第一 助動詞의期節

助動詞의期節이라ᄒᆞᄂᆞᆫ者ᄂᆞᆫ助動詞를動詞의語尾에附ᄒᆞ야動詞의發現ᄒᆞᄂᆞᆫ作用及狀態上時期를表ᄒᆞᄂᆞᆫ者이라

助動詞는三期로分ᄒᆞ니各期節에固有ᄒᆞᆫ者와通用ᄒᆞ는者의二種이有ᄒᆞ니라

(甲) 各節固有ᄒᆞᆫ助動詞

各節에固有ᄒᆞᆫ助動詞를左에例示ᄒᆞ건대

(一) 現在에關ᄒᆞᆫ者

現在에關ᄒᆞᆫ助動詞는(아)(어)(오)로成ᄒᆞ나니卽原語의尾에附用ᄒᆞ미라假令

내가가아。
말이마시어。
닭이우르오。

右例에(아)(어)(오)가皆動詞原語의下에添附ᄒᆞ야各其現在作用을發現ᄒᆞ미라

(二) 未來에關ᄒᆞᆫ者

未來에關ᄒᆞᆫ助動詞는(겟)으로成호대原語의下에附ᄒᆞ고更又他助動詞를其下에附ᄒᆞ나니假令

내가가겟소
ᄭᅩᆺ이퓌겟도다

右例에(겟)이皆動詞原語의下에附ᄒᆞ야其未來의作用을表示호대畢히自己ᄲᅮᆫ으로는語意를完成치못ᄒᆞ고他助動詞(소)及도(다)를得ᄒᆞ야其語가始全ᄒᆞ미라

(注意)(겟)은又過去動詞와合附ᄒᆞ야過去의未定ᄒᆞᆫ作用을表現ᄒᆞ나니此는次節意思에叅看ᄒᆞᆷ이可ᄒᆞ미라

(三) 過去에關ᄒᆞᆫ者

過去에關ᄒᆞᆫ助動詞는(드)又(더)를用ᄒᆞ나니原語動詞現在及過去

의下에附ᄒᆞᆫ대其下에他助動詞或接續詞를更附ᄒᆞ미라假令

갈을때히(드)라도놀내지마어라

물고기를기를야고연못을파(더)라

양만춘은안시셩을잘직히엇(더)니라

右例에依ᄒᆞᆫ則(드)(더)의用이不一ᄒᆞ나其發現ᄒᆞ는意는皆過去作用에屬ᄒᆞ니(더)는其實이(드어)의縮成ᄒᆞᆫ者이로대俗慣에因ᄒᆞ야一個語를別成ᄒᆞᆷ갓치되니라

(乙) 各節通用ᄒᆞ는助動詞

各節에通用ᄒᆞ는助動詞의重要ᄒᆞᆫ者는(야)及(지)로成ᄒᆞ니라此를左에例示ᄒᆞ건대

(야)는

現在 되야

未來 될야

過去 되어야

右例에考ᄒᆞᆫ則現在는卽境에屬ᄒᆞ야他意가無ᄒᆞ거니와未來에는肯意를含ᄒᆞ고過去에는必要를表ᄒᆞ니라」

現在境遇에는(야)의代에(서)를多用ᄒᆞ나니라

(지)는

現在 가지

未來 갈지

過去 갓지

右(지)는三節에皆意思를表示ᄒᆞ는者이라

第二 助動詞의階段

助動詞의階段이라ᄒᆞ는者는助動詞가動詞에協附ᄒᆞ는作用上

語句에各樣段落을生ᄒᆞ야語套를構成ᄒᆞᄂᆞᆫ者이라此에四段이有ᄒᆞ니라

(甲)**合續段** (거)(더)等語를動詞의語尾에附ᄒᆞ고其下에他助動詞를合續ᄒᆞ야써其語의段落을成ᄒᆞᄂᆞᆫ者이라故로此를合續段이라稱ᄒᆞᄂᆞ니假令

가거라
가더니 의類이라

(乙)**連鎖段** (서)(야)等語를動詞의尾에附ᄒᆞ야其語의段落은完成ᄒᆞ대獨立ᄒᆞᆫ一句語ᄂᆞᆫ되지못ᄒᆞ고必其下에此와關係되ᄂᆞᆫ他段落을得ᄒᆞᆫ後에全句의意가始完ᄒᆞᄂᆞᆫ者이라故로連鎖段이라稱ᄒᆞᄂᆞ니假令

가서
ᄒᆞ야 의類이니蓋(가서)라ᄒᆞᆫ則其下에此에連鎖ᄒᆞᄂᆞᆫ他語가必有ᄒᆞ미라(ᄒᆞ야)도亦同ᄒᆞ니라

(丙)**中止段** (고)(니)等語를動詞의尾에附ᄒᆞ야一段落의語意를中止ᄒᆞ고他語를連起ᄒᆞᄂᆞᆫ者이라故로中止段이라稱ᄒᆞᄂᆞ니假令

가고
가니 의類이라

(丁)**終結段** (오)(다)等語를動詞의尾에附ᄒᆞ야其語全體를終結ᄒᆞᄂᆞᆫ者이라故로終結段이라謂ᄒᆞᄂᆞ니假令

가오。
가다。
의類이라

第三 助動詞의意思

助動詞의意思라ᄒᆞᄂᆞᆫ者ᄂᆞᆫ助動詞가動詞의語尾에附ᄒᆞ야言者의意思를各樣形式으로發表ᄒᆞᄂᆞᆫ者이라此意思ᄂᆞᆫ其種이多ᄒᆞ나九種으로大別ᄒᆞ야次第分論ᄒᆞ노라

(甲) 欲情을表ᄒᆞᄂᆞᆫ者

欲情을表ᄒᆞᄂᆞᆫ助動詞ᄂᆞᆫ希求願望의意를表ᄒᆞᄂᆞᆫ者이라欲情의助動詞의重要ᄒᆞᆫ者를擧示ᄒᆞ건대

저
야

고저
십흐어

수에右語를用ᄒᆞ야例를示ᄒᆞ건대

더이가셔양에가고。저。ᄒᆞ오
더이가셔양에갈야。ᄒᆞ오
산에구경가고십흐。어。
산에구경가저。이다

右例에(고저)와(야)ᄂᆞᆫ皆動詞原語의下에直附ᄒᆞ고又其下에他助動詞를附호대但(고저)의下에ᄂᆞᆫ動詞의(ᄒᆞ)를附ᄒᆞᄂᆞ니라

(십흐어)ᄂᆞᆫ動詞原語의下、助動詞(십흐어)의上에반다시助動詞(고)를間入ᄒᆞᄂᆞ니라

(저)와(고저)가皆欲情을表ᄒᆞᄂᆞᆫ者로서(저)가(고저)의略과如ᄒᆞ나然ᄒᆞ나其實用에至ᄒᆞ야ᄂᆞᆫ大異ᄒᆞ니(고저)ᄂᆞᆫ卽其欲望을直表ᄒᆞ미오(저)ᄂᆞᆫ自已의欲望을他人에向ᄒᆞ야請求ᄒᆞᄂᆞᆫ意ᄅᆞᆯ表ᄒᆞ미라(고저)의下에ᄂᆞᆫ動詞(ᄒᆞ)ᄅᆞᆯ附ᄒᆞᆫ대(저)의下에ᄂᆞᆫ不然ᄒᆞ니라

(乙) 必要ᄅᆞᆯ表ᄒᆞᄂᆞᆫ者

必要ᄅᆞᆯ表ᄒᆞᄂᆞᆫ助動詞ᄂᆞᆫ事情及職分上停止不得ᄒᆞᄂᆞᆫ意ᄅᆞᆯ表ᄒᆞᄂᆞᆫ者이라必要助動詞의重要ᄒᆞᆫ者ᄅᆞᆯ擧ᄒᆞ건대

어야

今에右語의例ᄅᆞᆯ示ᄒᆞ건대

내가가어○야○ᄒᆞ겟소

右例에(어야)ᄂᆞᆫ動詞原語의尾에附ᄒᆞ야가지아니치못ᄒᆞᄂᆞᆫ意ᄅᆞᆯ表ᄒᆞᄂᆞᆫ者이라

(丙) 決定을表ᄒᆞᄂᆞᆫ者

決定을表ᄒᆞᄂᆞᆫ助動詞ᄂᆞᆫ實行斷定의意ᄅᆞᆯ表ᄒᆞᄂᆞᆫ者이라決定助動詞ᄅᆞᆯ擧ᄒᆞ건대

서 겟 마

今에右語의例ᄅᆞᆯ示ᄒᆞ건대

네가가서○보아라

내가가겟○다

내가가마○

右例에(서)(겟)(마)ᄂᆞᆫ皆決定ᄒᆞᄂᆞᆫ意思ᄅᆞᆯ表ᄒᆞᄂᆞᆫ助動詞이

니卽皆動詞原語의尾에附ᄒᆞ야未來의事ᄅᆞᆯ決定ᄒᆞᆷ에用ᄒᆞᄂᆞ니라

(丁) **命令을表ᄒᆞᄂᆞᆫ者**

命令을表ᄒᆞᄂᆞᆫ助動詞ᄂᆞᆫ他人에게行爲又不行爲ᄅᆞᆯ命令ᄒᆞᄂᆞᆫ意ᄅᆞᆯ表示ᄒᆞᄂᆞᆫ者이라命令助動詞의重要ᄒᆞᆫ者ᄅᆞᆯ擧ᄒᆞ건대

오

게

라

今에右語의例ᄅᆞᆯ示ᄒᆞ건대

져리가오。

그리말게。

이리하어라。

右例에(오)(게)(라)ᄂᆞᆫ皆命令의意ᄅᆞᆯ表示ᄒᆞᄂᆞᆫ助動詞이라但此三語의用處가相殊ᄒᆞ니卽(오)ᄂᆞᆫ敬意ᄅᆞᆯ表ᄒᆞᄂᆞᆫ人에對ᄒᆞ야用ᄒᆞ고(게)ᄂᆞᆫ平交에用ᄒᆞ며(라)ᄂᆞᆫ平交以下에用ᄒᆞ나니라

(戊) **役使ᄅᆞᆯ表ᄒᆞᄂᆞᆫ者**

役使ᄅᆞᆯ表ᄒᆞᄂᆞᆫ助動詞ᄂᆞᆫ他人의動作을被ᄒᆞᄂᆞᆫ意ᄅᆞᆯ表示ᄒᆞᄂᆞᆫ者이니役使助動詞의重要ᄒᆞᆫ者ᄅᆞᆯ擧ᄒᆞ건대

지

어

右語의例及意義의解釋은並皆動詞의被動詞節에詳示ᄒᆞᆫ則彼處에叅照ᄒᆞ면自明ᄒᆞᆯ듯

(己) **擬想을表ᄒᆞᄂᆞᆫ者**

擬想을表ᄒᆞᄂᆞᆫ助動詞ᄂᆞᆫ事實의推量又想像을表示ᄒᆞᄂᆞᆫ者이니

擬想助動詞의重要흔者를擧ᄒᆞ건대

지

는지

의類이니(지)又(는지)는三節時期에皆通用홈을得ᄒᆞ미라

其例를示ᄒᆞ건대

그이가갓지○又가는지○ 現在

그이가갈지○又갈는지○ 未來

그이가갓지○又갓는지○ 過去

(庚) 疑問을表ᄒᆞ는者

疑問을表ᄒᆞ는助動詞는自巳의疑惑探問의意를表示ᄒᆞ는者이라疑問助動詞의重要흔者를擧ᄒᆞ건대

가

右語의例를示ᄒᆞ건대

그이가갓는가○

此에(가)는卽疑問의意를表ᄒᆞ는者이라

(注意)玆에特히注意홀者는語調이低昻抑揚에因ᄒᆞ야助動詞의意思表示에彼此轉用ᄒᆞ는例를生ᄒᆞ나니假令語調의昻揚ᄒᆞ는時에(가오)가疑問에屬호대低抑흔則單純흔終結段되기에不過ᄒᆞ고又(갓지)를揚昻ᄒᆞ는時는疑問이로대低抑ᄒᆞ면決定의意를表홈에近홈이是라故로一例로써衆多語를率ᄒᆞ기不能ᄒᆞ니此는大畧을擧홈ᄯᆞ람인즉讀者는自得ᄒᆞ는研究로其轉成ᄒᆞ는妙를理解홈이可홈

(辛) 尊敬을表ᄒᆞ는者

尊敬을表ᄒᆞᄂᆞᆫ助動詞ᄂᆞᆫ他人에對ᄒᆞ야尊敬ᄒᆞᄂᆞᆫ意ᄅᆞᆯ表示ᄒᆞᄂᆞᆫ者이라尊敬助動詞의重要ᄒᆞᆫ者ᄅᆞᆯ擧ᄒᆞ건대

시

사

소서

右語의例ᄅᆞᆯ示ᄒᆞ건대

손님이오시。오

님금이신하ᄅᆞᆯ두사。

글을가라쳐주소。서。

右例에(시)ᄂᆞᆫ合續段에屬ᄒᆞ니未來에(ᄅ)過去에(ㄴ)의밧침으로形容詞體의助動詞ᄅᆞᆯ成ᄒᆞᄂᆞ니라

(사)ᄂᆞᆫ連鎖段이오(소서)ᄂᆞᆫ終結段이되ᄂᆞ니라

(注意)尊敬詞에ᄂᆞᆫ(사)行의字로成ᄒᆞᄂᆞ니라

(壬) 謙恭을表ᄒᆞᄂᆞᆫ者

謙恭을表ᄒᆞᄂᆞᆫ助動詞ᄂᆞᆫ他人에對ᄒᆞ야謙恭ᄒᆞᄂᆞᆫ意ᄅᆞᆯ表示ᄒᆞᄂᆞᆫ者이라謙恭助動詞의重要ᄒᆞᆫ者ᄅᆞᆯ擧ᄒᆞ건대

이다

압나이다

아올시다

이오이다

의類ᄂᆞᆫ皆終結段에屬ᄒᆞᆫ者이오

와

오

의類ᄂᆞᆫ皆合續段에屬ᄒᆞᆫ者이라

右語의例等을示ᄒᆞ건대

내일올이다。

지금가압나이다。

이것이문법책이올시다。

더화상이리순신이오이다。

거번에거긔에가와。

그사람은만나지못ᄒᆞ왓사오니

右例에(이다)ᄂᆞᆫ未來에用ᄒᆞ고(압나이다)ᄂᆞᆫ現在에用ᄒᆞ나니라

(이올시다)及(이오이다)ᄂᆞᆫ皆名詞의狀態를表示ᄒᆞᄂᆞᆫ境遇에用ᄒᆞᄂᆞᆫ助動詞이오(이다)及(나이다)ᄂᆞᆫ皆作用을表示ᄒᆞᄂᆞᆫ語이라然ᄒᆞ나或(이다)及(나이다)로써狀態를表示ᄒᆞᄂᆞᆫ

境遇에用ᄒᆞ기도ᄒᆞ나니라

(압나이다)ᄂᆞᆫ語音의縮約ᄒᆞᄂᆞᆫ關係로(압니다)를成ᄒᆞ나니라

(와)ᄂᆞᆫ合續段에屬ᄒᆞ야現在及未來에ᄂᆞᆫ(와)를用ᄒᆞ고過去에ᄂᆞᆫ(ㅅ)을밧치어(왓)을作ᄒᆞ며又連鎖段(야)의代에用ᄒᆞ기도ᄒᆞ나니라

(오)ᄂᆞᆫ過去及現在에用ᄒᆞ고未來에ᄂᆞᆫ(ㄹ)을밧치어(올)을作ᄒᆞ야用ᄒᆞ나니라

第五章 形容詞

第一節 形容詞의意義

形容詞라ᄒᆞᄂᆞᆫ者ᄂᆞᆫ名詞의形狀及性質을發表ᄒᆞᄂᆞᆫ語이라

놉흔 매운

놉흐어 매우어

右等語ᄂᆞᆫ皆事物의形狀及性質ᄋᆞᆯ發表ᄒᆞᄂᆞᆫ語이라故로形容詞라ᄒᆞᄂᆞ니라

第二節 形容詞의種類

(甲) 前置形容詞와後置形容詞

形容詞ᄂᆞᆫ名詞에附從ᄒᆞᄂᆞᆫ關係에因ᄒᆞ야位置ᄅᆞᆯ生ᄒᆞᄂᆞ니此에前置形容詞及後置形容詞의區別이有ᄒᆞᄂᆞ니라

前置形容詞ᄂᆞᆫ其語가名詞의前에在ᄒᆞ야其現相ᄋᆞᆯ表出ᄒᆞᄂᆞᆫ者이라其例ᄅᆞᆯ示ᄒᆞ건대

놉흔뫼

右例에形容詞(놉흔)이名詞(뫼)의前에在ᄒᆞ야其形狀ᄋᆞᆯ表示ᄒᆞ미라

後置形容詞ᄂᆞᆫ其語가名詞의後에在ᄒᆞ야其現相ᄋᆞᆯ表出ᄒᆞᄂᆞᆫ者이라其例ᄅᆞᆯ示ᄒᆞ건대

뫼가놉흐어

右例에形容詞(놉흐어)가名詞(뫼)의後에在ᄒᆞ야其形狀ᄋᆞᆯ表示ᄒᆞ미라

後置形容詞ᄂᆞᆫ助動詞(어)ᄅᆞᆯ得ᄒᆞ야動詞體ᄅᆞᆯ成ᄒᆞᄂᆞ니此下에詳論ᄒᆞᆷ(第三節)

(乙) 原存形容詞와轉成形容詞

形容詞ᄂᆞᆫ言語의成立ᄒᆞᄂᆞᆫ關係에因ᄒᆞ야原存形容詞와轉成形容詞의區別이有ᄒᆞᄂᆞ니라

原存形容詞ᄂᆞᆫ本然成立ᄒᆞᆫ形容詞ᄅᆞᆯ謂ᄒᆞ미라其例ᄅᆞᆯ示ᄒᆞ건대

놉흔뫼

깁ᄒᆞᆫ물

프른풀

너그러운사람

右例에(놉ᄒᆞᆫ)(깁ᄒᆞᆫ)(프른)(너그러운)等語가皆形容詞로本然成立ᄒᆞᆫ者이라

轉成形容詞ᄂᆞᆫ名詞或動詞로서變ᄒᆞ야形容詞를成ᄒᆞᄂᆞᆫ者를謂ᄒᆞ미라

轉成形容詞ᄂᆞᆫ三種이有ᄒᆞ니一은名詞로서轉成ᄒᆞᄂᆞᆫ者이오一은動詞로서轉成ᄒᆞᄂᆞᆫ者이오一은漢字의下에國字의添附로成ᄒᆞᄂᆞᆫ者이니라

(甲) 名詞로서轉成ᄒᆞᄂᆞᆫ形容詞

形容詞가名詞로서轉成ᄒᆞᄂᆞᆫ者ᄂᆞᆫ二個名詞가連合ᄒᆞ야一事物을表出ᄒᆞᄂᆞᆫ時에上에在ᄒᆞᆫ名詞ᄂᆞᆫ下에在ᄒᆞᆫ名詞의形容詞가되ᄂᆞ니此에二種形式이有ᄒᆞ니라

(一)二個名詞의間에(의)字의插入을因ᄒᆞ야成ᄒᆞᄂᆞᆫ者이니假令

사람의머리

산의끗

右例에名詞(사람)의下에接續詞(의)를附ᄒᆞ야形容詞를作ᄒᆞ야下에在ᄒᆞᆫ名詞(머리)를形容ᄒᆞᄂᆞᆫ形容詞를成ᄒᆞ미니例二의(산의끗)도此와同ᄒᆞ미라

(二)二個名詞의間에(의)字를插入치아니ᄒᆞ고成ᄒᆞᄂᆞᆫ者이니此에又二種이有ᄒᆞ니라

(가)二個名詞가相合ᄒᆞᄂᆞᆫ境遇에上의名詞가밧침이無ᄒᆞᆫ時ᄂᆞᆫ下의名詞의父音과同一의音을上의名詞의下에밧침을附

케ᄒᆞ는者이라수에此를例示ᄒᆞ건대

학교긔 는 학곡긔○
나무닙 은 나문닙○
담배대 는 담빼대○
채롱 은 쳇롱○
이몸 은 임몸○
귀박회 는 귓박회○
나라사람 은 나랏사람○
마아지 는 망아지○
벼집 은 볏집○
사초롱 은 삿초롱○
대갈 은 댓갈

사긔타구 는 사긜타구○
호피 는 홒피

(注意)一 (ㅎ)行은右의變轉이無홈

(注意)二 例中에(ㄷ)及(ㅌ)의終聲은(ㅅ)과同歸ᄒᆞ고(ㅋ)는(ㄱ)、(ㅍ)는(ㅂ)과同歸ᄒᆞ니此는語音의類似에因ᄒᆞ야國字固有의活用을捨ᄒᆞ고簡便ᄒᆞᆫ方道를取ᄒᆞ야同歸ᄒᆞ는一音을用ᄒᆞ미라

(注意)三 右의例示ᄒᆞᆫ바는其法則을示ᄒᆞ미나音調의暢溢으로或例外되는者도有ᄒᆞ니라

(나)二個名詞가相連ᄒᆞ는境遇에上의名詞가밧침으로成立ᄒᆞ는時는下의名詞는必其父音이激音을成ᄒᆞᄂᆞ니此를例示ᄒᆞ건대

여름구룸 은 여름꾸룸
가을달 은 가을딸
봄바람 은 봄빠람
산새 는 산쌔
갈자로 는 갈짜로

(注意) 國字의激音을發ᄒᆞᄂᆞᆫ者ᄂᆞᆫ上의例示ᄒᆞᆫ五音에不過ᄒᆞ미라

然ᄒᆞ나(의)字插入ᄒᆞᄂᆞᆫ代에上의名詞가밧침이無ᄒᆞᆫ境遇에(ㅣ)를傍附ᄒᆞ야形容詞를成立ᄒᆞᄂᆞᆫ者가或有ᄒᆞ니라此를例示ᄒᆞ건대

소의굽 은 쇠굽

으로縮成홈이是라

(乙) 動詞로서轉成ᄒᆞᄂᆞᆫ形容詞

形容詞의動詞로서轉成ᄒᆞᄂᆞᆫ者ᄂᆞᆫ卽動詞章下에述ᄒᆞᆫ分詞가是라故로玆에略ᄒᆞ노라

(丙) 漢字의下에國字의添附로成ᄒᆞᄂᆞᆫ形容詞

形容詞가漢字의下에國字의添附로成立ᄒᆞᄂᆞᆫ者ᄂᆞᆫ我國이從來로漢字를借用ᄒᆞ야漢字가國語로同化되매因ᄒᆞ야動詞又形容詞에屬ᄒᆞᆫ漢字音의下에助動詞(ᄒᆞ)를附ᄒᆞ야成ᄒᆞ미라此를例示ᄒᆞ건대

動詞에屬ᄒᆞᆫ者ᄂᆞᆫ

往ᄒᆞᄂᆞᆫ
來ᄒᆞᆫ
行ᄒᆞᆯ
見ᄒᆞ든

形容詞에屬ᄒᆞᆫ者ᄂᆞᆫ

青ᄒᆞᆫ

紅ᄒᆞᆯ

白ᄒᆞ든

此에關ᄒᆞ야動詞의分詞節을叅觀ᄒᆞᆷ이可ᄒᆞ니是ᄂᆞᆫ其期節이同一ᄒᆞᆷ이라

第三節 形容詞의活用

形容詞ᄂᆞᆫ其活用에因ᄒᆞ야期節을生ᄒᆞ며變體를成ᄒᆞ나니라

(甲) 期節

形容詞의期節이라ᄒᆞᄂᆞᆫ者ᄂᆞᆫ名詞의形狀或性質을形容ᄒᆞᄂᆞᆫ時期를隨ᄒᆞ야成立ᄒᆞᄂᆞᆫ者이니此亦動詞와갓히六節時期가有ᄒᆞ니今에다만前置形容詞로써例를示ᄒᆞᆫ건대

現在

프ᄅᆞᆫ、 프르는

未來

프ᄅᆞᆯ、 프ᄅᆞᆯ야는

過去

프르럿는

過去의現在

프르든

過去의未來

프ᄅᆞᆯ야든

過去의過去

프르럿든

(乙) 變體

形容詞의變體라ᄒᆞᄂᆞᆫ者ᄂᆞᆫ形容詞가活用上二個形式으로現ᄒᆞ야他部門의詞와如ᄒᆞᆫ者를謂ᄒᆞ미니卽(一)은名詞의體를成ᄒᆞᆷ이오(一)은動詞의體를成ᄒᆞᆷ이라

形容詞가名詞體로現ᄒᆞᄂᆞᆫ者ᄂᆞᆫ卽名詞章下에陳ᄒᆞᆫ變成名詞의一이라玆에煩陳치아니ᄒᆞ노라

形容詞가動詞體로現ᄒᆞᄂᆞᆫ者ᄂᆞᆫ卽前陳ᄒᆞᆫ後置形容詞가是라助動詞와連合ᄒᆞ야變幻ᄒᆞᄂᆞᆫ諸般關係가動詞와其異가無ᄒᆞᆫ즉此를助動詞章下에叅着ᄒᆞ면明白ᄒᆞ리니卽助動詞의動詞와合附ᄒᆞ야生ᄒᆞᄂᆞᆫ期節階段意思가皆同一ᄒᆞ미라今其重要ᄒᆞᆫ一二의例를擧示ᄒᆞ건대

期節

原形容詞프르가助動詞아어오와合附ᄒᆞ야現在期節을成ᄒᆞ미니卽

프르아

프르어

프르오

階段

合續段

프르거니

프르더니

意思

疑問의意思

프른가

欲情의意思

프를야

의類가是라此를類推ᄒᆞ면其餘를皆知ᄒᆞᆯ듯

第六章 接續詞

第一節 接續詞의意義

接續詞라ᄒᆞᄂᆞᆫ者ᄂᆞᆫ言語의中間에插入ᄒᆞ야前後承接ᄒᆞ며上下連讀ᄒᆞ야其意를相通ᄒᆞᄂᆞᆫ語이라

가、온、를、에、의、로、면、브터、나、도

右等語ᄂᆞᆫ皆言語를承接連續ᄒᆞᄂᆞᆫ者이라故로接續詞라云ᄒᆞ나니라

第二節 接續詞의種類

接續詞ᄂᆞᆫ其合包ᄒᆞᆫ意味를因ᄒᆞ야四種에分ᄒᆞ니(一)定。體。接。續。詞。(二)連。體。接。續。詞。(三)順。體。接。續。詞。(四)反。體。接。續。詞。라

(甲) 定體接續詞

定體接續詞라ᄒᆞᄂᆞᆫ者ᄂᆞᆫ名詞의下에附ᄒᆞ야其體格을定ᄒᆞᄂᆞᆫ語이라故로定體接續詞라稱ᄒᆞ나니라

(一)定體接續詞가名詞의資格을定ᄒᆞ기에主。格。되ᄂᆞᆫ者와賓。格。되ᄂᆞᆫ者를隨ᄒᆞ야各其特用語가有ᄒᆞ니此를例示ᄒᆞ건대

主格에關ᄒᆞᆫ者ᄂᆞᆫ

가 내가。간다

이 사람이。온다

ᄂᆞᆫ 나ᄂᆞᆫ。간다

온 사람온。온다

賓格에關ᄒᆞᆫ者ᄂᆞᆫ

를 나를○브른다

을 사람을○브른다

(注意)一(가)及(이)가相同ᄒᆞ고(는)及(은)이相同ᄒᆞ며(를)及(을)도
亦然ᄒᆞ니語尾에밧침이有ᄒᆞᆫ時는(이)、(은)、(을)用ᄒᆞ고밧
침이無ᄒᆞᆫ時는(가)、(는)、(를)을用ᄒᆞᄂᆞ니라

(注意)二(이)及(은)이다名詞의主格을表示호대(은)은(이)에比
ᄒᆞ야語意가稍重ᄒᆞ니라

(二)定體接續詞가名詞의體勢를定ᄒᆞᆷ에는止○○勢와動○○勢의二種이有ᄒᆞ니止勢는名詞의體가靜ᄒᆞ야他의動을不受ᄒᆞ는者를謂ᄒᆞ미오動勢는其體가動ᄒᆞ야他의動을受ᄒᆞ는者를謂ᄒᆞ미니一二의例를示ᄒᆞ건대

止勢에關ᄒᆞ는者는

에 산에○구경가다

으루 강으○루○고기잡이가다

動勢에關ᄒᆞ는者는

로 소로○밧갈다

(注意) 自來로(루)及(로)를區別이업시用ᄒᆞ얏시나其實은
巨大ᄒᆞᆫ差異가有ᄒᆞ니(루)는處所를表示ᄒᆞᆷ에用ᄒᆞ는者
이오(로)는事物을使用ᄒᆞᆷ에用ᄒᆞ는者이며(루)는止勢에
關ᄒᆞᆫ者이오(로)는動勢에關ᄒᆞᆫ者이니라

(乙) 連體接續詞

連體接續詞라ᄒᆞ는者는言語의中間에在ᄒᆞ야名詞或語句를連結ᄒᆞ고全語의意味는相通치아니ᄒᆞ는者이라今其一二를例示ᄒᆞ건대

의　나의○책

와　나와○너

또　뫼놉흔또○물고흔이곳

(丙) 順體接續詞

順體接續詞라ᄒᆞᄂᆞᆫ者ᄂᆞᆫ上下語或句를順接ᄒᆞ야其意를相通ᄒᆞᄂᆞᆫ者이라今其一二를例示ᄒᆞ건대

면　비가오면○꼿이퓔이라

고로　비가온고로○꼿이픠엿다

(丁) 反體接續詞

反體接續詞라ᄒᆞᄂᆞᆫ者ᄂᆞᆫ上下語或句를接續ᄒᆞ면서其意를相反케ᄒᆞᄂᆞᆫ者이라今其一二를例示ᄒᆞ건대

나　두견접동이낫이나○운다

언정　찰알히닭의입이될지언○정○소의뒤ᄂᆞᆫ되지말어라

第七章　添附詞

第一節　添附의意義

添附詞라ᄒᆞᄂᆞᆫ者ᄂᆞᆫ動詞、形容詞、又他添附詞에添附ᄒᆞ야其意義를限定ᄒᆞᄂᆞᆫ者이라

놉히、샐히、매오、모름직히、믄득

右等語ᄂᆞᆫ皆動詞形容詞及他添附詞에添附ᄒᆞ야其意義를限定ᄒᆞᄂᆞᆫ者이라故로添附詞라ᄒᆞᄂᆞ니라今其用例의一二를示ᄒᆞ건대

(一) 動詞에添附ᄒᆞᄂᆞᆫ者ᄂᆞᆫ

샐○히○가오

此에(샐히)ᄂᆞᆫ添附詞이니動詞(가오)의意義를限界ᄒᆞ미라

(二)形容詞에添附ᄒᆞᄂᆞᆫ者ᄂᆞᆫ

매오 더우어

此에(매오)ᄂᆞᆫ添附詞이니形容詞(더운)의意義ᄅᆞᆯ限界ᄒᆞ미라

(三)添附詞에添附ᄒᆞᄂᆞᆫ者ᄂᆞᆫ

매오 쌜히 가오

此에(매오)及(쌜히)가皆添附詞이니上語가下語의意義ᄅᆞᆯ限界ᄒᆞ미라

第二節 添附詞의種類

添附詞ᄂᆞᆫ其成立ᄒᆞᄂᆞᆫ體裁에因ᄒᆞ야正格添附詞와變格添附詞의二種이有ᄒᆞ니라

(甲) 正格添附詞

正格添附詞라ᄒᆞᄂᆞᆫ者ᄂᆞᆫ一個語ᄅᆞᆯ特自成立ᄒᆞᆫ者이니假令

자못、자조、매오、문득、모름직히、시러곰

의類이라

(乙) 變格添附詞

變格添附詞라ᄒᆞᄂᆞᆫ者ᄂᆞᆫ他部門의語로서變ᄒᆞ야添附詞ᄅᆞᆯ成ᄒᆞᄂᆞᆫ者이라此에ᄂᆞᆫ四類가有ᄒᆞ니라

(一)形容詞의語尾에(히)及(게)ᄅᆞᆯ附ᄒᆞ야成ᄒᆞᄂᆞᆫ者이니例ᄅᆞᆯ示ᄒᆞ건대

쌜히

놉게

此에(쌜히)가添附詞이니形容詞(쌜ᄒᆞᆫ)에(ᄒᆞᆫ)을(히)로變ᄒᆞᆫ者이오

(놉게)가 添附詞이니形容詞(놉흔)에(흔)을(게)로變ᄒᆞᆫ者이라

(二) 名詞의語尾에(로)及(에)를附ᄒᆞ야成ᄒᆞ는者이니例를示ᄒᆞ건대

때로。 집에。

此에(때로)及(집에)가皆添附詞이니卽名詞(때)及(집)에(로)及(에)를添附ᄒᆞ야成ᄒᆞᆫ者이라

(三) 名詞形容詞及動詞의語尾에或個正格添附詞를附ᄒᆞ야成ᄒᆞ는者이니例를示ᄒᆞ건대

말처름。 소갓히。

此에(말)及(소)는皆名詞이니(처름)及(갓히)의添附詞와連合ᄒᆞ야一種添附詞를成ᄒᆞ미라

붉으스름。 프른대로。

此에(붉으)及(프른)이皆形容詞이니(스름)及(대로)의添附詞와連合ᄒᆞ야一種添附詞를成ᄒᆞ미라

뛰는듯히。 나는다시。

此에(뛰는)及(나는)이皆動詞이니(듯히)及(다시)의添附詞와連合ᄒᆞ야一種添附詞를成ᄒᆞ미라

(四) 漢字의下에國字(히)及(ᄒᆞ게)를添附ᄒᆞ야成ᄒᆞ는者이니例를示ᄒᆞ건대

甚히
甚ᄒᆞ게
의類이라

第八章 感動詞

第一節 感動詞의意義

感動詞라ᄒᆞ는者는人의觸發ᄒᆞ는感動을表示ᄒᆞ는語이라

어、하、음、앗차、잇기

右等語는喜怒哀驚等의感情을發表ᄒᆞ는者이라故로曰感動詞라ᄒᆞᄂᆞ니라

第二節 感動詞의種類

感動詞는前陳ᄒᆞᆷ과갓히人의喜怒哀驚等諸般感情을發表ᄒᆞ는語인즉반다시各情에用ᄒᆞ는特別ᄒᆞᆫ語가有ᄒᆞᆯ지나然ᄒᆞ나同一의語로서音調의低昂抑揚에依ᄒᆞ야互相通用ᄒᆞ는者가多ᄒᆞ니此는覽者가參量ᄒᆞ면可히知得ᄒᆞᆯ바인故로玆에闕略ᄒᆞ노라

第三節 感動詞의活用

感動詞는特別히言外에獨立ᄒᆞ야他句節에關連치아니ᄒᆞᄂᆞ니

假令

아、깃분비가온다

此에(아)가感動詞이니(깃분비가온다)云ᄒᆞ는語에對ᄒᆞ야其意味의關連ᄒᆞᆫ바가업고語外에獨立ᄒᆞ야言者의喜悅ᄒᆞ는感情을表ᄒᆞᆯ뿐이니一般感動詞의用法이皆此와如ᄒᆞ야設或其位置가語句의中間에在ᄒᆞᆯ지라도亦同ᄒᆞᆫ故로或感動詞를指ᄒᆞ야間投詞라稱ᄒᆞ는者도有ᄒᆞ니라

第三編 文章論

第一章 文章의 意義

文章이라ᄒᆞᄂᆞᆫ者ᄂᆞᆫ人의聲音을一團體의文字로記錄ᄒᆞ야其一定ᄒᆞᆫ思想을發現ᄒᆞᄂᆞᆫ者이라

是故로文章은其長短에拘치아니ᄒᆞ고一個思想을完結ᄒᆞᆫ者ᄂᆞᆫ皆文章이니要컨대人이自已의思想을表出ᄒᆞ야써他人에게及ᄒᆞᆷ과後世에傳ᄒᆞᆷ을得ᄒᆞᆫ則足ᄒᆞ미라假令

을지문덕ᄋᆞᆫ영웅이라

이갓치簡短ᄒᆞ게云ᄒᆞ야도一個文章을完成ᄒᆞ고又此를敷演ᄒᆞ야

을지문덕ᄋᆞᆫ지혜와용맹이구비ᄒᆞᆫ대장이오문과무가겸전ᄒᆞᆫ대신이라우리나라사천년래의상등사람이니그충셩이며을흥과그공이며영ᄋᆞᆫ나랏ᄇᆡᆨ셩되ᄂᆞᆫ자의모범이며사람

의신하되ᄂᆞᆫ자의법측이로다

이갓치複長ᄒᆞ야도ᄯᅩᄒᆞᆫ一個文章되기에不過ᄒᆞ니라

第二章 文章의 本原

文章의本原이라ᄒᆞᄂᆞᆫ者ᄂᆞᆫ文章의組織上必要ᄒᆞᆫ言語의部分을謂ᄒᆞᆷ이니라

第一節 本原의 種類

文章의本原은五種으로分ᄒᆞ니即主語、說明語、客語、補足語、修飾語가是라

就中至簡ᄒᆞᆫ文章이라도主語、說明語가無ᄒᆞᆫ者ᄂᆞᆫ成立ᄒᆞᆷ을得지못ᄒᆞᄂᆞ니라

第一 主語

主語라ᄒᆞᄂᆞᆫ者ᄂᆞᆫ思想을發現케ᄒᆞᄂᆞᆫ主格의體言이니一切名詞

되는者는主語됨을得ᄒᆞ고恒常文章中初位에居ᄒᆞ나니假令
개가잔다
달이밝소
此에(개)及(달)이皆主語이라
主語는其成立의形式에因ᄒᆞ야는單主語、複主語、總主語及修飾主語의四種에分ᄒᆞ고又其性質에依ᄒᆞ야는文法上主語及論理上主語의二種에分ᄒᆞ나니라

(甲) 形式에因ᄒᆞᆫ區別

(一)單主語라ᄒᆞ는者는一個의主語로成立ᄒᆞ는者이니假令
개가잔다
此에(개)가單主語이라

(二)複主語라ᄒᆞ는者는二個以上의主語로成立ᄒᆞ는者이니假令

개와말이잔다
此에(개)及(말)이複主語이니其由는卽(개)及(말)이합ᄒᆡ셔說明語(잔다)의主語가되미라

(三)總主語라ᄒᆞ는者는一主語가他主語以上에在ᄒᆞ야他主語及其動作若形式을統ᄒᆞ는者이니假令
가을은달이밝소
此에(가을)이總主語이니卽(가을)이其下에位ᄒᆞᆫ說明語(밝소)에對ᄒᆞ야主語되는(달)과又달의形容을表示ᄒᆞ는說明語(밝소)를統ᄒᆞᆷ으로써總主語가되미라

(四)修飾主語라ᄒᆞ는者는一主語가自已의形態及作用을表現ᄒᆞ는他語와合ᄒᆞ야一個主語를成立ᄒᆞ는者이라假令
높흔산

가。는。께。

此에(놉ᄒᆞᆫ)은 主語되ᄂᆞᆫ(산)의 形態를 修飾ᄒᆞ고(가ᄂᆞᆫ)은 主語
되ᄂᆞᆫ(께)의 作用을 修飾ᄒᆞ미라 故로 皆曰修飾主語라

(乙) 性質에 因ᄒᆞᄂᆞᆫ 區別

(一)文法上主語라ᄒᆞᄂᆞᆫ者ᄂᆞᆫ 單純ᄒᆞᆫ 主語를 謂ᄒᆞ미라 假令

산。이놉흐어

此에(산)이 文法上主語이니 蓋文法上主語ᄂᆞᆫ 一個文章의
主되ᄂᆞᆫ 名詞와 又名詞句內의 名詞自身을 指ᄒᆞ고 其修飾
又附從의 他語를 分離ᄒᆞᄂᆞᆫ者이라 故로 假令

놉ᄒᆞᆫ산。

이라云ᄒᆞᄂᆞᆫ時에(산)이 文法上主語가 되고 其修飾ᄒᆞᆫ語(놉
ᄒᆞᆫ)과 分離ᄒᆞ미라

(二)論理上主語라ᄒᆞᄂᆞᆫ者ᄂᆞᆫ 卽文法上主語에 修飾을 加ᄒᆞᆫ者를 合
稱ᄒᆞᄂᆞᆫ者이니 前陳ᄒᆞᆫ바 修飾語와 同ᄒᆞᆫ者이라 假令

놉。ᄒᆞᆫ。산。

此에(놉ᄒᆞᆫ산)이 論理上主語이니 卽文法上主語(산)에 其修
飾語되ᄂᆞᆫ(놉ᄒᆞᆫ)을 合ᄒᆞ야 稱ᄒᆞ미라

第二 說明語

說明語라ᄒᆞᄂᆞᆫ者ᄂᆞᆫ 主語의 狀態若作用을 表現ᄒᆞᄂᆞᆫ語이라 恒常
主語의下에 位ᄒᆞᄂᆞ니 動詞或形容詞로 成立ᄒᆞᄂᆞᆫ者이라 假令

께 가 간。다。

산 이 놉。ᄒᆞ。다。

此에(간다)와(놉ᄒᆞ다)ᄂᆞᆫ 皆說明語이니(간다)ᄂᆞᆫ 其主語(께)의
作用을 說明ᄒᆞᆫ故이오 動詞(놉ᄒᆞ다)ᄂᆞᆫ 其主語(산)의 狀態를 說

明ᄒᆞᆫ故이라(形容詞)

說明語ᄂᆞᆫ其成立의形式에因ᄒᆞ야ᄂᆞᆫ單說明語、複說明語及修飾說明語의三種이有ᄒᆞ고其性質에因ᄒᆞ야ᄂᆞᆫ文法上說明語及論理上說明語의二種이有ᄒᆞ니라

(甲) 形式에因ᄒᆞᄂᆞᆫ區別

(一)單說明語라ᄒᆞᄂᆞᆫ者ᄂᆞᆫ其主語의狀態若作用을一個語로說明ᄒᆞᄂᆞᆫ者이니假令

꽃이퓌도다

此에(퓌도다)ᄂᆞᆫ單說明語이니卽主語(꽃)의作用을一個語(퓌도다)로說明ᄒᆞᆫ故이라

(二)複說明語라ᄒᆞᄂᆞᆫ者ᄂᆞᆫ其主語의狀態若作用을二個以上의語로써對立說明ᄒᆞᄂᆞᆫ者이라假令

물이맑고、깁ᄒᆞ다

말이물고、찬다

此에(맑고、깁ᄒᆞ다)와(물고、찬다)ᄂᆞᆫ皆複說明語이니卽(맑고、깁ᄒᆞ다)ᄂᆞᆫ其主語(물)의二樣狀態를對立說明ᄒᆞᆫ者이오(물고、찬다)ᄂᆞᆫ其主語(말)의二樣作用을對立說明ᄒᆞᆫ者이라

(三)修飾說明語라ᄒᆞᄂᆞᆫ者ᄂᆞᆫ說明語에修飾을加ᄒᆞᆫ者를謂ᄒᆞ미라假令

날이심히차다

此에(심히차다)가修飾說明語이니卽主語(날)의性質을說明ᄒᆞ기에添附詞(심히)로써其度를修飾ᄒᆞᆫ故이라

(乙) 性質에因ᄒᆞᄂᆞᆫ區別

(一)文法上說明語라ᄒᆞᄂᆞᆫ者ᄂᆞᆫ單純ᄒᆞᆫ說明語를謂ᄒᆞ미라假令

새가나는도다
ᄭᅩᆺ이곱게퓌엿고나

此에(나는도다)及(퓌엿고나)는皆文法上說明語이니卽其主語(새)及(ᄭᅩᆺ)의作用若狀態를說明ᄒᆞᆷ에單純ᄒᆞᆫ語로以ᄒᆞᆫ故이라然ᄒᆞᆷ으로(퓌엿고나)를修飾ᄒᆞᆫ(곱게)는文法上自然分離되는者이라

(二)論理上說明語라ᄒᆞ는者는卽文法上說明語에修飾을加ᄒᆞᆫ者이니假令

말이ᄲᆞᆯ히가는도다

此에(ᄲᆞᆯ히가는도다)가論理上說明語이니是는(가는도다)가其修飾ᄒᆞ는(ᄲᆞᆯ히)와連合ᄒᆞ야一個說明語를成立ᄒᆞᆫ故이라

第三 客語

客語라ᄒᆞ는者는主語에對ᄒᆞ는說明語의目的名詞이라恒常主語와說明語의間에位ᄒᆞ나니라假令

목수가집을짓는다

此에(집)이客語이니卽主語(목수)의作用을說明ᄒᆞ는(짓는다)의目的이되야主語(목수)의作用을受ᄒᆞ는故로客語이라云ᄒᆞ미니此卽賓格名詞라恒常定體接續詞(을)로써其體를定ᄒᆞ나니라

客語는其成立의形式에因ᄒᆞ야는單客語複客語及修飾客語의三種이有ᄒᆞ고其性質에因ᄒᆞ야는文法上客語及論理上客語의二種이有ᄒᆞ니라

(甲) 形式에因ᄒᆞᆫ區別

(一)單客語라ᄒᆞᄂᆞᆫ者ᄂᆞᆫ一個의客語로써成立ᄒᆞᄂᆞᆫ者이라假令

사람이말을탄다

此에(말)이單客語이니卽主語(사람)의作用을受ᄒᆞᄂᆞᆫ者가唯(말)一個뿐인故이라

(二)複客語라ᄒᆞᄂᆞᆫ者ᄂᆞᆫ二個以上의名詞가一主語에對ᄒᆞ야賓格되ᄂᆞᆫ者이라假令

사람이말과소를몰고간다

此에(말)及(소)가함ᄭᅴ主語(사람)의作用을發表ᄒᆞᄂᆞᆫ說明語(몰고간다)의目的名詞가된故로複客語라謂ᄒᆞ미라

(三)修飾客語라ᄒᆞᄂᆞᆫ者ᄂᆞᆫ客語에修飾을加ᄒᆞᆫ者를謂ᄒᆞ미라假令

사람이흰말을탓다

此에(흰말)이修飾客語이니卽客語(말)의狀態를修飾ᄒᆞᆫ바形容詞(흰)이連合ᄒᆞᆫ故이라

(乙) 性質에因ᄒᆞᄂᆞᆫ區別

(一)文法上客語라ᄒᆞᄂᆞᆫ者ᄂᆞᆫ單純ᄒᆞᆫ客語를謂ᄒᆞ미라假令

나뷔가됴흔꼿을차저단인다

此에(꼿)이文法上客語이니此亦文法上主語의例에述ᄒᆞᆷ과갓히其修飾ᄒᆞᆫ語(됴흔)과分離ᄒᆞ나니라

(二)論理上客語라ᄒᆞᄂᆞᆫ者ᄂᆞᆫ文法上客語에修飾을加ᄒᆞᆫ者이라假令前例

나뷔가됴흔꼿을차저단인다

此에(됴흔꼿)이論理上客語가되나니是ᄂᆞᆫ(꼿)이其修飾ᄒᆞᄂᆞᆫ語(됴흔)과合ᄒᆞ야一客語를成立ᄒᆞᆫ故이라

第四 補足語

補足語라ᄒᆞᄂᆞᆫ者ᄂᆞᆫ一名詞가主語、客語의位에不在ᄒᆞᆫ者를謂ᄒᆞ미라假令

一 구름이산에덥히엇다
二 구름이연긔와갓흐다
三 물은나진데루흐른다
四 아해가붓으로글씨를쓴다
五 리순신은통제사가되얏다

此에(一)의(산)과(二)의(연긔)와(三)의(나진데)와(四)의(붓)과(五)의(통데사)가皆補足語이니補足語ᄂᆞᆫ一文章의成立上에主語、客語以外의名詞가添入되ᄂᆞᆫ者이라故로補足語ᄂᆞᆫ唯名詞에限ᄒᆞᄂᆞ니라

第五 修飾語

修飾語라ᄒᆞᄂᆞᆫ者ᄂᆞᆫ主語、說明語、客語、補足語及他修飾語等을限定ᄒᆞᄂᆞᆫ語이라此를例示ᄒᆞ건대

검은구름이머은하날로서큰비를매오급히모러온다

右語를更히分析說示ᄒᆞ건대

검은구름이

此에(검은)이修飾語이니卽形容詞로서主語(구름)을修飾ᄒᆞᆫ者이라

머은하날로서

此에(머은)이修飾語이니卽形容詞로서補足語(하날)을修飾ᄒᆞᆫ者이라

큰비를

此에(큰)이修飾語이니卽形容詞로서客語(비)를修飾ᄒᆞᆫ

者이라

급○히○모러온다

此에(급히)가修○飾○語○이니卽添附詞로서說明語(모러온다)를修飾ᄒᆞᆫ者이라

매○오○

此에(매오)가修○飾○語○이니卽添附詞로서說明語의修、飾語(급히)를修飾ᄒᆞᆫ者이라

修飾語가主語、客語、補足語等의名詞를修飾ᄒᆞᄂᆞᆫ時ᄂᆞᆫ恒常形容詞體로成立ᄒᆞ고說明語의動詞、形容詞及修飾語의添附詞、形容詞等을修飾ᄒᆞᄂᆞᆫ境遇에ᄂᆞᆫ添附詞體로成立ᄒᆞᄂᆞ니라例를示ᄒᆞ건대

一 큰○바람

主語、客語、補足語等을修飾ᄒᆞᆫ者이라

二 급○히○분다

說明語의動詞를修飾ᄒᆞᆫ者이라

三 매○오○프르다

說明語의形容詞를修飾ᄒᆞᆫ者이라

四 매○오○급히

修飾語의添附詞를修飾ᄒᆞᆫ者이라

五 매○오○프른

修飾語의形容詞를修飾ᄒᆞᆫ者이라

修飾語의位置ᄂᆞᆫ恒常修飾되ᄂᆞᆫ語의上에位ᄒᆞᄂᆞ니或은直接으로以ᄒᆞ며或은間接으로以ᄒᆞᄂᆞ니라例를示ᄒᆞ건대

물이매○오○맑다

바람이서늘ᄒᆞ게부오

右ᄂᆞᆫ直接으로修飾ᄒᆞᄂᆞᆫ者이니(매오)及(서늘ᄒᆞ게)가直接으로說明語의形容詞(맑다)及動詞(부오)ᄅᆞᆯ修飾ᄒᆞᆫ者이라

디구ᄂᆞᆫ상해대양을돈다

술이가득히잔에담기엇다

右ᄂᆞᆫ間接으로修飾ᄒᆞᄂᆞᆫ者이니(상해)ᄂᆞᆫ客語(대양)을間隔ᄒᆞ야說明語의動詞(돈다)ᄅᆞᆯ修飾ᄒᆞ고(가득히)ᄂᆞᆫ補足語(잔)을間隔ᄒᆞ야說明語動詞(담기엇다)ᄅᆞᆯ修飾ᄒᆞ미라

第二節 本原의部分

修飾語ᄂᆞᆫ主語、客語、補足語及說明語의意味ᄅᆞᆯ限定ᄒᆞᄂᆞ니此等諸語가修飾語와結合ᄒᆞᆫ者ᄅᆞᆯ本原의部分이라稱ᄒᆞᄂᆞ니라

本原의部分은四種이有ᄒᆞ니左에開示ᄒᆞᆫ건대

一、主部　主語가修飾語와結合ᄒᆞᆫ者이라

二、客部　客語가修飾語와結合ᄒᆞᆫ者이라

三、補足部　補足語가修飾語와結合ᄒᆞᆫ者이라

四、說明部　說明語가修飾語와結合ᄒᆞᆫ者이라

以上四部의例ᄅᆞᆯ圖示ᄒᆞᆫ건대

一　흰말이빨히닷ᄂᆞᆫ다
「修飾「主　「修飾　「說明
「主　部」「說　明　部」

二　효도로온아달이늙은아비ᄅᆞᆯ잘기른다
「修飾　「主　「修飾「客　「修飾「說明
「主　部」「客　部」「說　明　部」

三　충성시러운신하ᄂᆞᆫ더의목심을더의나라에깃버히바치나니라
「修飾　「主　「修飾「客　「修飾「補　足」「修飾「說明
「主　部」「客　部」「補　足　部」「說　明　部」

以上四部中에客部, 補足部及說明部를主部에對ᄒᆞ야敍述部이
라稱ᄒᆞᄂᆞ니라

「主部」사람ᄒᆞᄂᆞᆫ어룬이 「敍述部」「補足部」어린아ᄒᆡ에게 「客部」됴흔책을 「說明部」만히주다

本原의部分이成立上에稱呼ᄒᆞᄂᆞᆫ名詞及感動詞ᄂᆞᆫ其位置를不
拘ᄒᆞ고各部와結合ᄒᆞᄂᆞᆫ關係가無ᄒᆞᄂᆞ니라

第三節 本原의排列

文章의成立에諸本原은各其一定ᄒᆞᆫ位置가有ᄒᆞ니其正則을擧
示ᄒᆞ노라

一, 主語ᄂᆞᆫ首位에處ᄒᆞ고說明語ᄂᆞᆫ末位에處ᄒᆞᄂᆞ니라

例를示ᄒᆞ건대

「主」새가 「說明」운다

二, 客語ᄂᆞᆫ主語와說明語의間에處ᄒᆞ고若補足語가有ᄒᆞᆫ時ᄂᆞᆫ
補足語의上或下에處ᄒᆞᄂᆞ니라

例를示ᄒᆞ건대

甲, 「主」지위가 「客」짐을 「說明」지ᄂᆞᆫ다、

乙, 「主」지위가 「客」짐을 「補足」언덕에 「說明」지ᄂᆞᆫ다

丙, 「主」지위가 「補足」언덕에 「客」짐을 「說明」지ᄂᆞᆫ다

三, 補足語가客語잇ᄂᆞᆫ文에ᄂᆞᆫ前陳ᄒᆞᆫ乙, 丙의例와갓치客語의
上或下에在ᄒᆞ고客語업ᄂᆞᆫ時ᄂᆞᆫ主語와說明語의間에位ᄒᆞ
ᄂᆞ니라

例를示ᄒᆞ건대

「主」나뷔가 「補足」못에 「說明」안젓다

四、修飾語ᄂᆞᆫ修飾되ᄂᆞᆫ語의上에位ᄒᆞᄂᆞ니라

例를示ᄒᆞ건대

누른(修飾) ᄭᅬᄭᅩ리(主)가 프른(修飾) 버들(補足)에서 봄(修飾) 바람(客)을 아릿다히(修飾) 희롱ᄒᆞ는도다(說明)

但補足語或客語가有ᄒᆞᆫ文에說明語의修飾語ᄂᆞᆫ或主語의直下에位ᄒᆞᆷ이多ᄒᆞᄂᆞ니라

例를示ᄒᆞ건대

甲、누른(修飾) ᄭᅬᄭᅩ리(主)ᄂᆞᆫ 아릿다히(修飾) 봄(修飾) 바람(客)을 희롱ᄒᆞᆫ다(說明)

乙、누른(修飾) ᄭᅬᄭᅩ리(主)ᄂᆞᆫ 아릿다히(修飾) 프른(修飾) 버들(補足)에서 운다(說明)

右갓히各本原이一定ᄒᆞᆫ位置가有ᄒᆞ나時或其位置가顚倒되ᄂᆞᆫ境遇가有ᄒᆞ니此ᄂᆞᆫ文典上倒置文이라稱ᄒᆞᄂᆞᆫ者이라此를例示ᄒᆞ건대

읽ᄂᆞᆫ다。아해들이글을。

此에(읽ᄂᆞᆫ다)ᄂᆞᆫ說明語이오(아해들)은主語이며(글)은客語이니(읽ᄂᆞᆫ다)ᄂᆞᆫ卽아해의作用을說明ᄒᆞᆫ語이라今에此가一篇의文을成ᄒᆞ얏시나前示ᄒᆞᆫ本原排列의正則을守치아니ᄒᆞ고其位置를顚倒ᄒᆞᆫ者이니若此를正則에依ᄒᆞ야綴ᄒᆞᆯ진대반다시日호대

아해들이글을읽ᄂᆞᆫ다。

云ᄒᆞᆯ지니라此倒置文을成ᄒᆞᆷ에도亦其則이有ᄒᆞ나一端이아니니卽前例갓히說明語가上에在ᄒᆞ고主語가下에在ᄒᆞ며又客語가其下에位ᄒᆞᆫ者도잇시며或此와異ᄒᆞᆫ方法으로成ᄒᆞᄂᆞᆫ者도이시니假令

아해들이읽는다,글을。

此는說明語와客語가顚倒된者이오

글을읽는다아해들이。

此는主語와客語가顚倒된者이라顚倒의諸法을一一히例示키遑치못홈으로闕略ᄒᆞ노니補足語에關ᄒᆞ야도此를推ᄒᆞ면可히知得ᄒᆞᆯ듯

第四節 本原의省略

文章의本原은前後의關係와又從來의慣例에因ᄒᆞ야本原의一部를省略ᄒᆞᄂᆞᆫ境遇가有ᄒᆞ니라其例를示ᄒᆞ건대

그사람을보앗나냐

右는主語省略의例이니此를正則으로言ᄒᆞᆯ진대반다시曰호대

(네가)그사람을보앗나냐

云홈이可ᄒᆞ거ᄂᆞᆯ其對稱되는(네가)는省略ᄒᆞ미라

내가보앗소

此는客語省略의例이니正則으로는반다시曰호대

내가(그사람을)보앗소

云홈이可ᄒᆞ미라

학교장이졸업증서를준다

此는補足語省略의例이니正則으로는반다시曰호대

학교장이졸업증서를(졸업생에게)준다

云홈이可ᄒᆞ미라

本原의省略은오작主語,客語,補足語에限ᄒᆞ나니라

第三章 文章의部分

文章의部分이라ᄒᆞ는者ᄂᆞᆫ文章의成立上各本原의連綴ᄒᆞᆫ段落을謂ᄒᆞ미라此에句。及節。의二種이有ᄒᆞ니라

第一節 句

文章의句라ᄒᆞ는者ᄂᆞᆫ二個以上의本原이連綴集合ᄒᆞ야複雜ᄒᆞᆫ一個思想을表出ᄒᆞ나完全ᄒᆞᆫ節을成치못ᄒᆞᄂᆞᆫ者를謂ᄒᆞ미니卽主語와說明語의一을缺ᄒᆞᆫ者이니라

句ᄂᆞᆫ文章의中에在ᄒᆞ야單語와全然相類ᄒᆞᆫ資格이有ᄒᆞ나唯其包含ᄒᆞᆫ語의多少에因ᄒᆞ야思想의複雜ᄒᆞᆫ程度上大差가有ᄒᆞ니라

句ᄂᆞᆫ一文章中에在ᄒᆞ야其資格이名詞와同ᄒᆞᆫ者도有ᄒᆞ고形容詞와同ᄒᆞᆫ者도有ᄒᆞ며添附詞와同ᄒᆞᆫ者도有ᄒᆞ니라

(甲) 名詞句

句가文章中에在ᄒᆞ야名詞의資格을有ᄒᆞᆫ者를名。詞。句。라云ᄒᆞ나니種種詞下에名詞를含ᄒᆞᆷ으로써立ᄒᆞ는者이라例를示ᄒᆞ건대

나라의근본은백셩이라

밝은달밤에기럭이의소래

(乙) 形容詞句

句가文章中에在ᄒᆞ야形容詞의資格을有ᄒᆞᆫ者를形。容。詞。句。라云ᄒᆞ나니種種詞下에原形容詞,動詞의各節分詞及接續詞의(의)를含ᄒᆞᆷ으로써立ᄒᆞ는者이라例를示ᄒᆞ건대

달밝은밤

原形容詞로立ᄒᆞᆫ者

멀히가는사람

分詞로立ᄒᆞᆫ者

어진사람의행실

接續詞(의)로立ᄒᆞᆫ者

(丙) 添附詞句

句가文章中에在ᄒᆞ야添附詞의資格을有ᄒᆞᆫ者를添。附。詞。句。라云ᄒᆞ나니種種詞下에原添附詞及接續詞의(에)(로)等語의添附로써立ᄒᆞ는者이라例를示ᄒᆞ건대

거울처름물이맑다

달밝은밤에기럭이가울고간다

래일어느ᄯᅢ로올잇가

第二節 節

節이라ᄒᆞ는者ᄂᆞᆫ文章갓히其本原을具ᄒᆞ야시나複雜ᄒᆞᆫ文章의部分을成ᄒᆞ는者를謂ᄒᆞ미니라

節은文章의中에其資格과位置에因ᄒᆞ야四種이有ᄒᆞ니卽名。詞。節。形。容。詞。節。添。附。詞。節。及獨。立。節。이니라

(甲) 名詞節

名詞節이라ᄒᆞ는者ᄂᆞᆫ文章의中에在ᄒᆞ야其資格이名詞와同ᄒᆞᆫ者를謂ᄒᆞ미니例를示ᄒᆞ건대

달의밝음은해의빗이라

붓의발흠은마암의발흠이라

(乙) 形容詞節

形容詞節이라ᄒᆞ는者ᄂᆞᆫ文章中에在ᄒᆞ야其資格이形容詞와同ᄒᆞᆫ者를謂ᄒᆞ미라例를示ᄒᆞ건대

어졔밤바람의나무닙새를불어ᄯᅥ러ᄯᅳ리는소래에ᄌᆞᆷ이ᄭᆡ이엿다

봄빗이나븨의춤추ᄂᆞᆫ그림자를짝ᄒᆞ야니르럿다

(丙) 添附詞節

添附詞節이라ᄒᆞᄂᆞᆫ者ᄂᆞᆫ文章의中에在ᄒᆞ야其資格이添附詞와同ᄒᆞᆫ者를謂ᄒᆞ미라例를示ᄒᆞ건대

겨울솔나무의프르득히우리도졀개를가다듬자

프른하날한장조희에나의배속글을쓴다

(丁) 獨立節

獨立節이라ᄒᆞᄂᆞᆫ者ᄂᆞᆫ文章의中에在ᄒᆞ야他節과對等의資格을有ᄒᆞᆫ者를謂ᄒᆞ미라例를示ᄒᆞ건대

산은놉고,물은곱다

힘은산을빠히고,긔운은세상을덥흐도다

獨立節에對ᄒᆞ야名詞節,形容詞節,添附詞節을附屬節이라稱ᄒᆞ나니라

第四章 文章의種類

文章은其成立上三種의體裁가有ᄒᆞ니(一)單文。(二)複文。(三)重文。이니라

第一節 單文

單文이라ᄒᆞᄂᆞᆫ者ᄂᆞᆫ文章의組織上節을含치아니ᄒᆞᆫ文章을謂ᄒᆞ미니一個或二個以上의主語,客語,補足語,說明語及修飾語等으로成立ᄒᆞᄂᆞ니라例를示ᄒᆞ건대

一 해가[主] 돗엇다[說明]

此ᄂᆞᆫ一個主語와說明語로成ᄒᆞᆫ者이라

二 바람이[主] 구름을[客] 흣ᄂᆞᆫ다[說明]

此ᄂᆞᆫ各一個의主語,客語及說明語로成ᄒᆞᆫ者이라

三 서리가하날에가득ᄒᆞ다

此ᄂᆞᆫ各一個의主語、補足語及說明語로成ᄒᆞᆫ者이라

四 을지문덕이수양데를청천강에서재타리엇다

此ᄂᆞᆫ各一個의主語、客語、補足語及說明語로成ᄒᆞᆫ者이라

五 가을달이밝은빗을날니ᄂᆞᆫ도다

此ᄂᆞᆫ修飾語를含ᄒᆞᆫ各一個의主語及客語와一個의說明語로成ᄒᆞᆫ者이라

六 겨울고개에외로은솔이빠히어낫도다

此ᄂᆞᆫ修飾語를含ᄒᆞᆫ各一個의主語及補足語와一個의說明語로成ᄒᆞᆫ者이라

七 제비와참새가기럭이와곤이의ᄯᅳᆺ을엇지알리오

此ᄂᆞᆫ二個의主語와各一個의修飾語를含ᄒᆞᆫ客語及說明語로成ᄒᆞᆫ者이라

八 점은사람이흰말을큰길에급히달닌다

此ᄂᆞᆫ一個의主語、客語、補足語及說明語가各一個의修飾語를含ᄒᆞ야成ᄒᆞᆫ者이라

第二節 複文

複文이라ᄒᆞᄂᆞᆫ者ᄂᆞᆫ文章의組織上附屬節을含ᄒᆞᆫ者를謂ᄒᆞ미라

例를示ᄒᆞ건대

一 시간의감은물의흐름과갓다

此文은名詞節을含ᄒᆞᆫ者인故로複文이라

二　가을바람의나무닙새ᄯᅥ러ᄯᅳ리ᄂᆞᆫ[形容詞節]소래ᄂᆞᆫ사람의회포ᄅᆞᆯ흔드ᄂᆞᆫ도다

此文은形容詞節을含ᄒᆞᆫ者인故로複文이라

三　마암을어름의맑음갓치[副詞節]조철케ᄒᆞ여라

此文은添附詞節을含ᄒᆞᆫ者인故로複文이라

第三節　重文

重文이라ᄒᆞᄂᆞᆫ者ᄂᆞᆫ文章의組織上獨立節을含ᄒᆞᆫ者ᄅᆞᆯ謂ᄒᆞ미니說明語의語尾變化로助動詞中止段의(고)(며)等語로써前節과後節의連絡을成ᄒᆞᄂᆞᆫ者이라或此ᄅᆞᆯ聯。排。文。又雙。關。文이라稱ᄒᆞ나니其例ᄅᆞᆯ示ᄒᆞ건대

一　새가울고,[獨立節]꼿이픠다[獨立節]

二　구름은룡을좃고,[獨立節]바람은범을좃도다[獨立節]

右二文은獨立節로써成ᄒᆞᆫ重文이라

三　달이가득ᄒᆞᆫ즉[添附詞節]이즈러지고,[複文]해가가운데ᄒᆞᆫ즉[添附詞節]기우나니라[複文]

四　물이깁ᄒᆞᆫ고로[添附詞節]고기가줄거움을엇고,[複文]숩이셩ᄒᆞᆫ고로[添附詞節]새가도라감을아ᄂᆞᆫ도다[複文]

右二文은二個複文이連合ᄒᆞ야成ᄒᆞᆫ重文이라

五 「主」 더아해가글을읽고、글씨를쓴다 (獨立節)

此文은一個主語의下에二個獨立節로成ᄒᆞᆫ重文이라

右갓치文章은單文、複文及重文及三種에過치아니ᄒᆞ매區別ᄒᆞ기極히單純ᄒᆞ나其實은以上諸節의述ᄒᆞᆫ바처름截然ᄒᆞᆫ者가아니오甚히複雜ᄒᆞ야單文은重文或複文의一部分을成ᄒᆞᆷ이多ᄒᆞ고又複文、重文도또한他文章中의一部分을成ᄒᆞᄂᆞ니라

(總主 單文 單文 重文 複文)
차이나는싸가넓고、사람이만흐되우와아래의마암이한갈갓치아니ᄒᆞ고로나라의힘이굿세지못ᄒᆞᄂᆞ니라
(單文 文)

第五章 文章의呼應

文章의呼應이라ᄒᆞᄂᆞᆫ者ᄂᆞᆫ文章의成立上其意義가相通ᄒᆞ도록語句를用ᄒᆞᆷ을謂ᄒᆞ미니라

文章의呼應은其意義의聯結上二種의區別이有ᄒᆞ니(一)順。體。呼。應。(二)反。體。呼。應。이니라

(一)順體呼應은語句의聯貫에因ᄒᆞ야上下意義가和同되ᄂᆞᆫ者이니(면)(즉)等語로成ᄒᆞᄂᆞ니라其例를示ᄒᆞ건대

네가가면나도가마
비가온즉풀이난다

此에(가면)은呼。이오(가마)ᄂᆞᆫ應。이며(온즉)은呼。이오(난다)ᄂᆞᆫ應。이니即上語句(네가가면)이下語句(나도가마)를呼起ᄒᆞ매下語句가此를應從ᄒᆞ야其脈絡을相通ᄒᆞᄂᆞᆫ故로曰呼。

應이라(온즉)及(난다)도亦同ᄒᆞ미라此等은皆其呼應에因ᄒᆞ야上下의文義가互相和同ᄒᆞᆫ故로曰順體呼應이라

(二)反體呼應은語句의聯貫에因ᄒᆞ야上下意義가反對되ᄂᆞᆫ者를謂ᄒᆞ미니(나)(도)等語로成ᄒᆞᄂᆞ니라其例를示ᄒᆞ건대

네가가나나ᄂᆞᆫ가지아니리라

비ᄂᆞᆫ와도풀은나지안ᄂᆞᆫ도다

此에(가나)及(와도)가呼이오(가지아니리라)及(나지안ᄂᆞᆫ도다)가應이니卽上語句(가나)와(나)가語句를聯絡ᄒᆞ면서文義를提反ᄒᆞᄂᆞᆫ故로此에對ᄒᆞ야(아니가리라)가應ᄒᆞ미니이갓치上下語句가互相反對ᄒᆞᄂᆞᆫ故로曰反體呼應이라

第六章 文章의解剖

文章의解剖라ᄒᆞᄂᆞᆫ者ᄂᆞᆫ一文章을各本原으로分解ᄒᆞ야其構造를指示ᄒᆞᄂᆞᆫ者를謂ᄒᆞ미니라

文章本原의位置ᄂᆞᆫ順正ᄒᆞᆫ者와顚倒ᄒᆞᆫ者가有ᄒᆞᆫ지라故로各其本原의作用을考ᄒᆞ야其判別을立ᄒᆞᆷ이可ᄒᆞ니其節次ᄂᆞᆫ說明語를指出ᄒᆞ고次에其主되ᄂᆞᆫ主語를定ᄒᆞᆫ後客語、補足語에及ᄒᆞ고其本原이判明ᄒᆞ거든修飾語를考究ᄒᆞᆷ이可ᄒᆞ니複文、重文은單文에比ᄒᆞ야唯其節次가複雜ᄒᆞᆯᄯᆞᄅᆞᆷ이오其法則은差異가小無ᄒᆞ니라今에文章의解剖ᄒᆞᄂᆞᆫ例를示ᄒᆞ건대

主 說
바람이분다
單文

主 主部 客 客部
主修 主 客修 客 說
서늘ᄒᆞᆫ바람이심ᄒᆞᆫ더위를물니친다
單文

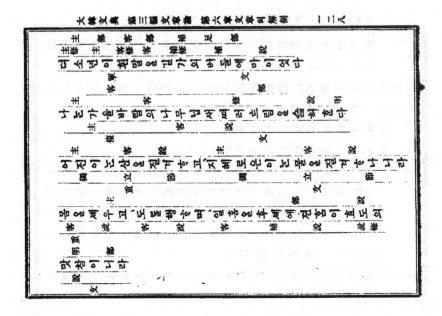

單文

더소년이흰말을길가의버들에마이엇다

複文

나는가을바람의나무닙새떠러트림을슯허ᄒᆞᆫ다

重立文

어진이는산을질겨ᄒᆞ고、지혜로온이는물을질겨ᄒᆞᄂᆞ니라

重明文

몸을세우고、도를행ᄒᆞ며、일홈을後세에젼ᄒᆞᆷ이효도의맛참이니라

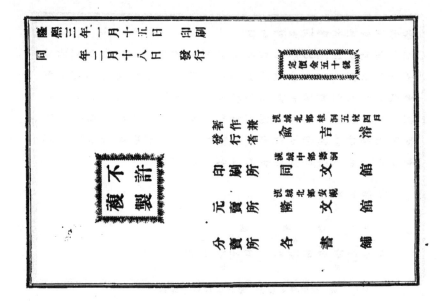

隆熙三年一月十五日 印刷
同 年二月十八日 發行

不許複製

定價金五十錢

著作兼發行者 兪吉濬 漢城北部桂洞五統四戶
印刷所 同文館 漢城中部壽洞
元賣所 隆文館 漢城北部安峴
分賣所 各書舖

보통학교 학도용 한문독본

(普通學校 學徒用 漢文讀本)

卷1·2·3·4

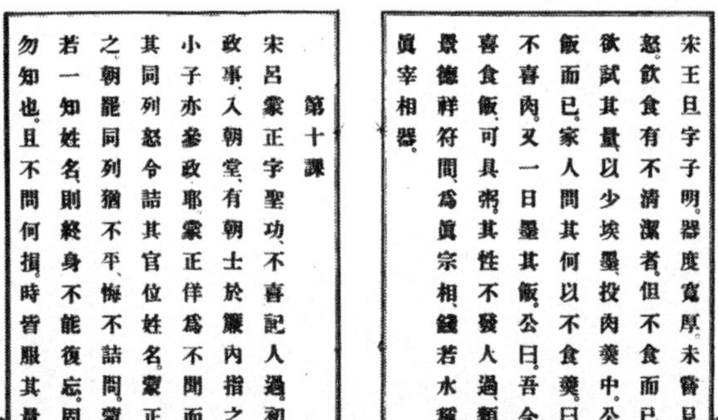

宋王旦字子明。器度寬厚。未嘗見其喜怒。飮食有不淸潔者。但不食而已。家人欲試其量、以少埃墨、投肉羹中。公惟啖飯而已。家人問其何以不食羹。曰。我偶不喜肉。又一日墨其飯。公曰。吾今日不喜食飯、可具粥。其性不發人過、類如此。景德祥符間、爲眞宗相、錢若水稱之曰。眞宰相器。

第十課

宋呂蒙正字聖功、不喜記人過。初參知政事、入朝堂、有朝士於簾內指之曰。此小子亦參政耶。蒙正佯爲不聞而過之。其同列怒令詰其官位姓名。蒙正遽止之、朝罷同列猶不平、悔不詰問。蒙正曰。若一知姓名、則終身不能復忘。固不如勿知也。且不問何損。時皆服其量。

訂正

普通學校
學徒用

漢文讀本 卷一

普通學校學生用 漢文讀本卷一

第一課

一二三四

五六七八

九十

第二課

日月火水

木、金、土、沙、
石、山、川、

第三課

上、下、左、右、
人、手、足、口、
目、耳、鼻、

第四課

東、西、南、北、
春、夏、秋、冬、
四方、四時、

第五課

日月、 山川、 金石、
草木、 上下、 左右、
東西南北、

第六課

男、女、父、母、

兄、弟、姊、妹、

子、孫、

第七課

男女、 父母、 兄弟、

姊妹、 男子、 女子、

大人、 小兒、

第八課

家、門、庭、

前、後、內、外、

門前、門外、庭內、

第九課

牛、馬、犬、猫、

魚、鳥、虫、貝、

牛馬、　魚鳥、　虫魚、

第十課

白紙、　白鳥、　青草、

青山、　黑犬、　黑牛、

黃鳥、　紅花、

第十一課

六

高山、　清水、　冷水、

堅石、　廣庭、　薄氷、

白雪、　黑雲、

第十二課

山高。　水清。

風凉。　雪白。

石堅。　庭廣。

七

道狹。門低。

第十三課

春暖。夏暑。

秋冷。冬寒。

晝明。夜暗。

朝寒。晝暖。

第十四課

南山高。河水淸。

井水冷。後庭廣。

北風寒。前門低。

第十五課

水流。花開。

鳥啼。犬吠。

馬走。牛眠。

第十六課

雨降。風吹。
雪積。雲起。
日沒。月出。

第十七課

清水流。百花開。
萬犬吠。黑雲起。

涼風吹。細雨降。

第十八課

雪大積。雨少降。
日旣出。黑雲忽起。
李花旣開。桃花忽散。

第十九課

兄讀書。弟作文。

長女汲水。 次女洗衣。

小兒釣魚。 農夫耕田。

第二十課

犬追兎。 牛食草。

少女摘花。 學徒弄球。

壽男愛馬。 福童好牛。

第二十一課

壽男好讀書。

福童能作文。

長女每朝汲水。

次女每日洗衣。

牛馬好食草。

兄能愛弟。

第二十二課

天高、地廣。
山青、水清。
松青、沙白。
花笑、鳥歌。
日沒、月出。

第二十三課

天曇、月隱。
雨晴、月再出。
頭圓、尾長、爪甚銳。
幹長、葉茂、實亦大。
春去、夏來、秋過、冬至。

第二十四課

東西南北曰四方。
春夏秋冬曰四時。

六十分曰一時間。
二十四時間曰一晝夜。
十厘曰一錢。
百錢曰一圓。

第二十五課

十寸曰一尺。
十尺曰一丈。

十勺曰一合。
十合曰一升。
十升曰一斗。
十斗曰一石。

第二十六課

兄愛弟、弟敬兄。
臣敬君、君愛臣。

貞童能文、又能書。
福童能學、又能遊。
每朝早起、散步庭內。

第二十七課

園中果樹多。
門內無空地。
門外有一老樹。

山上樹木甚少。
後有山、前有河。
高山後峙、大河前流。

第二十八課

午前九時發京城。
午後五時着平壤。
去年四月、始入普通學校。

朝六時起床、夜十時就褥。
午前八時登校、午後二時歸宅。

第二十九課

馬負人而走。
牛曳車而行。
農夫牽牛而歸。
少女見犬而啼。

老人拄杖而立。

第三十課

白馬負人而疾走。
黑牛曳重車而緩步。
小童牽黃牛而歸家。
少女見犬而驚泣。
老人倚杖而賞花。

第三十一課

學徒開卷。一齊讀之。

先生發問。學徒能答之。

先生講話。諸生傾聽之。

學徒發問。先生直說明之。

老人栽草花。每日賞玩之。

第三十二課

東京。我國之首府也。

京城。朝鮮第一都會也。

白頭山。朝鮮第一高山也。

鴨綠江。朝鮮第一長流也。

朝鮮第一名山。金剛山也。

第三十三課

運動場在門內。

釜山在朝鮮之南端。

義州在朝鮮之西北隅。

平壤在大同江之右岸。

普通學校在停車場之西。

第三十四課

閑人不可入。

禁閑人入門內。

予性甚不嗜酒。

我愛犬、而不愛猫。

汝好猫、而不好犬。

父禁酒而後、身體甚强健。

第三十五課

身體萬事之本也。

身體不强健、則萬事休。

文字不可不知也。

不知文字者、猶盲目。

不入學校、則不能知文字也。

第三十六課

僕未學漢文。

李君未知國語。

虎雖猛、不能敵象。

朴君能作漢文、又少解國語。

金君能解國語、而未能作漢文。

第三十七課

農夫賣野菜、而買石油。

漁夫賣魚物、而買米鹽。

先生溫厚、而能愛諸生。

學生皆溫順、而能守先生之敎。

普通學校在岸上、眺望甚佳也。

第三十八課

玉姬身體最强健。
竹姬性質甚順良。
馬性敏捷、而牛性遲鈍。
朝鮮冬極寒、而夏甚暑。
順明品行方正、而學力優等也。

第三十九課

孔子名丘、魯人也。
孟子名軻、鄒人也。
曾子孔子之弟子也。
子思孔子之孫也。
子思師曾子、孟子師子思。

第四十課

學徒會集於運動場。

犬眠於戶外、貓眠於屋上。

先生入教場、學徒起立而行禮。

男子八歲、則皆入普通學校。

朴君十六歲、始入實業學校。

第四十一課

南大門外有停車場。

京城之西南有良港、曰仁川。

仁川之近海有島、其名曰月尾島。

李氏有二子。長曰順明、次曰道明。

二人事父母、能盡其孝。

第四十二課

貞童教漢文於其弟。
先生課宿題於學徒。
校長授卒業證書於學徒。
衆皆推李全用爲班長。
道長官選朴成完爲面長。

第四十三課

天大雲雨將至。

東天既白日將出。
猛虎開口將噬人。
飢者不擇食渴者不擇飲。
坐井而觀天者曰天小也。

第四十四課

猫其形甚似虎。
虎似猫而甚大。

虎四肢強、爪牙鋭。
虎殺他獸而食之。
虎一吼、則百獸戰慄。

第四十五課

朝發京城、夕宿於水原。
水原有湖水、稱西湖。
青山相連、風景最佳。

平壤後依山、前臨江。
平野廣濶、一望無際。

第四十六課

人一能之、己百之。
人十能之、己千之。
一尺布尙可縫。
一斗粟尙可舂。

囘也聞一以知十。
賜也聞一以知二。

第四十七課

青年不重來。
一日難再晨
光陰如矢、一去不復歸。
古人惜寸陰。

今人不可不惜分陰。
今日習一字、明日又習一字。

第四十八課

上品之人、不敎而善。
中品之人、敎而後善。
下品之人、敎亦不善。
不敎而善、非聖而何。

教而後善、非賢而何。
教亦不善、非愚而何。

第四十九課

李白字太白。少年學未成、棄歸。
道逢一嫗磨鐵杵。白問之。嫗曰。
欲作鍼。白感其言、遂還卒業。

第五十課

虎得一狐。狐曰。子毋食我。天帝
令我長百獸。不信、吾爲子先行。
子隨後。獸皆畏虎。虎不知獸畏
己、以爲畏狐也。

第五十一課

晋王覽字立通。母朱遇兄祥無
道。覽年數歲、見祥楚撻、輒涕泣

抱持。朱屢以非理使祥。覽輒與
俱。又虐使祥妻、覽妻亦趨而共
之。朱患之、乃止。

第五十二課

朱買臣家素貧。賣薪自給。行歌
誦書。妻羞之求去。買臣曰。汝苦
日久。我富貴當報汝。妻怒曰。如

公等終餓死溝壑中矣。買臣不
能留、聽自去。後累進爲太守、衣
錦還鄉。

普通學校學徒用 漢文讀本卷一 終

明治四十四年三月十三日印刷
明治四十四年三月十五日發行
明治四十四年八月十五日再版
明治四十四年十二月十五日三版
明治四十五年七月五日四版
大正二年一月十五日五版

定價金六錢

朝鮮總督府

總務局印刷所印刷

訂正

普通學校
學徒用

漢文讀本 卷二

高等漢文讀本卷一

第一課

子曰。益者三友。損者三友。
友直、友諒、友多聞、益矣。
友便辟、友善柔、友便佞、損矣。

孟子曰。不挾長、不挾貴、不挾兄弟、而友。
友也者、友其德也。不可以有挾也。

第二課

管仲字夷吾、嘗與鮑叔賈、分利多自與。鮑叔不以爲貪。知仲貧也。嘗謀事窮困。鮑叔不以爲愚。知時有利不利也。嘗三戰三走。鮑叔不以爲怯。知仲有老母也。仲曰。生我者父母也。知我者鮑子也。桓公九合諸侯、一匡天下、皆仲之謀。一則仲父、二則仲父。

第三課

范式少遊大學、與張邵爲友。二人各歸鄕。式謂邵曰。後二年當過拜尊親。至期邵白母、請設饌候之。母曰。二年之別、千里結言、爾何相信之審耶。對曰。范式信士、必不乖違。至日范式果到。升堂拜母、盡歡而別。

第四課

立志不高、則其學皆常人之事。

語及顏孟、則不敢當也。

其心必曰。我爲孩童、豈敢學顏孟哉。

此人不可以語上矣。

先生長者、見其卑下、豈肯與之語哉。

先生長者不肯與之語、則其所與語、皆下等人也。

第五課

言不忠信、下等人也。

行不篤敬、下等人也。

過而不知悔、下等人也。

悔而不知改、下等人也。

聞下等之語、爲下等之事、譬如坐於房舍之中。四面皆墻壁也、雖欲開明、不可得矣。

第六課

不違農時、穀不可勝食也。

斧斤以時入山林、材木不可勝用也。

五畝之宅樹之以桑、五十者可以衣帛矣。

雞豚狗彘之畜無失其時。七十者可以食肉矣。

百畝之田勿奪其時、數口之家可以無飢矣。

第七課

力足以擧百鈞、而不足以擧一羽。

明足以察秋毫之末、而不見輿薪。

一羽之不擧、爲不用力焉。

輿薪之不見、爲不用明焉。

挾泰山以超北海。語人曰、我不能。是誠不能也。

爲長者折枝。語人曰、我不能。是不爲也、非不能也。

第八課

曾子曰。身體髮膚受之父母。不敢毀傷孝之始也。立身、行道、揚名於後世、以顯父母、孝之終也。

又曰。身也者父母之遺體也。行父母之遺體、敢不敬乎。居處不莊非孝也。事君不忠非孝也。莅官不敬非孝也。朋友不信非孝也。戰陳無勇非孝也。五者不遂、

八

烖及於親、敢不敬乎。

第九課

范宣、年十歲。嘗以刀傷足、捧手改形。人問痛邪。答曰。不足爲痛。但受全之體、而致毀傷、不可處耳。家人以其年幼而異焉。

趙武孟、少遊獵、以所獲饋其母、母泣曰。汝不好書、而敖蕩、吾安望哉。不爲食。武

九

孟感激、遂力學。

第十課

曾子曰父母愛之、喜而弗忘。父母惡之、懼而無怨。父母有過、諫而不逆。

閔損、字子騫、孔子弟子。早喪母、父娶後妻、生二子。母嫉損、所生子衣棉絮衣、損以蘆花絮。父冬月令損御車。體寒失靷。父察知之。欲遣後妻。損啓父曰。母在一

子寒。母去三子單。父善其言而止。母亦感悔遂成慈母。

第十一課

薛包好學篤行。父娶後妻、而憎包、分出之。包日夜號泣不能去。至被毆杖、不得已廬于舍外。旦入而灑掃。父怒又逐之。乃廬於里門。晨昏不廢積歲餘。父母慚而還之。後服喪過哀。既而弟子求分財

異居。包不能止、乃中分其財。奴婢引其老者曰。與我共事久。若不能使也。田廬取其荒頓者曰。吾少時所理、意所戀也。器物取其朽敗曰。我素所服食、身口所安也。弟子數破其產、輒復賑給。

第十二課

伯兪有過、其母笞之泣。其母曰。他日笞、子未嘗泣。今泣何也。

對曰。兪得罪笞常痛。今母之力不能使痛、是以泣。

父母怒之、不作於意、不見於色、深受其罪、使可哀憐、上也。

父母怒之、不作於意、不見於色、其次也。

父母怒之、作於意、見於色、下也。

第十三課

子曰。弟子入則孝。出則弟。謹而信。汎愛

衆而親仁。行有餘力、則以學文。
有子曰。其爲人也、孝悌而好犯上者鮮
矣。不好犯上而好作亂者、未之有也。君
子務本。本立而道生。孝悌也者、爲仁之
本與。

第十四課

曾子衣弊衣以耕。魯君使人往致邑焉。
曰。請以此修衣。曾子不受。反復往。又不

受。使者曰。先生非求於人、人則獻之。奚
爲不受。曾子曰。臣聞之。受人者畏人、予
人者驕人。縱子有賜不我驕也、我能勿
畏乎。終不受。孔子聞之曰。參之言足以
全其節也。

第十五課

子思居於衛、縕袍無表、三旬而九食。田
子方聞之、使人遺狐白之裘。恐其不受

因謂之曰。吾假人遂忘之。吾與人也如棄之。子思辭而不受。子方曰。我有、子無。何故不受。子思曰。伋聞之、妄與不如遺棄物於溝壑。伋雖貧也、不忍以身爲溝壑。是以不敢當也。

第十六課

孔子曰。
生而知之者上也。

學而知之者次也。
困而學之、又其次也、
困而不學之、斯爲下矣。
孔子曰十室之邑、必有忠信如丘者焉。不如丘之好學也。
孔子曰、我非生而知之者。好古敏、以求之者也。

第十七課

孟子曰。世俗所謂不孝者五。惰其四支、不顧父母之養、一不孝也。博奕好飮酒、不顧父母之養、二不孝也。好貨財私妻子、不顧父母之養、三不孝也。從耳目之欲、以爲父母戮、四不孝也。好勇鬪狠以危父母、五不孝也。

孟子曰。孩提之童、無不知愛其親。及其

長也、無不知敬其兄也。

第十八課

哀公問。弟子孰爲好學。孔子對曰。有顔回者。好學、不遷怒、不貳過。不幸短命死矣。今也則亡。未聞好學者也。

子曰賢哉回也。一簞食、一瓢飮、在陋巷。人不堪其憂、回也不改其樂。賢哉回也。

第十九課

孟子曰。責善、朋友之道也。

子貢問友。孔子曰。忠告而善道之。不可則止。毋自辱焉。

橫渠先生曰。今之朋友、擇其善柔以相與拍肩執袂、以爲氣合。一言不合、怒氣相加。朋友之際、欲其相下不倦。故於朋友之間、主其敬者、日相親與、得效最速。

子曰。主忠信、無友不如己者。

第二十課

趙王以藺相如爲上卿、在廉頗右。頗曰。我爲趙將、有攻城野戰之功。相如素賤人、徒以口舌、居我上。吾羞爲之下。我見相如、必辱之。相如聞之、每朝稱疾、不欲與爭列。出望見、輒引車避匿。其舍人皆以爲恥。相如曰。夫以秦之威、相如廷叱之、辱其羣臣。相如雖駑、獨畏廉將軍哉。

顧念、强秦不加於趙者、徒以吾兩人在
也。今兩虎共鬪、其勢不俱生。吾所以爲
此者、先國家之急、而後私仇也。頗聞之、
肉袒負荊、詣門謝罪。遂爲刎頸之交。

第二十一課

子曰。人必自侮、然後人侮之。

子曰。人無遠慮、必有近憂。

子曰。君子病無能焉。不病人之不己知
也。

子曰。君子求諸己。小人求諸人。

子曰。君子不以言擧人。不以人廢言。

子曰。吾嘗終日不食、終夜不寢、以思無
益。不如學也。

第二十二課

孟軻之母、其舍近墓。孟子之少也、嬉戲
爲墓間之事、踊躍築埋。孟母曰。此非所

以居子也。乃去舍市。其嬉戲爲買衙。孟
母曰。此非所以居子也。乃徙舍學舍之
旁。其嬉戲乃設俎豆。揖讓進退。孟母曰。
此眞可以居子矣。遂居之。
孟子幼時。問東家殺猪何爲。母曰。欲啖
汝。既而悔曰。吾聞古有胎敎。今適有知
而欺之。是敎之不信。乃買猪肉以食之。
既長就學。遂成大儒。

第二十三課

匡衡字稚圭。東海人。好讀書。家貧無油
燭。鑿隣壁孔。映光讀書。後至丞相。
孫敬字文寶。常閉戶讀書。睡則以繩繫
頸。懸之梁上。嘗入市。市人見之皆曰。閉
戶先生來也。上數徵之而不就。

第二十四課

范汪少孤貧。六歲依外家庾氏。年十三

喪母。及長好學。外氏家貧無以資給。汪
乃廬于園中、布衣蔬食、燃薪寫書。寫畢
誦讀亦遍。遂博學多通。善談名理。
王育少孤貧。爲人傭牧羊。每過小學、必
歔欷流涕。時有暇卽折蒲學書。忘而失
羊、爲羊主、所責。育將鬻己以償之。同郡
許子章聞而嘉之、代育償羊、給其衣食、
使與子同學。遂博通經史。子章以兄之

子妻之。爲立別宅分之資業。

第二十五課

節孝徐先生、訓學者曰。
諸君欲爲君子、而勞己之力、費己之財。
如此而不爲君子、猶可也。
不勞己之力、不費己之財、諸君何不爲
君子。
鄕人賤之、父母惡之、如此而不爲君子、

猶可也。
父母欲之、鄉人榮之。諸君何不爲君子。
又曰。
言其所善、行其所善、思其所善。如此而
不爲君子、未之有也。
言其不善、行其不善、思其不善。如此而
不爲小人、未之有也。

第二十六課

張良字子房。少時游下邳圮上。有一老
父、衣褐至良所、墮履圮下。謂良曰。孺子
取履。良愕然欲毆之、見其老、强爲取之。
因跪進父。父以足受之、笑而去數里。復
返曰。孺子可教。乃授良兵法曰。讀此、可
爲王者師。
曲禮曰。遭先生於道、趨而進、正立拱手。

第二十七課

齊景公出獵。上山見虎、下澤見蛇。歸召
晏子而問之曰。今日寡人出獵、上山則
見虎、下澤則見蛇。殆所謂之不祥也。晏
子曰。國有三不祥、是不與焉。夫有賢而
不知、一不祥。知而不用、二不祥。用而不
任、三不祥也。所謂不祥、乃若此者也。今
上山見虎、虎之室也。下澤見蛇、蛇之穴
也。如虎之室、如蛇之穴、而見之、曷爲不

祥也。

第二十八課

孟子曰。天將降大任於是人也、必先苦
其心志、勞其筋骨、餓其體膚、空乏其身。」
淮陰人韓信、家貧釣城下。有漂母、見信
飢、飯信。信曰。吾必厚報母。母怒曰。大丈
夫不能自食。吾哀王孫而進食。豈望報
乎。

淮陰屠中少年、有侮信者、因衆辱之曰。雖長大好帶劒、情怯耳。能死刺我。不能出我胯下。信熟視之、俛出胯下蒲伏。一市人皆笑信怯。

第二十九課

漢高祖嘗從容問韓信諸將能將兵多少。曰。如我能將幾何。信曰。陛下不過將十萬。曰於君如何。信曰。臣多多益善。高祖笑曰。多多益善、何爲我禽。曰。陛下不能將兵、而善將將。此信所以爲陛下禽、且陛下所謂天授、非人力也。

第三十課

高鳳少爲書生。家以農畝爲業、而專精誦讀、晝夜不息。妻嘗之田、曝麥於庭、令鳳護雞。時天暴雨、而鳳持竿誦經、不覺潦水流麥。妻還怪問、鳳方悟之。其後遂爲名儒。

蘇洵年二十七始發憤爲學。歲餘舉進士、又舉茂才、異等皆不中。悉焚常所爲文、閉戶益讀書。遂通六經百家之說、下筆頃刻數千言。與其二子軾轍至京師。一時學者競效蘇氏、爲文章。

第三十一課

樹欲靜而風不止。子欲養而親不待。

負重道遠者、不擇地而休。家貧親老者、不擇祿而仕。

仲由字子路。見孔子曰。昔事二親之時、常食藜藿之實、爲親負米百里之外。親沒後南遊於楚、爲大夫、從車百乘、積粟萬鍾、累茵而坐、列鼎而食。雖欲食藜藿爲親負米、何其可得也。

第三十二課

孔子之楚。有漁者獻魚甚强。孔子不受。獻魚者曰。天暑遠市、賣之不售。思欲棄之、不若獻之君子。孔子再拜受、使弟子掃除將祭之。弟子曰。夫人將棄之、今夫子將祭之何也。孔子曰。吾聞之、務施不腐餘財者聖人也。今受聖人之賜、可無祭乎。

第三十三課

曾子曰。孝子之養老也、樂其心不違其志、樂其耳目、安其寢處、以其飮食忠養之。

是故、父母之所愛亦愛之、父母之所敬亦敬之。至於犬馬盡然。而況於人乎。

曲禮曰。凡爲人子之禮、冬溫而夏凊、昏定而晨省。

出必告、反必面。所遊必有常、所習必有

業、恒言不稱老。

第三十四課

禮記曰。孝子之有深愛者、必有和氣。有和氣者、必有愉色。有愉色者、必有婉容。

孔子曰。父母在、不遠遊、遊必有方。

禮記曰。父命呼、唯而不諾。手執業則投之。食在口則吐之。走而不趨。

親老、出不易方。復不過時。

子游問孝。子曰。今之孝者、是謂能養。至於犬馬、皆能有養。不敬、何以別乎。

第三十五課

周顗字伯仁。友愛過人。弟嵩飲醉瞋目、面謂伯仁曰。君才不如弟、而橫得重名。須臾擧蠟燭火擲伯仁。伯仁咲曰。阿奴火攻、固出下策耳。

鄭均兄爲縣吏。頗受禮遺。均數諫止不

聽、卸脫身爲傭、歲餘得錢帛、歸以與兄曰。物盡復得。爲吏坐贓、終身捐棄。兄感其言、遂爲廉潔。

第三十六課

司馬芝避亂荊州。於魯陽山遇賊。同行者皆棄老弱走。芝獨坐守老母。賊至以及臨芝。芝叩頭曰。母老唯在諸君。賊曰。此孝子也。殺之不義。遂得免害。

劉思敬父、年八十、兩目俱喪明。會亂兵剽掠其鄉。思敬負父避于巖穴中。有兵至欲殺思敬。思敬泣言曰。我父老矣、又無目。我死不足惜、使我父何依乎。兵憐其孝、不忍殺、父子皆免於難。

第三十七課

弟子職曰。

先生施教、弟子是則溫恭自虛、所受是

極。
見善從之、聞義則服、溫柔孝弟、毋驕恃
力。
志毋虛邪、行必正直、遊居有常、必就有
德。
顏色整齊、中心必式、夙興夜寐、衣帶必
飭。
朝益暮習、小心翼々、一此不懈。是謂學

則。

第三十八課

漢陳孝婦、年十六而嫁、未有子。其夫當
行戍。且行時屬孝婦曰。我生死未可知。
幸有老母、無他兄弟備養。吾不還、汝肯
養吾母乎。婦應曰諾。夫果死不還。婦養
姑不衰。慈愛愈固、紡績織紝、以爲家業、
終無嫁意、居喪三年。其父母哀其少無

子而早寡也、將取嫁之。孝婦曰。夫去時、屬妾以供養老母、旣許諾之。夫養人老母而不能卒、許人以諾而不能信、將何以立於世。欲自殺。懼而不敢嫁也。遂使養其姑二十八年。姑八十餘、以天年終。盡賣其田宅財物以葬之、終奉祭祀。淮陽太守以聞。使使者賜黃金四十斤復之、終身無所與。號曰孝婦。

第三十九課

公明宣學於曾子、三年不讀書。曾子曰。宣而居參之門、三年、不學、何也。

公明宣曰。安敢不學。宣見夫子居庭、親在、叱咤之聲、未嘗至犬馬。宣說之、學而未能。宣見夫子之應賓客、恭儉而不懈惰。宣說之、學而未能。宣見夫子之居朝廷、嚴臨下而不毀傷。宣說之、學而未能。

宣說此三者、學而未能。宣安敢不學而居夫子之門乎。

第四十課

繆彤少孤。兄弟四人皆同財業。及各取妻、諸婦遂求分異。又數有鬪爭之言。彤深懷忿嘆。乃掩戶自撾曰。繆彤汝修身謹行學聖人之法、將以齊整風俗、奈何不能正其家乎。弟及諸婦聞之、悉叩頭

謝罪。遂更爲敦睦之行。

蘇瓊除南清河太守。有百姓乙普明、兄弟爭田、積年不斷。各相援據、乃至百人。瓊召普明兄弟、諭之曰。天下難得者兄弟、易求者田地。假令得田地失兄弟心如何。因而下淚。諸證人莫不灑泣。普明兄弟叩頭乞外更思。分異十年、遂還同住。

第四十一課

衛靈公與夫人夜坐。聞車聲轔々至闕而止。過闕復有聲。公問夫人曰。知此爲誰。夫人曰。此蘧伯玉也。公曰。何以知之。夫人曰。妾聞。禮下公門。式路馬。所以廣敬也。夫忠臣與孝子。不爲昭々信節。不爲冥々惰行。蘧伯玉衛之賢大夫也。仁而有智。敬於事上。此其人必不以闇昧廢禮。是以知之。公使人視之。果伯玉也。

普通學校學徒用 漢文讀本卷一 終

明治四十四年三月十三日印刷
明治四十四年三月十五日發行
明治四十四年八月十五日再版
明治四十四年十二月十五日三版
明治四十五年七月五日四版
大正二年一月十五日五版

定價金六錢

朝鮮總督府

總務局印刷所印刷

訂正

普通學校
學徒用

漢文讀本 卷三

普通學校學徒用漢文讀本卷三

第一課

子曰。三人行必有我師焉。擇其善者而從之。其不善者而改之。

子曰見賢、思齊焉。見不賢、而內自省也。

有弗學。學之弗能、弗措也。

有弗問。問之弗知、弗措也。

有弗思。思之弗得、弗措也。

有弗辨。辨之弗明、弗措也。

有弗行。行之弗篤、弗措也。

第二課

玉不琢不成器。人不學不知道。

氷生于水而寒于水。青出于藍而勝于藍。

蓬生麻中不扶自直。白沙入泥、與之皆黑。

不積跬步、無以至千里。不積小流、無以成江海。

呂蒙初不學、孫權勸就學。後魯肅見蒙、大驚曰。非復吳下阿蒙。蒙曰。士別三日、當刮目相待。

第三課

梟逢鳩、鳩曰、子將安之。梟曰。我將東徙。鳩曰。何故。梟曰。鄉人皆惡我鳴。以故東

四

徒。鳩曰。子能更鳴可矣。不能更鳴、東徒猶惡子之聲。

北塞有翁。馬亡入胡、人弔之。翁曰。安知非福乎。後引一駿馬歸、人賀之。翁曰。安知非禍乎。後子騎馬折臂、人弔之。翁曰。安知非福。後日胡兵大出、壯者皆戰死。惟其子以跛故、得父子相保。

第四課

將爲善、思貽父母令名、必果。將爲不善、思貽父母羞辱、必不果。

內則曰。父母有過、下氣怡色、柔聲以諫。諫若不入、起敬、起孝、說則復諫。

凡子受父母之命、必籍記而佩之、時省而速行之、事畢則返命焉。

或所命有不可行者、則和色柔聲、具是非利害、而白之、待父母之許、然後改之。

五

若不許、苟於事無大害者、亦當曲從。若以父母之命爲非、而直行己志、雖所執皆是、猶爲不順之子。況未必是乎。

第五課

漢太倉令淳于公、有罪當刑、詔獄逮繫長安。淳于公無男、有女五人。當行罵曰。生女不生男、緩急非有益。其少女緹縈悲泣、隨至長安、上書曰。妾父爲吏、齊中

皆稱其廉平、今坐法當刑。妾傷死者不可復生、刑者不可復屬、雖欲改過、亡繇也。妾願沒入爲官婢、以贖父罪、使得自新。書奏。天子悲憐其意、下令除肉刑。

第六課

孟懿子問孝。

子曰。無違。

樊遲御、子告之曰。孟孫問孝於我、我對

日無違。
樊遲曰。何謂也。
子曰。生事之以禮、死葬之以禮、祭之以
禮。
禮記曰。孝子之事親也、有三道焉。生則
養、沒則喪、喪畢則祭。
夫爲人子者出必告、反必面、所遊必有
常、所習必有業、恒言不稱老。

第七課

吳季札、初使北過徐君。徐君愛季札劍、
口弗敢言、季札心知之。爲使上國、而未
獻。還至徐、徐君已死。乃解其寶劍、繫徐
君塚樹上、拜而去。從者曰。徐君已死、尙
誰予乎。季子曰。不然。始吾心已許之矣。
豈以死而背吾心乎。
吳拔裘公、不知何許人。夏月衣敝裘、賣

薪於道。道上有遺金一錠、公不顧而去。

吳延陵季子、見而憫之曰。負薪者取彼金。公笑曰。五月披裘而負薪、豈取金者哉。季子驚拜、問姓名。公曰。而何足與言姓名也。不答而去。

第八課

子貢問曰。有一言而可以終身行之者乎。

子曰。其恕乎。己所不欲勿施於人。

唐婁師德字宗仁。溫恭謹慎、有大度。則天朝爲相、未嘗與人有毫髮之隙。其弟授代州刺史、辭之官。師德教之耐事。弟曰。人唾面亦自拭之去。師德愀然曰。唾汝面、怒汝也。汝拭之、乃逆其意、所以重其怒矣。當笑而受之。正使自乾耳。

第九課

宋王旦字子明。器度寬厚。未嘗見其喜怒。飮食有不淸潔者。但不食而已。家人欲試其量、以少埃墨、投肉羹中。公惟啖飯而已。家人問其何以不食羹。曰。我偶不喜肉。又一日墨其飯。公曰。吾今日不喜食飯、可具粥。其性不發人過、類如此。景德祥符間、爲眞宗相、錢若水稱之曰。眞宰相器。

第十課

宋呂蒙正字聖功、不喜記人過。初參知政事、入朝堂、有朝士於簾內指之曰。此小子亦參政耶。蒙正佯爲不聞而過之。其同列怒令詰其官位姓名。蒙正遽止之。朝罷同列猶不平、悔不詰問。蒙正曰。若一知姓名、則終身不能復忘。固不如勿知也。且不問何損。時皆服其量。

第十一課

孔子曰。君子之道四。丘未能一焉。所求乎子、以事父、未能也。所求乎臣、以事君、未能也。所求乎弟、以事兄未能也。所求乎朋友、先施之、未能也。

子曰。躬自厚、而薄責於人、則遠怨矣。

夫仁者、己欲立而立人、己欲達而達人。

孟子曰。人之易其言也、無責耳矣。

第十二課

子張問仁於孔子。

孔子曰。能行五者於天下爲仁矣。

請問之。

曰。恭寬信敏惠。恭則不侮。寬則得衆。信則人任焉。敏則有功。惠則足以使人。

孟子曰。仁則榮、不仁則辱。今惡辱、而居不仁、是猶惡濕而居下也。

仁人之安宅也。義人之正路也。曠安宅而弗居、舍正路而不由、哀哉。

第十三課

子曰。奢則不孫、儉則固、與其不孫也、寧固。

趙簡子乘弊車瘦馬、衣羖羊裘其宰進諫曰。車新則安、馬肥則往來疾、狐白之裘溫且輕。簡子曰。吾非不知也。吾聞之。

君子服善、則益恭、細人服善、則益倨。我以自備。恐有細人之心也。傳曰。周公位尊愈卑、勝敵愈懼、家富愈儉、故周氏八百餘年、此之謂也。

第十四課

孟子曰。君子有三樂。父母俱存、兄弟無故、一樂也。仰不愧於天、俯不怍於人、二樂也。得天下之英才、而教育之、三樂也。

孔子見榮啓期。衣鹿皮裘、鼓瑟而歌。孔
子問曰。先生何樂也。對曰。吾樂甚多。天
生萬物、唯人爲貴。吾既已得爲人。是一
樂也。人以男爲貴。吾既已得爲男。是二
樂也。人生不免襁褓。吾年已九十五是
三樂也。夫貧者、士之常也。死者、民之終
也。處常待終、當何憂乎。

第十五課

爲人臣下者、有諫而無訕。

定公問。君使臣、臣事君、如之何。

孔子對曰。君使臣以禮、臣事君以忠。

子曰。其身正、不令而行。其身不正、雖令
不從。

孟子告齊宣王曰。君之視臣、如手足、則
臣視君如腹心。君之視臣如犬馬、則臣
視君如國人。君之視臣如土芥、則臣視

君如寇讎。

第十六課

景公有馬、其圉人殺之。公怒援戈將自擊之。晏子曰。此不知其罪而死。臣請爲君數之、令知其罪、而殺之。公曰諾。晏子擧戈而臨之曰。汝爲吾君養馬、而殺之。而罪當死。汝使吾君以馬之故、殺圉人。而罪又當死。汝使吾君以馬故殺人、聞

於四隣諸侯。而罪又當死。公曰。夫子釋之。夫子釋之。勿傷吾仁。

第十七課

吳王欲伐荊、告其左右曰。敢有諫者死。舍人有少孺子者、欲諫不敢。則懷丸操彈、遊於後園。露沾其衣。如是三旦。吳王曰。子來。何苦沾衣如此。對曰。園中有樹。其上有蟬。蟬高居悲鳴

飮露、而不知螳螂在其後也。螳螂委身曲附欲取蟬、而不知黃雀在其傍也。黃雀延頸欲啄螳螂、而不知彈丸在其下也。此三者、皆務欲得其前利、而不顧其後之有患也。吳王曰。善哉。乃罷其兵。

第十八課

甘茂使於齊、渡大河。船人曰。河水間耳。君不能自渡、能爲王者說乎。甘茂曰。不然。汝不知也。物各有短長。騏驥騄駬、足及千里、置之宮室、使之捕鼠、不如小狸。干將爲利、名聞天下、匠以治木、不如斤斧。今持楫而上下隨流、吾不如子。說千乘之君萬乘之主、子亦不如茂矣。

成子高寢疾。慶遺入請曰。子之病革矣。如至乎大病則如之何。子高曰。吾聞之也、生有益於人、死不害於人。吾縱生無

然。汝不知也。物各有短長。騏驥騄駬、足
及千里、置之宮室、使之捕鼠、不如小狸。
干將爲利、名聞天下、匠以治木、不如斤
斧。今持楫而上下隨流、吾不如子。說千
乘之君萬乘之主、子亦不如茂矣。
成子高寢疾。慶遺入請曰。子之病革矣。
如至乎大病則如之何。子高曰。吾聞之
也、生有益於人、死不害於人。吾縱生無

者、其由也與。
仲由喜聞過、令名無窮焉。今人有過、不
喜人規。如護疾而忌醫、寧滅其身、而無
悟也噫。

第二十課

宋彭思永字季長、八歲時、晨出就學、得
金釵於門外、默坐其處、以伺訪者。有一
吏、徘徊久之。問故、果墜釵者。詰其狀、驗之信。卽出釵付之。吏謝以數百錢。思永笑不受曰。我欲利取釵、不過數百錢耶。吏驚歎而去。

後漢楊震字伯起。擧茂才。四遷荊州刺史、爲東萊太守。當之郡、道經昌邑。故所擧荊州茂才王密、爲昌邑令、謁見。至夜、懷金十斤以遺震。震曰。故人知君。君不知故人何也。密曰。暮夜無知者。震曰。天

知、神知、子知、我知、何謂無知。密愧而去。

第二十一課

後漢陳寔字仲弓。在鄕閭、平心率物。有爭訟、輒求判正。曉譬曲直、退無怨者。時歲荒、有盜、夜入其室、止于梁上。寔陰見之、呼子孫正色訓之曰。夫人不可不自勉。不善之人、未必本惡、習與性成、遂至於此、梁上君子是矣。盜大驚、自投地、叩

首伏罪。寔曰。觀君狀貌、不似惡人、當由貧困耳。令遺絹二疋。自是一縣無盜。聞而化之也。

第二十二課

梁丘據謂晏子曰。吾至死不及夫子矣。晏子曰。嬰聞之。爲者常成。行者常至。嬰非有異於人也。常爲而不置。常行而不休者故難及也。

孟子曰。古之君子、過則改之。今之君子過則順之。古之君子、其過也、如日月之食、民皆見之。及其更也、民皆仰之。今之君子豈徒順之、又從而爲之辭。

曾子曰。士不可以不弘毅。任重而道遠。仁以爲己任、不亦重乎。死而後已、不亦遠乎。

第二十三課

蔡人之妻、宋人之女也。既嫁、而夫有惡疾。其母將改嫁之。女曰、夫之不幸乃妾之不幸也。奈何去之。適人之道、一與之醮、終身不改。不幸遇惡疾、非其大故。妾與偕老、何以得去。終不聽。

宋劉庭式未第時、議娶鄉人之女。既約而未納幣、庭式及第、而其女以病兩目皆盲。女家貧甚、不復敢言婚嫁。或勸納

其幼女、庭式不可曰。既爲廢人、某若不娶、此女遂無所歸。況吾先許之矣。豈負初心哉。竟娶盲女。偕老生二子、皆相繼及第。

第二十四課

唐鄭義宗妻盧氏、略涉書史、事舅姑甚得婦道。嘗夜有强盜數十、持杖鼓譟、踰垣而入。家人悉奔竄、惟姑在室。盧冒白

及、至姑側、爲盜捶擊、幾死。盜去後、家人
問何獨不懼。盧氏曰。人之異於禽獸者、
以其仁義也。隣里有急、尙相赴救。況在
於姑、而可委棄乎。若萬一危禍、豈宜獨
生。

第二十五課

漢鮑宣妻桓氏字少君。宣嘗就少君父
學。父奇其清苦、以女妻之。裝送資賄甚

盛。宣不悅曰。少君生富驕、習美飾、而吾
實貧賤、不敢當禮。少君曰。大人以先生
修德守約故、使賤妾侍執巾櫛。既奉承
君子、惟命是從。宣笑曰。能如是、是吾志
也。妻乃悉歸侍御服飾、更着短布裳、與
宣挽鹿車、歸鄕里。拜姑禮畢、提甕出汲、
修行婦道、鄕邦稱之。

第二十六課

曾子曰。吾日三省吾身。爲人謀、而不忠乎。與朋友交、而不信乎。傳不習乎。

子曰。德之不脩、學之不講、聞義不能徙、不善不能改、是吾憂也。

父母養其子而不教、是不愛其子也。雖教而不嚴、是亦不愛其子也。父母教而不學、是子不愛其身也。雖學而不勤、是亦不愛其身也。是故養子必教。教則必

嚴。嚴則必勤。勤則必成。學則庶人之子爲公卿。不學則公卿之子爲庶人。

第二十七課

宋劉留臺、少極貧、不能自存。一日至買浴堂中、拾金一袋。托疾臥堂中不去。翌早有人、號泣而來言。爲商八年、只收得金八十五片。昨晚醉携到此、浴罷、乘月行三十里、始覺金不見。劉遂還與之。商

以數片謝、公一無所受。
及還、鄉人責以拾金不能營生。劉曰。若
掩他人物爲己有、是欺心也。必有禍災。
況商人辛勤所積、一旦失去、或不得還
鄉、或死非其命、其害不可勝言。吾是以
還之。惟安吾分。鄉人皆服其義。

第二十八課

小人閒居、爲不善、無所不至。見君子而

后、厭然揜其不善、而著其善。人之視己、
如見其肺肝然。則何益矣。
子貢問曰。鄉人皆好之何如。
子曰未可也。
鄉人皆惡之、何如。
子曰未可也、不如鄉人之善者、好之、其
不善者惡之。

第二十九課

君子之言、寡而實。小人之言、多而虛。

君子行德、以全其身。小人行貪、以亡其身。

子曰。君子成人之美、不成人之惡。小人反是。

能言者、未必能行。能行者、未必能言。

言人之善者、有所得、而無所傷也。言人之惡者、無所得、而有所傷也。故君子愼言語矣。

第三十課

晉文公問於咎犯曰。誰可使爲西河守者。咎犯對曰。虞子羔可也。公曰。非汝之讐也。對曰。君問可爲守者、非問臣之讐也。羔見咎犯、而謝之曰。幸赦臣之過、薦之於君、得爲西河守。咎犯曰。薦子者公也。怨子者私也。吾不以私事害公義。子

其去矣。顧吾射子也、

第三十一課

不聞不若聞之。聞之不若見之。見之不若知之。知之不若行之。學至於行之而止矣。

朱文公勸學文曰。勿謂今日不學、而有來日。勿謂今年不學、而有來年。日月逝矣、歲不我延。嗚呼老矣。是誰之愆。

晉平公問師曠曰。吾年七十、欲學恐已暮矣。師曠曰。何不炳燭乎。平公曰。安有爲人臣、而戲其君乎。師曠曰。盲臣安敢戲其君乎。臣聞之。少而好學、如日出之陽。壯而好學、如日中之光。老而好學、如炳燭之明。炳燭之明、孰與昧行乎。平公曰善哉。

第三十二課

後漢樂羊子、遠尋師、學一年來歸。妻跪問其故。羊子曰。久行懷思、無他異。妻乃引刀趨機而言曰。此織生自蠶繭、成於機杼、一絲而累、以至於寸、累寸不已、遂成丈疋。今若斷此機也、則損失成功、稽廢時月。夫子積學、當日就懿德。若中道而歸、何異吾斷此機乎。羊子感其言、復還、終業七年不返。

第三十三課

子溫而厲、威而不猛、恭而安。

賓客主恭、祭祀主敬、喪事主哀。

人有禮則安、無禮則危。故曰。禮者不可不學也。

子曰。晏平仲善與人交。久而敬之。

賢者狎而敬之、畏而愛之。愛而知其惡、憎而知其善。

第三十四課

夫有人民、而後有夫婦。有夫婦、而後有父子。有父子、而後有兄弟。一家之親、此三者而已矣。自玆以往至于九族、皆本於三親焉。故於人倫爲重也。不可不篤。

陳留王曹植、魏文帝曹丕之弟也。帝欲殺之令七步作詩、而不成、定行大法。植卽吟曰、「煎豆燃豆萁、豆在釜中泣、本是同根生。相煎何太急。」文帝感而釋之。

伯夷叔齊、孤竹君之二子。其父將死、遺命立叔齊、父卒、叔齊遜。伯夷以父命爲尊、遂逃去。叔齊以天倫爲重、亦不立而逃。國人立其中子。

第三十五課

魯大夫文伯、退朝、朝其母。其母方績。文伯曰、以歜之家、而主猶績乎。母嘆曰。魯其亡乎、童子備官、而未聞勤家之道耶。民勞則思、思則善心生。逸則淫、淫則忘善、忘善則惡心生。故沃土之民不材、淫也。瘠土之民莫不嚮義、勞也。吾冀而朝夕修我、曰必無廢先人。爾今曰胡不自安。以是承君之官。予懼魯之亡也。

第三十六課

孔子曰。良藥苦於口、利於病。忠言逆於耳、利於行。

子曰。巧言令色鮮矣仁。

子曰。巧言令色足恭、左丘明恥之、丘亦恥之。匿怨而友其人、左丘明恥之、丘亦恥之。

爲人上者、患在不明。爲人下者、患在不忠。

子曰。伯夷叔齊、不念舊惡、怨是用希。

第三十七課

宋林積、少入京師、至蔡州、息旅邸。既臥、
覺床席間有物、逆其背。揭席視之、見一
布囊。又其中得錦囊、有北珠數百顆。明
日詢主人曰。前日何人宿此。主人云。尋
陽周仲津。積曰。此人必復至。汝可告吾
姓名、令來相訪。數日仲津果至、尋珠。主
人具以告。乃趨訪積、求之。積驗其珠數、

皆相符合、悉還之。仲津欲分珠爲謝。積
固不受。仲津感恩不已、以數十顆、就佛
寺修齋、爲積祈福。後積卽登第、官至太
中大夫。

第三十八課

兄弟者分形連氣之人也。方其幼也、父
母左提右挈、前襟後裾。食則同案、衣則
傳服。學則連業、遊則共方。雖有悖亂人、

不能不相愛也。及其壯也、各妻其妻、各子其子。雖有篤厚之人、不能不少衰也。娣姒之比兄弟、則疎薄矣。今使疎薄之人而節量親厚之恩、猶方底而圓蓋、必不合矣。惟友悌深至、不爲傍人之所移者免夫。

第三十九課

范文正公爲叅知政事時、告諸子曰。吾

貧時、與汝母養吾親。汝母躬執爨、而吾親甘旨未嘗充也。今而得厚祿、欲以養親、親不在矣。汝母亦已早世。吾所最恨者、忍令若曹享富貴之樂也。吾吳中宗族甚衆、於吾固有親疎。然吾祖宗視之、則均是子·孫、固無親疎也。苟祖宗之意無親疎、則饑寒者、吾安得不恤也。自祖宗來、積德百餘年、而始發於吾、得至大

宦、若、獨享富貴、而不恤宗族、異日何以
見祖宗於地下、今何顏入家廟乎。於是
恩例俸賜、常均於族人、并置義田宅云。

第四十課

子思曰。學所以益才也。礪所以致刃也。
吾嘗幽處而深思、不若學之速。吾嘗跂
而望、不若登高之博見。故順風而呼、聲
不加疾、而聞者衆。登丘而招、臂不加長、

而見者遠。故魚乘於水、鳥乘於風、草木
乘於時。

呂氏童蒙訓曰。今日記一事、明日記一
事、久則自然貫穿。今日辨一理、明日辨
一理、久則自然浹洽。今日行一難事、明
日行一難事、久則自然堅固。渙然氷釋
怡然理順、久自得之、非偶然也。

第四十一課

漢賈彪、桓帝時、爲新息長。小民貧困、多不養子。城南有盜殺人、城北有婦人殺子者。彪出案驗。吏欲南行。彪怒曰。盜殺人此則常理。母子相殘、逆天違道。遂北行、案婦之罪。數年民間養子千數、皆名曰賈子。時城南盜聞之、亦皆面縛自首焉。

晉咸寧中大疫。庚袞二兄俱亡。次兄毗復危殆。癘氣方熾。父母諸弟皆宿於外、袞獨留不去。諸父兄强之、乃曰。袞性不畏病。遂親自扶持、晝夜不眠。十有餘旬疫勢既歇、家人乃還。毗病得瘥、袞亦無恙。父老咸曰。異哉此子。守人所不能守、行人所不能行。歲寒然後、知松柏之後凋。始知疫癘不相染也。

普通學校學徒用漢文讀本卷三終

明治四十四年三月十三日印刷
明治四十四年三月十五日發行
明治四十四年八月十五日再版
明治四十四年十二月十五日三版
明治四十五年七月五日四版
大正二年一月十五日五版

定價金六錢

朝鮮總督府

總務局印刷所印刷

學部編纂

五版

普通學校學徒用

漢文讀本 卷四

博文館印刷所印刷

學部編纂

普通學校
學徒用
漢文讀本 卷四

博文館印刷所印刷

普通學校學徒用 漢文讀本卷四

第一課

子曰。吾十有五而志于學、三十而立、四十而不惑。五十而知天命、六十而耳順、七十而從心所欲、不踰矩。

孔子曰。君子有九思。視思明、聽思聰、色思溫、貌思恭、言思忠、事思敬、疑思問、忿思難、見得思義。

孔子曰。君子有三戒。少之時、血氣未足、戒之在色。及其壯也、血氣方剛、戒之在鬪。及其老也、血氣既衰、戒之在得。

第二課

孟子曰。自暴者、不可與有言也。自棄者、不可與有爲也。言非禮義、謂之自暴也。吾身不能居仁由義、謂之自棄也。

孟子曰。鷄鳴而起、孶孶爲善者、舜之徒

也。鷄鳴而起、孶孶爲利者、蹠之徒也。欲知舜與蹠之分、無他、利與善之間也。

孟子曰。西子蒙不潔、則人皆掩鼻而過之。雖有惡人、齋戒沐浴、則可以祀上帝。

第三課

安定胡先生曰。嫁女必須勝吾家者。勝吾家、則女之事人、必欽必戒。娶婦必須不若吾家者。不若吾家、則婦之事舅姑、必執婦道。

秋胡子、納妻五日、往仕于陳、五年始歸。
路逢美婦採桑。胡下車曰。吾有黃金、願
與子。何如。答曰。田蠶紡績、奉事舅姑、何
待他人金乎。怒不顧。胡慚而歸。母呼其
妻、還家相見、乃採桑婦也。婦曰。見色棄
金、而忘其親、大不孝也。任君別娶、吾不
敢從矣。乃投河而死。

第四課

唐張鎭周、爲舒州都督。舒州本鎭周鄕
里。到州、就故宅、市酒殽、召親戚故人、與
之酣宴。如布衣時。旣而分贈金帛、泣與
之別曰。今日鎭周得與故人歡飮。明日
之後、則舒州都督治百姓耳。官民禮隔、
不復得爲交遊也。自是故人親戚犯法、
一無所縱。境內肅然。

宋王旦、薦寇準爲相。準數短旦於上前、而旦專稱其長。上一日謂旦曰。卿雖稱其美、彼專談卿惡。王旦曰。理固當然。臣在相位久、政事闕失必多。準對陛下無所隱。益見其忠直。此臣所以重準也。上由是益賢王旦。

第五課

子路曰。不能勤苦、不能恬貧窮、不能輕死亡、而曰我能行義、吾不信也。

曾子曰。以能問於不能、以多問於寡、有若無、實若虛、犯而不校。昔者吾友嘗從事於斯矣。

君子不羞學、不羞問。問訊者知之本也。念慮者知之道也。

子曰。知之者、不如好之者。好之者、不如樂之者。

第六課

子曰。貧而無怨難、富而無驕易。

子曰。三軍可奪帥也、匹夫不可奪志也。

子曰。飯疏食、飮水、曲肱而枕之、樂亦在其中矣。不義而富且貴、於我如浮雲。

士窮不失義、達而不離道。窮不失義、故士得己焉。達不離道、故民不失望焉。古之人得志、澤加於民、不得志、修身見於

世。窮則獨善其身、達則兼善天下。

第七課

孟簡子相梁幷衛。有罪而走齊。管仲迎而問之曰。吾子相梁幷衛之時、門下使者幾何人矣。孟簡子曰。門下使者有三千餘人。管仲曰。今與幾何人來。對曰。臣與三人俱。仲曰。是何也。對曰。其一人、父死無以葬、我爲葬之。一人、母死無以葬、

亦爲葬之。一人、兄在獄、我爲出之。是以得三人來。管仲上車曰。嗟玆乎、我窮必矣。吾不能以春風風人、吾不能以夏雨雨人、吾窮必矣。

第八課

齊大旱之時、景公召群臣問曰。天不雨久矣。民且有饑色。吾使人卜之、祟在高山廣水。寡人欲少賦斂、以祠靈山、可乎。群臣莫對。

晏子進曰。不可也、祠此無益也夫靈山固以石爲身、以草木爲髮。天久不雨、髮將焦、身將熱。彼獨不欲雨乎。祠之無益。景公曰。不然。吾欲祠河伯、可乎。晏子曰。不可也。祠此無益也。夫河伯以水爲國、以魚鼈爲民。天久不雨、水泉將下、百川竭、國將亡、民將滅矣。彼獨不用雨乎。祠之何益。景公曰。今爲之奈何。晏子曰。君誠避宮殿暴露、與靈山河伯共憂、其幸而雨乎。於是、景公出野暴露三日、天果大雨。民盡得種樹。

第九課

宋姚雄、初爲將、以女議許一寨官之子。後寨官病故、妻子流落。雄以邊帥、赴闕

奏計。遇一嫗同一子賣餠。見其有士家風、問所從來。嫗曰。良人守官山寨、不幸謝世、遺子無室。昔有將姚姓者、議婚、流落困苦、無覓其人矣。語畢感泣氣咽。姚曰。雄是也。女自許歸之後、不與他姓。日望壻來。若以父之存沒、而二心、豈仁者耶。遂留嫗并子、俱載還鎭、畢其婚禮、怙恩終身焉。

第十課

天下之達道五、所以行之者三。
曰君臣也。父子也。夫婦也。昆弟也。朋友
之交也。五者天下之達道也。
知仁勇三者、天下之達德也。所以行之
者一也。
或生而知之、或學而知之、或困而知之。
及其知之一也。

或安而行之、或利而行之、或勉强而行
之。及其成功一也。

第十一課

子路行辭於仲尼曰。敢問、新交取親若
何。言寡可行若何。長爲善士而無犯若
何。仲尼曰。新交取親、其忠乎。言寡可行、
其信乎。長爲善士而無犯、其禮乎。
子路將行、辭於仲尼曰。贈汝以車乎。以

言乎。子路曰。請以言。仲尼曰。不强不達。不勞無功。不忠不親。不信無復。不恭無禮。愼此五者、可以長久矣。

第十二課

趙簡子問子貢曰。孔子爲人何如。子貢對曰。賜不能識也。簡子不說曰。夫子事孔子數十年、終業而去之、寡人問子、子曰。不能識、何也。子貢曰。賜、譬渴者之飮

江海、知足而已。孔子猶江海也。賜則奚足以識之。簡子曰。善哉子貢之言也。

齊景公謂子貢曰。子誰師。曰。臣師仲尼。公曰。仲尼賢乎。對曰。賢也。公曰。其賢何若。對曰。不知也。公曰。子知其賢、而不知其奚若、可乎。對曰。今謂天高、無少長愚智、皆知高。高幾何。皆曰。不知也。是以知仲尼之賢、不知其奚若。

第十三課

宋人有閔其苗之不長而揠之者、芒々然歸。謂其人曰。今日病矣。予助苗長矣。其子趨而往視之、苗則槁矣。天下之不助苗長者寡矣。

諸暨縣有一村、俱姓施。夾溪水而居。溪西曰西施、溪東曰東施。西村有一女子、絕美。因稱之曰西施。人人悅慕。常患心

疾、則手撫心而顰。而東村有醜婦、以爲、人之悅西施、以撫心而顰。故效之。不知貌本醜、而更顰則愈醜、而人皆厭而走矣。

第十四課

孟子曰。人皆有不忍人之心。先王有不忍人之心。斯有不忍人之政矣。以不忍人之心、行不忍人之政、治天下可運之

掌上。

所以謂人皆有不忍人之心者、今人乍見孺子將入於井、皆有怵惕惻隱之心。非所以內交於孺子之父母也。非所以要譽於鄉黨朋友也。非惡其聲而然也。由是觀之、無惻隱之心、非人也。無羞惡之心、非人也。無辭讓之心、非人也。無是非之心、非人也。

第十五課

惻隱之心、仁之端也。羞惡之心、義之端也。辭讓之心、禮之端也、是非之心、智之端也。人之有是四端也、猶其有四體也。有是四端、而自謂不能者、自賊者也。謂其君不能者、賊其君者也。

凡有四端於我者、知皆擴而充之矣。若火之始然、泉之始達。苟能充之、足以保四海、苟不充之、不足以事父母。

第十六課

孟子曰。事孰爲大、事親爲大。守孰爲大、守身爲大。不失其身、而能事其親者、吾聞之矣。失其身、而能事其親者、吾未之聞也。孰不爲事、事親事之本也。孰不爲守、守身守之本也。

孝子之事親、居則致其敬、養則致其樂、

病則致其憂、喪則致其哀、祭則致其嚴、五者備矣、然後能事親。

第十七課

魯哀公問於孔子曰。子從父命、孝乎。臣從君命、貞乎。三問、孔子不對。孔子趨出、以語子貢曰。鄕者君問丘也曰。子從父命、孝乎。臣從君命、貞乎。三問、而丘不對。賜以爲何如。子貢曰。子從父命、孝矣。臣從君命、貞矣。夫子有奚對焉。
孔子曰。小人哉、賜不識也。昔萬乘之國、
有爭臣四人、則封疆不削。千乘之國、有
爭臣三人、則社稷不危。百乘之家、有爭
臣二人、則宗廟不毀。父有爭子、不行無
禮。士有爭友、不爲不義。故子從父、奚子
孝。臣從君、奚臣貞。審其所以從之、之謂
孝、之謂貞也。

第十八課

孝子所以不從命有三。從命則親危、不、
從命則親安、孝子不從命。從命則親辱、
不從命則親榮、孝子不從命。從命則禽
獸、不從命則脩飾、孝子不從命。故可以
從、而不從、是不子也。未可以從、而從、是
不衷也。明於從不從之義、而能致恭敬
忠信、以愼行之、則可謂大孝矣。

第十九課

子思言苟變于衛侯曰。其才可將五百乘。公曰。吾知其可將。然變也、嘗爲吏、賦於民、而食人二鷄子、故弗用也。子思曰。夫聖人之官人、猶匠之用木也。取其所長、棄其所短。故杞梓連抱、而有數尺之朽、良工不棄。今君處戰國之世、選爪牙之士、而以二卵、棄干城之將、此不可使聞於鄰國也。公再拜曰。謹受教矣。

第二十課

韓魏公在大名日、有人獻玉盞兩隻云。耕者入壞塚而得。表裏無纖瑕可指。亦絕寶也。公以百金答、留爲寶玩。每宴客、特設一桌、覆以錦袱、置玉盞于上。一日張宴、將用之酌酒。一吏過倒其桌、玉盞俱碎。坐客皆愕然。吏伏地待罪。公神色

不動、笑謂客曰。凡物成毀、自有定數。俄
顧吏曰。汝誤也、非故也、何罪之有。坐客
歎服公寬厚不已。

第二十一課

曾子曰。吾聞夫子之三言、未之能行也。
夫子見人之一善、而忘其百非。是夫子
之易事也。夫子見人爲善、若己有之。是
夫子之不爭也。聞善、必躬親行之、然後

道之。是夫子之能勞也。夫子之能勞也、
夫子之不爭也、夫子之易事也、吾學夫
子之三言、而未能行。

第二十二課

道雖邇、不行不至。事雖小、不爲不成。其
爲人也多暇日者、其出入不遠矣。
山致其高、雲雨起焉。水致其深、蛟龍生
焉。君子致其道德、而福祿歸焉。夫有陰

德者、必有陽報。有隱行者、必有昭名。
孔子曰。不觀於高岸、何以知顚墜之患。
不臨於深淵、何以知沒溺之患。不觀於
海上、何以知風波之患。

第二十三課

吳王壽夢有四子、長曰謁、次曰餘祭、次
曰夷昧、次曰季札、號曰延陵季子、最賢。
三兄皆知之。於是王壽夢薨、謁以位讓

季子、季子終不肯當。謁乃爲約曰。季子
賢、使國及季子、則吳可以興。乃兄弟相
繼。飮食必祝曰。使吾早死、令國及季子。
謁死、餘祭立。餘祭死、夷昧立。夷昧死、次
及季子。
季子時使行不在。庶兄僚曰。我亦兄也。
乃自立爲吳王。季札使還、復事如故。謁
子光曰。以吾父之意、則國當歸季子。以

繼嗣之法、則我適也、當代之君。僚何爲也。於是、乃使專諸刺僚殺之、以位讓季子。季子曰。爾殺吾君、吾受爾國、則吾與爾爲共簒也。爾殺吾兄、吾又殺汝、則是昆弟父子相殺、無已時也。卒去之延陵、終身不入吳。君子以其不殺爲仁、以其不取國爲義。

第二十四課

子曰。篤信好學、守死善道、危邦不入、亂邦不居、天下有道則見、無道則隱。邦有道、貧且賤焉恥也。邦無道、富且貴焉恥也。

子曰。富與貴、是人之所欲也。不以其道得之、不處也。貧與賤、是人之所惡也。不以其道得之、不去也。君子去仁、惡乎成名。君子無終食之間違仁。造次必於是、顚沛必於是。

第二十五課

孟子曰。魚我所欲也。熊掌亦我所欲也。二者不可得兼、舍魚而取熊掌者也。生亦我所欲也。義亦我所欲也。二者不可得兼、舍生而取義者也。生亦我所欲、所欲有甚於生者。故不爲苟得也。死亦我所惡。所惡有甚於死者。

故患有所不辟也。如使人之所欲、莫甚於生、則凡可以得生者、何不用也。使人之所惡、莫甚於死者、則凡可以辟患者、何不爲也。由是則生、而有不用也。由是則可以辟患、而有不爲也。是故、所欲有甚於生者、所惡有甚於死者。非獨賢者有是心也。人皆有之。賢者能勿喪耳。

第二十六課

昔成王封周公、周公辭不受。乃封周公子伯禽於魯。將辭去、周公戒之曰。去矣。子其無以魯國驕士矣。我文王之子也。武王之弟也。今王之叔父也。又相天子。吾於天下、亦不輕矣。然嘗一沐而三握髮、一食而三吐哺、猶恐失天下之士。吾

聞之曰。德行廣大、而守以恭者榮。土地博裕、而守以儉者安。祿位尊盛、而守以卑者貴。人衆兵强、而守以畏者勝。聰明叡智、而守以愚者益。博聞多記、而守以淺者廣。此六守者、皆謙德也。夫貴爲天子、富有四海、不謙者、先天下亡其身。桀紂是也。可不愼乎。故易曰。有一道、大足以守天下、中足以守國家、小足以守其

身、謙之謂也。

第二十七課

齊景公游於蔓、聞晏子卒、公乘輿素服、
驛而驅之、自以爲遲、下車而趨、知不若
車之速、則又乘、比至於國者、四下而趨、
行哭而往矣、至伏屍而號曰、子大夫日
夜責寡人、不遺尺寸、寡人猶且淫泆而
不收、怨罪重積於百姓、今降禍於齊國、
不加寡人、而加夫子、齊國之社稷危矣、
百姓將誰告矣。

第二十八課

孔子曰。夫富而能富人者、欲貧而不可
得也。貴而能貴人者、欲賤而不可得也、
達而能達人者、欲窮而不可得也。
正獻公、食于家、惟一麵一飯而已。或美
其儉。公曰。衍本一措大、爾名位服用皆

國家者。俸入之餘、以給親族之貧者。常恐浮食焉。敢以自奉也。一旦名位爵祿國家奪之、却爲一措大。又將何以自奉養耶。

第二十九課

宋錢若水爲推官。有富民家小女奴、逃亡不知所之。奴父母訟於州。命錄事鞫之。錄事嘗貸錢於富民不獲。乃劾富民

父子數人共殺女奴、棄屍水中、遂失其屍。富民不勝榜楚、自誣服。具上州官、審覆無反異。

若水獨疑之。留其獄、數日不決。錄事詣若水詬之曰。若受富民錢、欲出其死罪耶。若水笑謝曰。今數人當死、豈可不少留、熟觀其獄辭耶。留之旬日。知州屢趣之、不能得。上下皆怫之。

若水一旦請知州屛人言曰。若水所以留其獄者、密使人訪求女奴。今得之矣。知州驚曰安在。若水因密使人送女奴於知州所。

第三十課

知州乃垂簾、引女奴父母問曰。汝今見汝女、識之乎。曰安有不識也。因從簾中推出示之。父母泣曰是也。乃引富民父子、悉破械縱之。其人號泣曰。微使君、某滅族矣。知州曰。推官之賜也。其人傾家貲飯僧、爲若水祈福。

知州欲奏論其功。若水固辭曰。若水但求獄事、正人不寃耳。論功非其本心也。朝廷若以此爲若水功、當置錄事於何地邪。知州歎服曰。如此尤不可及矣。太宗聞之、驟加褒擢、二年中爲樞密副使。

第三十一課

唐崔玄暐母盧氏、嘗誡玄暐曰。吾見姨兄屯田郎中辛玄馭。曰。兒子從官者、有人來云貧乏不能存、此是好消息。若聞貲貨充足、衣馬輕肥、此惡消息。吾嘗以爲確論。比見仕官者、將錢物上其父母、父母但知喜悅、竟不問從何而來。必是祿俸餘資、誠亦善事。如非理所得、與盜

賊何別。縱無大咎、獨不內愧於心。玄暐遵奉教誡。中宗朝、爲宰相、以清謹見稱。

第三十二課

衛史魚將卒、命其子曰。吾在朝、不能進賢、退不肖。是不能正君也。死無以成禮、置屍牖下矣。其子從之。靈公弔焉。怪而問之。其子以其父言告。靈公愕然曰。不從魚諫、寡人之過也。於是命殯於正寢。

乃進蘧伯玉、退彌子瑕。孔子聞之曰。古之諫者、死則已矣。未有若史魚死而屍諫、忠感其君者也。

第三十三課

孟子曰。子路人告之以有過則喜。禹聞善言則拜。大舜有大焉。善與人同、舍己從人、樂取於人以爲善。自耕稼陶漁、以至爲帝、無非取於人者。取諸人以爲善、

是與人爲善者也。故君子莫大乎與人爲善。

孔子曰。與善人居、如入芝蘭之室。久而不聞其香、則與之化矣。與惡人居、如入鮑魚之肆。久而不聞其臭、亦與之化矣。

第三十四課

孟子曰。伯夷目不視惡色、耳不聽惡聲、非其君不事、非其民不使。治則進、亂則

退。橫政之所出、橫民之所止、不忍居也。
思與鄕人處、如以朝衣朝冠、坐於塗炭
也。當紂之時、居北海之濱、以待天下之
淸也。故聞伯夷之風者、頑夫廉、懦夫有
立志。
柳下惠不羞汙君、不辭小官、進不隱賢、
必以其道、遺佚而不怨、阨窮而不憫。與
鄕人處、由由然不忍去也。爾爲爾、我爲

我。雖袒裼裸裎於我側、爾焉能浼我哉。
故聞柳下惠之風者、鄙夫寬、薄夫敦。

第三十五課

孟子曰。君子所以異於人者、以其存心
也。君子以仁存心、以禮存心。
仁者愛人、有禮者敬人。愛人者人恒愛
之、敬人者人恒敬之。
有人於此、其待我以橫逆、則君子必自

反也、我必不仁也、必無禮也、此物奚宜
至哉。
其自反而仁矣。自反而有禮矣。其橫逆
由是也、君子必自反也、我必不忠。自反
而忠矣。其橫逆由是也。君子曰。此亦妄
人也已矣。如此則與禽獸奚擇哉。於禽
獸又何難焉。

第三十六課

司馬溫公曰。凡議婚姻、當先察其壻與
婦之性行及家法何如。勿苟慕其富貴。
壻苟賢矣、今雖貧賤、安知異時不富貴
乎。苟爲不肖、今雖富盛、安知異時不貧
賤乎。
婦者家之所由盛衰也。苟慕一時之富
貴而娶之、彼挾其富貴、鮮有不輕其夫、
而傲其舅姑、養成驕妬之性、異日爲患、

庸有極乎。

借使因婦財以致富、依婦勢以取貴、苟有丈夫之志氣者、能無愧乎。

第三十七課

齊人有一妻一妾、而處室者。其良人出則必饜酒食而後反。其妻問所與飲食者、則盡富貴也。

其妻告其妾曰。良人出則必饜酒食而

後反、問其與飲食者、盡富貴也、而未嘗有顯者來。吾將瞯良人之所之也。

蚤起施從良人之所之。徧國中無與立談者。卒之東郭墦間之祭者、乞其餘、不足、又顧而之他。此其爲饜食之道也。

其妻歸告其妾曰。良人者所仰望而終身也。今若此。與其妾訕其良人。而相泣於中庭。而良人未之知也。施施從外來、騙其妻妾。

由君子觀之、則人之所以求富貴利達者、其妻妾不羞也。而不相泣者幾希矣。

第三十八課

孟子曰。仁之勝不仁也、猶水勝火。今之爲仁者、猶以一杯水救一車薪之火也。不熄則謂之水不勝火。此又與於不仁之甚者也。

一家仁、一國興仁。一家讓、一國興讓。一人貪戾、一國作亂。其機如此。此謂一言僨事、一人定國。堯舜帥天下以仁、而民從之。桀紂帥天下以暴、而民從之。其所令反其所好、而民不從。是故、君子有諸己、而後求諸人。

第三十九課

子夏爲莒父宰、問政。

五十六

子曰。無欲速、無見小利。欲速則不達。見小利則大事不成。

夫臣不復君之恩、而苟營其私門、禍之原也。君不能報臣之功、而憚刑賞者、亦亂之基也。夫禍亂之原基、由不報恩生矣。

孫卿曰。夫鬭者、忘其身者也、忘其親者也、忘其君者也。行須臾之怒、而鬭終身之禍。然乃爲之、是忘其身也。

第四十課

莊暴見孟子曰。暴見於王、王語暴以好樂、暴未有以對也。曰好樂何如。

孟子曰。王之好樂甚、則齊國其庶幾乎。

他日見於王曰。王嘗語莊子以好樂、有諸。

王變乎色曰。寡人非能好先王之樂也。

五十七

直好世俗之樂耳。
曰。王之好樂甚、則齊其庶幾乎。今之樂
猶古之樂也。
曰。可得聞與。
曰。獨樂樂、與人樂樂孰樂。曰。不若與人。
曰。與少樂樂、與衆樂樂孰樂。曰不若與
衆。

第四十一課

臣請爲王言樂。今王鼓樂於此、百姓聞
王鍾鼓之聲、管籥之音、擧疾首蹙頞、而
相告曰。吾王之好鼓樂、夫何使我至於
此極也。父子不相見、兄弟妻子離散。今
王田獵於此、百姓聞王車馬之音、見羽
旄之美、擧疾首蹙頞而相告曰。吾王之
好田獵、夫何使我至於此極也。父子不
相見、兄弟妻子離散。此無他、不與民同

樂也。
今王鼓樂於此、百姓聞王鐘鼓之聲管
籥之音、擧欣欣然有喜色、而相告曰。吾
王庶幾無疾病與。何以能鼓樂也。今王
田獵於此。百姓聞王車馬之音、見羽旄
之美、擧欣欣然有喜色、而相告曰。吾王
庶幾無疾病與。何以能田獵也。此無他、
與民同樂也。今王與百姓同樂、則王矣。

普通學校學徒用 漢文讀本卷四 終

光武十一年二月一日發行初版
隆熙二年二月一日訂正再版
隆熙二年十二月三日增訂三版
隆熙三年六月十日訂正四版
隆熙三年十一月十五日五版

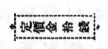

定價金拾錢

學部

博文館印刷所印刷

몽학한문초계

(蒙學漢文初階)

第百五十三課

學生이方讀書ᄒᆞᆯ새師欲試其用心與否ᄒᆞ야猝然曰有鵲飛來ᄒᆞ다ᄒᆞ니衆學生이皆仰視ᄒᆞ되一學生이獨端坐不動이어ᄂᆞᆯ師曰凡人作事에心無二用ᄒᆞ나니若彼一生은可爲專心求學矣로다

第百五十四課

物之體質이可分爲三ᄒᆞ니一曰液體오一曰氣體오一曰固體라水ᄂᆞᆫ液體也ㅣ니熱則化氣ᄒᆞ고冷則成固ᄒᆞ니一物而三體ㅣ全矣라

第百五十五課

趙生이製小舟ᄒᆞ고截土偶爲兵ᄒᆞ야蕩漾水盆가에ᄒᆞ야使將近邊ᄒᆞ야呼曰敵艦이來乎ᄒᆞ라ᄒᆞ고以竹管으로實泥丸彈之ᄒᆞ니舟覆이어ᄂᆞᆯ報捷曰吾國이從此鞏固矣라ᄒᆞ더라

第百五十六課

削竹代鎗ᄒᆞ며丸土代彈ᄒᆞ고集同學爲兩軍ᄒᆞ야各擧一帥ᄒᆞ니人曰好要乎아帥曰非要也ㅣ라童子도亦有當兵之義務也ㅣ니라

第百五十七課

東方名將之折衝禦侮者ㅣ代不乏人이로되其中에最著者ᄂᆞᆫ高句麗之乙支文德과新羅之金庾信과高麗之姜

元泳義 纂輯

柳瑾
張志淵 校閱

蒙學漢文初階 全

發行兼發兌元 皇城中部罷朝橋越邊 中央書館

蒙學漢文初階序

我東教育進步已後於泰西諸國不可一蹴而並駕又其科學宏博不可無方法而普逮也見今蒙學方興遂以深文苦之易生厭倦因循墨守故步有妨進取更要啓發新智苦無定本余惟是之憂既輯小學漢文讀本一編其程度稍高未合蒙學之分際故復取新舊文之淺且易者而輯之曰蒙學漢文初階爲小子之循序漸進而始補其缺乏之而已若謂有國文足用何必乃爾耶則漢文亞東之同文而國文一字亦漢字也雖欲沒漢字而廢其義其於同文之謂嘗何哉若譏以得新捐故遺陋何足道耶則幼蒙智

力未萌也瓦盆之不知而語以黃鍾豈易領會哉若嘗以列課無條不名一類云爾則腦髓營事各有專部只使專一竭力不換他事蘇之豈養成人格之完全乎此漢文之不可廢而又不得不淺喩而雜陳也噫漢文科學之管鑰也古之曹倉杜庫今之各學顳門苟無管鑰之具而徒欲手開則終於門外漢矣凡開導後進者其庶有諒之也夫

隆熙元年丁未菊秋潭隱元泳義識于白鹿山房

蒙學漢文初階

第一課

天地之間에 有人焉ᄒᆞ며 有萬物焉ᄒᆞ니 萬物之衆에 惟人이 最貴者는 以其有五倫也ㅣ니라

第二課

五倫者는 父子有親ᄒᆞ며 君臣有義ᄒᆞ며 夫婦有別ᄒᆞ며 長幼有序ᄒᆞ며 朋友有信이니라

第三課

五倫之中에 有三綱ᄒᆞ니 君爲臣綱이오 父爲子綱이오 夫爲妻綱이니라

第四課

人이非父면不生이오非君이면不食이오非師면不知라故로
曰君師父는一體也ㅣ라ᄒᆞ니라

第五課

同受父母之遺體ᄒᆞ야以爲人者는兄弟也ㅣ라故로曰兄弟
는同氣也ㅣ며手足也ㅣ라ᄒᆞ니라

第六課

朋友는有責善之道故로取友를必端人ᄒᆞ며擇友를必勝
已니未有不須友而成者也ㅣ니라

第七課

有夫婦然後에有父子ᄒᆞ니夫婦는人道之始也ㅣ라故로聖
人이重婚姻之禮ᄒᆞ시니라

第八課

人受天地之愛力而生故로愛家族ᄒᆞ며愛社會ᄒᆞ며愛國家
는本然之義務也ㅣ니라

第九課

六十分이爲一時오二十四時ㅣ爲一日이오三百六十日
이爲一歲니歲不我延이라人生이當惜分陰이니라

第十課

百草之中에穀植이最貴者는爲其養人命也ㅣ오衆木之

中에 松柏이 最貴者ᄂᆞᆫ 爲其材用也ㅣ니라

第十一課

一梨ㅣ 皮色이 甚美거ᄂᆞᆯ 張生이 謂其味ㅣ 必佳라ᄒᆞᆫ대 趙生이
曰否라 外美면 必有內惡이니라 張生이 食之ᄒᆞ니 果然味惡이러라

第十二課

人之有衣이 猶鳥獸之有毛羽也ㅣ러 鳥獸ᄂᆞᆫ 有毛羽나 然이나
不能製衣ᄒᆞ고 人能製衣故로 雖無毛羽而不畏寒이러라

第十三課

某生이 家貧ᄒᆞ야 爲木工이러니 性이 好學ᄒᆞ야 稍暇則獨習書

算이어ᄂᆞᆯ 聞者ㅣ 歎曰無師者도 尙勤學이온 况有師者乎아

第十四課

一兒ㅣ 至人家ᄒᆞ야 見一河池ᄒᆞ니 池中多小魚ㅣ 往來游行이어ᄂᆞᆯ
兒ㅣ 喜玩不已더라

第十五課

一兒ㅣ 兄이 出外ᄒᆞ야 至夕不回어ᄂᆞᆯ 兒ㅣ 大哭ᄒᆞ고 至門前ᄒᆞ니
則兄與友人ᄋᆞ로 己同行而回러라

第十六課

兒問其父曰筆은 以何物所製니잇고 答曰黃者ᄂᆞᆫ 黃鼠毛오
青者ᄂᆞᆫ 青鼠毛오 白者ᄂᆞᆫ 羊毛或獐毛也ㅣ니라

第十七課

菜園中에 有小鷄一羣ᄒᆞ니 其毛不一ᄒᆞ야 有黑有白有黃이라 與一母鷄로 同在草地ᄒᆞ야 爭食其葉이러라

第十八課

人力은 小ᄒᆞ고 牛馬之力은 大라 然이나 不能與人爭ᄒᆞ니 以人은 知學이오 牛馬ᄂᆞᆫ 不知學ᄒᆞ며 人은 知羣이오 牛馬ᄂᆞᆫ 不知羣耳리라

第十九課

早飯之後에 有一老人이 長鬚白髮에 披風帽ᄒᆞ며 戴眼鏡ᄒᆞ고 引二兒入室이어늘 祖父ㅣ 呼孫拜之曰 此ᄂᆞᆫ 兒之好友

李丈이오 彼二兒ᄂᆞᆫ 此丈之孫也ㅣ니라

第二十課

祖父ㅣ 問二兒曰 汝兄弟二人이 已入塾讀書乎아 一小兒ㅣ 答曰 予兄은 讀書ㅣ 已二年矣오 我ᄂᆞᆫ 年幼ᄒᆞ야 尙未讀書也ㅣ로소이다

第二十一課

小兒ㅣ 問其兄曰 禽何善飛며 獸何善走니잇고 曰 禽有兩翼故로 善飛오 獸有四足故로 善走니라

第二十二課

有不能則當學이오 有不知則當問이니 是曰學問이라 學問이

多者는 其才ㅣ 大ᄒᆞ고 學問이 少者는 其才ㅣ 小ᄒᆞ니라

第二十三課

人之所居ㅣ 有平屋ᄒᆞ며 有樓房ᄒᆞ되 皆有門與窓ᄒᆞ니 有門則可出入이오 有窓則可放光이니라

第二十四課

河水는 淺ᄒᆞ고 江水는 深ᄒᆞ고 海水는 最深ᄒᆞ고 洋則尤深而大ᄒᆞ니 水之源泉은 乃一勺之多也ㅣ니라

第二十五課

人有過어든 己ㅣ 改之ᄒᆞ고 人有善이어든 己ㅣ 從之라 故로 曰 三人行에 必有我師焉이라ᄒᆞ니라

第二十六課

用心則心强ᄒᆞ고 用身則身强ᄒᆞᄂᆞ니 身心이 俱弱ᄒᆞ면 爲物도 且不能存이온 而況人乎아 故로 曰 弱肉强食이라ᄒᆞ니라

第二十七課

鑛物에 有珠玉ᄒᆞ며 有銅鐵ᄒᆞ니 珠與玉은 其物이 貴ᄒᆞ고 銅與鐵은 其用이 廣ᄒᆞ니라

第二十八課

一兒ㅣ 渴甚ᄒᆞ야 欲取冷茶飮之어ᄂᆞᆯ 其兄曰 不可ᄒᆞ다 飮之면 必有腹疾ᄒᆞ리라 兒ㅣ 不聽이러니 後果病이러라

第二十九課

貓ᄂ 似虎而小ᄒ고 鯨은 名魚而有乳ᄒ고 雞ᄂ 有翼而不能高飛러라

第三十課

凡物이 熱則化ᄒ고 冷則凝ᄒ며 故로 夜寒則露結霜이라 日出則霜融ᄒ고 冬寒則水結氷이라 春暖則氷解ᄒ니라

第三十一課

窓外에 有薔薇架ᄒ야 其花ㅣ 如玫瑰어늘 蝴蝶이 飛其上ᄒ니 怡然有自得意러라

第三十二課

牧丹與海棠이 盛開ᄒ니 其色이 甚美라 有人이 倚欄干而觀ᄒ니 花與人面相暎이러라

第三十三課

或이 問李童ᄒ되 天寒에 何不飮酒오 童曰父親이 謂年幼之人은 不當飮酒라 飮則傷身이라ᄒ시니 父命을 安可違乎아

第三十四課

一日에 秋風이 凉爽ᄒ고 夕陽이 欲下어늘 王生이 與李生으로 乘馬而行ᄒᆯ서 見數鴉ㅣ 飛且鳴이라 待羣鴉盡歸ᄒ야 乃共入巢러라

第三十五課

一夕에 月色이 模糊러니 半夜에 睡醒ᄒ니 聞窓外에 雨聲이

漸瀝ᄒᆞ고 簷馬ㅣ 丁東이러라

第三十六課

馬車ᄂᆞᆫ 或駕一馬ᄒᆞ며 或駕兩馬ᄒᆞ니 其輪이 或二或四라 四輪者ᄂᆞᆫ 二大二小ᄒᆞ니 小者ᄂᆞᆫ 在前ᄒᆞ고 大者ᄂᆞᆫ 在後러라

第三十七課

某處에 有公井ᄒᆞ야 數家ㅣ 同往汲水ᄒᆞ니 每家每日에 約用水六桶이러라

第三十八課

諸生이 課畢에 或遊園ᄒᆞ며 或遊野ᄒᆞᆯ새 衆人이 同遊則樂ᄒᆞ고 各人이 獨遊則不樂이러라

第三十九課

洪君이 與客談ᄒᆞᆯ새 兒ㅣ 在旁默聽이라 客이 述崔姓兒ㅣ 入塾甫一年에 已能作信札ᄒᆞ며 演諸說ᄒᆞ니라 兒ㅣ 聞而大羨之러라

第四十課

春日이 晴和에 楊柳ㅣ 搖曳風中ᄒᆞ고 溪水ㅣ 蕩漾ᄒᆞᆯ이어 客이 徘徊溪邊其樂이러라

第四十一課

長兄이 謂幼弟曰我爲爾兄ᄒᆞ고 爾爲我弟ᄒᆞ니 我當敎爾오 爾當聽我言이니라

第四十二課

某兒ㅣ願習字어늘 父ㅣ授一筆曰爾可以筆習字어다 兒ㅣ得筆甚喜러라

第四十三課

家有猫면 鼠不敢出이오 河有獺이면 魚不敢出이오 林有鸇이면 鳥不敢出이러라

第四十四課

一兒ㅣ將入塾ᄒᆞᆯ서 父ㅣ呼而謂之曰予ㅣ無暇敎汝ᄒᆞ야 命汝從師ᄒᆞ노니 汝當聽師言을 如聽予言이어다

第四十五課

張童이 不能寫字ᄒᆞ야 怨紙筆不佳어늘 父曰爾不能書ᄒᆞ니 當自怨이오 勿怨紙筆ᄒᆞ라

第四十六課

筆以毛爲之ᄒᆞ고 其桿은 以竹爲之ᄒᆞ니 手執桿而寫字ᄒᆞ며 指密掌虛ᄒᆞ고 字密行疏니라

第四十七課

某兒ㅣ讀書勤이어늘 父ㅣ以梨賞之ᄒᆞ니 兒ㅣ食其半ᄒᆞ고 曰欲留其半ᄒᆞ야 與我妹食之ᄒᆞ노이다

第四十八課

崔姓兒ㅣ少傲惰러니 及父死에 無衣食ᄒᆞ야 遂爲乞人이어늘

徐君이 歎而謂其子曰嗚呼라 此는 傲惰之罰也ㅣ라 吾兒아 汝當戒之어다

第四十九課

母問水之流ㅣ 何淸이면 竿之影이 何直고 兒ㅣ 不能答이어늘 母曰源淸故로 流淸이오 形直故로 影直이니라

第五十課

有物이 飛入室ᄒᆞ니 形如鼠而有翼이어늘 兒ㅣ 異之ᄒᆞᆫᄃᆡ 父曰是名蝙蝠이니 喜食蚊이니라

第五十一課

或이 告童子曰海中에 有魚能飛ᄒᆞ니라 兒ㅣ 不信ᄒᆞ야 以問父ᄒᆞᆫᄃᆡ 父曰有之ᄒᆞ니 是名飛魚니라

第五十二課

或이 畜一虎ᄒᆞᆯᄉᆡ 囚之檻中이러니 一日에 虎ㅣ 逸出四走어늘 衆이 奔避莫敢前이러라

第五十三課

某兒ㅣ 行道腹飢ᄒᆞᆫᄃᆡ 無所食ᄒᆞ야 採樹上生桃食之러니 腹痛大病ᄒᆞ야 數日不食이러라

第五十四課

麋與鹿이 相似ᄒᆞ니 大者曰麋오 小者曰鹿이니라 鴻與鴈이 相似ᄒᆞ니 大者曰鴻이오 小者曰鴈이니라

第五十五課

風雪中에有呼寒而乞錢者어ᄂᆞᆯ一八歲童子ㅣ哀而與之錢ᄒᆞ니見者ㅣ稱善이러라

第五十六課

某生이問作文法ᄒᆞᆫ대師曰作文이無別法이라多讀書ᄒᆞ며通義理ᄒᆞ면則自能作文이니라

第五十七課

一兒ㅣ獨出失道어ᄂᆞᆯ母ㅣ遣人四處求之ᄒᆞᆫ대不得이라母ㅣ終夜哭이러니明日에或이送兒歸러라

第五十八課

一鷄ㅣ行田畔ᄒᆞ야從容覓食甚樂이러니忽過一鷹이奮然下ᄒᆞ야以爪攫之而去ᄒᆞ니人雖哀鷄而惡鷹이나其於強弱에何오

第五十九課

一兒ㅣ食物太多ᄒᆞ야得腹瀉病이라가病愈에父ㅣ戒之曰爾病이初愈ᄒᆞ니當少食이어다兒曰唯라

第六十課

做善者ᄂᆞᆫ不求人知ᄒᆞ고做惡者ᄂᆞᆫ不使人知ᄒᆞᄂᆞ니故로人不知之善이爲大善이오人不知之惡이爲大惡이니라

第六十一課

一兒ㅣ畜犬於家ᄒᆞᆯ서 繫銅片於其項ᄒᆞ야 鐫其名曰黃小兒라ᄒᆞ고 呼黃小면 犬卽搖尾而至러라

第六十二課

溫水一杯에 以糖和之면 見水不見糖이로되 飮之則甘ᄒᆞ니 以鹽和之도 亦然이러라

第六十三課

無毒之毒이 最毒이니 宴安이 可畏오 勿藥之藥이 是藥이니 衛生을 宜愼이니라

第六十四課

王生이 不能解書ᄒᆞ니 師ㅣ罰之ᄒᆞᆫ대 生이 求免이어ᄂᆞᆯ 師曰爾

既畏罰이면 何不勤學고 今罰汝ᄂᆞᆫ 因汝惰也ㅣ니라

第六十五課

今日當爲之事ᄂᆞᆫ 不可俟明日爲之니 明日에 或有他事면 將不暇爲今日之事矣니라

第六十六課

井深一百二十丈者ᄂᆞᆫ 其水ㅣ 多熱ᄒᆞ니 以地中에 有火故也ㅣ라 溫泉이 卽此理耳러라

第六十七課

以手로 重按身上이면 覺內有堅硬之物ᄒᆞ니 是曰骨이라 骨之外曰肉이오 肉之外曰皮니라

第六十八課

洋海之水는其味鹹ᄒᆞ고河湖之水는其味淡ᄒᆞ니淡水는可飮이오鹹水는不可飮也ㅣ라

第六十九課

火性이最烈ᄒᆞ야植物이遇之면頃刻燒燬ᄒᆞ고動物이遇之면立能斃命ᄒᆞᄂᆞ니故須謹防之也ㅣ니라

第七十課

悅樂曰喜오忿懫曰怒오傷感曰哀오恐畏曰懼오眷戀曰愛오憎疾曰惡오貪愛曰慾이니是謂七情이니라

第七十一課

不忍害物을謂之仁이오處事合宜를謂之義오進退周旋이合於天理를謂之禮오能別是非善惡을謂之智오誠實不僞를謂之信이오急人之難을謂之俠이니是六者는皆人之美德也ㅣ니라

第七十二課

一生이問諸師曰暑天에每見犬이張口流沫은何也잇고曰犬之汗이不出於皮膚而出於舌이니라

第七十三課

古人이云天圓而地方이라ᄒᆞ더니其實은不然ᄒᆞ니地浮於空氣中ᄒᆞ야形圓如球ᄒᆞ되惟其體ㅣ極大ᄒᆞ야人不能覺其圓也ㅣ니라

第七十四課

植物之枝葉과 動物之肺膚에 皆有微孔ᄒᆞ야 空氣ㅣ時能出入이니라

第七十五課

動植物이 生時에 空氣ㅣ能入以養之ᄒᆞ고 動植物이 死後에 空氣ㅣ卽入而敗之니라

第七十六課

植物之花ㅣ受晴天之烈日ᄒᆞ야 每於夜中에 發光ᄒᆞᄂᆞ니 其光이 由花中所含之電氣及花上之粉所致也ㅣ니라

第七十七課

古語에 云山川而能語면 葬師ㅣ食無所오 肺腑而能語면 醫師ㅣ色如土ㅣ라ᄒᆞ니라

第七十八課

有鳥ㅣ自巢中出이어ᄂᆞᆯ 兒ㅣ呼父觀之ᄒᆞᆫ대 父曰天初明에 鳥必飛出覓食ᄒᆞᄂᆞ니 鳥ㅣ爲食而飛라 不飛면 必餓死矣리라

第七十九課

鴨性이 喜水ᄒᆞ고 掌如葵扇故로 能游水ᄒᆞ고 喜羣而不喜獨ᄒᆞ니 其肉이 雖亞於鷄而亦適口也ㅣ라

第八十課

人世에 不能無統治者故로 史學家ㅣ謂天開之[illegible]

皇氏오 地闢之始曰地皇氏오 人生之始曰人皇氏ᄒᆞ야
以爲歷史上統治者之始也ㅣ니라

第八十一課

牛ㅣ 耕於野ᄒᆞᆯ새 不勤ᄒᆞ야ᄂᆞᆯ 牧童이 鞭之ᄒᆞᆫ대 牛曰吾ㅣ 甚苦
로다 牧童曰智不若人ᄒᆞ니 宜爲人役이니라

第八十二課

二童이 抛皮球ᄒᆞᆯ새 甲童이 誤打乙童面ᄒᆞ니 痛甚이라 甲童이
惶恐謝過ᄒᆞ야ᄂᆞᆯ 乙童이 以其無心으로 並無怒容이러라

第八十三課

龜ㅣ 與兎賽步ᄒᆞᆯ새 兎謂龜曰我ㅣ 能躍ᄒᆞ니 雖睡片時라도 亦

能及爾ᄒᆞ리라 旣而睡熟이러니 及醒에 龜已先至러라

第八十四課

揭猪脬蒙鼓ᄒᆞ야 叩之鼕鼕然이러니 以其聲小로 力擊之ᄒᆞ니
皮破ㅣ라 自咎曰鼓小聲小ㅣ어ᄂᆞᆯ 吾不量力ᄒᆞ야 以致此ㅣ 宜哉
ㄴ뎌

第八十五課

甲兒ㅣ 以拳示人曰孰開此오 與以掌中錢호리라 一兒ㅣ
力擗之開ᄒᆞ니 無所有라 責甲誑言ᄒᆞᆫ대 甲曰汝誠貪乎ㄴ뎌 我
特戲耳로라

第八十六課

某兒ㅣ晨起聞鵲噪聲ᄒᆞ고問曰俗謂鵲噪報喜라ᄒᆞ니信之
有乎잇가 父曰吉凶之事는人尙不能先知온况鳥乎아

第八十七課

乙童이見道傍桃實甚美ᄒᆞ고謀採食이어ᄂᆞᆯ 甲童曰桃有主
ᄒᆞ니不可採也ㅣ니라 乙曰無知者ㅣ니라 甲曰子知我知ᄒᆞ니何
謂無知오

第八十八課

某兒ㅣ自塾歸ᄒᆞᆯ시行急大汗ᄒᆞ야至家欲脫衣ᄒᆞ고且索冷水
이어ᄂᆞᆯ 父曰兒且坐ᄒᆞ라汗旣自乾ᄒᆞ리라 勿解衣ᄒᆞ고亦勿飮冷水
ᄒᆞ라 恐受寒也ㅣ니라

第八十九課

學課畢에先生學生이動手齊作ᄒᆞ야爲大掃除ᄒᆞ야整潔學
堂ᄒᆞ고先生曰整理淸潔은吾人最要之事也ㅣ니라

第九十課

凡動物之有紅血有脊骨者는如鳥獸龜蛙之類ㅣ니曰有
脊動物이라ᄒᆞ고無紅血無脊骨者는如蚯蚓蜘蛛之類ㅣ니曰
無脊動物이니라

第九十一課

試以手로按犬馬飛禽之身則覺其溫煖ᄒᆞ니若是者는曰
溫血動物이라ᄒᆞ고以手로按魚蛇蛙蟆之身則覺其寒冷ᄒᆞ니

若是者ᄂᆞᆫ 曰冷血動物이라ᄒᆞ니 此二類ㅣ 皆屬於有脊者也ㅣ니라

第九十二課

天下에 共有六大洲ᄒᆞ니 曰亞細亞洲와 曰歐羅巴洲와 曰阿非利加洲와 曰北阿美利加洲와 曰南亞美利加洲와 曰澳太利亞洲니 澳洲ᄂᆞᆫ 又曰大洋洲라ᄒᆞ니라

第九十三課

地球之上에 有五大洋ᄒᆞ니 曰太平洋과 曰大西洋과 曰印度洋과 曰北氷洋과 曰南氷洋ㅣ니

第九十四課

東方에 初無君長ᄒᆞ더니 有神人王儉이 降生于太白山檀木下어ᄂᆞᆯ 國人이 立以爲君ᄒᆞ니 與唐堯로 並立ᄒᆞ야 國號를 朝鮮이라ᄒᆞ니 是爲檀君朝鮮이러라

第九十五課

花草樹木之類曰植物이오 鳥獸虫魚之類曰動物이오 金石銅鐵之類曰礦物이니 礦是固體而水亦屬礦物ᄒᆞ니라

第九十六課

植物은 有生氣而無知覺者也ㅣ오 動物 有生氣有知覺者也ㅣ오 礦物은 無生無知覺者也ㅣ니라

第九十七課

胃腸曰消化器오 肺與氣管曰呼吸器오 腎與膀胱曰排泄器오 腦筋與血管曰循環器오 耳目口鼻皮膚曰感覺器라ᄒᆞ니라

第九十八課

消化器는 消化食物者也ㅣ오 呼吸器는 呼吸空氣者也ㅣ오 排泄器는 放棄廢料者也ㅣ오 循環器는 循環血液者也ㅣ오 感覺器는 有視聽嗅味觸覺之能者也ㅣ니라

第九十九課

我國十三道에 以京畿道로 爲中央ᄒᆞ고 外有江原道曰關東이오 忠淸南北道와 全羅南北道와 慶尙南北道曰三南

이오 黃海道와 平安南北道曰兩西ㅣ오 咸鏡南北道曰關北이라ᄒᆞ니라

第百課

日暮散學에 兄與二弟로 出門遊玩ᄒᆞᆯ새 見一黃牛ㅣ 臥於田中ᄒᆞ고 弟曰異哉라 此馬ㅣ 有角이로다 兄曰非馬也ㅣ라 牛也ㅣ니라

第百一課

未幾에 又見一羊ᄒᆞ고 弟曰此牛ㅣ 甚小로다 兄이 笑曰非牛也ㅣ라 羊也ㅣ니라

第百二課

日午에 兒至園中散步러니 時에 墨雲이 濃密ᄒᆞ야 天色이 若
暮ᄒᆞ고 雷聲電光이 一時交作이어늘 懼而逃歸ᄒᆞ야 方入門에
大雨至矣러라

第百三課

周武王姬發이 代殷有天下에 殷宗室箕子胥餘ㅣ 不
爲臣僕ᄒᆞ야 東來朝鮮ᄒᆞ신ᄃᆡ 國人이 推戴爲君이어늘 箕子ㅣ
敎禮義ᄒᆞ야 設八條之敎ᄒᆞ시니 是爲箕子朝鮮이러라

第百四課

花園에 有假山甚險이어늘 張氏兒ㅣ 謂衆曰孰登之오 我
ㅣ 酬以錢ᄒᆞ리라 衆兒ㅣ 爭先이어늘 一兒ㅣ 曰吾非售技者ㅣ라

豈可重財而輕命耶아

第百五課

某生이 堆雪爲人ᄒᆞ니 五官四肢ㅣ 具備라 與語不應ᄒᆞ고 使
行不動이어늘 生이 笑曰百不如人이면 何能立於世界리오ᄒᆞ고 擧
足蹴之ᄒᆞ니 崩ᄒᆞ더라

第百六課

堤川郡에 有義林湖ᄒᆞ니 湖中之地는 卽忠淸北道오 而忠
淸南道는 在湖西ᄒᆞ고 全羅道는 在湖南이러라

第百七課

某童이 入隣家ᄒᆞ야 見院中黃菊ᄒᆞ고 採其一이러니 廊間에 有

鸎鵡ᄒᆞ야 忽大呼曰賊來賊來라ᄒᆞ니 某童이 自此로 不敢妄取人物이러라

第百八課

漢高祖劉邦時에 燕人衛滿이 因其主盧綰亂ᄒᆞ야 亡命來ᄒᆞ야 誘逐箕子之後孫箕準ᄒᆞ고 據王儉城ᄒᆞ야 自立爲君ᄒᆞ니 是爲衛滿朝鮮이러라

第百九課

聞慶郡에 有鳥嶺ᄒᆞ니 嶺南은 即慶尙道오 大關嶺이 在江原道ᄒᆞ니 嶺東에 有九邑이러라

第百十課

一鼠ㅣ 食箱中米ᄒᆞ다가 聞人至ᄒᆞ고 慴伏不稍動이어ᄂᆞᆯ 人이 意其遁去也ㅣ러니 及人去에 食如故ᄒᆞ니 人이 疾其詐ᄒᆞ야 養貓以殺之러라

第百十一課

路遠則人不能至故로 有車馬焉ᄒᆞ니 既有車馬에 便矣速矣라 然이나 千里之地는 非能即至也ㅣ라 故로 又有鐵路ᄒᆞ야 以行火車焉이러라

第百十二課

八口之家에 一人이 耕之ᄒᆞ야 七人이 食之則家必貧矣오 七人이 耕之ᄒᆞ야 一人이 食之則家必富矣라 於國에 亦然矣

ᄒᆞ니 分利多者는 其國이 貧ᄒᆞ고 分利少者는 其國이 富ᄒᆞ니라

第百十三課

金母ㅣ 以橘二枚로 授二子ᄒᆞᆫ디 幼子ㅣ 置不食이어늘 母問何故오 曰頃者에 兒有過ᄒᆞ야 父親이 禁勿食也ㅣ러이다 父ㅣ適入聞之ᄒᆞ고 喜曰兒能不欺爾母ᄒᆞ니 可以食橘矣어다

第百十四課

雀在田中覓食이어늘 網獲其一ᄒᆞ야 置於籠中이러니 不食而死라 夫雀飛天空ᄒᆞ야 上下可以自由라가 爲人所獲ᄒᆞ야 不自由ᄒᆞ니 毋寧死矣려라

第百十五課

以手相摩면 覺熱ᄒᆞᄂᆞ니 冶匠이 擊砧에 其砧이 亦熱이라 鑽木取火와 擊石取火는 皆摩擊生熱之驗也ㅣ니라

第百十六課

衛滿之孫右渠ㅣ 殺漢使者어늘 漢武帝劉徹이 怒滅之ᄒᆞ고 分其地ᄒᆞ야 置樂浪臨屯玄菟眞蕃四郡ᄒᆞ니 四郡南境에 惟三韓의 爲獨立地方이러라

第百十七課

揮扇이면 何以有風고 因空氣爲扇所移動也ㅣ라 故로 風者는 即空氣之移動이니 大動則爲大風이오 小動則爲小風이니라

第百十八課

衣服이 過窄則肢體不適ᄒᆞ고 屈伸不靈이라 盖衣與皮膚爲
鄰ᄒᆞ니 其間에 宜稍有空隙ᄒᆞ야 留熱氣流行之路ㅣ라 若緊縛
肢體ᄒᆞ야 兩相密切이면 氣不通暢ᄒᆞ야 易生疾病이니라

第百十九課

人始生時에 飢不能自食ᄒᆞ고 寒不能自衣ᄒᆞ고 有語不能言
ᄒᆞ고 欲出不能行ᄒᆞᄂᆞ니 此時에 若無父母면 將如之何오

第百二十課

洌水以南一大地曰韓이니 其曰三韓者ᄂᆞᆫ 箕準이 避衛滿
ᄒᆞ야 居金馬郡ᄒᆞ니 是爲馬韓이오 韓之東界人이 立國於辰方
之地ᄒᆞ니 是爲辰韓이오 南界人이 立國於弁山之下ᄒᆞ니 是爲

弁韓이라

第百二十一課

上古茹毛飮血之世에 惟藉獸皮ᄒᆞ야 以蔽其身이러니 後世
聖人이 乃爲之製衣服ᄒᆞ니라

第百二十二課

天下林林總總之衆에 所操之業은 以四民爲正ᄒᆞ니 四民
者ᄂᆞᆫ 何오 士農工商이 是也ㅣ니라

第百二十三課

家養一貓一犬이러니 犬謂貓曰我ᄂᆞᆫ 防賊ᄒᆞ고 爾ᄂᆞᆫ 防鼠ᄒᆞ야
各司其職이라ᄒᆞ더니 一日에 賊이 竊物去어ᄂᆞᆯ 貓ㅣ 謂犬曰爾ㅣ

大於我而曠職ᄒᆞ니 得無愧乎아

第百二十四課

一日에 大雨ㅣ어ᄂᆞᆯ 兒問雨自何來니잇고 父曰爾不見雲乎아 有雲而後에 有雨니라 然則雲乃未化之雨오 雨乃已化之雲이니라

第百二十五課

猴ㅣ 煨芋於爐ᄒᆞᆯ시 謂貓曰熟則贈汝ᄒᆞ리니 汝試取芋ᄒᆞ라 貓ㅣ 大喜ᄒᆞ야 取芋出이라가 掌幾爛ᄒᆞ야 擲之於地어ᄂᆞᆯ 猴ㅣ 俟其冷而食之ᄒᆞ니 愚者之役於智者ㅣ 如是니라

第百二十六課

扶餘王子高朱蒙은 起西北部ᄒᆞ야 攻取漢郡ᄒᆞ야 建國曰高句麗ᄒᆞ고 朴赫居世ᄂᆞᆫ 起辰韓ᄒᆞ야 統一諸部落ᄒᆞ야 建國曰新羅ᄒᆞ고 扶餘溫祚ᄂᆞᆫ 入馬韓ᄒᆞ야 滅箕氏而建國曰百濟ᄒᆞ니라 是爲三國이러라

第百二十七課

雄鷄ᄂᆞᆫ 司晨ᄒᆞ고 牝鷄ᄂᆞᆫ 育卵이어ᄂᆞᆯ 飫以所棄粒食ᄒᆞ고 或令啄蟲이러니 歲暮에 殺以享神ᄒᆞ니 噫라 能生我者ᄂᆞᆫ 即能殺我ᄒᆞᄂᆞ니 賴人生活者ㅣ 其鑒之어다

第百二十八課

騾負鹽包渡河라가 蹄略蹲ᄒᆞ니 鹽化水ᄒᆞ야 量遂輕이라 顧驢述

其故ᄒᆞᆫ되 驢負羊皮包效之ᄒᆞ니 重加倍라 驢ㅣ 自歎曰不自量己ᄒᆞ고 襲他長이라 徒自苦耳로다

第百二十九課

某兒ㅣ 夜讀倦甚ᄒᆞ야 燒廢紙以照物이라 遺火於帳ᄒᆞ야 幾被焚이라 母曰事無鉅細히 皆當謹愼이니 小不愼이면 即有禍害矣니라

第百三十課

兒童三人이 約相戲搏ᄒᆞᆯ서 其一은 素無力이라 隨二人後ᄒᆞ야 俟二人力衰ᄒᆞ야 乘機搏之ᄒᆞ니 二人이 俱敗라 觀者ㅣ 曰凡事ㅣ 皆有機ᄒᆞ니 苟不失其事機면 則弱者도 亦能勝强이라

ᄒᆞ더라

第百三十一課

牛馬ㅣ 挽車而行ᄒᆞᆯ서 朝夕不休ᄒᆞ되 少遲면 痛鞭之라 服勞役而又受苦楚ᄒᆞ니 無自主之權者는 大都類是니라

第百三十二課

兄弟二人이 自學堂歸ᄒᆞᆯ서 兄於途中에 買一梨어늘 弟ㅣ 索食ᄒᆞ되 不與라 弟告其父ᄒᆞ되 父曰兄長弟幼ᄒᆞ니 兄當愛弟ᄒᆞ라 ᄒᆞ고 遂取梨各半分之러라

第百三十三課

羅麗濟三國時에 有金首露ㅣ 起南部ᄒᆞ야 併弁韓地而建

國曰駕洛이라ᄒ더니 後爲新羅所倂ᄒ니라

第百三十四課

三國이 各保一隅ᄒ야 互相侵伐ᄒ더니 其後에 新羅ㅣ會唐兵ᄒ야 滅百濟高句麗ᄒ고 統一其地ᄒ니라

第百三十五課

東家兒ㅣ與西家兒로 爲友ᄒ더니 西家兒ㅣ至東家ᄒ어ᄂᆞᆯ 東家兒ㅣ迎入座ᄒ고 將所玩之木碗竹豆ᄒ야 陳列作宴客禮ᄒ니 此雖游戲나 知交際之道矣니라

第百三十六課

鼠ㅣ晝伏院中이러니 適有人過라가 撲殺之라 夫鼠는 晝伏

夜行이 乃其宜也ㅣ어ᄂᆞᆯ 出入無時라가 遂殺其身ᄒ니 可不戒哉아

第百三十七課

周生이 釣魚河側ᄒᆯ셰 久之에 獲一魚ᄒ야 視其腹ᄒ니 孕子甚衆이라 仍棄之ᄒ어ᄂᆞᆯ 或이 問其故ᄒᆫ되 周生曰吾ㅣ不忍得一魚而殺無數魚子也ᄒ노라

第百三十八課

以木으로 架一橋形ᄒ니 狹甚이라 數兒ㅣ褰步於上ᄒᆯ셰 一兒ㅣ不敢行ᄒ어ᄂᆞᆯ 數兒ㅣ曰此雖遊戲나 所以練膽也ㅣ라 人而無膽이면 豈能成大事哉아

第百三十九課

新羅之末에弓裔ㅣ叛于北京ᄒᆞ야國號를泰封이라ᄒᆞ고甄萱이叛據完山ᄒᆞ야自稱後百濟ᄒᆞ니라新羅ㅣ漸見侵削ᄒᆞ야遂至於亡ᄒᆞ니라

第百四十課

桃花大開어ᄂᆞᆯ兄與弟로游於花下ᄒᆞᆯ서一蝶이來어ᄂᆞᆯ弟ㅣ撲之ᄒᆞ니兄曰子愛花ᄒᆞ고蝶亦愛花어ᄂᆞᆯ以己之愛情으로破壞蝶之愛情ᄒᆞ니不恕ㅣ甚矣로다

第百四十一課

羣蜂이結巢旣成에會議曰如有伐我巢而殘我同種者

ㅣ면共刺之ᄒᆞ니라人之有國이猶蜂之有巢라爾學生은當知愛國이오當知愛同種이니라

第百四十二課

泰封諸將이立王建ᄒᆞ야爲王ᄒᆞ니是爲高麗太祖라剋剗羣兇ᄒᆞ고統合三韓ᄒᆞ야移都松嶽ᄒᆞ시더니至于季世ᄒᆞ야恭讓이不君ᄒᆞ야遂至於亡ᄒᆞ니라

第百四十三課

我太祖高皇帝ㅣ應天命ᄒᆞ시며順人心ᄒᆞ사國號를朝鮮이라ᄒᆞ시고定鼎于漢陽ᄒᆞ사聖子神孫이繼繼繩繩ᄒᆞ시더니至于我太皇帝光武元年ᄒᆞ야改國號曰大韓이라ᄒᆞ시니實萬世無疆之

休ᄉᆞᆺ다

第百四十四課

物之落水也ㅣ 較水輕則浮ᄒᆞ고 較水重則沉ᄒᆞ고 輕重이 與水同則在浮沉之間ᄒᆞᄂᆞ니 凡物重量이 入水則較在陸稍減者ᄂᆞᆫ 由水有浮力也ㅣ니라

第百四十五課

劉五ㅣ 手執竹竿ᄒᆞ고 遊於園中ᄒᆞᆯ서 見蚯蚓一頭而遂欲擊殺之어ᄂᆞᆯ 其兒ㅣ 止之曰是不可擊이라 能鑽地成穴ᄒᆞ야 通氣之出入ᄒᆞ야 使植物益茂니라 劉五ㅣ 橫竹竿於袴下ᄒᆞ야 疾馳而出ᄒᆞ더라

第百四十六課

秋間에 蟋蟀이 甚多어ᄂᆞᆯ 捕其雄者ᄒᆞ야 置於陶器려니 彼此相鬪라가 勝則矍然而鳴ᄒᆞ야 似得意狀ᄒᆞ니 噫라 優勝劣敗ᄂᆞᆫ 蟋蟀도 不免이온 況人乎아

第百四十七課

我國이 以東土로 爲本部ᄒᆞ야 分爲十三道ᄒᆞ고 本部之外에 又有三屬地ᄒᆞ니 耽羅國濟州島와 于山國鬱陵島와 渤海國北甕島ㅣ 是也ㅣ니라

第百四十八課

某兒ㅣ 游戱庭中ᄒᆞᆯ서 擲芥於杯水ᄒᆞᆫ디 旋轉如舟려니 取桃葉

代之ᄒᆞ뎌 則膠滯不動이어ᄂᆞᆯ 其父曰事之成否ᄂᆞᆫ 必得適宜之分量이니 強爲之면 無益也ㅣ니라

第百四十九課

甲童이 取一橙ᄒᆞ야 謂乙童曰躍過此면 爲有力者ㅣ라ᄒᆞ고 甲이 先之ᄒᆞ니 乙이 不能ᄒᆞ더니 乙이 歸에 習之無間ᄒᆞ야 竟能躍二橙而過ᄒᆞ고 而甲은 不能ᄒᆞ니 乙은 誠有競爭心矣로다

第百五十課

一兒ㅣ 抱小犬ᄒᆞ야 戲剪其耳ᄒᆞ니 犬이 狂吠어ᄂᆞᆯ 兄이 聞之ᄒᆞ고 持剪向兒曰犬이 無能ᄒᆞ야 爲子侮ᄒᆞ니 子ㅣ 無能이면 即侮於人이라 請以子耳試之ᄒᆞ리라 兒ㅣ 大悔悟ᄒᆞ더라

第百五十一課

天雨不霽ᄒᆞ니 越日은 爲游會之期라 某兒ㅣ 向天叩首ᄒᆞ야 求放晴光이어ᄂᆞᆯ 一兒ㅣ 從旁嗤之曰天高何知오 且晴雨ᄂᆞᆫ 豈天之所爲乎아 不明事理ᄒᆞ고 徒信虛妄이면 雖破其額이라도 亦無益耳니라

第百五十二課

某兒ㅣ 與妹偕遊ᄒᆞ다가 妹ㅣ 仆地而哭이어ᄂᆞᆯ 兄이 力弱ᄒᆞ야 扶之不能起라 適有一兒過ᄒᆞ다가 與其兄으로 共扶起之ᄒᆞ고 且慰撫再三이어ᄂᆞᆯ 某兒ㅣ 謝之ᄒᆞ니 一兒曰遇人危急ᄒᆞ야 力所能爲면 理應救助라 何足謝乎아

第百五十三課

學生이方讀書ᄒᆞᆯ시師欲試其用心與否ᄒᆞ야猝然曰有鶴飛來라ᄒᆞ니衆學生이皆仰視ᄒᆞ되一學生이獨端坐不動이어ᄂᆞᆯ師曰凡人作事에心無二用ᄒᆞᄂᆞ니若彼一生은可爲專心求學矣로다

第百五十四課

物之體質이可分爲三ᄒᆞ니一曰液體오一曰氣體오一曰固體라水ᄂᆞᆫ液體也ㅣ로ᄃᆡ熱則化氣ᄒᆞ고冷則成固ᄒᆞ니一物而三體ㅣ全矣러라

第百五十五課

趙生이製小舟ᄒᆞ고載土偶爲兵ᄒᆞ야蕩漾水盆이라가侯將近邊ᄒᆞ야呼曰敵艦이來乎라ᄒᆞ고以竹管으로實泥丸彈之ᄒᆞ니舟覆이어ᄂᆞᆯ報捷曰吾國이從此鞏固矣라ᄒᆞ더라

第百五十六課

削竹代鎗ᄒᆞ며丸土代彈ᄒᆞ고集同學爲兩軍ᄒᆞ야各擧一帥ᄒᆞ니人曰好要乎여帥曰非要也ㅣ라童子도亦有當兵之義務也ㅣ라ᄒᆞ더라

第百五十七課

東方名將之折衝禦侮者ㅣ代不乏人이로ᄃᆡ其中에最著者ᄂᆞᆫ高句麗之乙支文德과新羅之金庾信과高麗之姜

邯贊과 本朝之李舜臣也ㅣ러라

第百五十八課

乙支文德은 覆隋軍ᄒᆞ고 金庾信은 滅百濟高句麗ᄒᆞ고 姜邯贊은 却契丹兵ᄒᆞ고 李舜臣은 平倭亂ᄒᆞ니라

第百五十九課

某童이 對鏡立ᄒᆞ야 見鏡中兒ᄒᆞ고 與言ᄒᆞ되 不答이라 示以拳ᄒᆞ니 鏡中兒ㅣ 如之어늘 童이 怒ᄒᆞ야 擊之ᄒᆞ되 鏡破ᄒᆞ야 傷其手라 父ㅣ 戒之曰鏡中兒ㅣ 何害於汝오 咎由自取也ㅣ니라

第百六十課

以水濕土ᄒᆞ야 或爲餠ᄒᆞ며 或爲糰ᄒᆞ야 戱以贈友ᄒᆞ되 友ㅣ 擲之

어늘 贈者ㅣ 曰物無貴賤히 人所贈者는 必敬其情이어늘 今子ㅣ 擲之ᄒᆞ니 是는 無情也ㅣ라 不足與言交際之道矣로다

第百六十一課

晨起에 見帳中蚊蟲ᄒᆞ니 滿腹者는 撲之卽斃ᄒᆞ고 腹未滿者는 近之卽遁이라 噫라 蚊이 貪食이면 則腹破腹裂ᄒᆞ나니 故로 人欲免禍ᄒᆞᆫ딘 亦在戒貪이니라

第百六十二課

某兒ㅣ 以木爲馬ᄒᆞ야 百鞭之ᄒᆞ되 不行이어늘 怒斥曰馬ㅣ 鞭不行ᄒᆞ니 何以殺敵ᄒᆞ리오ᄒᆞ고 遂挾之而前進ᄒᆞ야 奮然作衝陣殺敵之狀ᄒᆞ니 此兒ㅣ 雖遊戱나 其强武之氣ㅣ 可嘉矣러라

第百六十三課

世宗朝에 製諺文二十八字ᄒᆞ시니 曰訓民正音이라 風聲鶴唳와 雞鳴犬吠를 皆可書ᄒᆞ니 即今國文이 是也ㅣ니라

第百六十四課

劉生이 畵一鬼ᄒᆞ야 示同學ᄒᆞᆫ대 皆以爲極肖라ᄒᆞ니 劉生曰君等이 皆見過鬼乎아 皆曰未也로라 劉生曰然則君等이 以吾所畵爲肖는 皆虛構一鬼之形耳라 其實은 本無所爲鬼也ㅣ니라

第百六十五課

天旱水涸에 魚不能容ᄒᆞ야 乞憐河伯ᄒᆞᆫ대 河伯曰天不雨에

吾且無術自謀어든 尙能顧爾等耶아ᄒᆞ니 由是觀之컨대 有依賴性者는 必難成立이니라

第百六十六課

散課後에 無事ᄒᆞ야 甲曰君等은 各擇一密地伏焉ᄒᆞ야 俟我覓之ᄒᆞ라 衆이 如其言이러니 悉爲甲獲이라 喜曰吾之智ㅣ 不足充偵探隊長乎아

第百六十七課

一鼠ㅣ 披小貓皮ᄒᆞ야 駭其同伴이라가 爲貓所見ᄒᆞ야 近與語ᄒᆞ니 鼠ㅣ 懼而奔이어늘 同伴이 譏笑不止ᄒᆞ니 豈獨鼠然이리오 以僞亂眞이면 鮮有不敗者ㅣ니라

第百六十八課

大韓國이 在亞細亞之東ᄒᆞ니 北連大陸ᄒᆞ고 東西南은 環以洋海故로 謂半島國이라ᄒᆞ니라

第百六十九課

我世宗朝에 開拓北邊ᄒᆞ야 設六鎭ᄒᆞ야 以禦野人侵略ᄒᆞ니 咸鏡北道에 慶興과 會寧과 鍾城과 穩城과 慶源과 富寧의 諸郡이 是也ㅣ러라

第百七十課

李生이 以鹽一分으로 和雪二分ᄒᆞ야 使其弟로 沉其手ᄒᆞ니 覺寒不可當이라 弟問其故ᄒᆞᆫ딕 曰雪內에 含有微熱이라 因鹽

於溶解時에 吸去也ㅣ니라

第百七十一課

蟛蜞ㅣ 生若干日에 其殼이 漸堅ᄒᆞᄂᆞ니 身體ㅣ 爲殼所拘ᄒᆞ야 不能長大라 於是에 脫舊殼而更新殼이면 新殼이 柔軟ᄒᆞ야 其體이 稍長ᄒᆞ니 一生에 如是交換ᄒᆞ야 幾二十次라 是猶幼童至長에 衣服之變更이 屢矣러라

第百七十二課

世宗朝에 置閭延茂昌虞芮慈城四郡於鴨綠江南而屬於平安道ᄒᆞ야 防備西北邊이러라

第百七十三課

鼠欲借貓以威其族ᄒᆞ야 謂貓曰吾爲鼠王이라 不信이어든 偕
我入鼠穴驗之ᄒᆞ라 鼠見貓至ᄒᆞ고 皆遁이어늘 貓乃食鼠王ᄒᆞ니
借人之威而轉自斃는 皆鼠之類也ㅣ니라

第百七十四課

當我國箕子二十世ᄒᆞ야 東方海外에 有雄主神倭伊波禮
彥命이 出師東征ᄒᆞ야 平定大和國ᄒᆞ고 創業建國ᄒᆞ니 是爲日
本神武天皇이러라

第百七十五課

老貓ㅣ 生五兒어늘 藏其一ᄒᆞ니 貓ㅣ 徧覓其母ᄒᆞ야 不能得ᄒᆞ고
老貓ㅣ 亦覓其兒ᄒᆞ야 鳴甚哀라 吁라 貓亦知慈愛之道ᄒᆞ니

吾人은 萬勿傷殘之也어다

第百七十六課

張大ㅣ 持竹杖ᄒᆞ고 傴僂學丐兒狀ᄒᆞ야 見人則哀乞이어늘 李
ㅣ 戲與一錢ᄒᆞᆫ티 懷之去ᄒᆞ니 李怒曰男子ㅣ 當爲盖世豪傑
이라 爾何甘作丐兒耶아

第百七十七課

有物曰留聲器ㅣ니 器中에 能發人笑語聲과 小兒啼哭聲
과 鑼鼓簫笛聲을 無不畢肖ᄒᆞ니 羣兒ㅣ 聞之ᄒᆞ고 皆曰嘻
異哉라

第百七十八課

百濟王이 使王仁으로 聘日本ᄒᆞ시고 以論語千字文至ᄒᆞ니 皇太
子ㅣ師之ᄒᆞ고 後에 百濟ㅣ復遣使ᄒᆞ야 致佛像佛經ᄒᆞ니 大臣
蘇我氏ㅣ奉之ᄒᆞ니 日本에 有儒學佛敎ㅣ始此러라

第百七十九課

日本이 歷世에 重神事ᄒᆞ며 尙武俠ᄒᆞ니 其文化는 多自我國
輸入이러니 至明治初ᄒᆞ야 爲西洋諸國所迫脅이러니 乂事事를
步趨西洋ᄒᆞ야 始與各國平等ᄒᆞ니 由其善於變化故로 學業
之進步ㅣ甚速이러라

第百八十課

有蒙學生이 買一假面ᄒᆞ야 戴之以駭同學ᄒᆞ니 同學曰吾輩
ㅣ以誠實相交ᄒᆞ거늘 汝ㅣ竟失眞面目ᄒᆞ니 學堂中에 安用此
悖類耶아 學生이 大悔러라

第百八十一課

几上에 有炒米半甁이어늘 羣鼠ㅣ欲竊食之ᄒᆞ되 而不能入
甁口러니 俄有一鼠ㅣ㘅一箸ᄒᆞ야 植甁中ᄒᆞ고 以口咬箸ᄒᆞ고 又有
鼠ㅣ㘅其尾而曳之ᄒᆞ니 甁遂倒ᄒᆞ야 炒米ㅣ狼藉几上이어늘
羣鼠ㅣ爭就食ᄒᆞ고 食畢에 呼嘯而去러라

第百八十二課

某生이 削鉛筆寫字라가 折不可用이어늘 問諸師曰鉛何脆軟
也잇고 師曰鉛筆中之鉛이 皆炭質也오 非金類併合而

成이니라

第百八十三課

一兒ㅣ得木偶ᄒᆞ니面目이依然ᄒᆞ고笑容이可掬이라告其兄
曰此非儼然人乎ᄋᆡ가兄曰人之所貴ᄂᆞᆫ在靈慧耳라苟無
靈慧면則亦木偶而已니라

第百八十四課

食物을置鉛器內면鉛爲食物所化ᄒᆞ야即生鉛鏽ᄒᆞᄂᆞ니其
鏽이能毒人故로鉛製之器ᄂᆞᆫ不宜庋藏食物也ㅣ니라

第百八十五課

我太宗朝에置鑄字所ᄒᆞ시고銅製活字數十萬ᄒᆞ야刊行書

籍ᄒᆞ니較諸梨等版刻이면其奏功이不啻百倍이라

第百八十六課

一貓ㅣ伏案上이어놀飼以食ᄒᆞ니不去ᄒᆞ고搔其首ᄒᆞ되不去라가
拉其尾ᄒᆞ되乃號而走ᄒᆞ니天下에最難堪者ᄂᆞᆫ受人侮弄이라
雖貓나亦不甘此러라

第百八十七課

秋梧ㅣ經霜ᄒᆞ야葉盡黃이어놀一童이打之落地ᄒᆞ야棄於野
러니一童이取歸ᄒᆞ야代數日之薪이라噫라天下에無棄材ᄒᆞ니
視人審用之當否耳니라

第百八十八課

我國이 山如金城ᄒᆞ고 水如湯池ᄒᆞ나 洵東土金湯之國이라 生此國者ㅣ 孰非鍾此山水之氣也리오 嗟我學生은 善養其氣ᄒᆞ야 毋使山愁水怒어다

第百八十九課

白頭山長白山이 鎭其北ᄒᆞ고 金剛山五臺山이 峙其東ᄒᆞ고 狼林山妙香山이 盤其西ᄒᆞ고 智異山漢拏山이 障其南ᄒᆞ고 中央에 有三角山이 如削出金芙蓉이러라

第百九十課

北帶豆滿江ᄒᆞ고 西襟鴨綠江ᄒᆞ고 東引昭陽江ᄒᆞ고 南控洛東江ᄒᆞ고 中有漢江而橫貫ᄒᆞ고 間有大同淸川臨津錦江等諸流ㅣ 縈廻如脈絡이러라

第百九十一課

太古人民이 穴居野處ᄒᆞ고 茹毛飮血ᄒᆞ더니 有巢氏ㅣ 搆木爲巢ᄒᆞ고 人氏ㅣ 鑽火爲木ᄒᆞ니 木築之制와 火食之節이 始於此러라

第百九十二課

伏羲氏ㅣ 教民佃漁畜牧ᄒᆞ시고 作書契ᄒᆞ야 以代結繩之政ᄒᆞ시고 作甲曆ᄒᆞ시니 而日月歲時ㅣ 自此生焉ᄒᆞ니라

第百九十三課

神農氏ㅣ 藝五穀ᄒᆞ며 制醫藥ᄒᆞ며 立市廛ᄒᆞ시니 而農事와 醫

學과商務ㅣ皆自此而興焉이러라

第百九十四課

黃帝ㅣ用干戈ᄒᆞ야誅蚩尤於涿鹿ᄒᆞ신대諸侯ㅣ尊之爲天子ᄒᆞ니帝乃作舟車ᄒᆞ며造曆算ᄒᆞ며制音律ᄒᆞ며正衣裳ᄒᆞ시니而器用貨幣ㅣ亦於是興焉이러라

第百九十五課

唐堯ㅣ命羲和ᄒᆞ사治曆象ᄒᆞ시며置敢諫之鼓ᄒᆞ야使天下로得盡其言ᄒᆞ고立誹謗之木ᄒᆞ야使天下로得攻其過ᄒᆞ니民이戴之如日月ᄒᆞ고愛之如天地러라

第百九十六課

虞舜이事父母ᄒᆞ사克諧以孝ᄒᆞ더니受堯禪爲天子에命契ᄒᆞ야敬敷五敎ᄒᆞ시고命夔ᄒᆞ야敎冑子ᄒᆞ시니帝王立敎ㅣ始見於此러라

第百九十七課

夏禹姒文命과殷湯子履와周文王姬昌及武王發이是爲三王이러라夏尙忠ᄒᆞ고殷尙質ᄒᆞ고周尙文ᄒᆞ니三代之治ㅣ隨時損益이러라

第百九十八課

周文王之子周公의名은旦이니思兼三王ᄒᆞ사制禮作樂ᄒᆞ신디典章法度ㅣ粲然極備ᄒᆞ더니及其衰也ᄒᆞ야五覇ㅣ先詐

力而後仁義러라

第百九十九課

孔子의 名은 丘오 字는 仲尼니 以天縱之聖으로 轍環天下ᄒᆞ사 道不得行于世ᄒᆞ야 刪詩書ᄒᆞ시며 定禮樂ᄒᆞ시며 贊周易ᄒᆞ시며 修春秋ᄒᆞ사 繼往聖開來學ᄒᆞ시고 以傳其道者는 顏回曾參이라 事在論語ᄒᆞ니라

第二百課

曾子之門人이 述大學ᄒᆞ고 孔子之孫子思ㅣ 作中庸ᄒᆞ시고 其門人之弟孟軻ㅣ 作孟子七篇ᄒᆞ시니라

第二百一課

秦始皇嬴政이 呑二周滅六國ᄒᆞ고 焚詩書坑儒生ᄒᆞ고 築萬里長城이러니 二世而亡ᄒᆞ고 漢高祖劉邦이 起布衣成帝業ᄒᆞ야 太牢로 祀孔子러니 至東漢明帝劉莊之時ᄒᆞ야 始通西域佛法ᄒᆞ니라

第二百二課

漢亡에 蜀漢劉備와 吳孫權과 魏曹操의 三國이 鼎峙러니 及晉武帝司馬炎이 倂之에 五胡ㅣ 入據中原이어늘 晉元帝司馬睿ㅣ 保一隅爲東晉ᄒᆞ니 吳晉宋梁齊陳이 是爲江南六朝러라

第百三課

隋文帝楊堅이混一南北朝러니唐高祖李淵과太宗世民이乘隋室亂ᄒᆞ야化家爲國ᄒᆞ고歷後梁後唐後晋後漢後周五季之亂ᄒᆞ야至宋太祖趙匡胤이立國ᄒᆞ야諸賢이輩出ᄒᆞ야倡性理之學이라然而國勢ㅣ不競ᄒᆞ야竟爲元世祖奇握溫忽心烈所滅ᄒᆞ니라

第二百四課

明太祖朱元璋이滅元創業이러니季世에張獻忠李自成이作亂이어ᄂᆞᆯ清世祖愛新覺羅福臨이乘其亂ᄒᆞ야代有漢土ᄒᆞ니라

第二百五課

東洋諸國에開化最早者ᄂᆞᆫ首推支那오其次ᄂᆞᆫ爲印度라距今四千年前에中亞細亞之民族이徙居其地ᄒᆞ니是名印度러라

第二百六課

印度僧族이是名婆羅門이라研究經典ᄒᆞ야於名理哲學에多所啓發이러니行之既久에掌握政教大權ᄒᆞ야自命爲貴族ᄒᆞ야橫恣特甚ᄒᆞ니平民이苦之러라

第二百七課

釋迦牟尼ᄂᆞᆫ中印度迦比羅城王子也ㅣ니約與孔子老聃으로同時라具厭世志ᄒᆞ야棄家入山ᄒᆞ야苦修多年에得悟眞

理ᄒᆞ야 遂創佛法ᄒᆞ니 而婆羅門教ㅣ爲之衰러라

第二百八課

莫臥兒帝ㅣ統一印度러니 馬拉多人이 招法國武官ᄒᆞ야 訓鍊將士ᄒᆞ야 侵入德里都城이어늘 莫臥兒帝ㅣ求援於英ᄒᆞᆫ대 英人이 逐馬拉多人ᄒᆞ고 遂統屬全印度ᄒᆞ니라

第二百九課

摩哈麥은 阿剌伯人也ㅣ라 作可蘭經ᄒᆞ야 創立回回教ᄒᆞᆫ대 以尙武로 爲宗旨ᄒᆞ니 歷代教王이 因之ᄒᆞ야 建國於東西兩洋間ᄒᆞ니 是爲大食國(歐洲所稱沙蘭生人)이라 後爲元太祖成思吉汗所滅ᄒᆞ니라

安南은 爲古交趾地라 五季時에 丁部領이 建越國이러니 一傳而爲其將黎桓所簒ᄒᆞ야 國號를 大越이라ᄒᆞ더니 後에 阮福暎이 統一諸部ᄒᆞ야 稱越南王이러라

第二百十一課

阮氏之統一安南也에 法國人이 有功焉이러라 許事成에 酬以化南島(在化府)러니 既而背約이어늘 法人이 屢起戰事ᄒᆞ야 直攻順化都城ᄒᆞᆫ대 安南王이 大恐乞降ᄒᆞ니라

第二百十二課

暹羅國이 屢與越南阮氏로 構兵이러라 遂爲所滅ᄒᆞ고 有支

那人鄭昭者ㅣ爲王ᄒᆞ야都於曼谷이러니既而內亂이猝起
어눈其將法亞查克理新이平之ᄒᆞ고遂自稱暹羅王ᄒᆞ니是爲
今暹羅王室之祖러라

第二百十三課

耶蘇基督은古猶太人也ㅣ라以舊約全書及新約全書로
爲經典ᄒᆞ니其教ㅣ殆遍東西洋이라泰西諸國이皆以其降
生年으로爲紀元ᄒᆞ니라

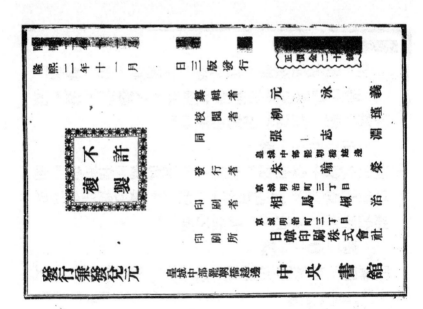

[redacted]
隆熙二年十一月　日三版發行

[redacted] 正價金二十錢

纂輯者　元泳義
校閱者　柳瑾
同　張志淵
發行者　皇城中部罷朝橋越邊　朱翰榮
印刷者　京城明治町三丁目　相馬㑘治
印刷所　京城明治町三丁目　日韓印刷株式會社

不許複製

發行兼發兌元　皇城中部罷朝橋越邊　中央書館

근대 한국학 교과서 총서 3

| 국어과 |

초판인쇄 2022년 04월 11일
초판발행 2022년 04월 25일

편　　자 성신여대 인문융합연구소
발 행 인 윤석현
발 행 처 제이앤씨
책임편집 최인노
등록번호 제7-220호

우편주소 서울시 도봉구 우이천로 353 성주빌딩
대표전화 02) 992 / 3253
전　　송 02) 991 / 1285
전자우편 jncbook@hanmail.net

ⓒ 성신여대 인문융합연구소, 2022 Printed in KOREA.

ISBN 979-11-5917-204-5 94370
979-11-5917-201-4 (Set)

정가 48,000원

* 이 책의 내용을 사전 허가 없이 전재하거나 복제할 경우 법적인 제재를 받게 됨을 알려드립니다.
** 잘못된 책은 구입하신 서점이나 본사에서 교환해 드립니다.